손끝에서 시작하는
특별한 강아지 옷 만들기

예문아카이브

PROLOGUE

첫 반려견으로 루이와 루비를 만나면서 지금까지와는 전혀 다른 삶을 살고 있는 저에게도 강아지와 함께 산다는 것은 쉬운 일이 아닙니다. 한없이 사랑스럽지만, 때로는 화가 나기도 힘들기도 하고, 또 한편으로는 미안하고 안타까운 마음이 들기도 합니다. 이렇게 다양한 감정을 느끼게 해주는 강아지와 교감을 나누다 보면 뜨거운 감정이 올라오곤 해요.

이런 우리 강아지들을 위해 옷 만들기를 시작했습니다. 이 책을 읽는 여러분들도 저와 같은 마음일 거라 생각해요. 저는 우리 강아지만을 위한 맞춤옷을 만들어주고 싶다는 생각에 아무것도 모르는 상태에서 무작정 미싱을 구입하여 옷 만들기에 도전했답니다. 강아지 옷 만드는 법을 아무리 정독해도 이해하지 못했던 시간들을 지나 겨우 옷을 완성하고, 더 예쁘게 맞는 옷을 만들어 주고 싶어 밤 잠 설쳐가며 강아지 패턴을 공부했습니다.

그동안의 경험과 온·오프라인 강의를 통해 수강생들이 어려워했던 부분들을 쉽게 풀어 이 책에 모두 담았습니다. 가장 많이 궁금해 하고, 가장 어려워하는 패턴을 직접 그려 맞춤옷을 만들어 볼 수 있도록 패턴 그리는 방법과 견종별로 체형이 다른 강아지들을 위해 패턴을 수정하는 방법에 대한 저만의 노하우를 소개하고 자주 입히게 되는 옷, 입혀보고 싶은 옷, 필요한 소품들을 직접 만들어 사용할 수 있도록 구성했습니다.

처음 접하는 것들은 이해의 단계가 있다고 생각해요. 오늘 이해되지 않았던 내용들도 그 앞이 채워지면서 어느 순간 이해가 되기도 하고, 전혀 필요 없다고 느꼈던 내용이 시간이 지나 꽤 도움이 되는 경험도 할 수 있었습니다. 저는 이 책이 여러분에게 배우는 즐거움을 주기를 바라봅니다.

강아지 옷 만들기를 많은 분께 소개하고 공유할 수 있는 기회를 주신 관계자 여러분께 감사드리고, 남편 '차차'군과 사랑하는 반려견 루이와 루비에게 사랑한다고 말하고 싶습니다. '엄마에게 와주어서....고마워..'

2017년 어느 날 소잉도그

PREVIEW

패턴 그리기 기본, 래글런, 기본 소매, 후드, 바지 패턴 그리는 방법을 자세하게 소개하여 초보자들도 쉽게 패턴을 따라 그릴 수 있습니다.

패턴 변형(수정)하기 견종별, 체형별 특징에 맞는 옷을 완성할 수 있도록 패턴을 수정하는 방법과 주의사항을 자세히 설명하였습니다.

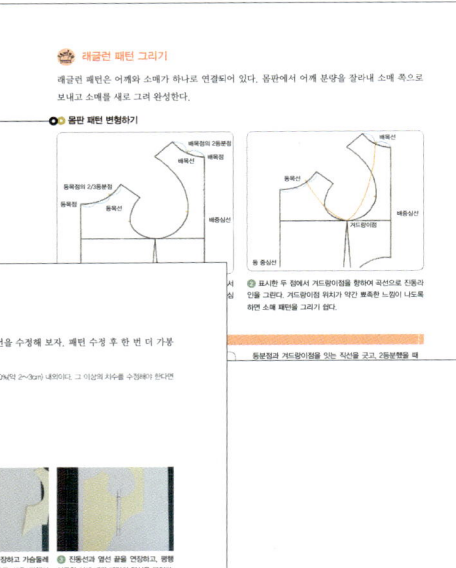

포인트 옷의 특징이나 만들기의 포인트를 미리 소개하였습니다.

동영상 만드는 과정을 무료로 볼 수 있는 옷은 동영상 아이콘을 표시하였습니다.

난이도 옷의 난이도를 표시하여 쉬운 옷부터 어려운 옷까지 한눈에 확인할 수 있도록 하였습니다.

패턴 확인하기 옷 만들기에 사용되는 패턴과 명칭, 시접 값을 표시하여 초보자가 쉽게 이해할 수 있습니다.

사용 원단 및 부자재 옷 만들기에 사용되는 사용 원단과 부자재를 소개하여 미리 준비할 수 있도록 하였으며, 부록의 실물패턴 번호를 함께 표시하여 쉽게 찾을 수 있습니다.

바느질하는 강아지
SEWING DOG

옷 만들기 과정 옷을 만드는 과정을 사진과 함께 자세하게 설명하였습니다. 소제목을 함께 표시하여 옷의 어느 부분을 만들고 있는지 쉽게 알 수 있습니다.

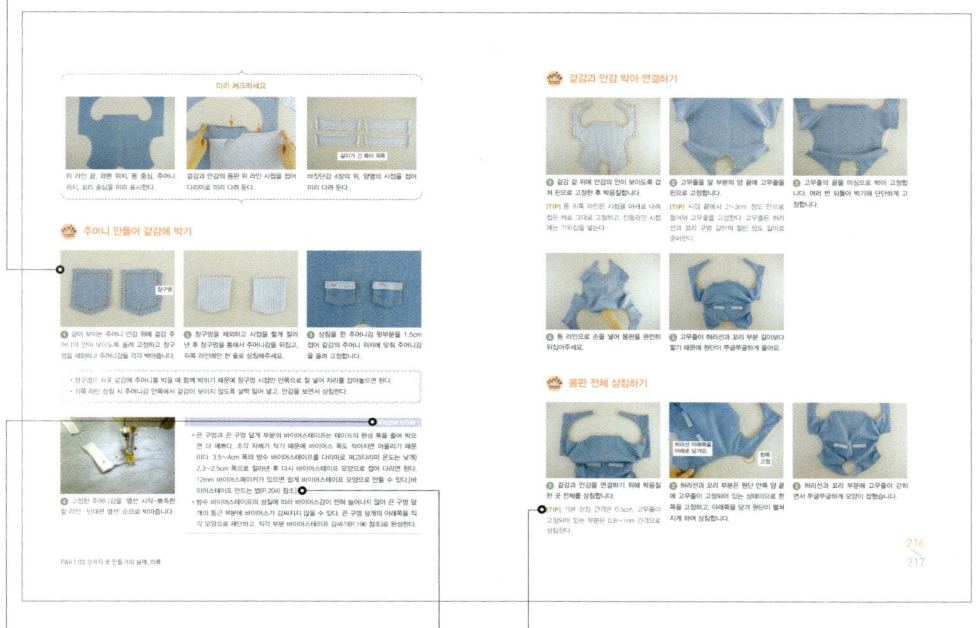

KNOW HOW 소잉도그만이 가지고 있는 노하우를 수록하여 놓치고 갈 수 있는 부분들을 꼼꼼하게 체크하였습니다.

TIP 옷 만들기 과정 중 반드시 알아두어야 할 부분들을 TIP 형태로 제시하였습니다.

참조 페이지 따라하기 과정 중 어려운 부분은 참조 페이지로 이동하여 알아볼 수 있도록 페이지 번호를 표시하였습니다.

옷의 변형 약간의 변형 과정을 통해 새로운 느낌의 옷이나 소품이 만들어질 수 있음을 사진과 함께 설명했습니다.

※ 이 책에 수록된 강아지 옷과 소품의 실물패턴은 부록으로 제공됩니다.
※ 이 책에서는 사용자의 편의를 위하여 실제 현장에서 사용되는 용어를 기준으로 서술하여 일부 표준어와 다른 부분이 있을 수 있음을 미리 알려드립니다.

소잉도그가 알려주는 강아지 옷 만들기 Q&A

 모색(털의 색)에 어울리는 원단의 색이 궁금해요.

 모색에 어울리는 색은 원단의 특성이나 컬러, 디테일, 사용할 원단의 배색 면적에 따라 달라집니다. 옷의 전체적인 분위기는 큰 면적의 색에 따라 정해지므로 넓은 면적의 색이 모색과 잘 어울리는 원단을 선택하는 것이 좋고, 어울리지 않는 색이라 하더라도 사용되는 면적이 좁으면 포인트 색상으로 활용할 수 있어요.

모색	어울리는 원단
흰색	밝은 색/어두운 색(명도), 맑은 색/탁한 색(채도) 모두 잘 어울려요. 다만, 모색이 흰색이므로 같은 흰색 원단만을 단독으로는 사용하지 않는 것이 좋아요. 하지만 화이트 드레스처럼 디테일이 화려할 경우는 단독으로 사용해도 예뻐요.
크림, 베이지	같은 계열 색은 피하고, 톤이 밝기 때문에 원색, 파스텔 계열의 색 모두 잘 어울려요.
갈색, 황색, 골드	모색과 같은 색상은 피하세요. 대부분 컬러가 무난하게 잘 어울리고 원색도 괜찮아요. 화이트보다는 베이지, 크림 톤(크림, 밝은 크림, 베이지, 밝은 베이지, 베이지 섞인 핑크 등)의 색상이 좋아요. 노랑, 파랑, 그린 계열은 밝은 황색, 갈색 모색일 때 더 잘 어울려요.
회색, 실버	모색이 무채색이기 때문에 원색, 파스텔 계열의 색이 모두 잘 어울려요. 포인트 컬러가 되도록 원단을 배색하여 사용하면 좋아요. 짙은 회색은 같은 짙은 톤보다는 명도와 채도를 올려 밝은 톤이 좋아요. 밝은 회색의 모색은 파스텔 색이 잘 어울립니다.
초코, 블랙	파스텔 톤보다는 원색 계열이 더 잘 어울려요. 단, 원색은 너무 많은 색(세 가지 이상)을 사용하지 않는 것이 좋아요. 크림색이 잘 어울리고, 무채색을 사용한다면 밝은 회색이 무난해요. 블랙, 네이비는 피하세요.
여러 색이 섞인 모색	파티 컬러, 트라이 컬러의 강아지는 모색 자체가 화려하므로 색이나 디테일은 심플하게 하는 것이 예뻐요. 두 색 이상이 섞인 경우는 많은 면적의 색을 메인으로 하되, 얼굴에 중심을 두고 메인 색을 정하세요.

 강아지가 처음 옷을 입을 때 주의해야 할 것이 있나요?

 옷을 처음 입는 강아지는 부드러운 원단의 티셔츠부터 입히는 것이 좋습니다. 요즘은 강아지 옷의 여유분이 크게 나오지 않는 추세인데, 처음부터 딱 붙는 옷을 입히면 어색하고 불편해 옷을 입는 데 거부감이 생길 수 있으므로 처음에는 조금 큰 사이즈를 입혀 적응할 수 있는 시간을 주는 것이 좋아요.
강아지가 처음 입는 옷은 대부분 티셔츠 일텐데요. 티셔츠는 머리에서 씌우는 디자인이기 때문에 목이 너무 좁으면 머리가 눌려 공포심이 생길 수 있습니다. 목둘레에 여유가 있는 옷이 좋고, 소매가 달리지 않은 디자인이 적응하기 좋아요.

또, 단추가 달린 옷은 소매에 발을 집어넣어 옷을 입히게 되는데 강아지의 관절은 앞뒤로 움직이는 구조예요. 옆으로 발을 들지 않도록 해야 합니다.

요즘은 바지도 많이 입히는데, 사실 강아지에게 바지는 불편한 디자인입니다. 특히, 성견이 된 강아지들은 바지에 적응을 못하는 경우가 많아요(입혀 놓으면 움직이지 않죠). 어릴 때부터 바지에 적응시키는 것이 좋고 바지에 적응을 못하는 강아지는 입히지 않는 것이 맞습니다. 적응을 위해 바지를 입혀놓고 장시간 두는 경우도 있는데, 소변을 보지 못하는 강아지도 있으니, 잠깐씩 자주 입히면서 적응을 시켜주세요.

계절에 따라 옷을 선택하는 방법이 있을까요?

계절에 따른 옷을 선택하기 전에 반드시 고려해야 하는 것은 '강아지가 불편하지 않은가?'입니다. 아무리 예쁜 옷이라도 움직임이 힘들거나 강아지가 불편해 한다면 좋은 옷 선택이라고 할 수 없습니다. 다음 표를 참고해 계절에 따라 확인할 내용을 알아두세요.

계절	선택방법
봄, 가을	셔츠, 원피스, 점퍼, 재킷 등 입힐 수 있는 종류와 디자인이 다양한 계절입니다. 봄·가을에 사용되는 원단은 두껍지 않기 때문에 소매가 달린 디자인도 무난하게 입힐 수 있습니다. 강아지의 활동성을 고려하여 앞발의 소매 둘레가 여유감이 있는지 확인해주세요. 티셔츠와 재킷을 레이어드 해서 입히는 경우라면 둘 다 소매가 달린 디자인은 불편할 수 있으므로 피하는 것이 좋아요.
여름	얇은 면 소재의 원단, 끈으로 된 민소매 디자인이 좋아요. 더운 계절이기 때문에 겨드랑이가 여유 있게 파여 통풍이 잘 되는지 꼭 확인해주세요. 실내에서는 옷을 입히지 않아도 되지만, 몸통 미용을 여름에 많이 해주기 때문에 에어컨 바람이 걱정된다면 얇은 소재의 옷을 입혀주세요. 햇볕이 강해 피부와 발바닥이 화상을 입을 수 있으므로, 최대한 외출을 피하되 불가피한 경우라면 햇볕을 막아주는 얇은 옷을 입히고 신발도 신겨주세요.
겨울	겨울에는 보온성이 가장 중요해요. 솜 누빔, 털 원단, 기모 원단 등이 사용된 옷을 입혀주세요. 실내 생활을 하는 강아지들은 생각보다 추위를 많이 타기 때문에 외출 시 앞발 소매둘레에 바람이 들어가지 않도록 시보리 처리가 되어 있는 옷이 좋아요. 또, 터틀넥 형태의 목이 올라간 옷도 강아지를 따뜻하게 보호할 수 있어 좋아요. 또 하나 겨울철에 고려해야 할 점은 원단의 부피감과 부드러운 정도입니다. 부피감이 너무 크거나 뻣뻣한 원단은 보온성이 좋더라도 강아지가 불편해 움직이지 않는 경우가 많습니다. 또, 겨울 원단에 소매가 달린 아우터는 불편해요. 소매가 있는 부드러운 원단의 이너 티셔츠를 입히고 코트, 점퍼, 패딩 등은 소매가 없는 디자인을 선택하여 강아지의 활동성을 방해하지 않도록 해주세요.

초보자들이 가장 많이 하는 실수 BEST 7

01 같은 방향으로 두 개가 재단되었어요.

" 소매를 달려고 보니 몸판과 길이가 안 맞아요. 이상하다 했더니 소매를 똑같은 모양으로 두 장을 재단했네요!! "

초보자들이 가장 많이하는 실수입니다. 소매, 바지, 단추가 달리는 배판 등은 방향이 다른 2장으로 재단해야 해요. 이런 실수를 막으려면 원단을 펼쳐 2장을 재단할 때 패턴을 뒤집어 한 번 더 재단하거나 원단을 겉과 겉이 닿게 접은 상태에서 한 번에 두 장을 재단하면 돼요.

02 상의는 원단의 겉이 보이는데 치마는 원단의 안이 보여요.

" 상의와 치마를 박음질하고 오버록까지 다 끝내고 '아~완성이다~' 했는데 상의는 겉이 보이고, 아래 치마는 안이 보이게 연결했어요. "

항상 원단을 연결할 때는 겉과 겉이 닿도록 박음질해야 하는데 '내가 왜 그랬을까?' 하면서도 또 실수를 하는 경우가 많아요. 원단은 '겉과 겉'이 마주닿은 상태에서 박음질해야 한다는 사실 꼭 기억하세요!

03 어? 왜 재단한 게 없을까요?

" 재단을 끝내고 원단을 정리한 후 봉제를 시작했는데, 아뿔사, 박음질하다보니 빠뜨린 요소가 있다는 사실을 발견하고 다시 원단 재단을 하느라 시간이 배로 걸렸어요. "

패턴의 조각이 여러 개인 옷을 만들 때 저지르는 실수죠. 앞으로는 재단이 끝난 후, 이 옷을 만드는 데 필요한 패턴은 무엇인지, 부위별로 체크하는 습관을 들이세요.

04 시접선이 아니라 완성선을 잘랐어요.

" 예쁘게 옷을 만들어 볼 마음으로 즐겁게 재단을 시작했어요. 헉! 시접선이 아니라 완성선을 가위로 잘랐네요. 옷 만들기에 대한 의욕이 뚝 떨어졌어요. "

초보 때는 모든 신경을 집중하여 선을 그리기 때문에 실수를 하는 분이 적고, 오히려 익숙해지면 하는 실수 중 하나에요. 아무 생각 없이 가위로 원단을 잘랐는데 시접선이 아니라 완성선을 잘랐을 때 "어머!"하고 소리를 지르게 돼요. 이건 방법이 없어요. 다시 재단하는 수밖에... 이런 불상사를 막기 위해 시접선을 재단해야 한다는 사실을 꼭 기억해주세요!

바느질하는 강아지
SEWING DOG

05 가위집 내다가 원단을 자르고 말았어요.

❝가위집을 내고 있는데, 쪽가위가 너무 깊이 들어간 상태에서 자른 느낌이 들어요. 원단을 보니 역시나 박음선보다 더 안쪽으로 잘렸네요. 아… 어쩌죠? 거의 다 만들었는데…❞

시접이 두꺼워 힘을 많이 줘야 할 때, 집중하지 않고 가위집을 낼 때 가끔 이런 일이 발생해요. 임시 방편으로 박음질선을 안쪽으로 이동해 한 번 더 박아 완성할 수 있지만 아무래도 사이즈가 줄어들죠. 그냥 두면 옷에 구멍이 나 있는 상태이기 때문에 그 부분이 금방 터져요. 가위집을 낼 때는 박음선에 가까이 가위집을 내되, 절대 더 안쪽으로 들어가 자르면 안 된다는 것을 기억하세요.

06 같은 길이였는데 끝부분의 원단 길이에 차이가 생겼어요.

❝분명 같은 길이로 재단했는데 박음질해 보니 위아래 원단의 길이가 달라져 있어요. 이걸 어쩌죠?❞

위아래 원단이 노루발을 지나갈 때 받는 압력 차이가 있기 때문에 이런 현상이 생겨요. 위 원단은 노루발이 누르고 있고, 아래 원단은 미싱의 톱니가 원단을 잡고 있는데 그 힘에 차이가 있는 것이죠. 길이 차이가 많이 나는 경우는 원단이 늘어나지 않도록 실을 뜯어서 스팀을 원단에 쐬어 길이를 맞춰 준 후 다시 박음질하면 돼요. 이런 현상을 줄이려면 박음질 중간중간 노루발을 들었다가 놓거나 시침핀을 시작과 끝 그리고 중간에 꽂아두고 박음질하면 돼요. 송곳을 이용해 원단을 밀어주듯이 넣어주는 것도 한 가지 방법이에요.

07 단추가 반대로 달렸어요.

❝단추를 달고 옷을 완성했어요. 완성된 모습을 확인하려고 단추를 채우는데.. 단추가 반대로 달려서 "똑딱"하고 채워지지 않아요.❞

단추는 옷의 마무리죠. 스냅식의 똑딱이 단추는 암수가 만나도록 방향을 정해야 하는데 무턱대고 단추를 다는 경우가 많아요. 가시도트, T단추, 도트 단추 등은 한 번 원단에 달면 다시 뜯기가 쉽지 않고, 다시 뜯더라도 원단이 늘어나거나 큰 구멍이 생겨요. 때문에 처음부터 정확하게 다는 것이 중요합니다. 단추를 달기 전에 위치가 맞는지 한 번 더 확인하세요. 원단의 겉과 안이 헷갈리면 안 돼요. 꼭 체크하세요.

화창한 봄날, 특별한 일이 생길 것 같아요.

드레스&멜빵 정장 올인원　HOW TO MAKE_P292/298

프릴 칼라 원피스&헤드 드레스/발레리나 튜튜 원피스/민소매 티셔츠/고깔모자
HOW TO MAKE_P266/272/260/150/326

아뵤!

트레이닝 올인원　HOW TO MAKE_P208

하트끈 장난감/뼈다귀 장난감/원형방석　HOW TO MAKE_P334/330/342

하나만 걸쳐도 멋스러움이 묻어나요.

야상/사각방석/강아지 우비　HOW TO MAKE_P242/338/380

라이더 재킷　HOW TO MAKE_P250

라이더 재킷은 튜튜 원피스와 함께 코디하면
여성스러움과 활동성을 동시에 느낄 수 있어요.

야구 원피스/멜빵 올인원　HOW TO MAKE _P190/214

레드체크 청 패딩 점퍼/스키니 목폴라　HOW TO MAKE_P230/168

야구 점퍼　HOW TO MAKE_P236

래글런 소매 티셔츠　HOW TO MAKE _P172

슬링백/후드 티셔츠/털조끼/큰 칼라 겨울 원피스
HOW TO MAKE_P364/184/224/196

이 안에 "똥" 있다~

매너벨트&위생팬티/강아지 가방 HOW TO MAKE_P308/312/354

스모킹 원피스/누빔 원단 면조끼 HOW TO MAKE _P202/220

프릴 소매 티셔츠/기본 소매 티셔츠/스냅백　HOW TO MAKE_P176/162/348

당의 한복&배자 한복/털방울 모자&털목도리　HOW TO MAKE_P276/284/386/392

CONTENTS

INTRO　머리말 2　이 책의 구성 4　소잉도그가 알려주는 강아지 옷 만들기 Q&A 6
초보자들이 가장 많이 하는 실수 BEST 7 8　갤러리 10　목차 24　무료 동영상 강의 및 온·오프라인 강의 28

강아지 옷 만들기의 기초

CHAPTER 01 원단 이해하기
원단의 이해 33　원단 선 세탁하기 35　원단의 종류 36　원단 구입하기 41
EPISODE 01　동대문종합시장에 홀딱 빠지다 43

CHAPTER 02 도구 및 부자재
패턴 그리기&재단하기 45　바느질&봉제 46　장식하기 47　미싱 바늘 48　모양 만들기 48
EPISODE 02　미싱 한 번도 안 써보셨어요? 49

CHAPTER 03 봉제 기본 알기
기본 손바느질법 51　봉제의 기본 55
ONE MORE STEP　별도의 미싱이 필요한 시접 정리법 58　람빠와 뻥뻥이를 아시나요? 63
SPECIAL PAGE　미싱의 종류 74

CHAPTER 04 강아지 치수 재기
강아지 사이즈표 77　부위와 치수재기 78

CHAPTER 05 재단하기
원단 재단하기 84
ONE MORE STEP　시접 그리기 83　재단 시 많이 하는 실수 86
SPECIAL PAGE　사이즈 측정 시 유의사항 87

강아지 옷 만들기의 시작, 패턴 그리기

CHAPTER 01 강아지 옷 패턴 그리기
강아지 옷 패턴의 종류 91　패턴 기호 92　견종별 체형 특성 93　강아지 옷 패턴 그리기 94
패턴의 조합과 분할 117
ONE MORE STEP　옆선 다트 잡기 100　시보리가 달릴 때 패턴 잘라내기 103

CHAPTER 02 가봉 및 패턴 수정하기
가봉과 패턴 수정의 중요성 123　패턴 가봉하기 123　가봉 시 체크사항 125　기본 패턴 수정하기 127　소매 패턴 수정하기 136　바지 패턴 수정하기 139　후드 패턴 수정하기 139
패턴 여밈분 주기 140　시보리, 바이어스 분량 계산하기 141
SPECIAL PAGE　강아지 옷을 만들 때 특별히 고려할 점 143　옷의 완성도를 높이는 장식법 146

강아지 옷 만들기의 실제_의류

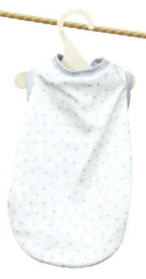

150
민소매 티셔츠

156
끈나시 티셔츠

162
기본 소매 티셔츠

168
스키니 목폴라

172
래글런 소매 티셔츠

176
프릴 소매 티셔츠

184
후드 티셔츠

190
야구 원피스

196
큰 칼라 겨울
원피스

202
스모킹 원피스

208
트레이닝 올인원

214
멜빵 올인원

220
누빔 원단 면조끼

224
털조끼

230
레드체크 청 패딩 점퍼

236
야구 점퍼

242
야상

250
라이더 재킷

260
발레리나 튜튜 원피스

266/272
프릴 칼라 원피스 &
헤드 드레스

276/284
당의 한복 &
배자 한복

292/298
드레스 &
멜빵 정장 올인원

강아지 옷 만들기의 실제_액세서리 및 소품

308/312 매너벨트/위생팬티

318 나비넥타이형 리본

320 싱글 와이어 리본

324 망사 원단 리본

326 고깔모자

330/334 뼈다귀 장난감/하트끈 장난감

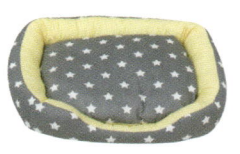

338 사각방석

342 원형방석

348 스냅백

354 강아지 가방

364 슬링백

372 하네스&리드줄

380 강아지 우비

386/392 털방울 모자&
털목도리

무료 동영상 강의

책을 구입한 분들이라면 누구나 무료로 동영상 강의를 들으실 수 있습니다. 카페 가입 후 간단한 인증절차를 거치면 책에 수록된 강아지 옷 만드는 방법 중 일부를 동영상으로 볼 수 있어 초보자들도 쉽게 옷을 만들 수 있습니다.

★ **수강 장소** 동영상으로 배우는 강아지 옷 만들기 카페(http://cafe.naver.com/sewingdog)
★ **수강 내용** 민소매 티셔츠, 래글런 소매 티셔츠, 야상
★ **수강 방법** 카페 가입 후 '책 구매 인증' 카테고리에 책 구입 인증 글(사진 포함)을 남겨주면, 등급 조정 후 동영상을 무료로 수강하실 수 있습니다.

온라인 강의

주변에 강아지 옷 만들기 배울 곳이 없으신가요? 오프라인으로 배울 시간이 없으신가요? 소잉도그의 온라인 공방으로 놀러오세요.

★ **홈페이지** http://sewingdog.net, http://sewingdog.modoo.at
★ **카페** 동영상으로 배우는 강아지 옷 만들기(http://cafe.naver.com/sewingdog)
  • 온라인 봉제반 : 초급, 중급, 고급 봉제반
  • 온라인 패턴반 : 초급패턴반, 초급패턴응용반, 중급패턴반, 고급패턴반
★ **블로그** http://blog.naver.com/enjoylifeme ★ **인스타그램** https://www.instagram.com/sewing_dog

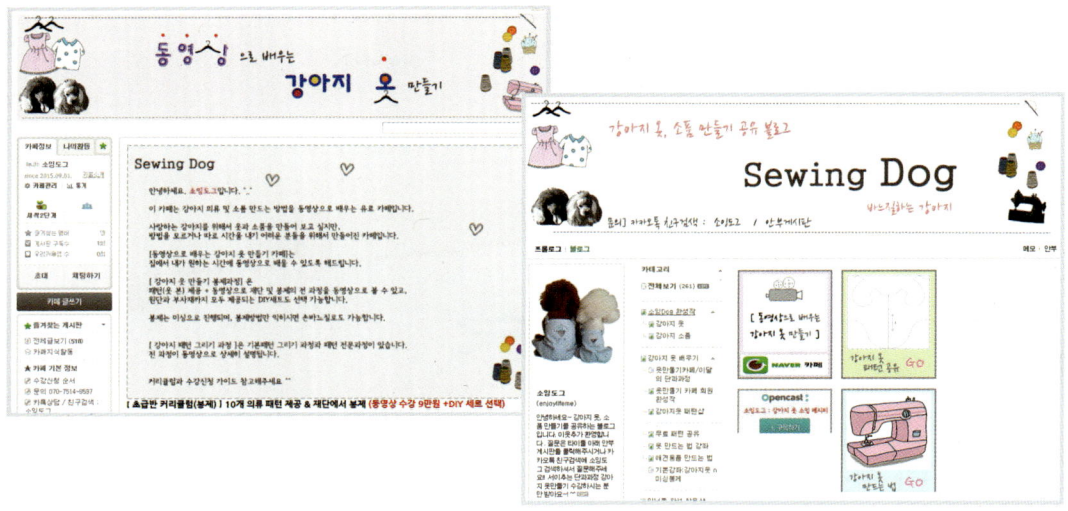

수강생 sweetpea님의 작품
수강생 설이선물님의 작품
수강생 여유걸님의 작품

'바느질하는 강아지'
소잉도그(Sewing Dog)

오프라인 강의

'온라인만으로는 부족하다, 직접 소잉도그의 설명과 시연을 보고 싶다' 하시는 분들을 위해 오프라인 강의를 진행하고 있습니다. 봉제, 패턴을 비롯하여 강아지 옷 만들기에 대한 궁금증을 실시간으로 바로바로 확인할 수 있다는 장점을 가지고 있는 오프라인 강의를 신청해주세요. 자세한 신청방법과 앞으로의 일정은 소잉도그 블로그와 카페를 통해 확인해주세요.

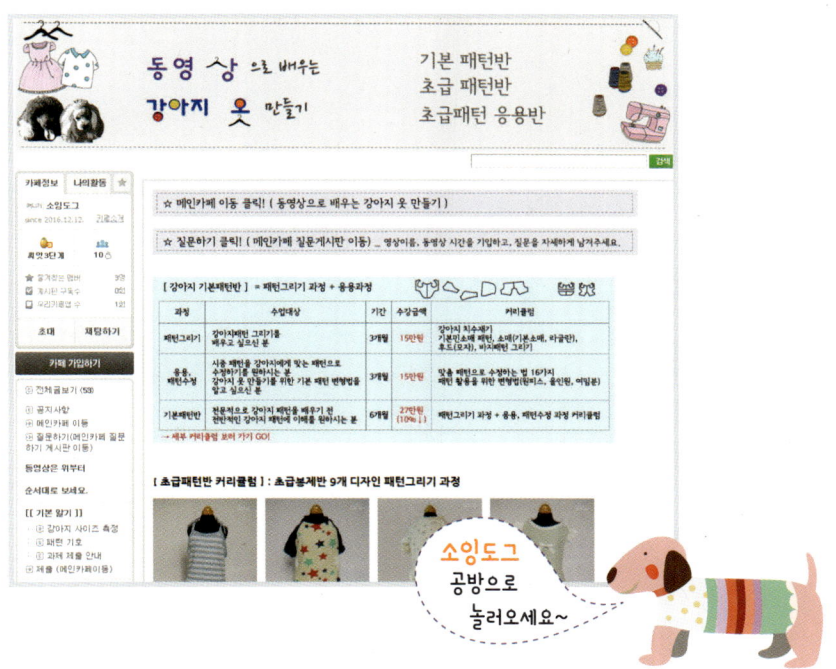

소잉도그 공방으로 놀러오세요~

PART 01

강아지 옷 만들기의 기초

chapter 01

원단 이해하기

옷 만들기의 기본 재료는 원단이다.
원단의 종류와 특징을 정확하게 이해하고 있어야만
완성도 있는 강아지 옷을 만들 수 있다.

원단의 이해

원단은 옷을 만드는 데 가장 기본이 되는 재료이므로 옷 만들기를 시작하기 전에 원단의 방향이나 특성을 정확하게 이해한 후 그에 맞게 사용해야 옷 완성 후 틀어짐이나 형태 변형을 막을 수 있다.

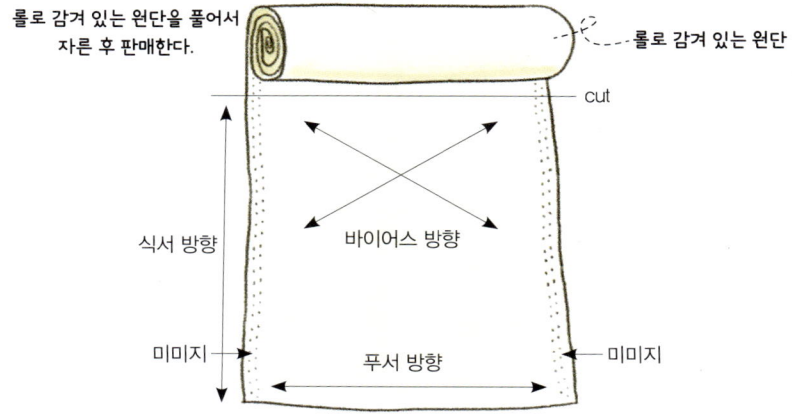

① **원단의 단위** 90cm 단위로 판매되며 마, 야드로 불린다.
② **원단의 폭** 폭은 인치(1inch=2.54cm)로 표시하며, 44~60인치가 가장 많이 사용된다. 재단 전 원단의 폭을 고려해 전체 원단 소요량을 생각해야 한다.
③ **원단의 방향**
 • 식서 방향 : 롤로 감겨 있는 원단이 풀어지는 방향이다. 원단의 방향 중 가장 늘어나지 않는 세로 방향이기 때문에 옷을 만들 때에는 식서 방향으로 재단한다. 원단의 양 끝에는 현장 용어로 '미미지'라 불리는 마감 부분이 있고, 구멍이 뚫려 있다. 미미지는 식서와 동일한 방향이므로 원단을 잘라 사용할 때 한쪽 미미지를 남겨놓으면 식서 방향을 알기 쉽다.
 • 푸서 방향 : 식서 방향보다는 잘 늘어나는 가로 방향으로, 원단 판매 시 가위가 지나가는 방향이다.
 • 바이어스 방향 : 늘어나는 성질이 가장 큰 방향으로, 원단의 45° 방향을 의미한다. 늘어나는 성질을 이용해 바이어스를 만들어 끝단 마감용으로 사용한다.

❹ **원단의 겉과 안 구분하기**

- 프린트가 되어 있는 면이 겉이다.
- 무늬가 선명한 면이 겉이다.
- 광택이 있고 매끄러운 면이 겉이다.
- 사선 올의 방향이 있는 경우 오른쪽에서 왼쪽으로 흐르는 면이 겉이다.
- 브랜드명이나 글씨가 있는 면이 겉이다.
- 원단 양쪽 끝 타공 구멍의 방향으로 겉과 안을 구분하기도 하나 원단마다 겉으로 쓰는 방향이 달라 절대적 기준은 아니다.

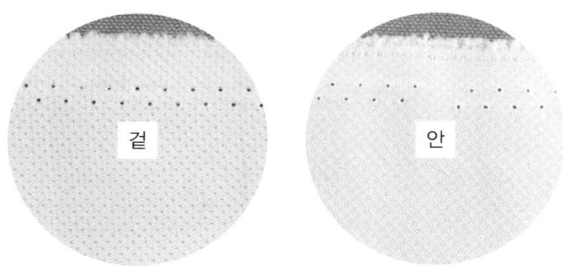

위의 방법으로도 겉과 안의 구분이 되지 않으면 한쪽을 임의로 선택해 사용하면 된다.

원단 선 세탁하기

직기 원단은(늘어나지 않는 원단) 재단 전 선 세탁 과정이 필요하다. 이는 제직 과정에서 늘어난 원단을 수축시켜주는 작업이다. 선 세탁을 하지 않으면 옷 완성 후 세탁할 때 옷감의 수축으로 사이즈보다 줄어들어 입지 못하게 될 수도 있다. 때문에 직기 원단을 사용한다면 반드시 선 세탁 과정을 거쳐야 한다.

 원단 선 세탁방법

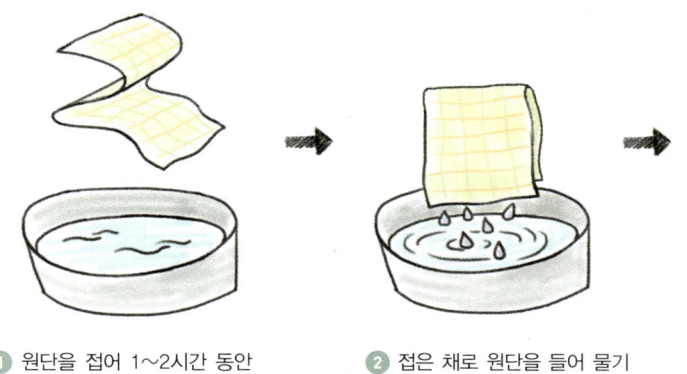

❶ 원단을 접어 1~2시간 동안 미지근한 물에 꾹꾹 눌러 담가둔다. 색깔 원단은 이염 방지를 위해 따로 선 세탁한다.

❷ 접은 채로 원단을 들어 물기를 뺀다.

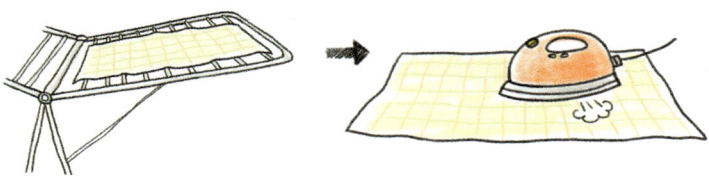

❸ 그늘에 펼쳐 말린다. 물이 떨어지는 방향으로 원단이 다시 늘어날 수 있으니 바닥으로 처지는 부분 없이 전체를 펼쳐 주는 것이 좋다.

❹ 약간 덜 마른 상태에서 다림질한다.

원단의 종류

원단은 크게 신축성 있는 니트 원단인 '다이마루 원단'과 신축성 없는 '직기 원단'으로 나뉜다. 원단의 두께는 '수'로 표현하며, 가장 많이 사용되는 것이 20수, 30수, 40수이다. 숫자가 클수록 원단의 두께가 얇고, 같은 원단 안에서도 여러 두께의 원단이 존재한다.

 니트 원단

티셔츠를 만들 때 주로 사용하는 원단이다. 신축성이 좋아 얇은 원단은 봉제가 까다롭기 때문에 초보라면 조금 두꺼운 다이마루 원단을 사용하는 것이 좋다. 니트 원단은 원단 끝이 말리는 성질이 있고, 시접 정리(오버록이나 지그재그 박기)가 필요하다.

❶ **싱글, 양면, 특양면 다이마루** 싱글보다 양면이나 특양면은 좀 더 두께감이 있다.

❷ **후라이스** 싱글 다이마루보다 신축성이 좋고, 조직감이 탄탄하다.
　➡ 원피스, 티셔츠

❸ **미니쭈리** 원단 안쪽에 고리 모양으로 짠 루프조직이 선명하게 보인다. 싱글이나 후라이스보다 좀 더 힘이 있는 원단으로, 2단 쭈리와 3단 쭈리를 많이 사용한다.
　➡ 맨투맨 티셔츠, 후드 티셔츠

❹ **기모 다이마루** 겨울에 주로 사용하는 원단으로, 원단 안에 보온성을 높여주는 기모가 포함되어 있다. ➡ 겨울 티셔츠, 트레이닝복

❺ **골지** 원단을 당겨 펼쳤을 때 골조직이 보이는 원단으로, 신축성이 뛰어나다. 티셔츠의 밑단, 목, 소매를 마감하는 시보리에 주로 사용한다. ➡ 티셔츠

 ## 직기 원단

❶ **기본 직기** 세로 방향의 '경사'와 가로 방향의 '위사'가 교차하여 만들어진 원단으로, 아사, 거즈, 면, 코듀로이 등이 여기에 속한다. 잘 늘어나지 않는 성질을 가지고 있으며, 20~60수의 다양한 두께와 나염(염색) 원단이 있다. 강아지 옷에는 너무 얇거나 조직이 치밀하지 않은 원단(거즈)은 적합하지 않다. ➡ 셔츠, 원피스

❷ **캔버스, 옥스퍼드, 린넨** 기본 직기 원단에 비해 실의 굵기가 굵어 원단이 두껍고 뻣뻣하다. 린넨은 의류와 소품에, 캔버스와 옥스퍼드는 가방과 소품 등에 주로 사용된다. 원단의 두께 때문에 내구성이 좋지만 원단이 여러 겹인 경우 가정용 미싱은 무리가 올 수 있어 주의가 필요하다. ➡ 가방, 소품

❸ **면스판** 면직기 원단에 폴리우레탄사를 넣어 신축성이 생기도록 가공한 원단으로, 기본 직기 원단보다 두께가 다양하고, 신축성이 좋다. ➡ 바지

❹ **청 원단** '데님'이라고도 불리며, 워싱 데님, 청해지, 나염 데님, 스판청 등 여러 종류의 원단이 있다. 강아지에게 청 원단을 사용할 때에는 스판성이 있는 원단이 좋다. ➡ 바지, 재킷

기타 니트, 직기 원단, 화학섬유

① **네오프렌** 미세한 구멍이 있는 합성고무 원단이다. 해녀복, 잠수복 느낌의 원단으로, 신축성과 보온성이 좋다. 형태감과 부피감이 좋아서 별도 안감 없이 옷을 만들 수 있다. ➡ 점퍼

② **폴라폴리스** 보온성이 뛰어난 원단으로 담요 등에 많이 사용된다. 구김이 없고, 포근한 원단이지만 정전기로 인해 강아지 옷이나 소품으로 사용 시에는 고려해야 한다.

③ **쿠션지, 저지** 두께감이 있고 신축성이 좋아 트레이닝복에 많이 사용되는 원단이다. 원단 자체에 힘이 있어서 봉제가 그닥 까다롭지 않다.

④ **분또** 다이마루에 속하는 원단으로, 이중으로 짠 원단이기 때문에 두께감이 좋다. 주로 재킷, 코트 등 아우터 원단으로 사용된다.

⑤ **PK** 표면의 조직감이 선명한 원단으로, 직조 후의 상태가 벌집 모양을 하고 있어 PIQUE(PK)라 불린다. 티셔츠, 골프웨어 등으로 사용되며 원단이 도톰하고 형태감이 좋다.

⑥ **망사 원단** 튜튜 스커트나 헤어핀, 장식용으로 많이 사용되며, 부드러운 것에서 뻣뻣한 것까지 다양한 종류가 있고, 무늬가 있거나 펄이 들어간 망사도 있다. 망사가 가늘고 촘촘한 것은 '샤 원단'이라고도 불린다.

⑦ **매시** 그물망처럼 조직감이 뚜렷하게 보여, 여름용 점퍼의 안감이나 스판성이 있는 티셔츠, 스포츠 의류에 많이 활용된다.

⑧ **펀칭 레이스** 펀칭(구멍)이 뚫려 있는 면 레이스 원단이다.

⑨ **방수 원단** 생활방수가 되어 있는 라미네이트 원단, 우비로 사용할 수 있는 완전 방수 원단이 있다.

기타 원단

① **가죽** 천연가죽과 인조가죽으로 나뉘고, 인조가죽 중에는 스판텍스처럼 신축성이 있는 원단도 있다. 옷을 불편해하는 강아지는 신축성이 있는 인조가죽을 사용하는 것이 좋고, 옷의 품이나 진동(앞다리 둘레)에 여유분이 있도록 만드는 것이 좋다.

② **노방(오간자)** 광택감이 있는 원단으로 드레스에 많이 사용되며, 투명감이 있어서 안쪽이 비치기 때문에 고급스러운 느낌을 낼 수 있다. 올이 잘 풀려 반드시 시접 정리가 필요하다.

③ **공단(사틴)** 노방과 함께 드레스에 많이 사용되고, 비침이 없는 원단이다. 신축성이 없고, 노방과 마찬가지로 올이 잘 풀려 시접 정리가 필요하다.

④ **양단, 깨끼** 한복지로 사용되는 원단으로, 깨끼는 여름 한복, 양단은 겨울 한복에 사용된다. 강아지 한복은 주로 양단으로 만든다.

⑤ **누빔 원단** 누빔은 원단 사이에 솜을 넣고 실로 일정한 모양으로 퀄팅(=누빔)하는 것을 말한다. 누빔선이 원단과 솜을 부착시켜 보온성을 높여주므로 겨울 패딩에 많이 사용된다.

⑥ **누빔 다이마루** 다이마루 원단 아래 솜을 넣고 누빔을 한 원단이다. 대체로 얇은 솜을 사용하기 때문에 패딩 원단처럼 두툼한 느낌이 아니라 포근한 느낌이 드는 원단이다. 겨울철 실내복으로 좋다.

⑦ **본딩 원단** 원단 아래 솜을 붙이되 실이 아닌 접착제를 이용해 부착하는 원단으로, 봉제선이 없어 표면이 매끈하다.

⑧ **다후다, 보드레** 의류의 안감으로 많이 사용하는 원단으로, 겉 원단이 두꺼운 경우 부피감을 줄이기 위해서 얇은 안감을 사용한다. 얇고 부드러운 원단이기 때문에 봉제가 까다롭고, 화학섬유이기 때문에 알레르기가 있거나 피부가 약한 강아지들은 사용하지 않는 것이 좋다.

겨울 원단

① **털 원단** 열로 털을 고정시킨 형태의 원단이다. 벨보아나 덤블링에 비해 털의 길이가 길고 매끄러우며, 광택감이 좋아 고급스러운 느낌이 있기 때문에 안감보다 겉감으로 많이 사용된다.

② **덤블링** 벨보아와 같이 겨울 의류 안감으로 많이 사용되는 원단으로, 털이 뭉쳐있는 것처럼 몽글몽글한 느낌이 든다.

③ **벨보아** 폴리로 만들어진 털 원단이다. 털 길이가 짧아 겨울 의류 안감에 사용해도 부담스럽지 않으며, 털의 뭉침이나 보풀이 생기지 않는 장점이 있다.

④ **스웨이드** 천연 스웨이드와 인조 스웨이드로 나뉘며, 요즘에는 인조 스웨이드가 많이 사용된다. 안쪽에 털이 있고, 겉에는 가죽이 붙어 있어 따로 안감이 없어도 된다. 시접 정리 없이 잘린 단면을 그대로 두는 것이 멋스러운 원단이다.

⑤ **트위드** 겨울에 사용되는 대표적 원단이지만 봄, 여름용 트위드도 있다. 보풀이 생기고 내구성은 다소 약하지만 트위드 특유의 고급스러운 분위기가 있다.

⑥ **니트 원단** 겨울에 사용되는 두꺼운 니트 원단으로, 스웨터를 만들 때 주로 사용된다.

원단 구입하기

원단은 온·오프라인을 비롯하여 다양한 경로로 구입할 수 있는데, 소잉도그는 주로 다음을 이용한다.

동대문종합시장

동대문종합시장은 국내 최대의 의류 재료 전문시장으로, 봉제에 관한 모든 것을 한 곳에서 만나볼 수 있다. 실제로 원단과 부자재를 눈으로 보고 손으로 만져볼 수 있어 아주 좋은 공부가 되기 때문에 한 번쯤 들러보는 것을 추천한다. 다만, 동대문종합시장은 도매 위주이기 때문에 소매 거래를 아예 하지 않는 곳이 많고, 바로 원단을 잘라 판매하는 곳보다는 예약 후 찾아가거나 공장, 창고에서 직접 발송되는 시스템으로 운영되기 때문에 당일 바로 원단을 찾지 못할 수도 있다.

동대문종합시장은 A, B, C, D, N동으로 구성되어 있으며, N동에서는 소매거래도 일부 이루어진다. 동대문종합시장은 총 4천 개가 넘는 매장이 있고 구조가 복잡하여 처음 간다면 길을 잃고 헤매기 쉬우므로 위치를 잘 기억하며 다녀야 한다.

- **홈페이지** : www.ddm-mall.com
- **위치** : 지하철 1, 4호선 동대문역 9번 출구
- **영업시간** : 원단/의류 부자재 – 08:00~18:00(토요일 : 08:00~13:00)
  액세서리 – 09:30~19:00(토요일 : 09:30~17:00)
  혼수 및 인테리어 – 08:00~19:00
  ※ 영업시간은 층마다, 매장마다 다르며, 향후 변경될 수 있으므로 미리 확인하고 방문해야 한다.
  ※ D동은 관리 주체가 달라 별도 운영된다.

● 동대문종합시장 층별 안내

동대문종합시장에는 층별, 구역별로 비슷한 원단들이 모여 있다. 방문하기 전에 각 층별 정보를 미리 알아두면 수월하게 둘러볼 수 있다.

구분	A동	B동	C동	D동	N동
옥상	주차장	주차장	주차장		주차장
7F	사무실	-	-		-
6F	사무실	푸드코트, 편의점, 카페	모피		-
5F	액세서리 부자재	액세서리 부자재	나염, 쉬폰	-	푸드코트
4F	원단, 인조모피	나염 원단, 청 원단	나염, 쉬폰	-	원단(화학섬유, 나염)
3F	직기, 나염	안감, 방수	직기, 나염	시보리, 직기	원단(화학섬유, 나염)
2F	한복, 공단	단추, 레이스	다이마루, 쉬폰	다이마루, 니트	원단(화학섬유, 나염)
1F	침구, 수예, 그릇, 커튼, 카페트, 타월	의류부자재, 침구, 인조피혁	의류부자재, 침구	의류부자재	의류부자재
B1F	실, 의류부자재	실, 침구	실, 커튼, 수예, 침구	실, 의류부자재	커튼, 수예, 침구

온라인 원단 쇼핑몰

온라인 원단 종합 쇼핑몰은 다양한 종류의 원단 및 부자재를 판매하고 있다. 소량 구매가 가능하고 각종 이벤트 및 포인트 제도를 운영하기 때문에 개인이 구매하기에 적합한 형태라 할 수 있다. 소규모 쇼핑몰보다는 다양한 원단을 소유하고 있는 쇼핑몰을 이용하는 것이 좋으며, 연말에 원단 세일기간을 이용하면 좀 더 저렴하게 구매할 수 있다. 다만, 모니터 화면을 통해서만 원단을 보고 구입해야 하기 때문에 색상이나 질감 등을 정확하게 알 수 없다는 약점이 있다.

- **원단천국** : http://www.wondanck.co.kr
- **패션스타트** : http://www.fashionstart.net

동대문종합시장에 홀딱 빠지다

옷이 어떤 과정을 통해서 어떤 방법으로 만들어지는지 전혀 알지 못했던 시절, 우연히 친구를 따라 동대문종합시장에 처음 갔을 때 정말 머리를 한 대 맞은 것처럼 놀라웠어요. 그때 처음 원단과 부자재라는 개념을 알게 되었는데 문화충격이라고 할 정도로 신세계였습니다. 이렇게 넓은 곳에 수백, 수천 가지의 원단이 존재한다는 사실이 저에게는 정말 신기함 그 자체여서 처음 놀이공원에 간 아이처럼 쉴 새 없이 둘러보며 감탄을 했답니다.

'원단과 부자재를 사서 옷을 만들 수 있겠구나.'라는 생각을 하게 된 후 본격적으로 봉제에 관심을 가지게 되었고, 내가 원하는 원단과 부자재를 구입하여 나만의 작품을 만들어보고 싶다는 생각이 들기 시작했던 거죠.

이후 나만의 멋진 옷을 만들겠다는 거대한 포부를 가지고 동대문종합시장을 다시 찾았지만, 하나도 구입하지 못하고 돌아와야 했습니다. 동대문종합시장이 소매 거래는 거의 하지 않는다는 사실을 몰랐던 것이죠(친구는 왜 말을 해주지 않았을까 살짝 원망 아닌 원망을 했더랬습니다. 하하. 정확하게 알아보지 않고 무작정 방문부터 한 제 잘못이죠;;). 비록 원단이나 부자재를 구입하지는 못했지만, 원단에 대한 다양한 공부를 할 수 있었던 좋은 기회였습니다. 워낙에 넓은 곳이다 보니 잠깐 돌아다닌 것 같은데 몇 시간이 훌쩍 가 버리더라고요. 그 이후로 시간이 날 때마다 들러 구경하고 돌아다녔습니다. '이런 것들도 있구나.'하고 스치듯 봤던 것들이 본격적으로 강아지 옷을 만들기 시작하니 참 많은 도움이 되더라고요.

강아지 옷을 만들어보기로 결심하신 분이라면 원단 구경도 하고, 공부도 할 겸 동대문종합시장을 방문해 보시길 권해요. 봉제를 하는 분들에게는 '성지' 같은 곳이랍니다. 원단은 소매 거래가 거의 없지만 액세서리 같은 것들은 소매 거래도 가능하니 구경삼아 둘러보세요.

동대문종합시장에서 원단을 충분히 살펴본 후 앞서 소개한 온라인 원단 쇼핑몰에서 필요한 원단을 소량으로 구입하는 것도 좋은 방법이 될 수 있어요.

도구 및 부자재

옷을 만들 수 있는 도구와 부자재의 종류는 매우 다양하다.
그중에서 옷을 좀 더 쉽게 만들도록 도와주고
완성도를 높여주는 대표적인 도구와 부자재를 알아보자.

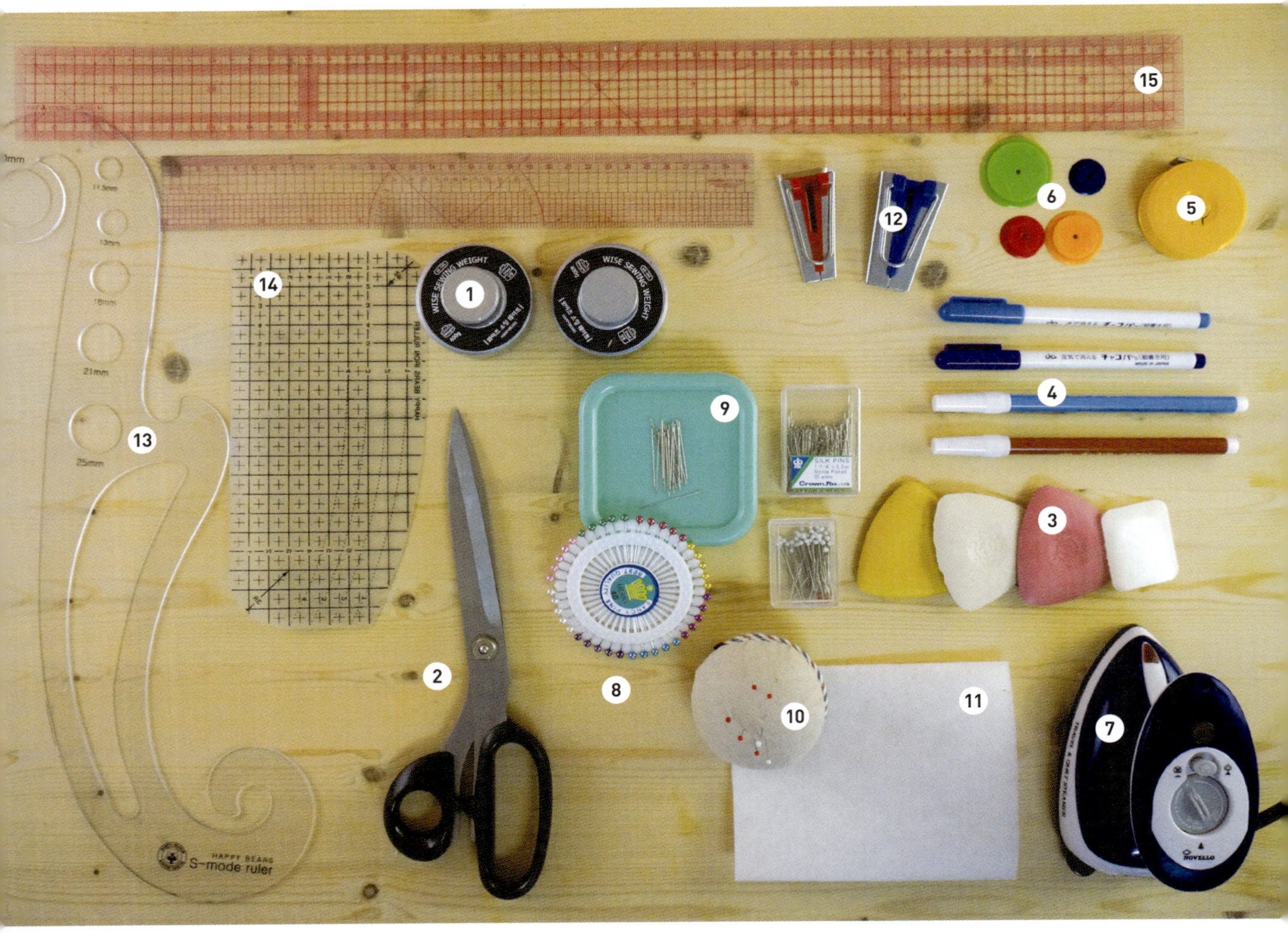

PART 01 강아지 옷 만들기의 기초

패턴 그리기&
재단하기

각 단계별로 사용되는 도구 및 부자재는 옷의 완성도를 높이거나 좀 더 편하게 작업할 수 있도록 도와주는 것들이다. 따라서 처음부터 모두 구비하기보다는 여러 번 옷을 만들어 본 후 필요한 것들을 차근차근 구비하는 것이 좋다.

① **문진(누름쇠)** 패턴이나 원단을 눌러주는 쇠로, 재단 시 패턴을 눌러주면 좀 더 정확하게 완성선과 시접선을 그릴 수 있다.

② **재단 가위** 원단을 자르는 용도의 가위이다. 날이 무뎌지지 않도록 원단을 자를 때만 사용하고 다른 용도로는 사용하지 않는 것이 좋다.

③ **초크, 초자고** 원단에 완성선과 시접선 등을 그리는 도구이다. 초크는 표면을 얇게 갈아 사용하면 되고, 세탁 전까지 초크 표시가 남아 있는 것이 불편하다면 다리미의 열이 닿으면 선이 사라지는 초자고를 사용하면 된다.

④ **펜** 물이 닿으면 선이 지워지는 수성펜이나 공기 중에 날아가는 기화펜 등을 사용하는 것이 좋다. 초크에 비해 다루기 쉽고 손에 묻지 않아 자주 사용된다.

⑤ **줄자** 강아지의 치수를 재거나 패턴의 길이를 잴 때 사용한다. 버튼을 누르면 줄자가 말려 들어가는 것이 사용하기 편하다.

⑥ **시접라이너** 시접을 쉽게 그릴 수 있도록 도와주는 도구이다. 10mm, 7mm, 5mm, 3mm가 한 세트로 구성된다.

⑦ **다리미** 옷을 만드는 도중에 형태를 정리할 때, 심지를 붙일 때, 옷이 완성된 후 전체 원단의 구김을 정리할 때 사용한다.

⑧ **시침핀** 봉제 부위를 임시로 고정할 때 사용하며, 핀은 얇은 것이 좋다.

⑨ · ⑩ **핀 방석 · 핀 쿠션** 핀을 꽂아두는 용도로 쓰이며, 핀 쿠션은 안에 솜이 들어 있어 푹신하고, 핀 방석은 자석 성질이 있어 핀을 정리할 때 편리하다.

⑪ **부직포** 실물패턴을 복사하는 용도로 쓰이며, 질긴 성질이 있어서 복사한 패턴을 오래 보관하기 좋다. 부직포가 너무 두꺼우면 실물패턴의 선이 비치지 않을 수 있으니 적당한 두께를 사용해야 한다.

⑫ **바이어스메이커** 바이어스테이프를 쉽게 만들 수 있도록 도와주는 도구이다. 여러 사이즈 중 18mm(빨간색)가 가장 많이 사용된다.

⑬ **S모드 자** 패턴의 곡선을 자연스럽게 그리기 위해 사용한다.

⑭ **시접자** 자에 cm가 표시되어 있어 원하는 시접 분량을 균일하게 접어 올릴 수 있다.

⑮ **그레이딩 자** 선을 그리거나 수정할 때, 패턴의 길이를 잴 때 사용하는 도구로 잘 휘어지는 것이 좋다. 자에 cm가 표시되어 있어 시접선을 그리기 편하다. 30cm, 50~60cm의 자를 모두 가지고 있으면 두루 사용하기에 편리하다.

바느질&봉제

① **송곳** 단추를 달 위치에 구멍을 내거나 표시할 때 사용한다.
② **실뜯개** 박음질이 잘못되었을 때 원단에 손상을 주지 않으면서 실을 잘라내는 도구이다.
③ **쪽가위** 실밥을 정리하거나 가위집을 낼 때 사용한다.
④ **수예용 가위** 날이 예리하여 정교하게 원단을 자르거나 정리할 때 사용한다.
⑤ **손바느질 바늘** 바늘의 두께, 바늘구멍의 크기가 다른 다양한 사이즈가 있다. 다양한 호수가 들어 있는 세트를 사 두면 상황에 맞게 사용할 수 있다.
⑥ **봉제사** 일반 봉제사나 코아사를 많이 사용한다. 코아사는 일반 봉제사보다 질기고 광택이 있다. 봉제사는 40수 2합, 60수 3합을 많이 사용한다.(수=실의 굵기, 합=실의 꼬임)
⑦ **실고무줄** 실처럼 생긴 고무줄이다. 스모킹 주름을 잡는 용도로 주로 사용되고, 밑실에 사용한다.
⑧ **날라리사** 신축성이 있는 다이마루 원단의 박음질과 시접 정리 시 밑실로 사용한다. 원단이 늘어날 때 실도 같이 늘어나야 옷이 터지지 않기 때문이다. 윗실은 일반 봉제사를 사용한다.
⑨ **투명사** 투명한 실이다. 드레스 장식이나 봉제에 사용된다.
⑩ **자수용 실** 겉으로 보이는 스티치 장식을 할 때나 상침을 할 때 사용하는 실로 일반 봉제사보다 질기고 광택감이 있다.
⑪ **옷핀, 고무줄 끼우개** 고무줄을 끼울 때 사용하며, 옷핀으로 대체할 수 있다.
⑫ **뒤집개** 끈을 만들 때 원단을 쉽게 뒤집을 수 있도록 도와주는 도구이다.

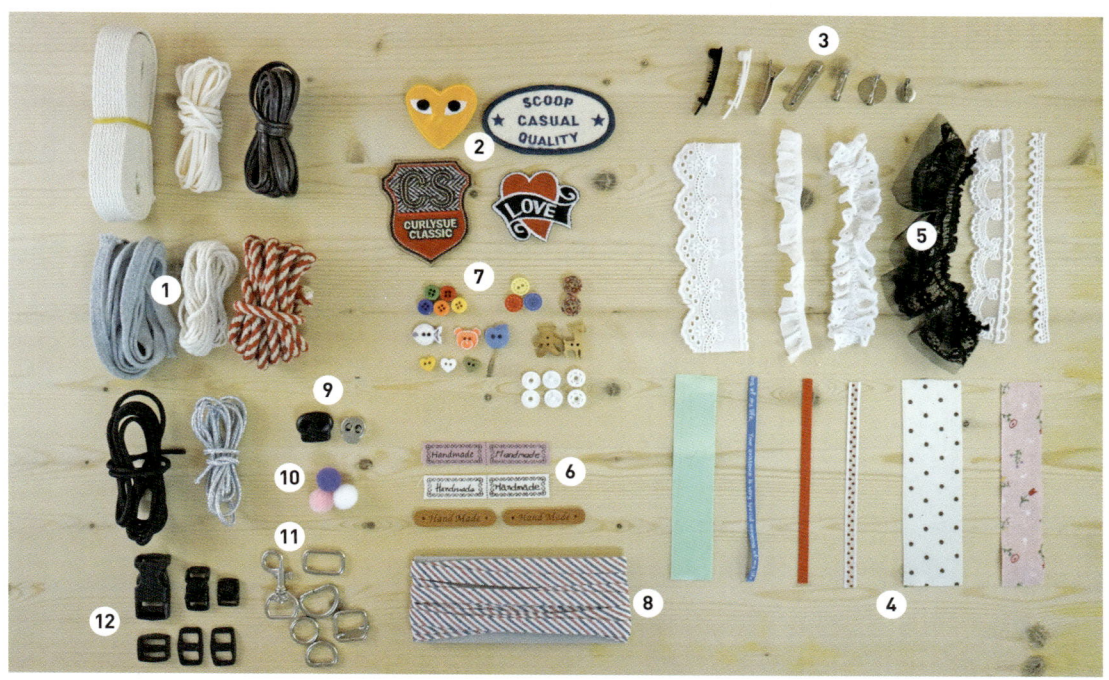

장식하기

① **각종 끈·고무줄** 면 끈, 가죽 끈, 장식 끈, 고무줄
② **각종 와펜** 옷에 포인트를 주기에 좋다.
③ **핀대, 브로치대**
④ **리본** 나염 공단, 무지 공단, 골지 리본, 원단 리본, 오간디 리본
⑤ **레이스** 면 레이스, 토숀 레이스, 라셀 레이스, 고무줄 레이스, 두 겹 레이스
⑥ **핸드메이드 라벨**
⑦ **단추** 각종 장식단추, T단추
⑧ **바이어스테이프** 바이어스감을 다리미로 다려 바이어스테이프로 만들어 놓은 부자재로, 다이마루와 직기 모두 판매되며 직접 만들어 사용할 수도 있다.
⑨ **스토퍼** 끈의 길이를 고정할 때 사용한다.
⑩ **폼폼** 장식 부자재
⑪ **금속 부자재** 개고리, D링, 오링, 왈자 조리개
⑫ **플라스틱 부자재** 버클, 왈자 조리개

미싱 바늘

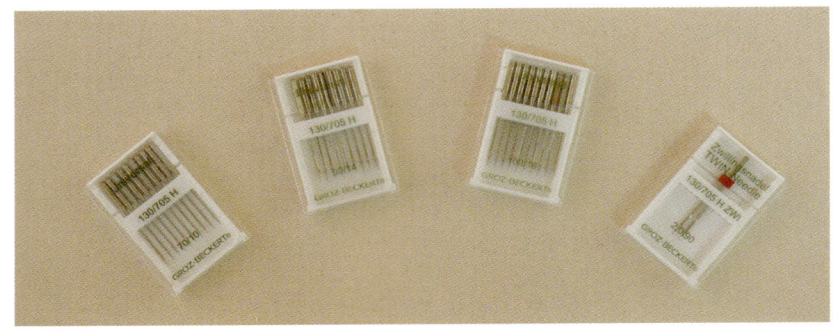

미싱 바늘은 굵기에 따라 종류가 나뉘는데, 바늘 호수가 높을수록 굵어 두꺼운 원단에 사용한다.
- 9호 : 쉬폰 등의 아주 얇은 원단에 사용한다.
- 11호 : 40수의 약간 얇은 원단에 사용한다.
- 14호 : 30수 원단(가장 많이 사용)에 사용한다.
- 16호 : 20수 이하의 두꺼운 원단에 사용한다.
- 쌍침 바늘 : 두 줄 박음이 동시에 가능한 바늘이다.

모양 만들기

1. **벨크로 테이프(찍찍이)** 여밈 장식으로 사용한다.
2. **고무줄** 강아지 옷에서는 형태를 잡기 위해 고무줄이 많이 사용된다. 0.3cm, 0.5cm, 0.7cm 등 두세 가지 폭의 고무줄을 미리 준비해 두면 된다.
3. **솜** 구름솜과 방울솜이 있다. 구름솜보다는 방울솜이 뭉치지 않아 사용하기 더 좋다.
4. **패브릭 글루** 섬유 접착제로, 와펜을 붙이는 용도로 사용된다.
5. **소리 도구** 삑삑이, 딸랑이라고도 불리는 소리 도구로, 장난감 안에 넣어 사용한다.
6. **심지** 옷의 형태감을 살리고 싶은 곳에 다리미로 붙여 사용한다.(실크 심지, 아사 심지, 모자 심지)

미싱 한 번도 안 써보셨어요?

오래 전 저의 첫 미싱이 배달된 날, 미싱을 놓아주고 가시려는 기사님에게 전 말했습니다. "이거 어떻게 쓰는 거예요?" 공업용 본봉과 오버룩을 구입한 제 입에서 도저히 나올 만한 말이 아니었는지 기사님께서는 "미싱 한 번도 안 써보셨어요?"라며 황당한 표정을 지었습니다. "네. 저 미싱 처음 봐요."라고 당당하게 대답하는 저를 쳐다보던 기사님의 표정이 아직도 기억납니다. "제가 이 일을 20년째 하는데 미싱 한 번 본 적도 없는 사람이 공업용 미싱을 사는 건 처음 보네요."하시면서 정말 많이 웃으셨죠. 친절하게도 기사님은 미싱에 실 끼우는 방법부터 어떻게 노루발을 들고, 어떻게 작동할 수 있는지 사용 방법을 하나하나 알려주고 가셨어요.

지금 생각해보면 정말 제 무모함이 놀랍습니다. 미싱이라고는 본 적 없는 사람이 어떻게 공업용 미싱을 두 대씩이나 구입할 생각을 했을까요? 지금 생각해도 어디에서 나온 자신감이었는지 모르겠어요.

처음 구입할 때 판매자에게 어떤 것을 만들지 생각하고 그것들을 만들 수 있는 것으로 추천해 달라고 했었어요. 강아지 옷뿐만 아니라 소품, 소파 커버, 이불, 커튼도 만들어 보고 싶고, 가죽도 다뤄보고 싶다고 말이죠. 해본 적도 없으면서 이왕에 시작하기로 한 것이니 잘하고 싶다는 욕심만 있었던 것 같아요.

시작은 이렇게 무모했지만 공업용 미싱 덕분에 어떤 원단이든 걱정 없이 이것저것 해보고 싶었던 것들을 도전해 볼 수 있었어요. 자리 차지하는 공업용 미싱 때문에 불편하고, 이사할 때도 큰 짐이지만 아직까지 후회 없이 잘 쓰고 있어요. 여기에 서브로 가정용 미싱도 가지고 있지요.

여러분들은 미싱을 구입하시기 전에 꼭 어떤 것을 만들고 싶은지 생각해보고 선택하시기 바랍니다. 굳이 저처럼 공업용을 구입하지 않아도 돼요. 요즘은 가정용도 잘 나오고, 힘 있는 것들이 많으니까요.

> **|TIP|** **손바느질로 강아지 옷을 만들 수는 없을까요?**
> 강아지 옷을 처음 만드는 분들께 많이 받는 질문이다. 당연히 손바느질로도 만들 수 있다. 집에 가정용 미싱이 없다면 책에 설명된 기본 손바느질법을 참조하여 만들면 된다. 하지만 훨씬 더 정성이 필요하고, 시간도 오래 걸린다. 또 두꺼운 원단이나 조직감이 치밀한 원단은 바늘이 빠져나오기 힘들어 손을 다칠 수 있으니 골무 사용은 필수다. 손바느질로 옷을 만들 때에는 바늘땀이 탄탄해야 한다. 바늘땀이 탄탄하지 않으면 옷이 벌어져 세탁 후에 입히지 못할 수 있기 때문에 탄탄한 바늘땀을 위해 온박음질 방법을 사용해야 한다.
> 미싱이 무조건 있어야 하는 것은 아니지만 옷을 만드는 효율성, 바늘땀의 탄탄함 측면에서는 손바느질과 차이가 날 수밖에 없으니, 초기에는 손바느질로 연습하다 차후에 구입하면 된다. 티셔츠류는 원단이 부드럽기 때문에 충분히 손바느질로 완성할 수 있다. 기본 옷들은 바느질로 시작하고, 흥미가 생기고 좀 더 다양한 옷을 만들고 싶어지면 그때 미싱 구입을 고려해 보자.

chapter 03

봉제 기본 알기

재봉틀이나 손바느질을 이용하여 옷을 만드는 과정을 봉제라고 한다.
기본 손바느질 방법과 강아지 옷 만들기 과정에서
꼭 알아두어야 하는 봉제의 기본 내용들을 알아보자.

PART 01 강아지 옷 만들기의 기초

기본 손바느질법

 매듭의 종류

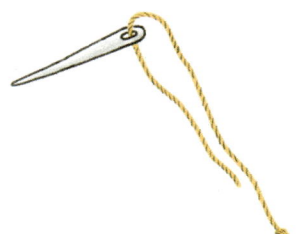

한 줄 매듭 실 한쪽을 길게 남겨 긴 쪽만 매듭을 만드는 방법으로, 기본 바느질법에서 주로 사용되는 실 꿰는 방법이다.

두 줄 매듭 실 두 줄의 길이를 같게 한 후 같이 매듭지어 사용하는 방법으로, 바느질을 단단하게 하고 싶을 때 사용한다.

실 매듭짓는 방법

바늘에 실을 2~3회 감아 엄지로 누르면서 바늘을 위로 당겨 빼내면 간단하게 매듭을 지을 수 있다.

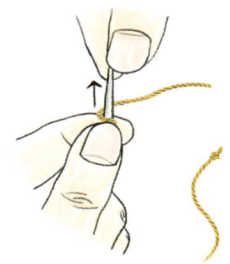

❶ 실 끝을 바늘 끝 부분에 올린다.

❷ 바늘에 실을 2~3회 감는다.

❸ 감은 실을 엄지손가락으로 누르고 바늘을 위로 당겨 빼낸 다음 바늘을 잡고 있던 손의 검지에 실을 한 바퀴 감아 매듭을 짓는다.

매듭 숨기기

매듭 숨기기는 원단 겉에서 실을 매듭지을 때 끝매듭을 원단 안으로 집어넣어 깔끔하게 마무리하는 방법이다.

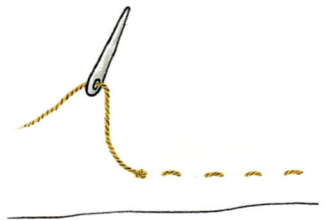 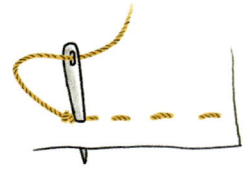 

❶ 매듭을 짓는다. 매듭을 여러 번 만들면 숨기기가 어려우니 한두 번만 매듭을 짓는다.

❷ 마지막 바늘땀에 다시 바늘을 꽂는다.

❸ 바늘을 원단 안으로 당기면 '톡'하는 소리가 나면서 매듭이 원단 안으로 들어간다.

 ## 홈질

가장 기본적인 바느질법으로, 원단 안에서 겉으로 바늘을 빼고, 땀의 간격이 일정하도록 바느질한다. 원단끼리 연결하거나 장식 스티치를 넣을 때, 주름을 만들 때 많이 사용한다. 한 번에 몇 땀을 떠서 실을 당기면 좀 더 빨리 완성할 수 있다.

 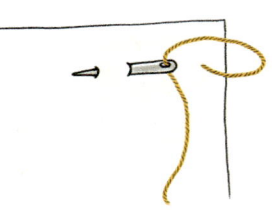 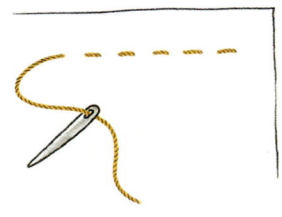

 ## 박음질

홈질보다 튼튼한 바느질법으로, 손바느질로 옷 만들기를 한다면 박음질로 원단을 연결해야 튼튼하게 완성된다. 다음 이미지는 온박음질 방법이다.

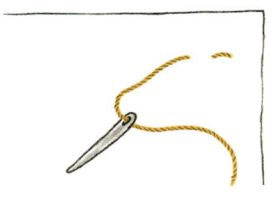 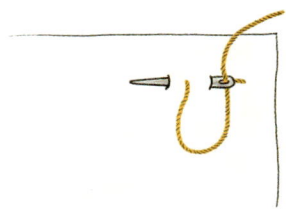 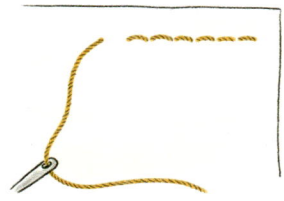

① 원단 안쪽에서 겉으로 바늘을 뺀다. 겉에서 한 땀을 뜨고, 안에서 한 땀 더 나가 겉으로 바늘을 뺀다.

② 겉에서 뜬 바늘땀 옆에 바늘을 꽂고, 바늘땀의 2배만큼 원단 안에서 이동하여 겉으로 바늘을 뺀다.

③ 이 과정을 반복하면 실이 겹치면서 더 튼튼하게 바느질된다.

공그르기

창구멍*을 막을 때나 바이어스를 감싼 후 마무리할 때 가장 많이 사용한다. 바늘 땀 간격이 좁을수록 단단하게 공그르기가 된다.

● 창구멍 막을 때

① 원단 안쪽에서 겉으로 바늘을 뺀다.
② 바늘이 나온 위치 맞은편으로 바늘을 집어넣고, 원단 안쪽으로 바늘을 통과시킨다.
③ 바늘을 빼고 다시 맞은편으로 바늘을 집어넣어 위 과정을 반복한다.

＊창구멍은 박음질 후 원단 겉이 보이도록 뒤집어 주거나, 솜과 같은 부자재를 집어넣기 위한 구멍이다.

● 바이어스 감싼 후 마무리할 때

몸판 원단은 한 올만 살짝 뜨고 바이어스감 안쪽 시접으로 바늘을 통과시킨다.

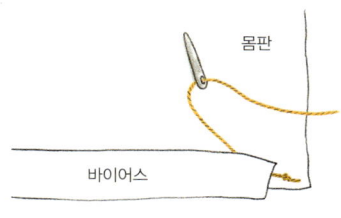 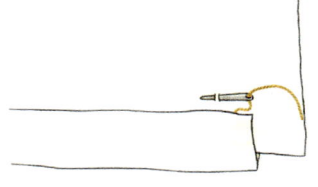 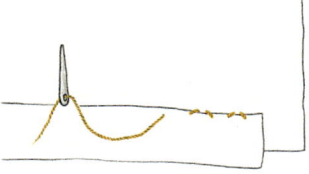

① 시접 사이로 매듭을 숨긴다.

② 몸판 원단은 한 올만 살짝 뜬다.

③ 바이어스감 안쪽 시접으로 바늘을 통과시켜 아래 한 땀은 길게 뜬다.

감칠질

시접의 올이 풀리지 않도록 마감할 때나 원단 2장을 연결하되 땀이 겉으로 보여도 될 때 감칠질을 사용한다.

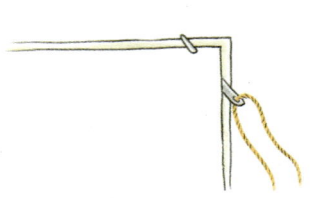 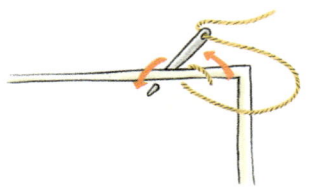 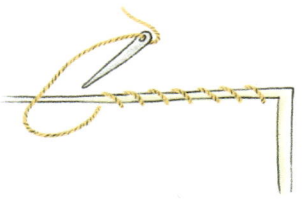

① 원단 한 장의 안쪽에서 겉으로 바늘이 위를 향하도록 빼낸다.
② 사선 방향으로 다른 원단의 뒤로 바늘을 옮기고, 다시 사선 방향으로 원단 뒤에서 앞으로 바늘을 빼낸다.
③ 같은 방법으로 뒤에서 앞으로 사선 방향으로 반복한다.

 ## 시침질

봉제 전 원단을 임시 고정하기 위한 바느질법으로, 원단과 솜을 합쳐서 고정하거나 뒤집은 칼라를 고정할 때, 주름을 잡을 때, 상침하기 전 원단을 고정할 때 사용하며 봉제 후 실은 뜯어낸다.

 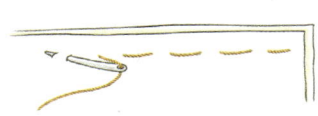

① 밖에서 안으로 바늘을 통과시킨다.
② 간격을 넓게 듬성듬성 바느질한다.

 ## 상침하기

박음질이 끝난 후 겉감과 안감이 뜨지 않게 고정할 때나 시접을 눌러 고정할 때 상침을 한다. 상침은 장식적 효과도 있어, 간격을 균일하게 하는 것이 중요하다. 손바느질은 홈질하여 상침한다.

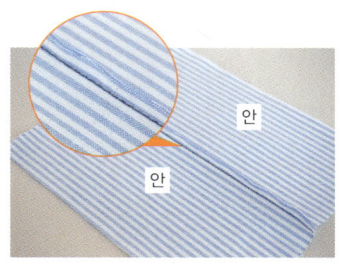

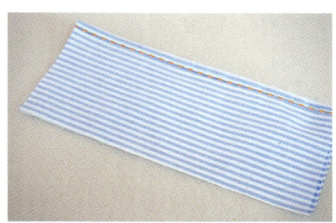

① 원단 2장을 겉과 겉이 만나게 하여 박음질한다.
② 원단의 안과 안이 만나게 하여 시접이 안으로 들어가도록 한다.
③ 원단 겉에서 0.3~0.4cm 간격으로 박음질한다.

봉제의 기본

시접 정리 방법

시접은 옷감의 부분과 부분을 이을 때 생기는 솔기를 말한다. 시접을 정리해야 원단이 두꺼워지는 것을 방지할 수 있고, 작품의 완성도를 높일 수 있으므로 봉제에서 반드시 필요한 과정이다.

● **홑솔** 가장 기본적인 시접 정리 방법이다.

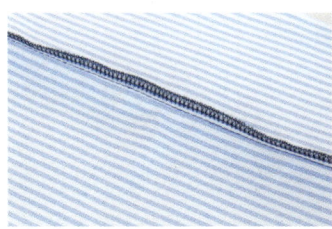
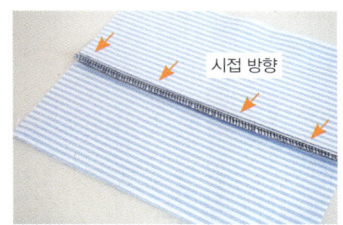

① 원단 2장을 박음질하여 연결하고 시접 정리(오버록이나 지그재그 박기)한다.
② 시접을 한쪽으로 넘겨 다림질한다. 오버록이나 지그재그 박기한 땀의 겉이 보이도록 넘긴다.

● **가름솔** 홑솔보다 시접이 덜 두꺼워진다.

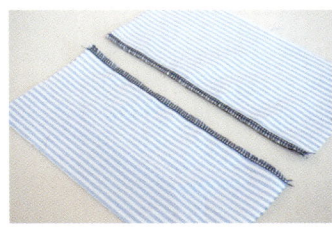

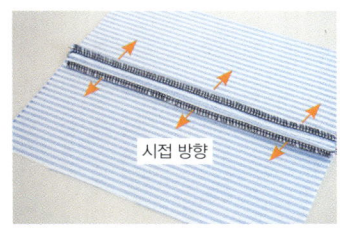

① 원단 2장을 각각 오버록이나 지그재그 박기로 시접을 정리한다.
② 2장을 박음질한다.
③ 각각의 시접을 가르고 시접을 다리미로 눌러준다.

◉ 쌈솔

청바지, 한복 등 튼튼한 박음질이 필요할 때 사용한다. 원단 겉과 겉이 만나도록 박음질하면 겉에는 한 줄의 선이, 안에는 두 줄의 봉제선이 생긴다. 반대로 안과 안이 만나도록 하면 안에는 한 줄의 선이, 겉에는 두 줄의 봉제선이 생긴다.

1 2장의 시접을 안과 안이 만나도록 하여 박음질하고 한쪽 시접은 절반만 남기고 잘라낸다.

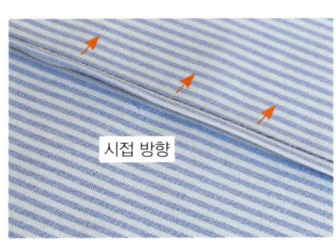

2 자르지 않은 시접으로 자른 시접을 감싸 접고, 자른 시접 방향으로 꺾어준다.

3 꺾은 시접 끝을 한 줄 더 박음질한다. 시접을 꺾은 면은 두 줄이 생긴다. 원단을 뒤집으면 한 줄의 박음선이 보인다.

청바지와 한복의 시접 정리 방향

쌈솔할 때 청바지와 한복의 봉제 방법은 같으나 방향은 반대로 한다. 청바지는 안과 안이 만나도록 하여 겉에서 두 줄의 봉제선이 보이게 하고, 한복과 같이 봉제선이 최소화되어야 할 때는 겉과 겉이 만나도록 하여 겉에서 한 줄의 봉제선이 생기게 하면 깔끔하고 시접도 튼튼하다.

시접 올이 풀리지 않게 정리하기

박음질 후 시접을 그대로 두면 올이 풀려 지저분해 보이고, 옷의 내구성도 떨어진다. 가정용 미싱이나 손바느질로도 충분히 시접을 정리할 수 있으니 반드시 시접을 정리하도록 한다.

1 **오버록** 시중에서 판매되는 옷의 시접 정리 방법이다.

2 **지그재그 박기** 가정용 미싱에서 오버록 기능으로 사용되는 지그재그 박기 방법이다.

3 **감침질** 손바느질로 할 수 있는 시접 정리 방법이다.

끝단 마감법

끝단 마감은 옷의 디자인과 원단 특성에 맞게 선택해야 한다. 접어 박기가 가장 많이 사용되는 마감법이며, 두 번 접어 박기, 말아 박기, 바이어스 마감은 시접이 보이지 않아 깔끔하게 마감해야 할 때 사용한다. 시보리 달기는 경쾌한 디자인의 옷에 많이 사용된다.

❶ **접어 박기** 오버록, 지그재그 박기로 시접을 정리한 후 시접 분량만큼 접어 한 줄로 박음질한다.

❷ **두 번 접어 박기** 시접을 두 번 접은 후 시접을 눌러 박는다.

❸ **말아 박기** 말아 박기 노루발을 이용해 시접을 정리하는 방법으로, 시접을 말면서 한 번에 박음질이 되어 편하다.

❹ **바이어스** 시접 끝을 바이어스로 감싸 정리하는 방법으로 전체 길이의 변화가 없다.[바이어스 만드는 방법(P.59) 참조]

❺ **시보리 달기** 시접에 시보리감을 연결하는 방법. 추가로 연결하는 방법이기 때문에 전체 길이가 길어진다.
몸판 겉과 시보리 겉을 마주보게 하여 박음질하고, 시접을 지그재그 박기나 오버록으로 정리한다.

❺-1 시보리를 겉으로 보이게 펼친 후 상침한다. 상침은 시접을 눌러 박아주는 효과가 있지만 반드시 해야 하는 것은 아니다.

 ## 별도의 미싱이 필요한
시접 정리법

인터록

오버록처럼 시접이 풀리지 않게 정리해주는 미싱이다. 오버록은 실이 바깥으로 보이지 않도록 시접을 정리하는 방법이고, 인터록은 실이 바깥으로 보이는 시접 정리 방법이다. 인터록이 오버록보다 시접 정리되는 폭이 좁아 크기가 크지 않은 손수건, 스카프의 끝단에 많이 사용된다.

▲ 인터록 ▲ 인터록과 오버록 비교

커버스티치

시접 정리와 시접을 눌러박는 박음질이 동시에 이루어지는 미싱이다. 겉에는 한 줄에서 세 줄의 스티치 선이 생기고 안쪽에는 오버록처럼 고리 모양의 땀을 형성해 시접이 풀어지지 않도록 한다. 티셔츠의 밑단이나 소매에 주로 사용되는 방법으로 한 번에 박음질과 시접 정리가 되어 편리하다.

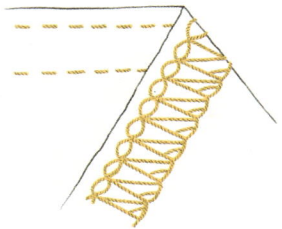

바이어스 만들기

바이어스는 필요한 만큼 원단을 바이어스 방향으로 잘라 사용할 수도 있고, 시중에 판매되는 제품을 구입해 사용할 수도 있다. 바이어스감을 이어 붙여 놓은 '롤 바이어스'나 롤 바이어스를 접어 다려놓은 '바이어스테이프'를 구입해 사용하면 된다. 시중에 판매되는 제품은 보다 편리하게 봉제를 할 수 있지만 다양한 색이 나오지 않는다는 아쉬움이 있다. 롤 바이어스와 바이어스테이프를 만드는 방법을 알아두면 상황에 맞는 원단으로 바이어스를 만들어 사용하여 보다 완성도 있는 옷을 만들 수 있다.

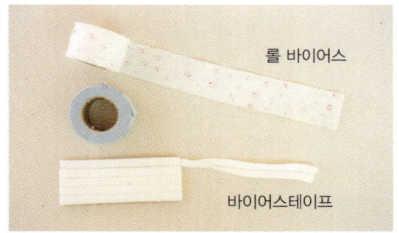

● 사선 바이어스

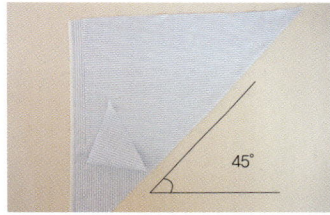

❶ 45° 방향으로 접은 원단을 준비한다. 한꺼번에 많은 양을 만들고자 할 때는 사각형의 원단을 45°로 접어 중심선을 잘라 사용한다.

❷ '원하는 바이어스 폭×4'만큼 원단에 선을 그은 후 가위로 자른다. 가장 많이 사용되는 치수는 3.6~4cm이다.(완성폭 0.9~1cm)

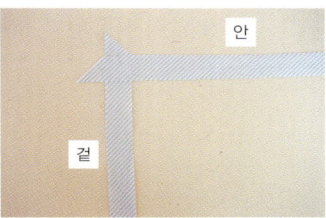

❸ 바이어스감 두 장 중 한 장은 겉이 보이게, 한 장은 안이 보이도록 한 후 끝이 겹치도록 수직으로 놓는다.

❹ 겹침분의 대각선 방향으로 박음질해 바이어스감 2장을 연결한다.

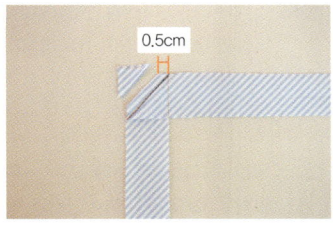

❺ 바이어스감의 튀어나온 부분을 잘라내고, 대각선으로 박은 시접을 0.5cm 가량 남기고 잘라낸다.

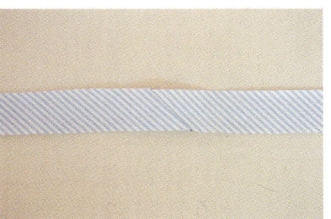

❻ 안이 보이는 바이어스감을 겉이 보이도록 젖히면 하나로 연결된 바이어스감이 완성된다.

롤 바이어스 만들기

❶ 여러 개의 바이어스감을 이어 붙여 하나의 긴 바이어스감을 만든다.

❷ 바이어스감을 휴지심이나 종이 심지에 감아 놓으면 시중에 판매하는 롤 바이어스가 완성된다.

● 바이어스테이프 만들기

바이어스테이프는 바이어스감을 다리미로 다려 테이프 모양으로 만들어 완성한다. '바이어스메이커' 도구를 이용하면 쉽고 간단하게 만들 수 있으며, 여러 사이즈의 메이커 중 18mm(빨간색)가 가장 많이 사용된다.(완성 9mm)

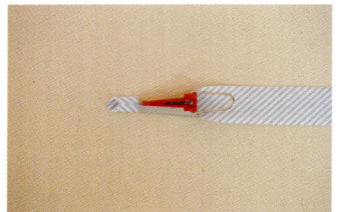
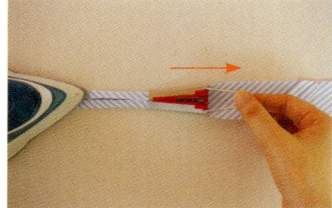

❶ 바이어스감의 끝을 삼각형 모양으로 자르고, 메이커 뒤로 바이어스감을 집어넣어 앞으로 통과시킨다.
|TIP| 송곳을 이용하면 쉽게 바이어스감을 통과시킬 수 있다.

❷ 바이어스메이커의 손잡이를 잡고 계속 뒤로 당기며 접혀 나온 바이어스감을 다리미로 눌러 형태를 고정한다.
|TIP| 바이어스감 연결 부분은 천천히 통과시켜야 모양이 흐트러지지 않는다.

❸ 바이어스메이커를 통과한 바이어스감을 다시 반으로 접어 한 번 더 다림질하면 바이어스테이프 완성!

바이어스테이프 다림질 시 TIP

바이어스감을 반으로 한 번 더 접어 다리미로 다릴 때 눈에 보이는 쪽을 약간 짧게 다려보자. 바이어스를 몸판에 박을 때 뒤쪽의 바이어스가 박히지 않는 실수를 많이 하게 되는데, 바이어스테이프의 길이가 짧은 쪽이 몸판 겉에 오도록 하면 바이어스테이프 뒤쪽이 박히지 않는 실수를 많이 줄일 수 있다.

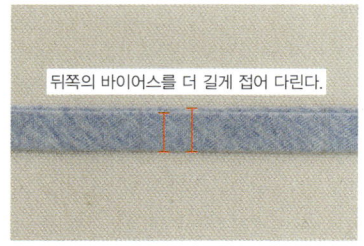

뒤쪽의 바이어스를 더 길게 접어 다린다.

◌ 직선 바이어스

원단을 바이어스 방향이 아닌 식서나 푸서 방향으로 잘라 연결해 사용하는 바이어스로, 신축성이 좋은 다이마루 원단을 사용한다.

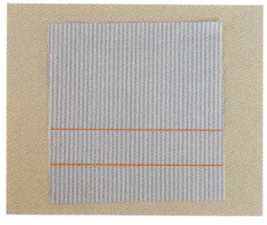 

① 다이마루 원단을 식서 또는 푸서 방향으로 원하는 폭만큼 선을 그려 잘라낸다.

② 원단을 연결해 바이어스감으로 사용한다.
|TIP| 시접이 두껍지 않아야 하는 경우에는 사선 바이어스 만들기 방법처럼 대각선으로 박음질하여 연결한다.

바이어스 박기

◌ 곡선, 직선 바이어스 박기

곡선과 직선 형태 모두 방법은 동일하다. 목, 소매, 밑단 등에 바이어스를 박을 때에는 살짝 당겨 박아야 안쪽으로 모아지면서 모양이 더 예쁘게 잡힌다.

① 원단 안쪽 면에 바이어스감의 겉이 보이게 올려 끝을 맞추고 박음질한다.

② 원단을 겉이 보이게 뒤집고, 바이어스감을 안쪽으로 두 번 접어 시접을 감싼다.

③ 겉에서 바이어스감을 눌러 박음질한다.

◌ 바이어스테이프 박기

바이어스감을 시접에 감싸 박는 방식은 초보에게 어려울 수 있다. 바이어스테이프 모양으로 만들어 끼워 박으면 좀 더 균일하고 수월하게 박을 수 있다. 목, 소매, 밑단 등에 바이어스를 박을 때에는 살짝 당겨 박아야 안쪽으로 모아지면서 모양이 더 예쁘게 잡힌다.

① 원단 겉이 보이게 놓고, 다려 접은 바이어스테이프를 끼워 고정한다.

② 바이어스감을 눌러 박는다. 뒤쪽 바이어스감도 같이 박히는지 신경 쓰며 박는다.

● 원형으로 만들어 박기

원형의 원단에 바이어스감을 박을 때는 바이어스감 역시 옆선을 박아 원형으로 만들어 봉제해야 한다. 봉제 방법은 위의 직선, 곡선 바이어스와 동일하다.

① 바이어스와 바이어스테이프 모두 옆선을 박아 원형으로 만든다.(다린 바이어스테이프는 펼친다.)

② 원형의 원단 안에 바이어스테이프의 겉이 닿게 집어넣고 박음질한 후 펼친다.

③ 펼쳐진 바이어스는 두 번 접어 박음질한다(바이어스테이프는 끼워 박는다).

시보리 박기

● 직선, 곡선 시보리

직선과 곡선 모두 방법은 동일하다. 목, 소매, 밑단 등에 시보리를 박을 때는 살짝 당겨 박아야 안쪽으로 모아지면서 모양이 더 예쁘게 잡힌다.

① 시보리 감을 반으로 접어 원단에 겉과 겉이 닿게 올린다.

② 완성선을 박음질하고 오버록이나 지그재그 박기로 시접을 정리한다.

③ 시보리를 내려 원단의 끝에 상침한다.
|TIP| 상침은 시접이 눌려 박아지는 효과가 있지만 반드시 해야 하는 것은 아니다.

랍빠와 뺑뺑이를 아시나요?

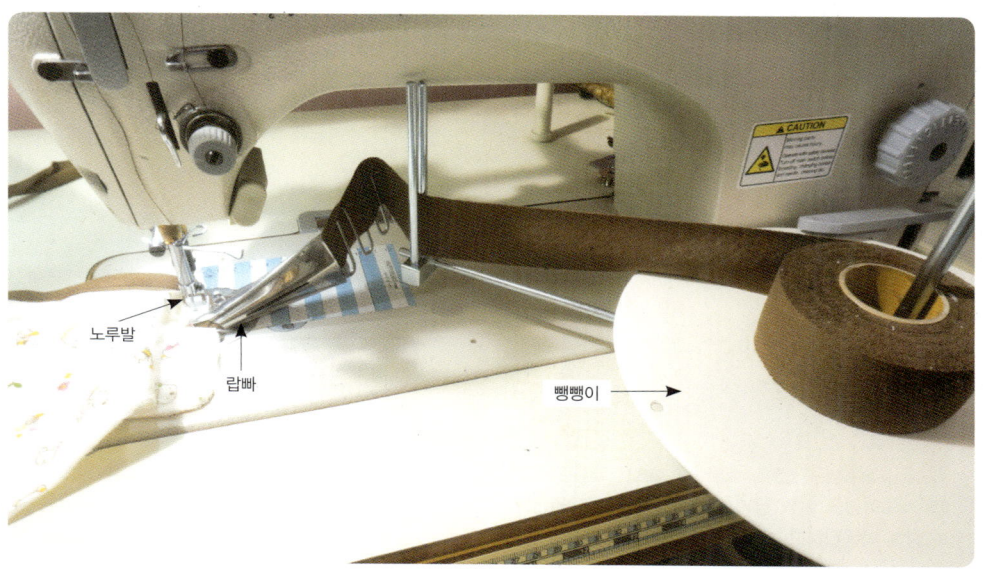

랍빠

랍빠는 롤 바이어스를 바이어스테이프 모양으로 만들어 바로 원단에 박히도록 하는 도구로, 별도의 노루발과 세트로 판매된다. 랍빠와 노루발이 '바이어스테이프 만들기 + 원단에 박음질'을 한꺼번에 해주기 때문에 바이어스의 박음질 속도가 빠를 뿐 아니라 바늘땀이 균일하게 박음질되어 옷의 완성도가 높아진다. 저렴한 부자재는 아니지만 바이어스 박음질을 많이 하는 경우에 매우 유용하다. 랍빠는 실무 현장에서 많이 사용되는 부자재이지만 요즘은 취미용으로도 많이 사용한다.

롤 바이어스가 랍빠를 통과하면서 바이어스테이프 모양으로 접히고, 원단에 바이어스테이프가 바로 박음질되는 방식이다.

뺑뺑이

뺑뺑이라 불리는 부자재는 롤 바이어스가 적당한 장력으로 풀어지도록 도와주고, 롤 바이어스가 풀어질 때 엉키지 않도록 해준다.

◎ 원형으로 만들어 박기

소매 등 원형의 형태일 때 시보리를 연결하는 방법이다.

❶ 시보리감을 겉과 겉이 닿게 세로로 반으로 접어 옆선을 박음질한다. 시보리 시접을 가름솔하고 다시 시보리감을 가로로 반으로 접는다.

❷ 시보리 뒤쪽을 젖혀 원형으로 만들어 준다.

❸ 원형의 원단이 안이 보이도록 놓고, 시보리감을 안으로 집어넣어 끝을 맞춘다.

❹ 시보리감을 살짝 당겨 원형의 원단과 함께 박음질하고 시접은 오버록이나 지그재그 박기로 정리한다.

❺ 원단과 시보리가 모두 겉이 보이게 뒤집는다.

❻ 시접이 두꺼운 경우는 상침하여 시접을 눌러 박는다.

주름잡기

◎ 노루발로 만들기

주름 노루발을 사용하여 시접에 박음질하면 개더 주름*이 생긴다. 미싱의 장력을 높이고, 노루발 뒤로 나오는 원단을 손으로 살짝 막아주면 주름이 더 많이 생긴다. 노루발을 이용하여 주름이 만들어진 후에는 주름 분량 조절이 쉽지 않기 때문에 필요한 분량이 정해져 있을 때는 손으로 실 당겨 만들기 방법을 사용하는 것이 좋다.

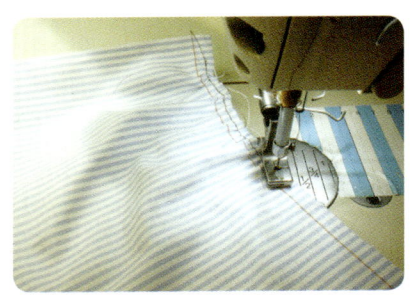

*개더 주름 천에 박음질 후 실을 당겨 만든 잔주름

◉ 손으로 실 당겨 만들기

손바느질로 홈질을 하거나 미싱으로 시접에 직선 박기를 한 후 실을 당겨 주름을 만드는 방법이다. 노루발을 변경하지 않아도 되고, 주름의 최종 사이즈를 조절할 수 있다는 장점이 있다.

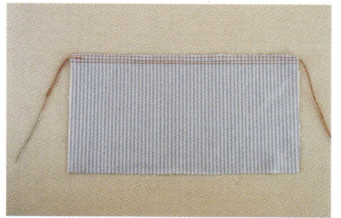 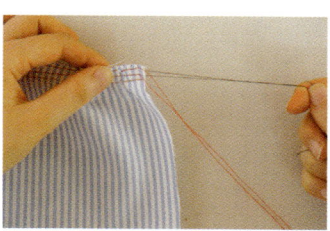 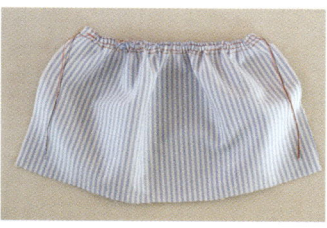

❶ 홈질을 하거나 시접에 미싱으로 직선 박기를 한다. 시작과 끝에 윗실과 밑실을 길게 남겨 잘라낸다.

❷ 윗실과 밑실을 분리한 후 밑실을 잡고 원단을 반대 방향으로 밀면 주름이 만들어진다. 반대쪽도 같은 방법으로 주름을 만든다.

❸ 자를 놓고 원하는 길이가 되도록 주름을 풀거나 당겨 조절한다.

|TIP| 양 끝에 남겨진 실은 박음질 시 길이 조절이 필요할 수 있으므로 최종 박음질 후에 잘라낸다.

고무줄 넣기

강아지 옷은 고무줄로 옷의 형태를 잡아주는 봉제가 많다. 0.5cm, 0.7cm의 고무줄이 주로 사용되며, 원단이 두꺼울수록 폭이 넓은 고무줄을 사용하면 된다.

◉ 고무줄 박아 완성하기

❶ 오버록이나 지그재그 박기한 원단과 절반 길이의 고무줄을 준비하고, 시접 위에 고무줄을 올린 후 원단과 고무줄을 함께 박는다.

|TIP| 고무줄을 당겨가며 박는다.

❷ 고무줄을 감싸듯이 시접을 접어 올려 박음질하되 원단이 펼쳐지도록 당기면서 박는다.

❸ 고무줄이 쪼그라들면서 주름이 생긴다.

◉ 고무줄 양 끝을 고정해 완성하기

  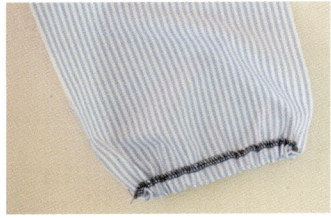

① 오버록이나 지그재그 박기한 원단과 절반 길이의 고무줄을 준비하고, 원단의 양 끝 시접에 고무줄을 박아 고정한다.

② 고무줄이 팽팽해지도록 당기고, 고무줄을 감싸듯이 시접을 접어 올리면 시접 안에 고무줄이 들어가 있는 상태가 된다.

③ 시접선에 박음질하면 시접 안에 고무줄이 가둬지면서 주름이 생긴다. 이때 고무줄은 박히지 않도록 주의한다.

 창구멍 내기

창구멍은 박음질 후 겉이 보이도록 뒤집어 주기 위한 구멍이다. 뒤집기 전 시접이 두꺼워지지 않도록 시접을 짧게 잘라 정리하는데 창구멍 주변은 시접을 자르지 않아야 겉으로 뒤집어 창구멍을 공그르기로 손바느질하기가 수월하다. 디자인에 따라 공그르기가 아닌 상침으로 마감하기도 한다.

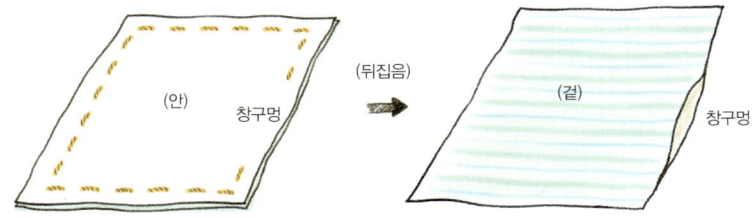

 가위집 내기

가위집은 쪽가위로 시접을 균일한 간격으로(박음질선에 수직으로) 잘라주는 과정으로, 원단을 뒤집을 때 꼭 필요한 과정이다. 각진 모서리에 가위집을 내면 시접이 두꺼워지지 않고, 곡선에 가위집을 균일하게 내면 뒤집었을 때 곡선의 모양 그대로 예쁘게 자리가 잡힌다. 가위집은 박음질선이 터지지 않도록 하되 박음질선에 최대한 가깝게 잘라주는 것이 중요하다.

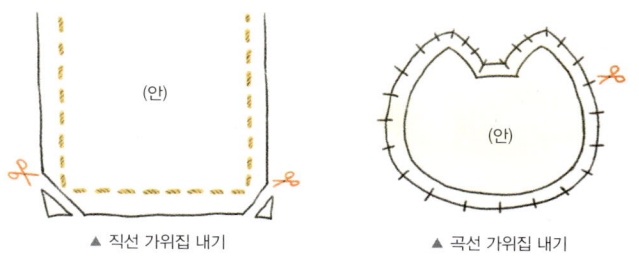

▲ 직선 가위집 내기 ▲ 곡선 가위집 내기

끈 만들기

끈을 만드는 방법에는 원단을 접어서 만드는 방법과 끈감을 뒤집어 만드는 방법이 있다.

◉ 원단 접어 만들기

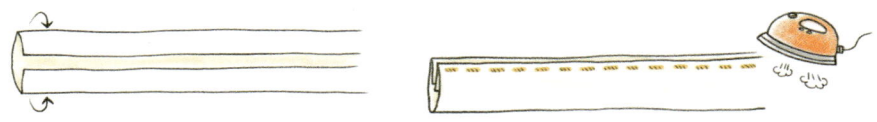

❶ 원단의 위와 아래 시접을 안으로 접어 다린다.

❷ 다시 반을 접어 다림질하고 옆선을 박음질한다.

◉ 원단 뒤집어 만들기

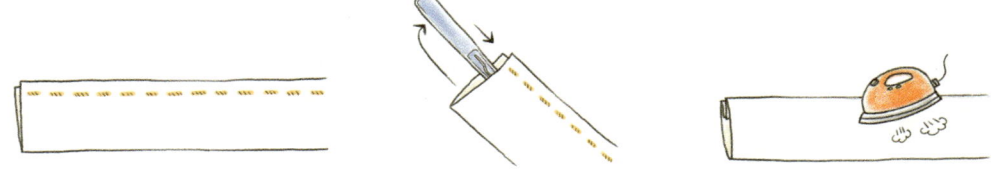

❶ 끈감을 겉과 겉이 닿도록 반으로 접고 옆선을 박음질한다.

❷ 뒤집개를 이용하여 원단의 겉이 나오도록 뒤집어준다.

❸ 박음질선이 하단 중앙이나 측면으로 가도록 하여 다림질하고 필요시 양옆을 상침한다.

 심지 붙이기

심지는 봉제 시 천이 늘어나지 않도록 하고, 봉제 후 쭈글거리는 현상을 방지하는 역할을 한다. 또 칼라, 주머니 입구, 지퍼나 단추 위치 등에 붙이면 형태감이 살아나고 옷이 더 튼튼해진다. 심지의 한쪽 면에 접착풀이 발라져 있어 다리미로 열을 가하면 원단에 부착할 수 있다.

◉ 심지의 종류

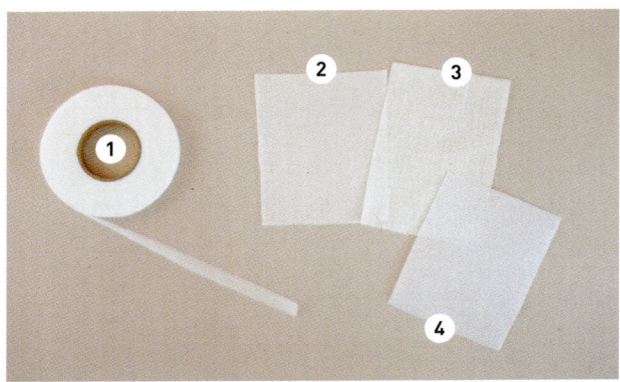

① 롤 심지
- 바이어스 방향 심지 : 바이어스 방향으로 재단되어 늘어나는 성질이 있는 심지로, 원단의 늘어나는 성질은 그대로 유지하되 형태감을 잡아주고자 하는 부분에 사용한다.
- 식서 방향 심지 : 식서 방향으로 재단되어 늘어나는 성질이 없는 심지로, 원단이 늘어나기 쉬운 부분에 사용해 봉제 시 늘어남을 방지한다.

② 실크 심지 폴리에스테르 심지로 부드럽고 늘어나는 성질이 있어 얇은 원단, 부드러운 원단에 사용한다. 일반적으로 가장 많이 사용되는 심지이다.

③ 아사 심지 심지에 면 소재가 섞여 있어 좀 더 뻣뻣한 느낌이 들고 늘어나지 않는 성질을 가지고 있으므로 원단이 두껍거나 힘을 받는 부위에 사용한다.

④ 모자 심지 두께가 두껍고 많이 뻣뻣한 느낌이 든다.

○ 심지 붙이는 방법

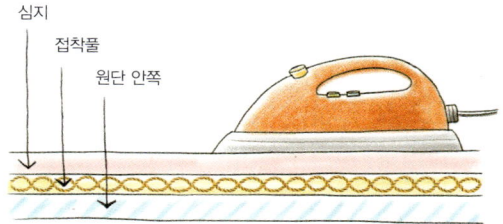

① 까끌한 접착풀이 발라진 면이 원단과 닿도록 올린다.
② 다리미의 온도를 '실크'로 맞춘다.(약 140~160°)
③ 5~6초간 심지의 겉을 다리미로 꾹꾹 눌러 부착한다.(문지르지 않는다.)
④ 열이 식으면서 원단에 고정된다.

단추 달기

○ 장식단추 달기

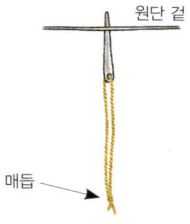 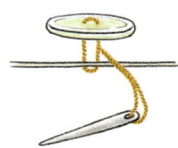 

① 두 줄로 실을 매듭 지은 후 바늘을 원단의 겉면으로 꺼내 통과시킨다.
② 원단에 딱 붙이지 말고 0.4~0.5cm 띄워 바늘을 단추 구멍에 통과시킨다.
③ 단추를 띄운 공간에 실을 4~5회 감아 기둥을 세워준다.

④ 단추의 밑 부분에 고리를 만들어 바늘을 통과시켜 당기면 매듭이 생긴다.
⑤ 바늘을 원단 안으로, 다시 밖으로 통과시킨 후 매듭을 지어 마무리한다.

스냅단추(똑딱단추) 달기

① 단추가 달릴 원단의 안쪽에 실의 매듭이 오도록 한다. 단추의 한쪽 구멍에 바늘을 넣고 실을 끝까지 당기기 전 뒤쪽에 남은 실의 고리에 바늘을 통과시킨 후 당기면 매듭이 생긴다. 이 과정을 3~4번 반복한다.

② 원단 안쪽으로 바늘을 이동시켜 나머지 구멍에도 동일하게 반복한 후 매듭을 짓는다.

③ 반대쪽에 달릴 단추도 위치를 정해 동일한 방법으로 달아준다.

싸개단추

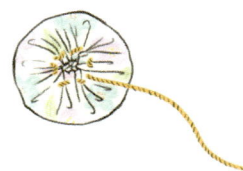
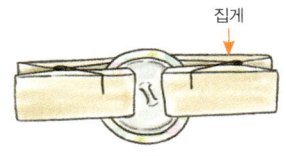

① 싸개단추를 준비하고 원단은 단추를 감쌀 수 있는 크기의 원형으로 재단한다. 가장자리의 조금 안쪽에 홈질한다. 실과 바늘은 자르지 않고 그대로 둔다.

② 원단 중심에 단추를 올리고 실을 당겨 원단으로 단추를 감싼다.

③ 실을 매듭짓고 단추 뒤를 가위로 정리한다. 단추 뒷면에 글루건이나 본드를 쏜 후 싸개단추 뒷면의 뚜껑을 덮고 본드가 잘 굳도록 집게로 눌러준다.

T단추

플라스틱으로 된 똑딱이 스타일의 단추로 유아복, 아동복, 우비, 강아지 옷 등에 많이 사용된다. 우리 책에서는 여밈이 있는 옷은 T단추를 달아 마무리했다. 가끔 강아지들이 단추를 씹는 경우가 있으므로 플라스틱 소재인 T단추가 적절하다. T단추는 색상이 다양하므로 원단의 색에 맞춰 선택해 사용하면 된다.

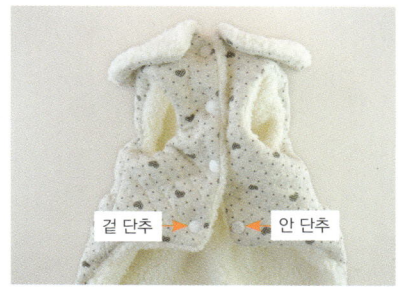

T단추는 '숫단추', '암단추', 그리고 숫단추, 암단추에 공통으로 사용되는 압정 모양의 '기본단추'로 구성된다. 숫단추는 가운데가 튀어나온 모양이고, 암단추는 가운데가 움푹 들어가 있는 모양이다. 단추 한 쌍을 달기 위해서는 기본단추 2개, 암단추 1개, 숫단추 1개가 필요하다. 가장 많이 사용하는 T단추의 사이즈는 11.5mm, 13mm이며 강아지 옷에서는 대부분 11.5mm를 사용한다.

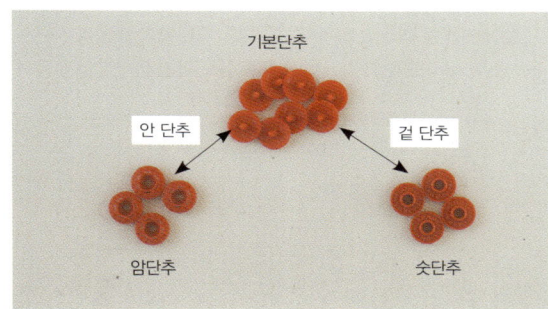

|TIP| 옷에 달리는 대부분의 단추는 기본단추, 숫단추, 암단추로 구성되어 있다. T단추 다는 법 하나만 익히면 다른 단추 다는 방법도 대부분 비슷하므로 쉽게 이해할 수 있다.

❶ T단추 기구, T단추, 송곳, 단추를 달 완성된 옷을 준비하고 단추를 달 위치에 송곳으로 구멍을 뚫는다.

|TIP| 부드러운 원단은 송곳 자국이 사라질 수 있으니 단추 위치에 하나씩 뚫어 단추를 단다. 얇은 원단은 안쪽에 심지를 붙여 보강한다.

❷ 단추 한 쌍(겉 단추 : 기본단추+숫단추/안 단추 : 기본단추+암단추)을 준비하고 기본단추를 왼쪽 원단의 겉에서 송곳 구멍에 끼운다.

❸ 원단 안쪽에 숫단추를 끼운다.

  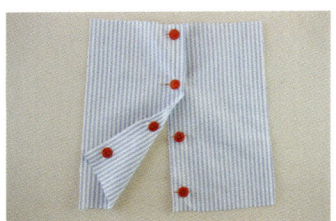

④ T단추 기구의 막대몰드와 바닥몰드 사이에 단추를 집어넣고 기구를 움켜쥐듯이 손잡이를 누르면 위, 아래 몰드가 만나 고정된다.

|TIP| 숫단추가 겉으로 보이도록 놓고 T단추 기구에 올린다.

⑤ 안단추도 같은 방법으로 달아준다. 단, 기본단추는 원단 안쪽 면에서 겉면 쪽으로 끼우고, 암단추는 원단의 겉면에서 끼운다.

⑥ 단추 달기 완성!

|TIP| T단추는 리버시블 의류(reversible, 뒤집어 입을 수 있는 옷)에도 사용 가능하다. 양면을 모두 사용할 수 있는 원단에 T단추를 달면 앞뒷면을 모두 잠글 수 있다.

이런 금속단추기구도 있어요!

컴바인기구, 단추기구, 압축기 등 다양한 이름으로 불리는 금속단추기구는 옷에 사용되는 대부분의 단추를 달 수 있는 전문적인 기구이다. 부피가 크고 무거운 만큼 압력이 좋아 단추를 더 튼튼하게 달 수 있다. 오른쪽의 붉은색 기구는 싸개단추까지 달 수 있도록 나온 제품이다. 금속단추기구는 옷에 달리는 여러 종류의 단추를 몰드만 변경하면 쉽게 달 수 있다.

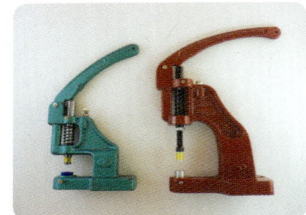 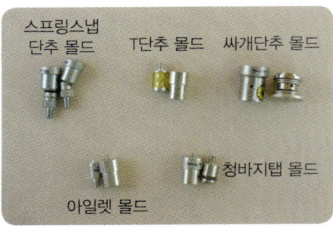 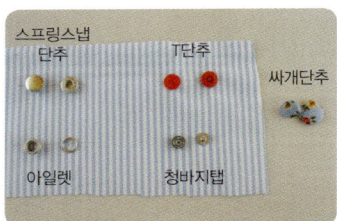

왈자 조리개, 버클 연결하기

왈자 조리개와 버클은 가방, 하네스, 모자 등에 사용된다. 왈자 조리개는 끈의 길이를 조절할 때 사용하며, 버클은 끈을 연결하여 고정할 때 사용한다. 끈과 버클 한 쌍, 그리고 왈자 조리개가 필요하다.

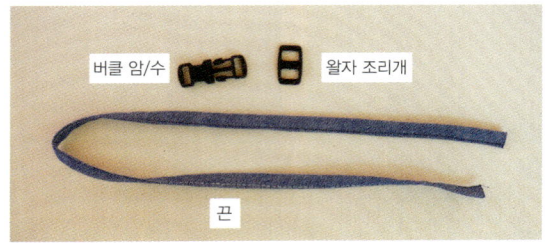

◯ 버클(암)

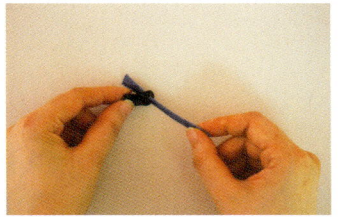 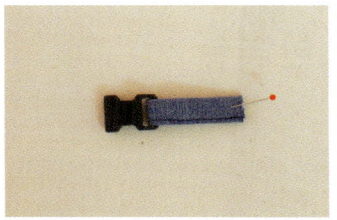

❶ 버클 암놈과 끈을 준비하고, 버클 겉에서 안쪽으로 끈을 통과시킨다.

❷ 끝을 반으로 접는다. 버클 암놈은 보통 끈 길이를 짧게 하여 본체에 고정하는 형태로 달아준다.

◯ 버클(수), 왈자 조리개

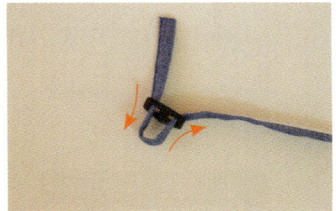 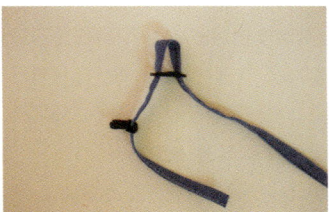 

❶ 왈자 조리개의 뒤에서 앞으로 끈을 통과시키고, 다시 앞에서 뒤로 한 번 더 통과시킨다.

❷ 끈의 한쪽에 버클 수놈을 끼운다.

❸ 왈자 조리개 위쪽에 공간을 만들고, 버클이 끼워진 끈의 끝을 왈자 조리개의 오른쪽 구멍으로 통과시킨다.

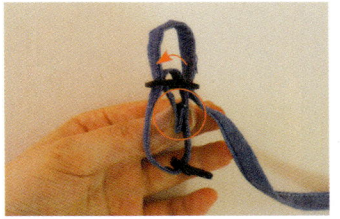  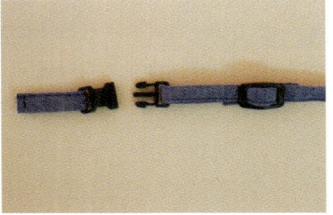

❹ 끈을 다시 왈자 조리개 왼쪽으로 통과시켜 아래로 내린 후 끈의 끝을 뒤로 1~1.5cm 접어, 뒤쪽의 끝에 붙인다.

❺ 총 3겹을 미싱으로 박는다. 왈자 조리개와 거리가 가까우면 박음질하기 어려우니 왈자 조리개의 위치를 조절하여 박는다.

❻ 버클 암, 수와 왈자 조리개 연결 완료!

미싱의 종류

미싱은 모터의 힘과 내구성의 차이에 따라 통상적으로 '가정용, 준공업용, 공업용'으로 나눌 수 있고, 특화된 기능을 가진 것(오버록 미싱, 커버스티치 미싱, 자수 미싱)도 있다.

모터의 힘과 내구성의 차이에 따른 분류

1) 가정용 미싱

가정용 미싱은 초급자용에서 고급자용까지 여러 종류가 출시되어 있다. 가격대도 15만 원대에서 100만 원대까지 매우 다양하다. 가격대가 높을수록 모터의 힘이 좋아 여러 겹의 원단을 박을 수 있고, 추가되는 기능들도 많아진다. 가정용 미싱은 소음이 적은 수평가마가 적당하고, '바늘 상하 고정 기능', '자동 실꿰기 기능'이 포함된 것이 사용하기 편하다. 이 외에도 '단춧구멍 만들기, 자수 패턴, 자수 기능'까지 포함되어 있으면 활용도가 더 높아진다.

미싱을 처음 사용하는 사람들은 조금 낮은 가격대를 선택하고 차후 익숙해지면 좀 더 고가나 준공업용으로 바꾸는 경우가 많다. 개인적으로는 중가형이나 일반적으로 사용하는 것을 구입하길 권한다. 저가형은 힘이 약하고 편리한 부가 기능들이 빠져 있어, 원단이 조금 두껍거나 여러 겹을 한꺼번에 박을 때 박음질이 제대로 되지 않아 미싱에 대한 흥미를 잃을 수 있기 때문이다. 또한 많은 사람들이 구매하는 소위 '국민미싱'으로 불리는 모델들은 미싱에 흥미를 잃었거나 좀 더 좋은 제품으로 바꾸고자 할 때 중고거래가 활발하게 이루어지고 있어 판매도 쉽다.

▲ 가정용 미싱(story 200)

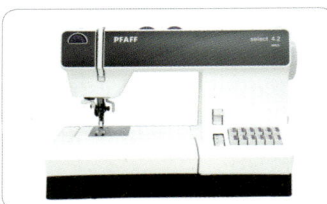

▲ 준공업용 미싱(파프 셀렉트 4.2)

2) 준공업용, 공업용 본봉 미싱

- 준공업용 : 가정용보다는 출력이 높고, 가격대가 높은 제품이 준공업용으로 분류된다. 기본적인 부가 기능이 있으며, 가정용처럼 쉽게 이동할 수 있어 보관해 두었다가 필요할 때만 사용하면 된다.
- 공업용 본봉 : 모터의 힘이 좋아 원단의 두께와 소재에 구애받지 않고 봉제할 수 있다. 다만 가격대가 높고, 직선 박기와 같은 단순 기능만 가지고 있으며, 별도 테이블이 필요해 많은 공간이 필요하다.

▲ 공업용 본봉 미싱(910D)

제품을 고를 때는 '내가 만들고 싶은 것이 어떤 것인가?'를 고려해 선택하는 것이 좋다. 티셔츠나 얇은 바지 정도라면 가정용으로도 충분하지만, 코트, 재킷, 가죽옷 등에 도전하고 싶다면 좀 더 힘이 있는 것을 선택해야 어렵지 않게 만들 수 있다.

기능에 따른 분류

소잉도그가 추천하는 것은 '오버록'과 '커버스티치'이다. 이들은 옷의 퀄리티를 높여주고, 다양한 봉제가 가능하다는 장점을 가지고 있다. '오버록'과 '커버스티치' 모두 가정용과 공업용이 있다.

1) 오버록 미싱

오버록은 시접의 올이 풀리는 것을 방지하기 위해서 가장자리를 마무리하는 미싱이다. 3~4개의 실을 이용해 시접을 감싸듯이 봉제되어 세탁 후에도 올이 풀리지 않는다. 오버록 미싱을 이용하면 시중에서 판매하는 것과 같은 퀄리티의 옷을 만들 수 있고, 옷의 형태 고정 또한 쉽다. 가정용 미싱은 '지그재그 박기' 기능으로 오버록 기능을 대체하고 있으나, 대체 개념일 뿐 땀이 형성되는 구조가 다르기 때문에 좀 더 수준 높은 봉제를 하고 싶다면 오버록 미싱을 고려해볼 만하다.

▲ 오버록 미싱(스위티)

2) 커버스티치 미싱

오버록 미싱은 시접 정리 기능만 있기 때문에 시접을 접어 박음질 과정을 거쳐야 하지만 커버스티치는 시접 정리와 시접 박기가 동시에 가능하다. 단계가 줄어들기 때문에 시간을 단축할 수 있고 완성도도 뛰어나다. 시중에 판매되는 티셔츠 밑단이나 소매는 거의 커버스티치로 봉제가 마감되어 있다. 겉에는 한 줄~세 줄의 스티치 선이 생기고, 원단 안쪽에는 오버록과 비슷하게 고리 모양의 땀이 형성된다.

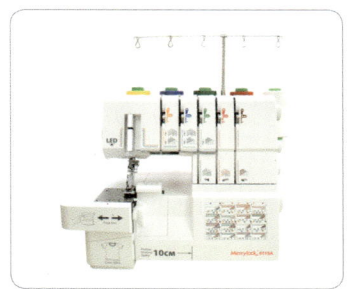

▲ 커버스티치 미싱(메리룩 0115A)

3) 자수 미싱

자수 박음질 기능이 특화된 것으로 원단에 이름을 새기거나 이미지 파일을 실로 수 놓거나 원단이나 이불의 누빔 등을 할 수 있다.(일반 가정용도 '누빔 가이드'를 활용하여 누빔을 할 수 있다.)

원단에 자수로 장식을 하면 고급스러울 뿐만 아니라 장식이 떨어지거나 색이 흐려지지 않아 오래 입을 수 있다. 또한 이름이나 영문 이니셜 등을 수놓아 분실방지 기능으로도 활용할 수 있다.

고급 사양의 가정용에도 숫자, 영문 등을 자수로 새길 수 있는 기능이 있으나 자수 미싱에 비해 자수 패턴이 단순하다.

사진 제공 : 미싱스토리(www.misingstory.co.kr), 1588-8879

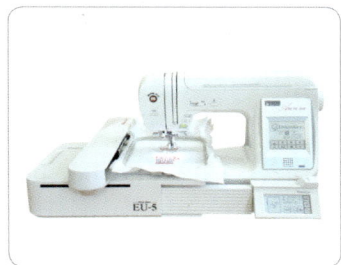

▲ 자수 미싱(오로라 MS-700+자수키트)

chapter 04

강아지 치수 재기

강아지 옷을 만들기 위해 반드시 필요한 강아지의 치수 재기!
치수는 여유분 없이 재고, 여러 번 잰 후 평균치를 사용해야
완성도 있는 옷을 만들 수 있다.

강아지 사이즈표

다음 사이즈 표는 책에서 활용하고 있는 사이즈이다. 강아지의 치수를 잰 후 표를 보고 실물패턴의 사이즈를 선택하면 된다. 강아지마다 상세 사이즈가 다르므로 표준 사이즈를 활용하여 옷을 만들어 본 후 패턴을 수정하는 방법을 참조해 사이즈를 조절하여 강아지에게 딱 맞는 옷을 만들어주면 된다.

● 옷 사이즈표

기준 사이즈	목둘레	가슴둘레	등 길이
XS	18cm	28cm	20cm
S	20cm	30cm	23cm
M	24cm	35cm	27cm
L	28cm	42cm	31cm
XL	31cm	46cm	34cm

● 모자 사이즈표

기준 사이즈	머리둘레	착용 가이드
S	21~25cm	XS~M
M	26~30cm	L~XL
L	31~35cm	XL 초과

강아지 사이즈가 애매할 때

강아지마다 사이즈가 다르기 때문에 제시된 표에 잘 맞지 않을 수 있다. 이 경우 사이즈를 선택하는 기준은 다음과 같다.

❶ 가슴둘레 : 가슴둘레가 맞으면 강아지가 옷을 입었을 때 편안함을 느낀다.
❷ 목둘레 : 강아지는 살이 찌더라도 목둘레는 많이 늘지 않는다. 가슴둘레를 기준으로 사이즈를 선택했는데 목이 작을 경우에는 한 사이즈를 올려 선택하거나, 패턴에서 목 사이즈만 늘려 사용하면 된다. 사이즈를 올리면 전체 핏이 커지는 단점이 있고, 패턴을 수정하게 되면 손이 좀 더 가는 대신 핏은 더 예쁘다.
❸ 등 길이 : 등 길이는 패턴의 길이를 늘려 사용해야 한다. 등 길이에 맞춰 옷 사이즈를 선택하면 전체 품이 커지기 때문에 핏이 예쁘지 않다.

부위와 치수재기

이번엔 실물 패턴을 수정하거나 패턴을 그리기 위해 필요한 강아지의 세부 치수 재는 방법을 알아보자.

○ 패턴을 이해하기 위해 알아두어야 할 부위

강아지의 치수를 재기 전에 패턴 그리기의 기준이 되는 점을 알아두면 이해가 쉽다.

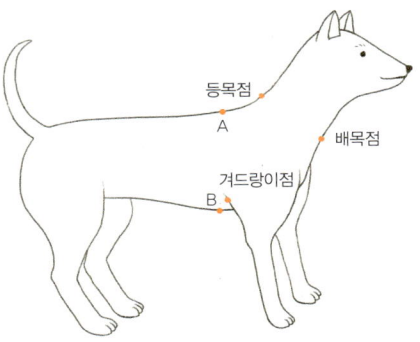

- **등목점** : 패턴을 그릴 때 가장 기준이 되는 점으로, 목의 가장 아래 중심점을 의미한다. 목둘레, 등 길이, 진동깊이 등 주요 치수들의 시작점이다.
- **배목점** : 목둘레를 재는 배쪽의 목 중심점으로, 앞길이(앞가슴 길이)의 기준점이다.
- **겨드랑이점** : 앞발이 끝나고 가슴통이 시작되는 겨드랑이 위치를 말한다. 겨드랑이 둘레는 쏙 들어간 겨드랑이점에서 1cm 아래의 겨드랑이 둘레를 쟀을 때 등 중심에 오는 줄자의 위치를 표시(A)하고, 배의 중심에 오는 위치를 표시(B)한다.

겨드랑이 둘레에서 A, B점 찾아놓기
끈이나 고무줄을 겨드랑이 둘레에 둘러 고정해 놓고 등 중심의 A, 배 중심의 B 위치를 찾아놓는다.

○ 부위별 치수재기

① **목둘레** 목의 가장 아랫부분(등목점과 배목점을 지나는 둘레)을 여유 없이 재면 된다. 등이 시작되기 전 목의 아래쪽이다.

❷ **가슴둘레** 강아지가 옆으로 서 있을 때 몸통에서 가장 굵은 부분을 여유 없이 딱 맞게 잰다. 강아지가 숨을 들이쉬고 내뱉는 것에 따라 치수 차이가 있으므로 여러 번 측정해 평균 치수를 사용한다. 사용 원단이 늘어나는 원단인 경우에는 몸통이 작을 때 측정한 치수를 사용해도 무방하나 스판이 없는 직기 원단인 경우에는 가슴이 가장 클 때 측정한 치수를 사용해야 옷이 편하다.

❸ **등 길이** 등목점에서 꼬리를 세우고 꼬리 직전까지 잰다. 강아지의 등은 직선이 아니라 곡선이다. 곡선을 따라가지 말고 등목점에서 줄자를 직선으로 늘려 재면 된다.

❹ **진동깊이** 등목점에서 A까지의 길이를 잰다. 등 길이에 진동깊이가 포함되어 있으므로 따로 재서 표시를 해두는 것이다.

❺ **등폭(등 너비)** 등의 폭을 말하며, 앞다리 시작 전까지의 길이이다. 옷의 디자인에 따라 조절해서 사용한다.

❻ **어깨폭** 어깨뼈의 폭을 말하는데 강아지는 어깨뼈가 두드러지지 않기 때문에 측정하기 쉽지 않다. 옷을 만들어 본 후 어깨 폭을 조절해 사용하는 것이 더 접근하기 좋다.

❼ **앞길이(앞가슴 길이)** 배목점에서 겨드랑이 둘레를 잴 때 배에 표시한 B까지의 길이를 잰다.

❽ **허리 둘레** 가슴의 갈비뼈를 지나 가장 얇은 몸통 둘레를 잰다.

❾ **허벅지 둘레** 뒷다리 시작 위치를 한 바퀴 둘러 잰다.

❿ **앞다리 둘레** 몸통이 끝나고 앞다리가 시작되는 위치를 한 바퀴 둘러 잰다.

⓫ **가슴폭** 강아지가 똑바로 서 있을 때 앞발의 사이 간격을 말한다.

⓬ **머리 둘레** 이마 중심과 뒤통수의 중심을 지나도록 수평으로 한 바퀴 둘러 잰다.

chapter 05

재단하기

우리 강아지에게 맞는 표준 사이즈를 확인했다면
봉제 전 필수 과정인 제공된 실물패턴을 복사하고,
재단하는 방법을 알아보자.

실물패턴 보는 법

PART 3~4의 각 소품, 의류 만들기 상세 페이지에 실물패턴 번호가 표시되어 있다. 이 실물패턴 번호를 확인하고 부록으로 제공된 실물패턴을 펼쳐, 해당 소품이나 의류의 패턴이 그려진 위치를 확인한다. 책에 표시된 재단 이미지를 보고 패턴 조각을 찾은 후 원하는 사이즈의 패턴 선을 확인하면 된다.

우리 책은 의류별 패턴이 겹치지 않게 표시되어 있으므로 강아지 사이즈만 확인한 후 패턴을 따라 그려 사용하면 된다.

 ### 패턴 복사하기

여러 개의 패턴이 겹쳐 있을 때에는 실물패턴을 부직포에 복사하는 과정이 필요하다. 실물패턴을 복사하기 위해서는 의류용 부직포 패턴지와 펜, 필요에 따라 마분지 등의 두께감이 있는 종이가 필요하다. 너무 두꺼운 부직포는 패턴 선이 비치지 않으니 주의해야 한다. 또한 격자무늬가 없는 부직포 패턴지가 복사하기 좋다.

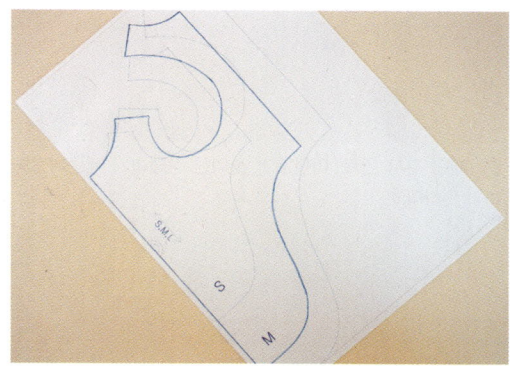

❶ 실물패턴에서 원하는 패턴의 위치를 확인한다. 헷갈릴 경우 펜으로 표시한다.

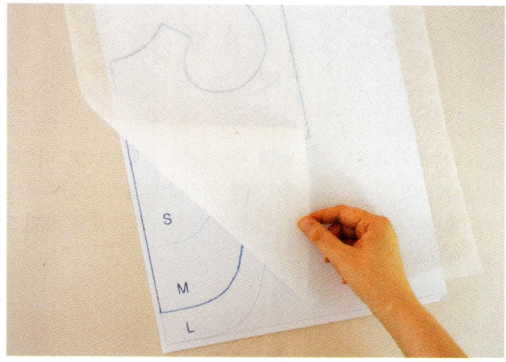

❷ 패턴 사이즈만큼 부직포를 잘라 패턴 위에 올린다.

❸ 연필이나 펜으로 패턴 선과 그 외 표시사항을 복사해 그린다.

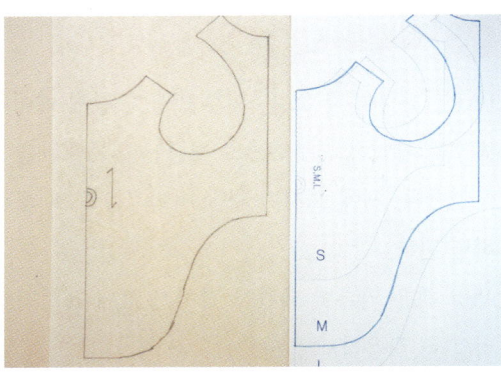

❹ 식서 방향과 골선을 표시하고, 패턴의 이름과 사이즈를 적는다. 부직포를 패턴 선을 따라 잘라 보관하고 필요시 원단에 올려 재단하면 된다.

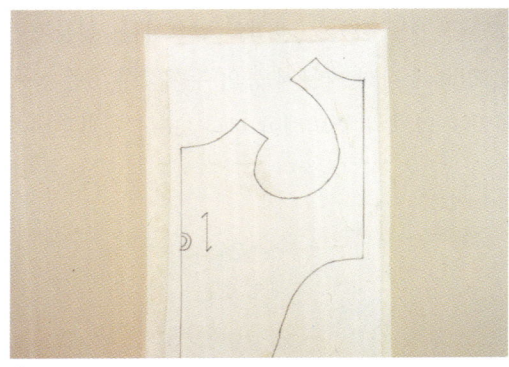

❺ 부직포가 힘이 없고 얇아 재단할 때 불편하다면, 마분지 등 두께감이 있는 종이 위에 자른 부직포를 올려 선을 복사하거나 마분지에 부직포를 붙인 후 마분지와 부직포를 함께 잘라 사용한다.

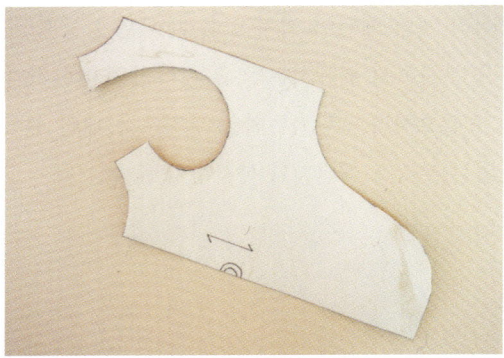

❻ 패턴 복사 완료! 마분지가 붙여진 상태이기 때문에 재단하기 편하다.

패턴 보관하기

복사한 패턴을 정리해두지 않으면 여러 번 복사해야 하는 상황이 발생할 수 있다. 복사한 패턴은 클리어파일에 보관하면 많은 양을 한꺼번에 보관할 수 있고, 패턴이 분실되는 일도 줄일 수 있다. 주로 사용하는 패턴의 사이즈에 따라 클리어파일의 사이즈를 정해 보관하면 더 깔끔하게 정리할 수 있다. 패턴이 들어 있는 각 장에 완성 옷의 이미지를 사진으로 찍고, 출력하여 붙여두면 시간이 지나도 알아보기 쉽다.

 ## 시접 그리기

패턴을 재단하기 전에 시접선을 그려 주어야 한다. '시접'은 바느질을 하기 위한 분량이다. 실물패턴은 패턴에 따라(시보리, 바이어스 등 부가적인 패턴) 시접이 포함되어 있는 경우도 있어 별도로 시접을 그릴 필요가 없는 부분도 있으므로 옷 만들기 과정에 표시된 시접 유무를 확인한 후 필요한 부분만 그려주면 된다. 시접은 자나 시접라이너를 이용하여 그릴 수 있다.

자로 시접 그리기
강아지 옷의 시접은 1~1.5cm가 가장 많다. 옷 만들기 상세 페이지에서 시접의 수치를 확인하고 패턴의 완성선을 그린 후 자를 이용하여 그려주면 된다.

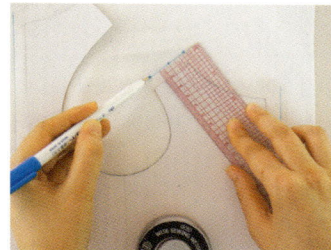 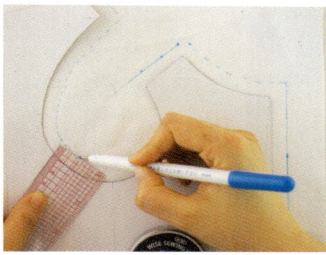 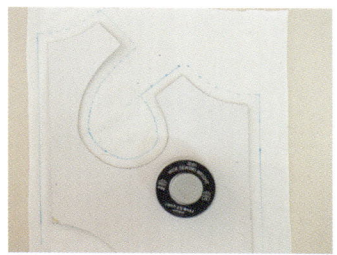

❶ 직선 부분은 패턴의 끝에서 자를 시접 분량만큼 평행 이동해 선을 그려준다.

❷ 곡선 부분은 시접만큼 자를 평행이 동시키되 선을 긋는 것이 아니라 점으로 표시한다. 자를 옆으로 조금씩 이동해가며 시접 분량을 점으로 찍는다.

❸ 자로 그린 시접 완성!

시접라이너로 시접 그리기
시접라이너는 시접을 편하게 그릴 수 있도록 도와주는 도구로, 10mm, 7mm, 5mm, 3mm가 세트로 구성되어 있다.

 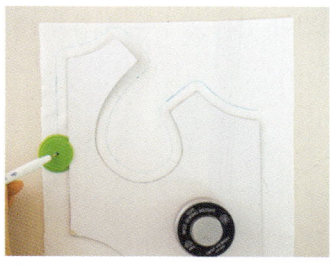 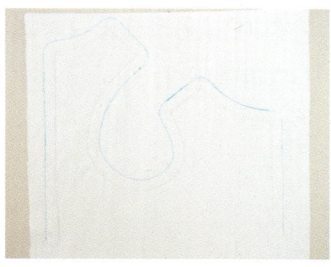

❶ 패턴에 시접라이너를 끼우고 펜을 가운데 구멍에 꽂아 굴리듯이 움직이면 시접이 그려진다.

❷ 시접라이너는 직선, 곡선에 관계없이 일정하게 시접선을 그릴 수 있어 편리하다.

❸ 시접라이너로 그린 시접 완성!

원단 재단하기

패턴을 따라 완성선과 시접선을 그리고, 원단을 잘라내는 모든 과정이 원단 재단하기에 포함된다. 실물패턴이 있는 경우와 없는 경우에 따라 완성선과 시접선을 그리는 방법과 원단의 틀어짐 없이 재단하는 방법을 알아보자.

실물패턴이 있는 경우

원단에 패턴을 올려 패턴의 가장자리 선을 펜이나 초크로 따라 그린 후 시접 분량을 추가로 그려준다. 이때, 안쪽의 선을 '완성선'이라고 하며, 옷이 완성되었을 때의 최종 사이즈가 된다.

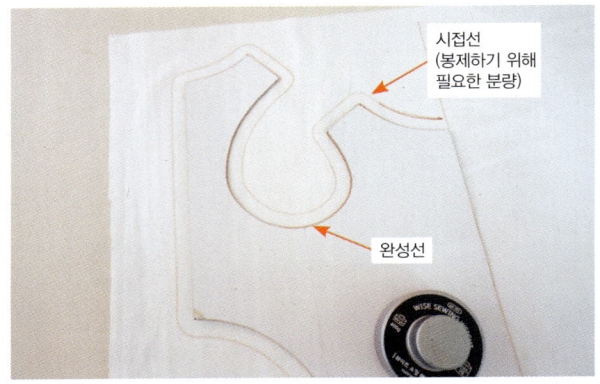

강아지 옷에서 사용되는 시접 분량
- 시접 분량 없음 : 바이어스 마감, 인터록 마감
- 시접 분량 1cm : 원단끼리 연결이 필요한 부분
- 시접 분량 1.5cm : 소매 밑단, 바지 밑단

실물패턴이 없는 경우

시보리, 바이어스 등 직선 형태의 패턴은 실물패턴 없이 가로×세로 치수만 제시되는 경우도 있다. 제시된 치수대로 원단에 자를 대고 완성선을 그리고, 시접이 있는 경우는 시접을 추가로 그리면 된다.

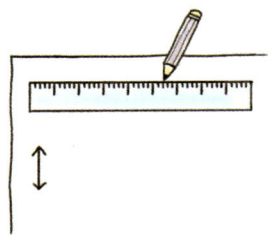

원단 잘라내기

완성선과 시접선을 그려 놓은 원단에서 시접선을 따라 재단 가위로 자른다. 원단 아래로 들어간 가위가 바닥에 닿은 상태에서 잘라야 원단이 틀어지는 것을 방지할 수 있다.

패턴에 골선이 있을 때 재단하는 방법

골선은 골선을 기준으로 좌우 대칭이 되도록 재단하라는 패턴 기호이다.

● 원단 펼쳐 재단하기

원단의 식서 방향에 맞춰 패턴을 올리고 패턴의 완성선과 시접선을 그린다. 그리고 패턴을 반대쪽으로 뒤집어(패턴 뒤가 보이게) 완성선과 시접선을 그리면 된다. 좌우 두 번 선을 그려야 하는 번거로움이 있지만 완성선과 시접선이 모두 표시되기 때문에 봉제가 처음인 초보자에게 좋다.

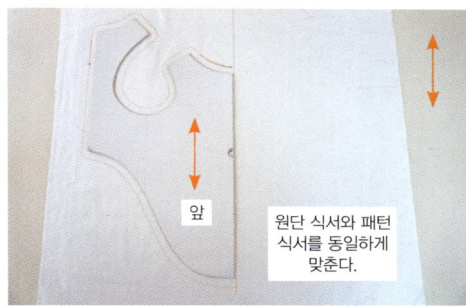 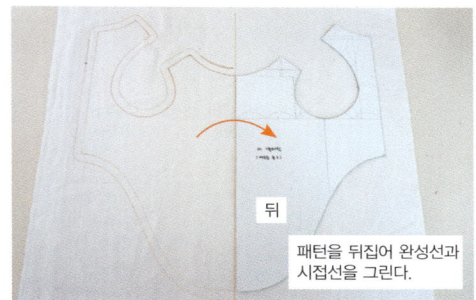

● 원단 접어 재단하기

원단의 겉과 겉이 만나도록 반으로 접은 후 접은 중심선에 패턴의 골선을 맞춰 올린다. 패턴의 모양대로 완성선과 시접선을 그리고 가위로 완성선을 자른다. 한 번에 패턴 좌우를 동시에 재단할 수 있어 편하다. 대신 한쪽만 완성선이 그려져 있으므로 초보자들은 패턴을 뒤로 뒤집어 완성선을 한 번 더 그려주는 것이 좋다.

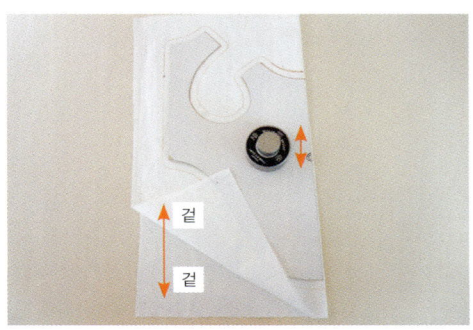

|TIP| 접어 재단하는 경우 완성선을 잘라내기 전에 핀으로 중간중간 고정을 해두면 가위로 재단할 때 원단이 조금씩 틀어지는 것을 방지할 수 있다.

 ## 재단 시 많이 하는 실수

단추가 달리는 스타일의 배판, 소매 패턴은 방향이 반대인 원단 두 장을 재단해야 한다. 왼쪽, 오른쪽이 가슴을 중심으로 대칭되어야 하므로 방향이 반대이다.

원단이 펼쳐진 상태에서 재단할 때
소매 패턴을 원단에 올려 완성선과 시접선을 그린 후 반드시 '패턴을 뒤집어서' 한 장 더 그린다.

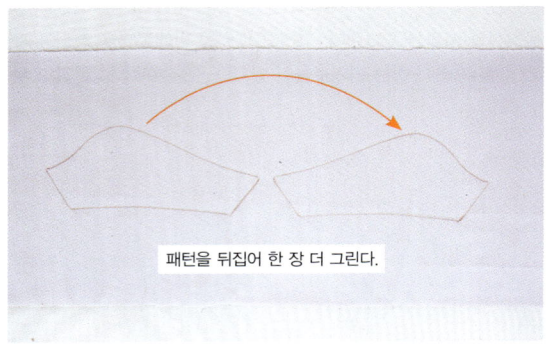

원단을 접은 상태에서 재단할 때
원단이 겉과 겉이 만나도록 접은 상태에서 완성선과 시접선을 그려야 방향이 반대인 두 장으로 재단된다. 아래쪽 원단은 완성선이 그려지지 않으니 한 번 더 완성선을 그려준다.

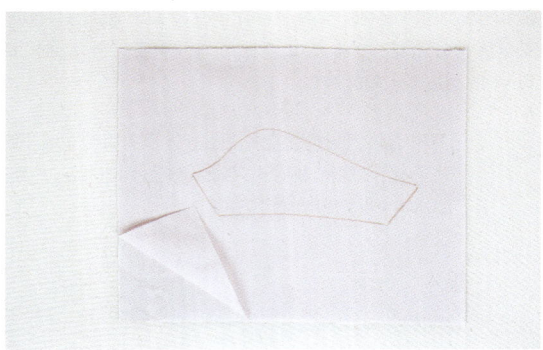

사이즈 측정 시 유의사항

사이즈를 측정할 때 가장 중요한 것은 강아지의 자세이다.
강아지는 자세에 따라 치수 변화가 크기 때문에 정면을 응시하면서 똑바로 서 있는 자세를 유지한 상태에서 치수를 재야 한다.

여러 번 치수를 재 평균치를 사용한다.
치수는 한 번 재지 말고, 시간 간격을 두고 여러 번 잰 후 평균치를 사용하는 것이 좋다. 옷을 만들어 입힌 후 핏을 보고 치수에 대한 최종 결정을 해도 좋다. 스판이 없는 직기 원단이 사이즈를 판단하기에 좋다.

강아지 치수는 수시로 변한다.
성장기인 강아지는 치수가 계속 변하기 때문에 수시로 사이즈를 측정해야 한다. 성견이라도 사이즈는 조금씩 변화가 있을 수 있으므로 옷을 구입하거나 만들기 전에 꼭 사이즈를 체크해야 한다.

사이즈 측정 시 여유분 유무를 체크한다.
사이즈 측정 시 여유분을 주고 재야 할지, 여유분 없이 재야 할지는 확인이 필요하다. 일반적으로 패턴을 그릴 때 패턴에 여유분을 주고 그리는 경우가 많지만 작업자가 패턴을 그리는 방식에 따라 다를 수 있다. 책에 설명된 패턴 그리기 및 실물패턴 활용을 위한 사이즈표는 여유분이 없는 실사이즈를 기준으로 하며, 패턴에 여유분이 포함되어 있다.

털의 부피감을 고려해야 한다.
털이 많은 견종이나 미용 상태에 따라 여유분을 두어야 한다. 견종마다, 미용 스타일마다 치수가 다르기 때문에 일관된 치수를 적용하기는 힘들다. 옷을 만들어 입혀보고 여유분에 대한 판단을 내려야 한다. 예를 들어, 포메라니안 견종은 털을 고려해 한 사이즈 더 크게 입히는 경우가 많으나 전체적으로 핏이 커지는 단점이 있다.

PART 02

강아지 옷
만들기의 시작,
패턴 그리기

chapter 01

강아지 옷 패턴 그리기

강아지의 목둘레, 가슴둘레, 등 길이 등을 이용하여
정해진 공식에 따라 기본 패턴을 그리는 방법과
기본 패턴 변형법을 통해 다양하게 활용하는 방법을 알아보자.

강아지 옷 패턴의 종류

강아지 옷의 패턴은 기본 패턴에 추가 패턴을 더하여 다양한 변형 패턴을 완성할 수 있다. 어떤 패턴을 결합하느냐에 따라 다양한 옷을 만들어 볼 수 있으므로, 기본 옷 만들기에 익숙해지면 책에서 소개되는 패턴 외에도 패턴을 응용하여 우리 강아지에게 잘 어울리는 옷을 만들어보자.

구분	기본 패턴	추가 패턴	완성 패턴
래글런 소매 패턴 몸판을 래글런 소매로 변경하고 소매 패턴을 따로 만들어 붙인다.		래글런 소매 패턴	
기본 소매 패턴 몸판 진동 둘레 길이를 조절하고 소매 패턴을 따로 만들어 붙인다.		기본 소매 패턴	
원피스 패턴 몸판 패턴을 절개하고 치마 패턴을 따로 만들어 붙인다.		치마 패턴	
올인원 패턴 몸판 패턴을 절개하고 바지 패턴을 따로 만들어 붙인다.		바지 패턴	
후드 패턴 몸판의 목둘레를 조절하고 후드 패턴을 따로 만들어 붙인다.		후드 패턴	

패턴 기호

실물패턴을 이해하기 위해서는 패턴 기호를 정확하게 알고 있어야 한다.

구분	패턴 기호	설명
식서 방향	↕	원단의 세로 방향(올 방향)으로, 패턴의 식서 방향과 원단의 식서 방향이 동일하도록 맞춰야 한다.
바이어스 방향	✕	바이어스 방향으로 재단을 하라는 표시이다.
완성선	│	옷이 완성되는 최종선으로, 이 완성선에 시접 분량을 추가한 후 재단한다.
골선	│ 또는)	반쪽 패턴이라는 의미로 재단 시 반대쪽 분량도 함께 재단해야 한다는 의미이다. 데칼코마니를 떠올리면 쉽다. 원단을 반으로 접어 재단할 때 이 골선을 원단의 중심에 맞춰 재단하면 데칼코마니처럼 반대쪽도 함께 재단된다.
단추 위치와 단춧구멍 위치	⊕ 또는 + (단추) ┃ (단춧구멍)	단추와 단춧구멍의 표시는 패턴에서 미리 하기도 하고, 완성 후 표시를 하기도 한다.
맞춤표시 (너치)	┃┃∘	2장 이상의 원단을 서로 맞춰 봉합할 때 원단이 어긋나지 않도록 맞추는 표시이다. 재단 시 미리 너치 표시를 해 두고, 너치를 맞춰가며 봉제하면 된다.
턱 (외주름)	①② → ② ①	일정한 간격으로 접은 주름으로, 사선이 높은 쪽에서 낮은 쪽으로 주름을 잡으라는 표시다.
플리츠 (맞주름)	①②③ → ② ①③	양쪽에서 중앙을 향해 접은 모양으로, 사선의 높은 쪽에서 낮은 쪽으로 주름을 잡으라는 표시다.
다트	▽	몸에서 뜨는 부분을 잡거나 좀 더 입체적으로 패턴을 만들 때 사용한다.
개더	〰〰	자잘한 주름을 잡는 부분이다. 강아지 옷의 스커트에 가장 많이 사용되는 기호이다.

견종별 체형 특성

견종별로 나타나는 체형의 특징이 있다. 패턴을 그리는 주요 부위인 목둘레, 가슴둘레, 등 길이, 팔다리의 길이를 기준으로 패턴을 그릴 때 고려해야 하는 부분을 알아보자.

구분	견종	고려 사항
목이 굵은 체형	불독	목이 굵은 견종은 가슴도 함께 발달된 경우가 많다. 앞가슴폭 사이즈를 늘려준다.
가슴이 발달한 체형	닥스훈트, 웰시코기, 페키니즈, 슈나우저, 불독	• 등 너비와 앞가슴 폭을 여유 있게 사용한다. • 앞가슴이 발달한 경우 앞길이(앞가슴길이) 치수를 더 늘린다.
등 길이가 긴 체형	푸들, 닥스훈트, 슈나우저, 웰시코기, 페키니즈, 시추	• 앞길이(앞가슴 길이)가 짧은지 체크한다. • 앞길이 아래쪽 길이를 1~2cm 더 내린다.
다리 길이 조절이 필요한 체형	푸들, 슈나우저	다리 길이를 늘린다.(+4cm)
	웰시코기, 닥스훈트, 페키니즈, 시추	다리 길이를 줄인다. (-1~3cm)
모량이 많고 부피감이 큰 견종	스피츠, 포메라니언	3~4cm 여유분이 필요하다.
평균적인 체형	말티즈, 치와와, 미니핀	기성복이 잘 맞는 편이지만 치와와, 미니핀은 초소형 사이즈가 필요한 경우도 많다.

같은 견종이라도 등 길이, 다리 길이가 다르고 살이 찐 정도에 따라서도 다르다. 기성복이 잘 맞는 견종도 있지만 아직 견종별로 세분화되어 옷이 나오지는 않기 때문에 많은 견종이 기성복을 불편해 한다.

이때, 패턴을 그리거나 수정하는 방법을 알고 있으면 강아지에게 딱 맞는 예쁜 옷을 만들어 줄 수 있다. 우리 강아지의 체형 특성과 함께 같은 견종 내에서도 어떤 특이점이 있는지 살펴보고 패턴 그리기에 적용해 보자.

강아지 옷 패턴 그리기

패턴은 강아지의 대표 치수인 '목둘레, 가슴둘레, 등 길이'를 활용하여 정해진 공식에 따라 그리면 된다. 기본 패턴을 모두 숙지한 후 변형 과정을 거쳐 강아지에게 맞는 패턴을 만들 수 있다.

 기본 패턴 그리기

○ **아웃라인 그리기**

❶ 빈 종이에 등 길이만큼 직선을 긋는다.

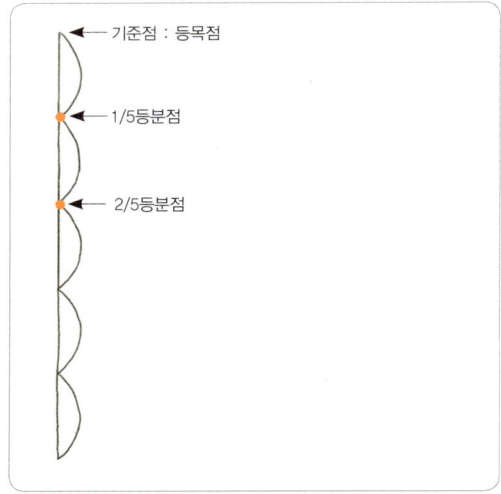

❷ 등 길이를 5등분하여 등목점(기준점)에서 1/5, 2/5에 해당하는 위치를 점으로 표시한다.

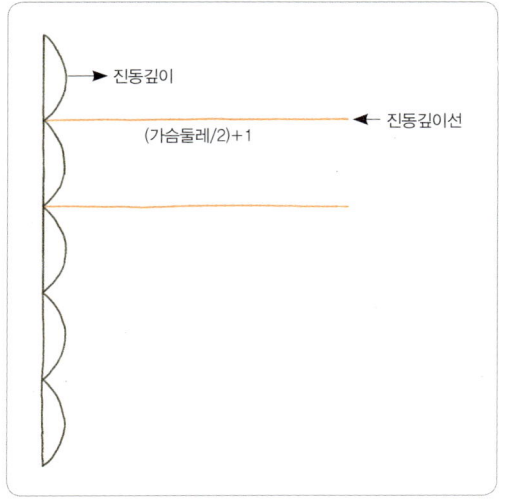

❸ 1/5, 2/5점에서 오른쪽으로 '(가슴둘레/2)+1'만큼 직선을 긋는다. 1/5점에서 오른쪽으로 나간 선은 진동깊이선이다.

|TIP| 털의 유무, 계절에 따라 옷의 여유분에 차이가 있다. 여유분은 기본 패턴을 완성한 후 가슴둘레 늘리기 방법을 사용하여 여유분을 주면 패턴을 활용하기 좋다.

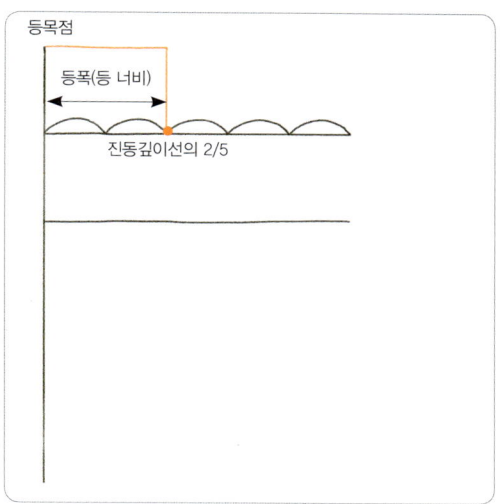

④ 등목점에서 오른쪽으로 직선을 긋고 진동깊이선의 2/5등분 점에서 수직으로 그어 등폭(등 너비) 선을 그린다.

|TIP| XS : 2/5등분 − 0.5cm, S : 2/5등분 − 0.3cm
등 너비는 좌·우로 이동 가능한 선이다.

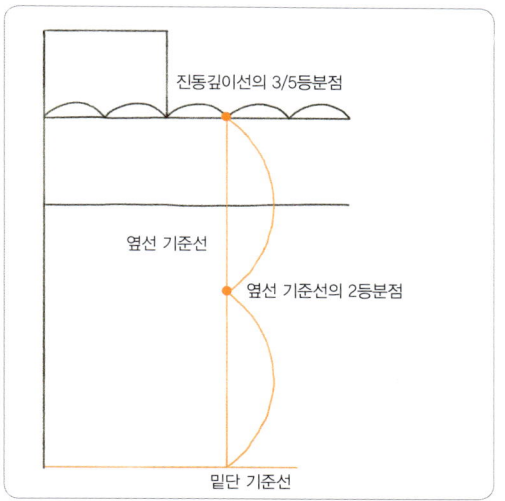

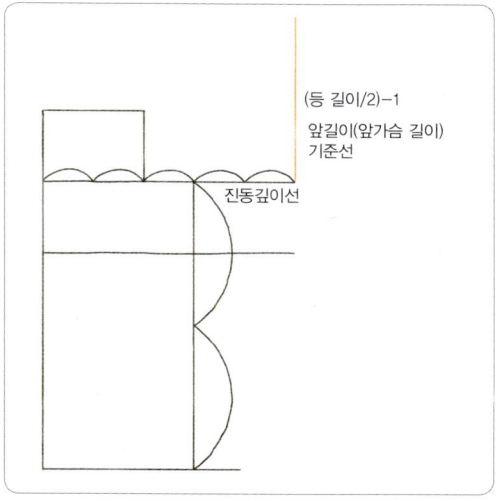

⑤ 진동깊이선의 3/5등분점에서 아래로 직선을 그리고 등 길이 끝에서 가로로 직선을 그려 두 선이 만나도록 한다. 3/5등분점에서 아래로 내린 옆선 기준선 길이의 2등분점을 찾아 표시한다.

⑥ 진동깊이선의 끝에서 '(등 길이/2)−1'만큼 수직으로 직선을 긋는다. 앞길이(앞가슴 길이)의 기준 치수가 된다.

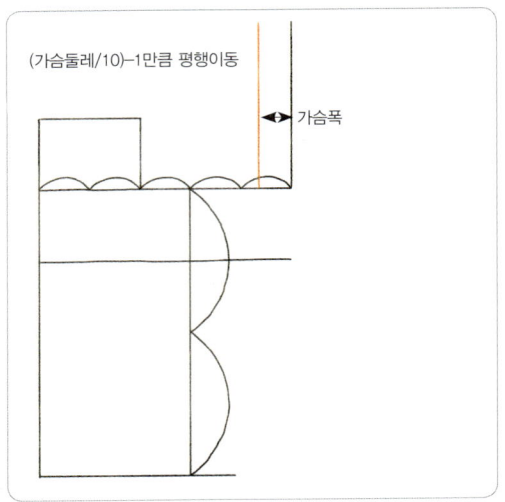

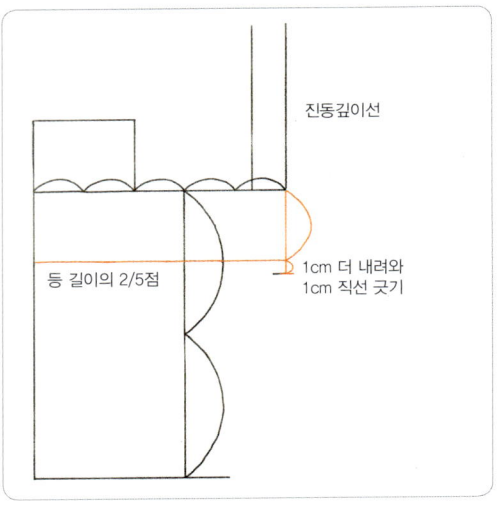

❼ 앞길이(앞가슴 길이)선에서 패턴 안쪽으로 '(가슴둘레/10)-1'만큼 평행 이동해 선을 긋는다. 이 치수는 가슴폭의 분량이다.

❽ 진동깊이선의 끝에서 아래로 직선을 긋고 등 길이의 2/5점에서 가로로 그어 선과 선이 만나는 점을 찾는다. 그 점에서 1cm 더 내려오게 직선을 긋고, 패턴 안쪽으로 다시 1cm 직선을 그린다.

● 등판 목선 그리기

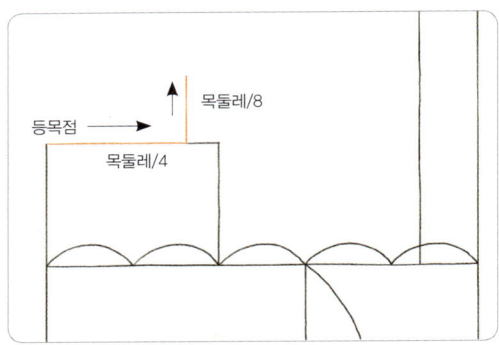

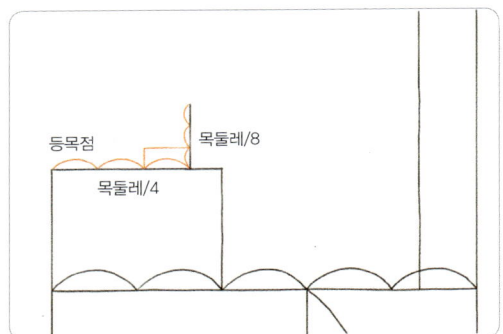

❶ 등목점을 기준으로 오른쪽으로 '목둘레/4'만큼 이동한 후 다시 '목둘레/8'만큼 수직으로 선을 그린다.

❷ '목둘레/4', '목둘레/8' 길이를 각각 3등분하여 그림과 같이 직선을 긋고 만나는 점을 표시한다.

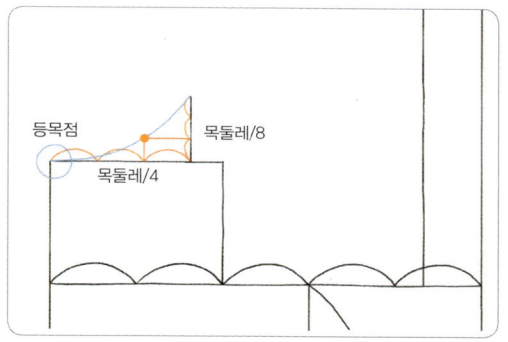

❸ '등목점', '목둘레/8'만큼 세로로 올린 점, '3등분 교차점'의 세 점을 곡선으로 그린다. 이때 등목점 중심점은 1cm 가량 직선이 되도록 그린다.

◉ 등판 어깨선 그리기

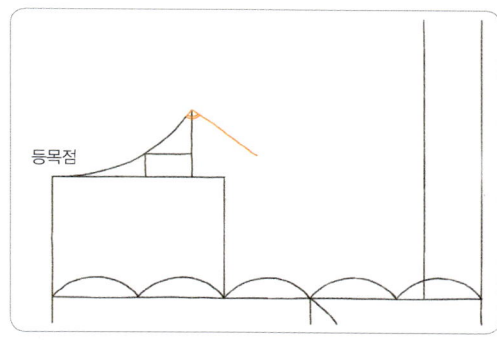

❶ 목선에 직각으로 어깨길이만큼 직선을 그린다.(어깨길이 치수 참조)

어깨길이
XS : 2cm   S : 2.5cm
M : 3cm   L : 4cm   XL : 4.5cm

◉ 배판 목선 그리기

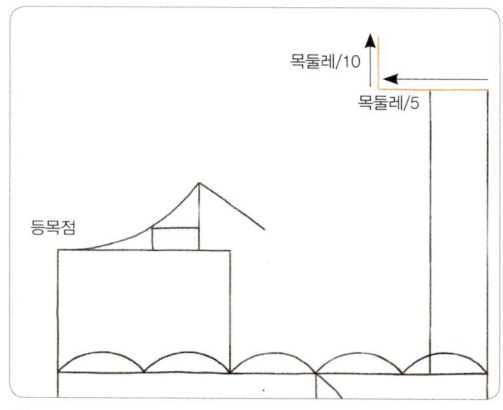

❶ 앞길이(앞가슴 길이)가 끝난 점에서 패턴 안쪽으로 '목둘레/5'만큼 들어오고, 다시 '목둘레/10'만큼 수직으로 선을 긋는다.

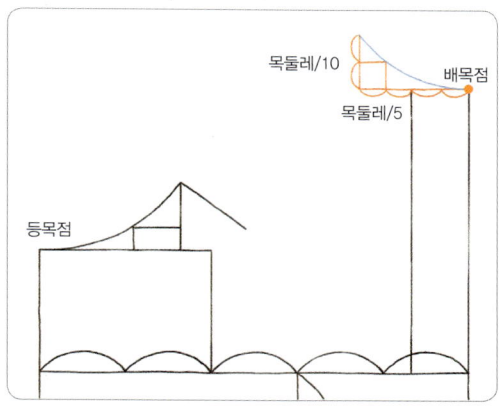

❷ '목둘레/5'만큼 나간 직선을 4등분하고, '목둘레/10'만큼 나간 세로선을 2등분하여 만나는 점을 표시하고, 그림과 같이 배판의 목선의 그려준다. 배목점 중심 1cm가량 직선을 유지한다.

등목선과 배목선 그리기 TIP

등목선과 배목선을 그릴 때 등판은 등목점과 '목둘레/8'만큼 올라간 점이 중요한 기준점이고, 배판 역시 배목점과 '목둘레/10'만큼 올라간 점이 기준점이다. 또 하나 기준이 되는 선은 등목선과 배목선을 그리기 위해 등분하여 표시한 가이드선이다. 곡자로 목선을 그릴 때 세 점을 모두 지나는 선을 그려야 하지만 선이 찾아지지 않는다면 손으로 그려도 되고, 세 번째 기준점은 무시되더라도 선이 자연스럽게 그려지도록 하는 것이 더 중요하다.

◉ 배판 어깨선 그리기

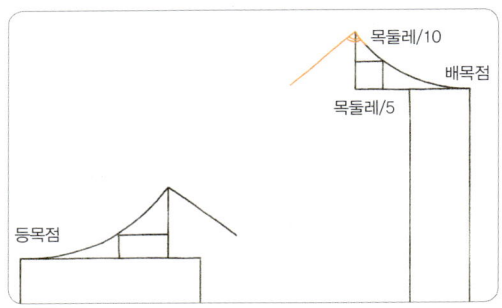

① 배목선에 직각으로 어깨 길이만큼 그린다.

◉ 진동선 그리기

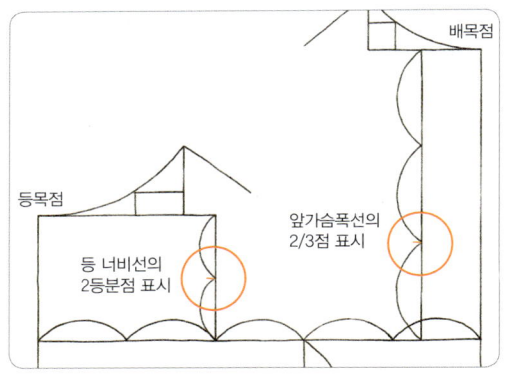
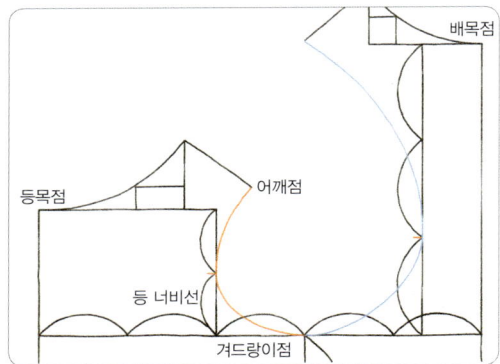

① 등 너비선의 2등분점과 앞가슴폭선을 3등분하여 2/3 위치점을 표시한다.

② 겨드랑이 점을 기준으로 등판과 배판의 진동선을 그린다.

|TIP| 어깨점 끝과 등 너비선이 너무 가까우면 진동선이 예쁘지 않다. 이때는 등 너비선을 왼쪽으로 임의로 이동시킨다.

- 등 진동 : '어깨점 – 등 너비선의 2등분점 – 겨드랑이점'이 연결되는 곡선
- 배 진동 : '배판의 어깨점 – 앞가슴폭선의 2/3점 – 겨드랑이점'이 연결되는 곡선

등 진동과 배 진동 그리기 TIP

- 겨드랑이점을 기준으로 등 진동과 배 진동선의 흐름이 자연스러워야 한다.
- 자연스러운 곡선을 그리기 위해 2등분점이나 2/3등분점은 살짝 무시될 수 있다.

◉ 밑단선 그리기

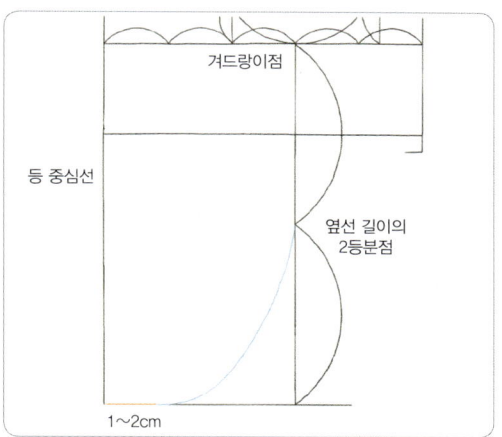
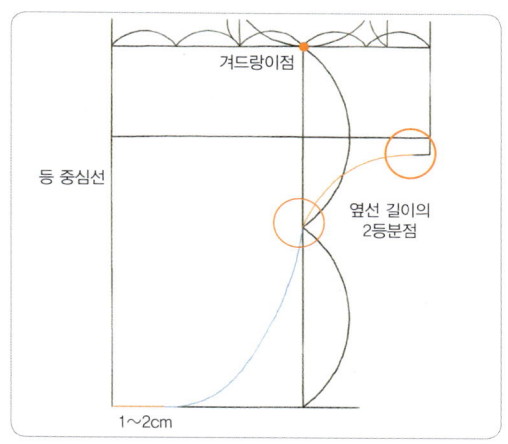

① 밑단 중심선에서 오른쪽으로 1~2cm만큼 이동하여 표시한다. 1~2cm 나간 점과 옆선 길이의 2등분점을 연결하는 곡선을 그린다.

② 옆선 길이의 2등분점 - 배판 중심선에서 1cm 안쪽으로 그려놓은 선을 연결하는 배판의 밑단선을 곡선으로 그린다.

강아지 체형에 따른 밑단선 길이

등 밑단선이 너무 바깥쪽으로 나가면 옷이 뜰 수 있고, 너무 안쪽으로 들어오면 휑하게 보일 수 있다. 덩치가 있거나 살집이 있는 강아지는 살짝 안쪽으로 선을 그리고, 살이 없는 강아지는 약간 바깥쪽으로 선을 그리면 체형을 보완할 수 있다.

◉ 기본 패턴 완성

골선과 식서 방향을 알려줄 패턴기호를 표시하면 기본 패턴이 완성된다. 패턴의 각 부위 및 명칭을 확인하자.

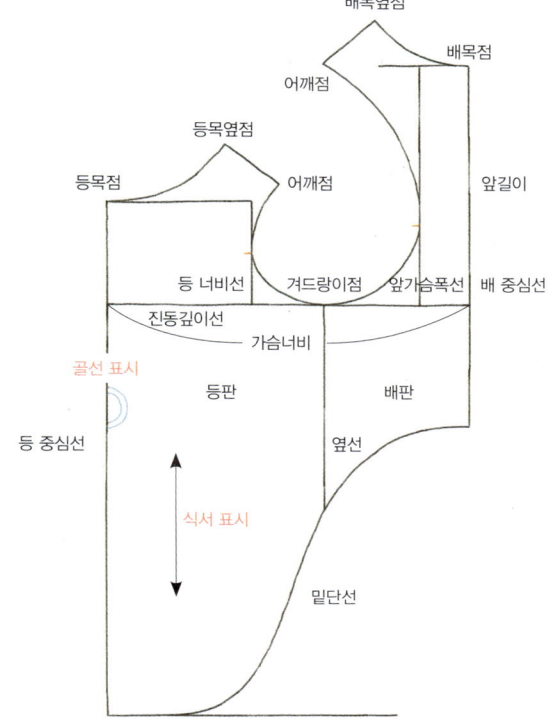

옆선 다트 잡기

다트는 몸에서 뜨는 부분을 잡거나 좀 더 입체적으로 만들기 위한 패턴 기법이다. 강아지 몸은 가슴보다 허리 쪽이 더 가늘다. 하지만 패턴은 가슴둘레를 기준으로 완성되기 때문에 얇은 허리 쪽은 분량이 남게 된다. 이때 옆선 다트를 잡아주면 옷의 핏감이 좋아진다. 살이 있거나 가슴이 많이 발달되고 허리가 가는 견종은 이 다트가 중요하다. 가슴과 허리의 차가 클수록 다트 분량을 늘려주면 된다.

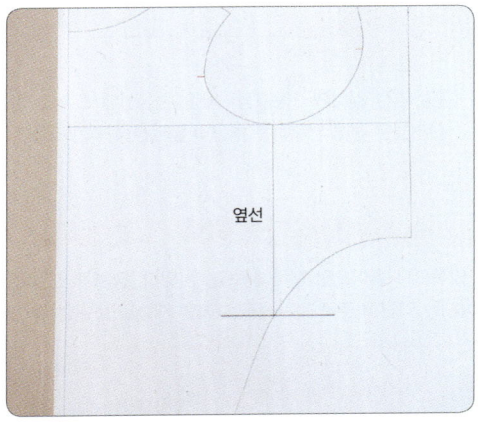

❶ 기본 패턴을 준비하고 옆선 끝점에서 양쪽으로 가로선을 긋는다.

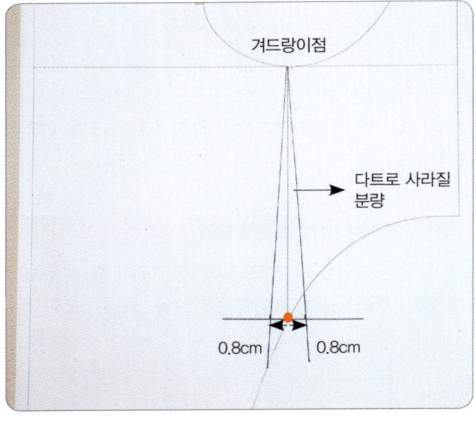

❷ 옆선의 좌우로 0.8cm를 나가 표시하고, 겨드랑이점과 연결하여 직선을 그린다.(총 다트분량 1.6cm) 이 직선이 새로운 옆선이 된다.

❸ 밑단을 제외하고 패턴의 위쪽 완성선을 잘라낸 후 배판 옆선을 뒤쪽으로 접는다.

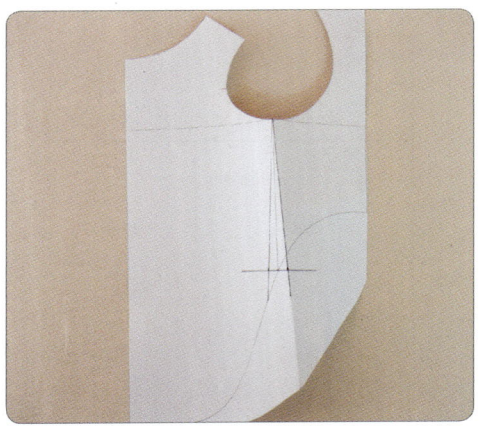

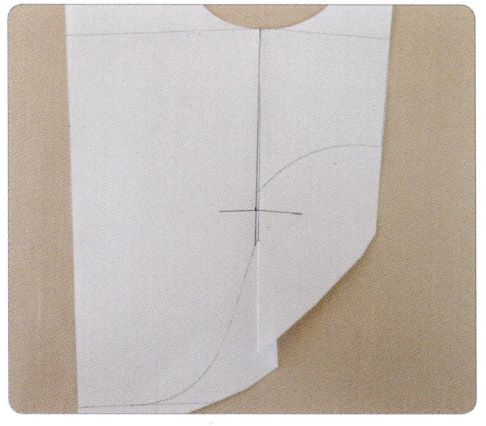
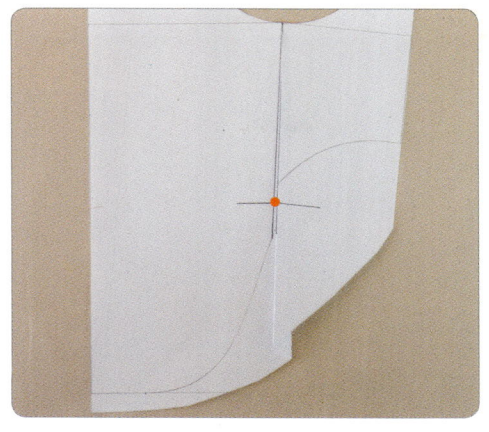

❹ 다트를 접어 배판 옆선을 등판 옆선에 붙인다.

❺ 다트를 접으면서 등판과 배판의 밑단선이 끊어졌다. 옆선의 끝점을 표시한다.

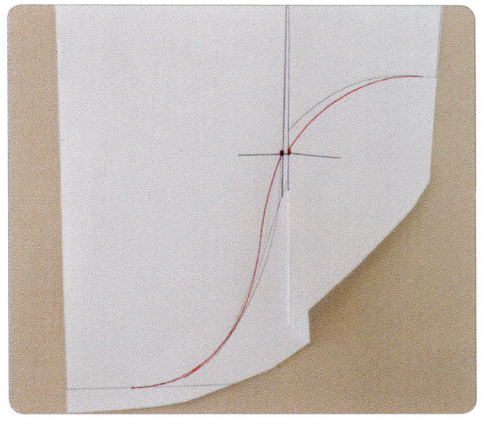
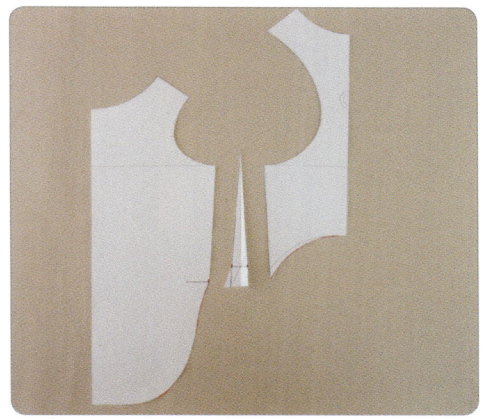

❻ 옆선 끝점을 기준으로 등판과 배판의 밑단선이 자연스럽게 연결되도록 새로운 선을 그려 준다.

❼ 등판과 배판의 옆선을 자르고, 다트 분량을 잘라낸다.

❽ 봉제할 때 등판과 배판 옆선을 붙여 봉제하면 된다. 다트 분량이 사라져 배 부분의 둘레가 좁아졌다.

❾ 패턴 정리 완료! 등판과 배판 중심에 골선을 표시한다.

시보리가 달릴 때 패턴 잘라내기

기본 패턴을 그릴 때 시보리 분량을 고려하지 않고 등목점부터 몸 전체에 대한 패턴을 그린다. 때문에 목과 앞다리에 시보리가 달리는 디자인으로 티셔츠를 완성하고자 할 때 기본 패턴을 그린 상태에서 패턴 수정 없이 시보리를 달면 시보리가 목 위로 올라와 달리게 되어 옷의 형태가 이상해질 수 있다. 부자재(시보리, 칼라 등)를 달아야 하는 경우에는 패턴을 완성한 후 해당 부분의 패턴을 잘라내 미리 분량을 조절해야 완성도 있는 옷을 만들 수 있다.

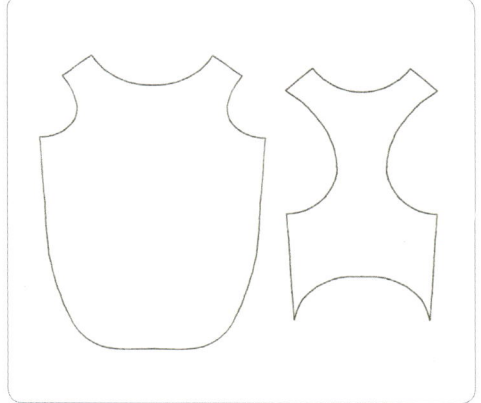

① 완성된 기본 패턴을 준비한다.

② 시보리가 달릴 부분에 패턴을 잘라낼 분량만큼 선을 표시한다. 패턴을 잘라낼 분량은 '시보리의 완성폭'이나 '시보리 완성폭의 80~90%'가 적당하다.

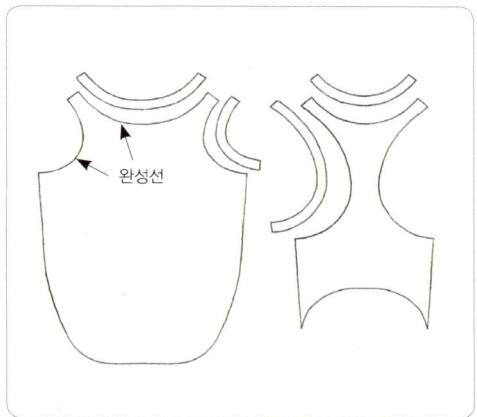

③ 이동한 선만큼 패턴을 잘라낸 후 잘라낸 선을 완성선으로 사용한다.

래글런 패턴 그리기

래글런 패턴은 어깨와 소매가 하나로 연결되어 있다. 몸판에서 어깨 분량을 잘라내 소매 쪽으로 보내고 소매를 새로 그려 완성한다.

◯ 몸판 패턴 변형하기

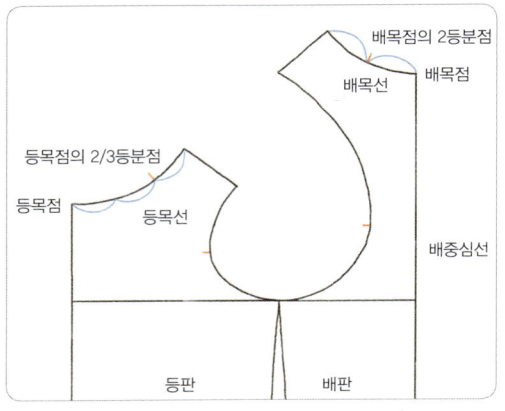

① 기본 패턴을 준비한다. 등목선을 3등분하여 등목점에서 2/3에 해당하는 지점을 표시하고, 배목선은 2등분하여 중심점을 표시한다.

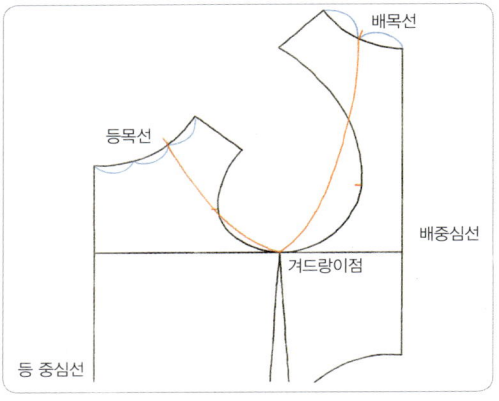

② 표시한 두 점에서 겨드랑이점을 향하여 곡선으로 진동라인을 그린다. 겨드랑이점 위치가 약간 뾰족한 느낌이 나도록 하면 소매 패턴을 그리기 쉽다.

진동 그릴때 참조 치수

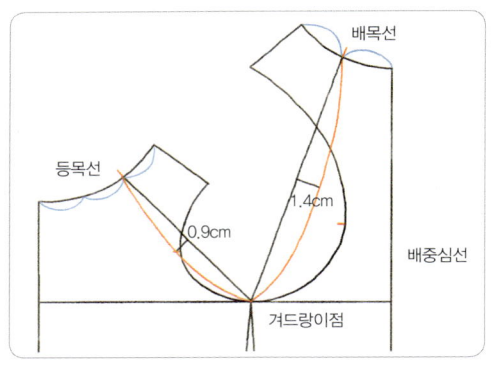

등분점과 겨드랑이점을 잇는 직선을 긋고, 2등분했을 때 곡선과 가장 거리가 먼 치수를 참조하면 된다. 등판은 0.9cm, 배판은 1.4cm 내외로 곡선이 들어가도록 그리면 적당하다.

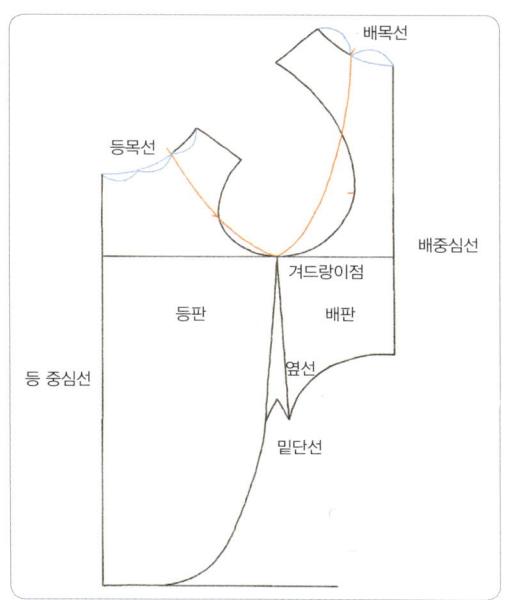

❸ 래글런 몸판 패턴의 완성선을 확인한다.

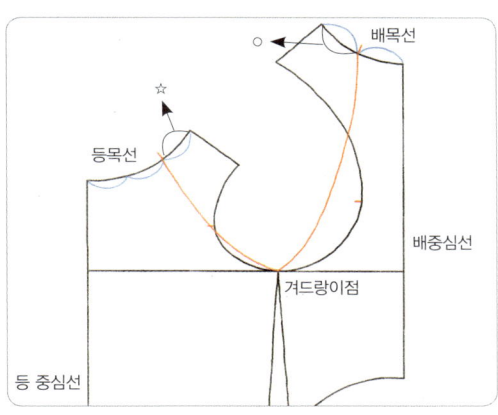

❹ 소매 패턴으로 사라질 등목과 배목의 분량(☆+○)의 합 (A)과 빨간선으로 그린 등 진동과 배 진동 길이의 합(B)을 따로 표시해 둔다.

● 래글런 소매 그리기

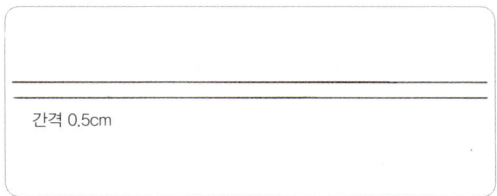

❶ 소매 패턴을 그리기 위해 가로 직선을 길게 하나 긋고, 0.5cm만큼 평행이동한 직선을 하나 더 그린다.

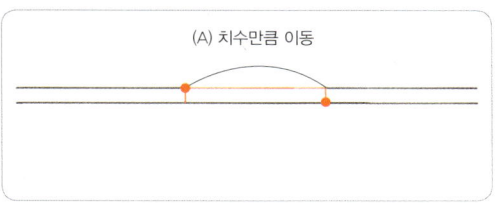

❷ 임의의 기준점을 정하고 (A) 치수만큼 이동하여 사각형 박스를 그린다. 표시된 두 점이 소매 패턴의 진동선을 그리는 기준점이 된다.

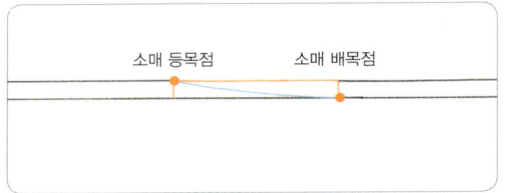

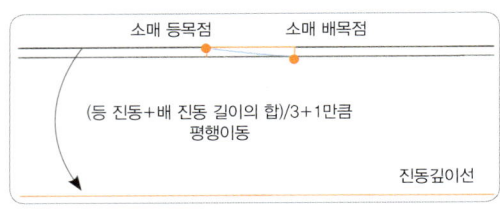

❸ 소매 등목점에서 소매 배목점을 잇는 곡선을 그린다. 이 곡선은 몸판 패턴에서 제외된 목 사이즈가 소매로 이동한 길이가 된다.

❹ 진동깊이선을 그리기 위해 가장 윗선에서 '(B)치수/3+1' 만큼 아래로 평행이동해 선을 하나 더 그린다. 이 선이 진동깊이선이다.

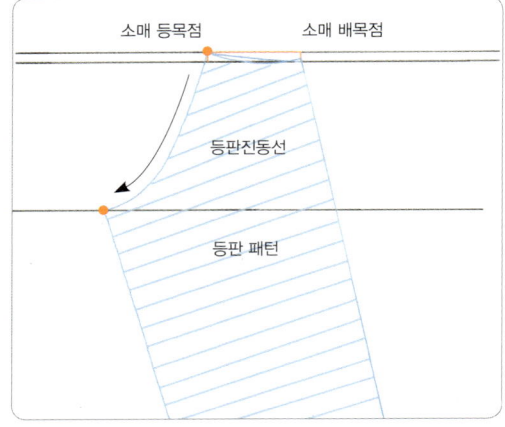

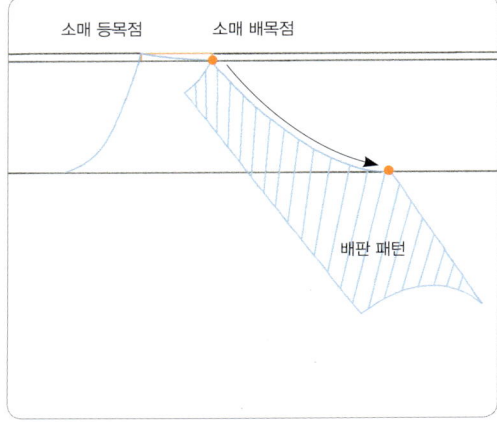

❺ 만들어 놓은 등판 패턴을 올리고, 등판 패턴의 목끝점을 소매 등목점에 맞추고, 겨드랑이점을 진동깊이선에 맞춰 놓고 진동선을 따라 그린다.

❻ 배판 패턴도 목끝점을 소매 배목점에 맞추고 겨드랑이점을 진동깊이선에 맞춰 올린 후 진동선을 따라 그린다.

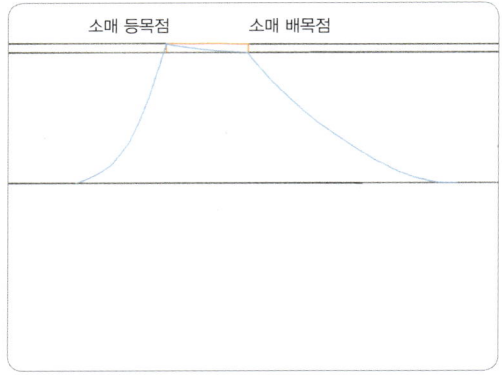

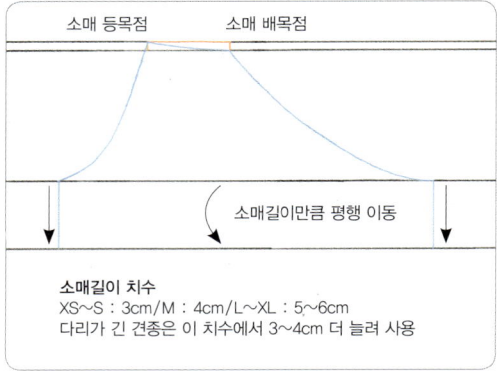

❼ 소매 패턴의 등 진동선과 배 진동선 복사 완료!

❽ 소매길이 치수를 참조하여 소매길이만큼 진동깊이선에서 평행이동하여 선을 긋는다. 등 진동 끝점과 배 진동 끝점에서 아래로 수직선을 그려 소매길이선을 표시한다.

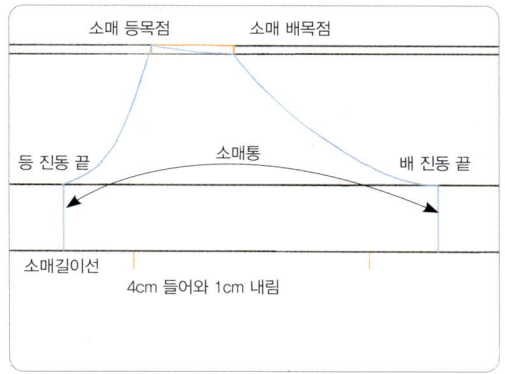

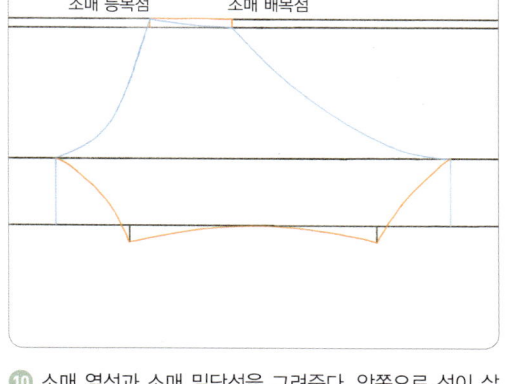

🟢 소매통을 그리기 위해 소매길이선에서 안쪽으로 4cm 들어가 다시 수직으로 1cm 내려 표시한다.

|TIP| 소매길이선에서 4cm 들어간 치수는 평균치일뿐 고정 치수는 아니다. 수치가 클수록 좁은 소매통이 완성된다. 가봉을 통해 강아지에게 적당한 치수를 찾은 후 최종 패턴으로 완성하는 것이 좋다.

🟢 소매 옆선과 소매 밑단선을 그려준다. 안쪽으로 선이 살짝 들어가도록 곡선으로 그리면 핏이 더 예쁘다.

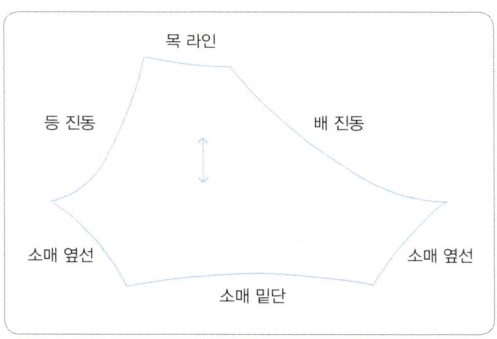

🟤 래글런 소매의 완성선과 패턴의 명칭을 확인한다.

기본 소매 패턴 그리기

기본 소매 패턴은 몸판에서 진동길이를 줄여주는 몸판 변형 과정 후 소매 패턴을 따로 그려서 완성한다. 기본 소매 패턴은 다이마루 원단을 사용할 것인지 직기 원단을 사용할 것인지 신축성 유무에 따라 진동의 크기를 고려해야 하며, 패턴을 완성하여 가봉한 후 사이즈를 조절하는 것이 좋다.

● 몸판 패턴 변형하기

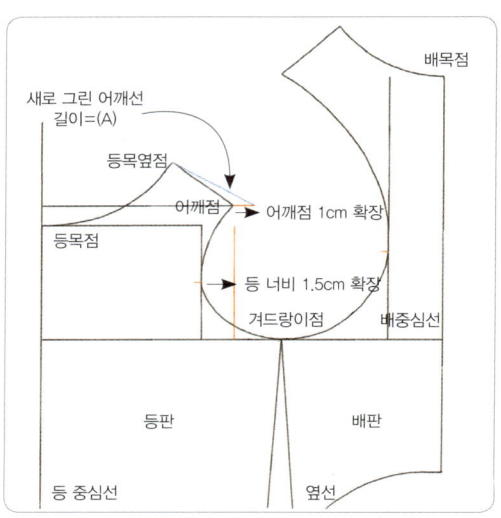

① 기본 패턴에 등 너비선을 1.5cm 확장하여 평행이동한다. 어깨점에서 1cm 확장한 점과 등목옆점을 직선으로 그어 어깨선을 새롭게 그린 후 길이를 잰다(A).

|TIP| 어깨를 1cm 늘렸을 때 끝점이 연장한 등 너비보다 왼쪽에 위치한 경우에는 등 너비보다 선이 오른쪽에 위치하도록 임의로 0.5cm 더 이동하여 어깨점으로 정한다.

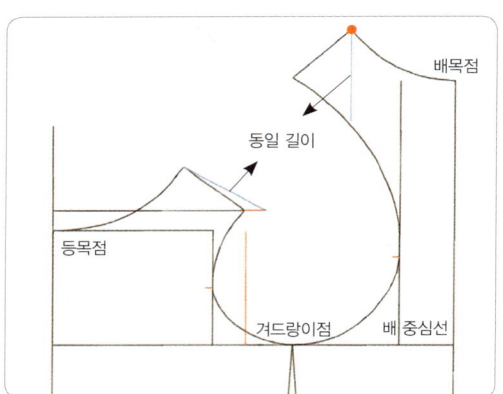

② 배판의 배목옆점에서 새로 그린 어깨선 길이(A)만큼 수직으로 아래로 내린다.

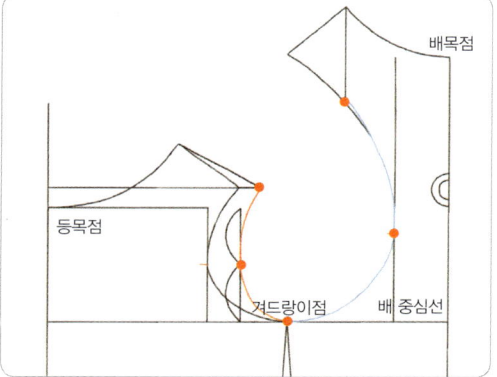

③ 등 진동선과 배 진동선을 새로 그리고, 소매 패턴 제도를 위해 등 진동과 배 진동 각각의 길이, 등 진동과 배 진동 길이의 합을 잰다. 공간이 좁으므로 억지로 각 위치에 맞추려 하기 보다 자연스러운 선을 찾아 그리면 된다.

● 기본 소매 패턴 그리기

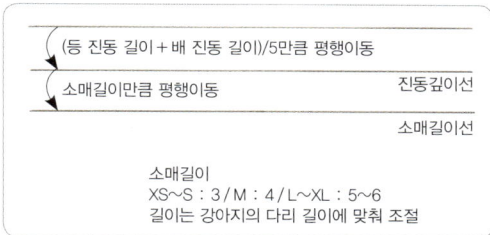

① 임의 직선을 하나 그리고 '(등 진동 길이+배 진동 길이)/5' 만큼 평행이동해 선을 그린다. 다시 소매길이만큼 한 번 더 평행이동하여 세 개의 직선을 그린다.

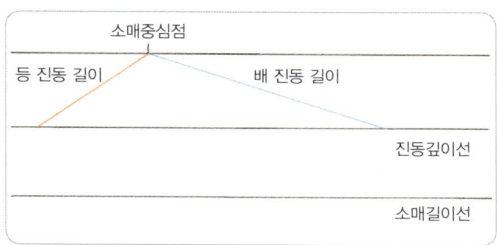

② 패턴 기준선에 임의의 점(소매중심점)을 하나 정하고 왼쪽으로는 등 진동 길이만큼, 오른쪽으로는 배 진동 길이만큼 진동깊이선에 선을 그어준다.

|TIP| 등 진동 길이, 배 진동 길이보다 0.5cm 가량 적게 그리면 봉제할 때 소매가 남는 것을 미리 방지할 수 있다.

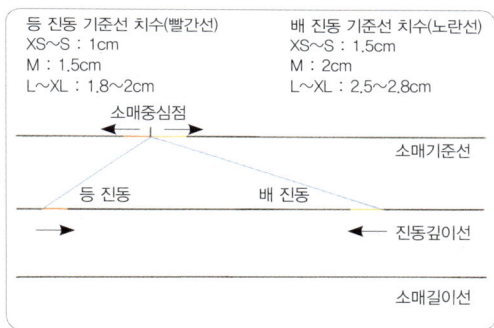

③ 소매중심점에서 진동선을 그리기 위한 가이드 치수만큼 이동하여 표시한다. 진동깊이선의 등 진동과 배 진동이 끝난 위치에서 패턴 안쪽으로 가이드 치수만큼 안으로 들어와 표시한다.

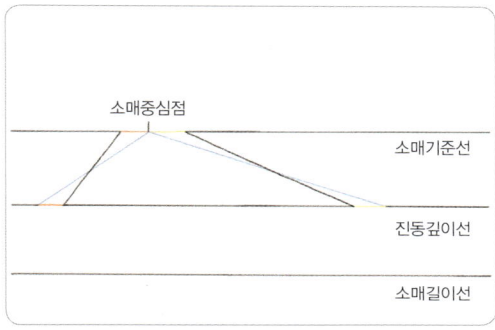

④ 소매기준선과 진동깊이선의 기준점을 직선으로 연결한다. 이 직선은 진동라인을 그리는 가이드선이다.

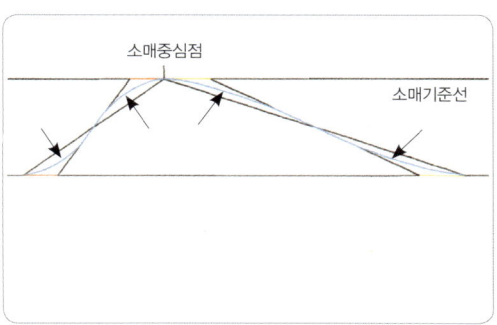

⑤ 그림과 같이 직선의 가이드선을 타고 가듯이 진동라인을 곡선으로 그린다. 바깥쪽 진동선은 안쪽으로 들어가는 곡선 모양이고, 안쪽 진동선은 바깥으로 볼록한 곡선 모양이다.

|TIP| 소매 진동선을 그린 후 전체 진동 길이를 재어 체크해 보자. 몸판 진동의 합과 길이가 같거나 살짝 작은 치수로 나오면 된다. 소매 진동이 몸판의 진동보다 길다면 곡선을 살짝 납작하게 만들어 길이를 줄여주어야 한다. 진동기준선 치수를 줄이면 곡선이 납작해진다.

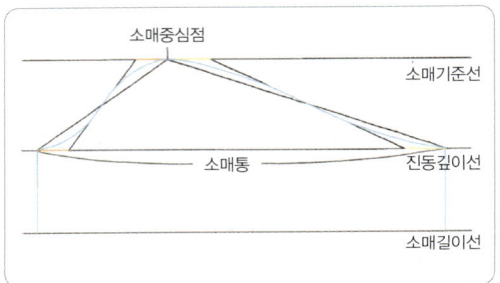

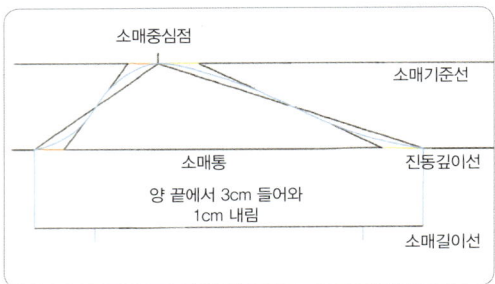

❻ 등 진동과 배 진동의 끝점에서 소매길이선에 수직으로 선을 내린다.

❼ 소매길이선 양 끝에서 안쪽으로 3cm 들어와 수직으로 1cm 내린다.

|TIP| 소매길이선에서 3cm 들어간 치수는 고정 치수가 아니다. 더 많이 들어갈수록 좁은 소매통으로 완성된다. 가봉을 통해 강아지에게 적당한 치수를 찾은 후 최종 패턴으로 완성하는 것이 좋다.

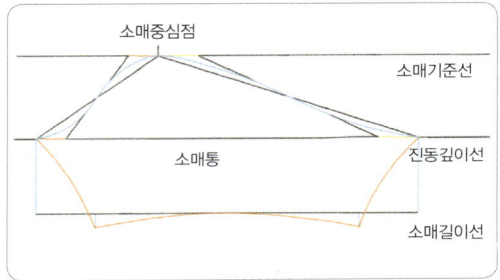

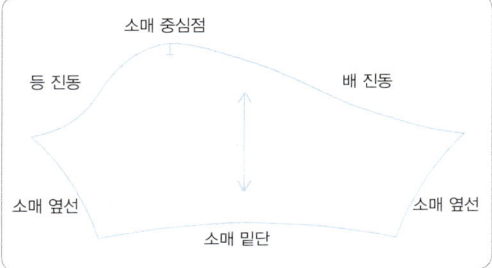

❽ 소매 옆선과 소매 밑단선을 그려준다. 안쪽으로 살짝 들어가도록 곡선으로 그리면 핏이 더 예쁘다.

❾ 소매의 완성선과 패턴의 명칭을 확인한다. 소매중심점에 너치를 표시하면 봉제 시 소매중심점과 몸판의 어깨선의 위치를 맞추기 쉽다.

후드 패턴 그리기

후드 패턴을 그리기 전에 강아지의 머리가 쉽게 들어갈 수 있도록 몸판의 목 사이즈를 2~3cm 여유 있게 조절해야 한다.[몸판 패턴의 목 사이즈 조절 방법(P.129) 참조]

● 기초선 그리기

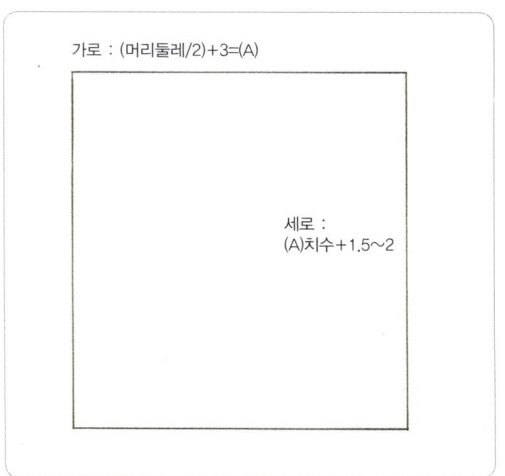

① 패턴을 그릴 기초선을 그리기 위해 참조 치수를 확인하여 사각형 박스를 그린다.

참조 치수
S : 가로-12cm/세로-13.5cm
M : 가로-14cm/세로-15.5cm
L : 가로-16cm/세로-17.5cm

● 목 라인 그리기

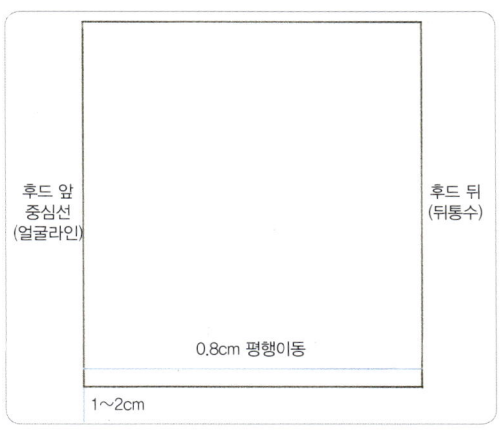

① 후드 앞 중심선에서 수직 아래로 1~2cm 선을 내리고, 후드 아래쪽의 가로선을 위로 0.8cm 평행이동하여 한 줄 더 그어준다.

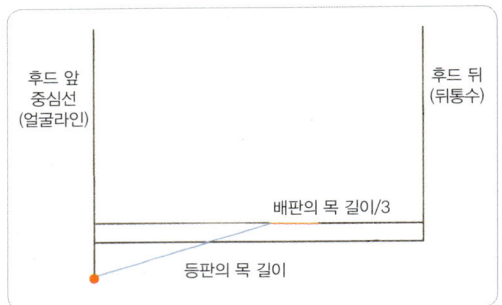

❷ 등목 길이를 표시하기 위해 후드 앞 중심선에서 선을 내린 끝점에서 0.8cm 평행이동한 선에 등판 패턴의 목 길이만큼 직선을 그린다(파란선). 등목 길이가 끝난 점에서 '배판의 목 길이/3'만큼 오른쪽으로 이동하여 표시한다(빨간선).

|TIP| • 등판 목 길이와 배판 목 길이는 패턴 반쪽에 해당하는 목 길이이다.
 • 등판과 배판의 목을 늘려 수정한 몸판 패턴의 목 치수를 대입해야 한다.

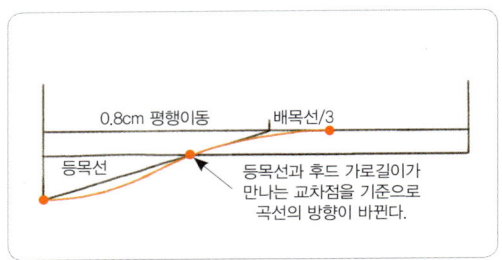

❸ 그림처럼 세 점을 지나도록 목 라인을 그린다. 후드 앞 중심 곡선은 안으로 들어가는 곡선으로, 후드 뒤쪽(뒤통수) 곡선은 위로 볼록한 곡선으로 그린다. 곡선의 방향이 변하는 기준점은 등목선과 후드 아래 가로길이가 교차하는 점이다.

|TIP| 후드 앞 중심 목 라인이 시작되는 위치는 0.5~1cm 가량 직선이 되도록 한다.

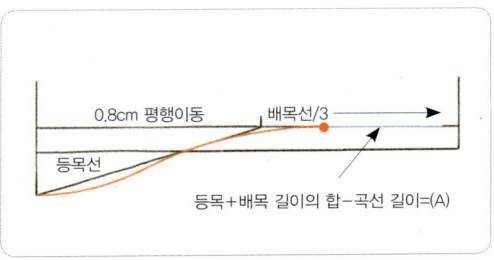

❹ 곡선으로 그린 목 라인의 길이를 재고, 그 길이와 '등목+배목 길이'의 차를 계산한다(A). 곡선으로 그린 목 라인의 끝점에서 (A) 치수만큼 가로로 선을 그려 표시한다. [곡선 길이+(A)=등목+배목]

후드라인 그리기

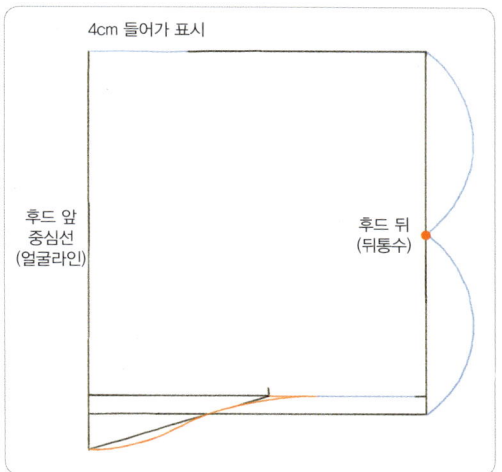

❶ 후드 뒤(뒤통수) 세로 길이를 2등분하고, 후드 윗라인에서 안쪽으로 4cm 들어간 위치를 표시한다.

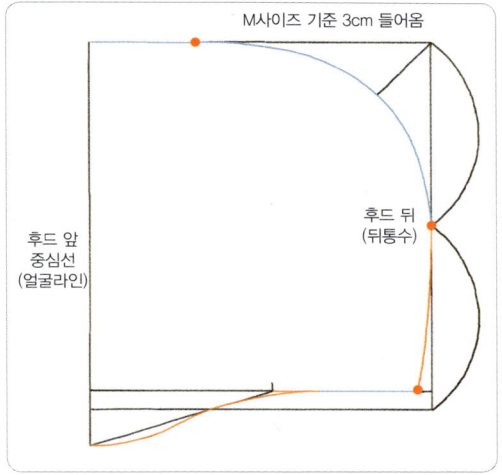

❷ 그림과 같이 세 점을 연결하는 자연스러운 곡선을 그려 후드라인을 완성한다.

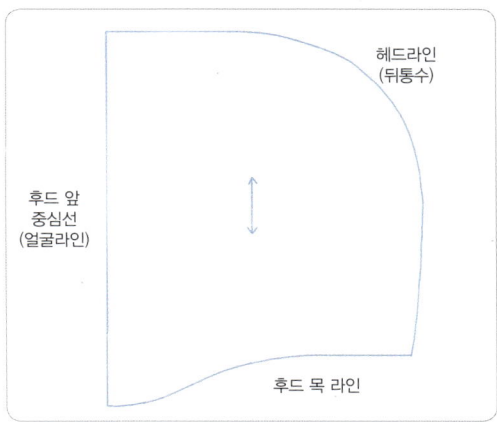

❸ 완성된 후드 패턴 각 부위의 명칭을 확인하자.

바지 패턴 그리기

바지 패턴은 허리둘레, 허벅지둘레 치수를 이용하여 그리면 된다. 꼬리 주변의 치수가 너무 타이트하면 옷이 불편해지므로 패턴을 따라 그려보고 세부 치수는 가봉을 통해 조절한 후 사용하는 것이 좋다.

● 기초선 그리기

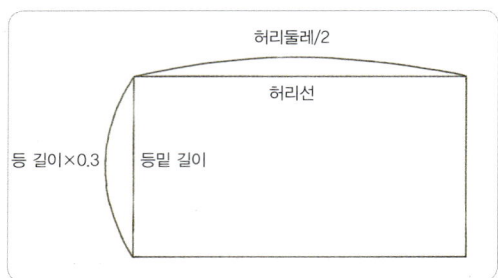

① 가로 허리선, 세로 등밑 길이의 사각형 박스를 그린다.

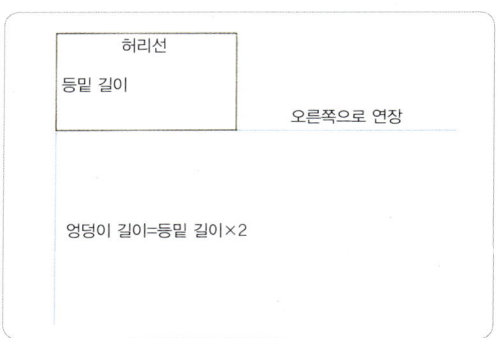

② 등밑 길이 끝점에서 아래로 엉덩이 길이만큼 직선을 그리고, 직사각형의 아래 선을 오른쪽으로 길게 연장한다. (엉덩이 길이=등밑 길이×2)

③ 등밑 길이 끝점에서 엉덩이 길이선에 '엉덩이 길이/3.5'만큼 내려와 가로로 선을 긋는다.

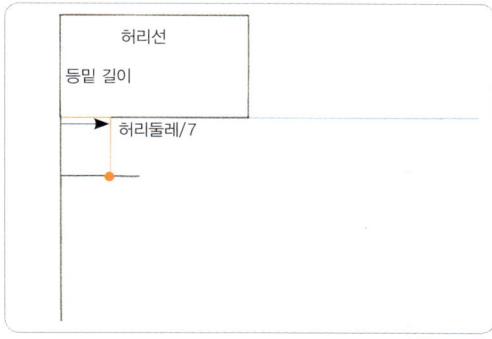

④ 등밑 길이 끝점에서 가로로 '허리둘레/7'만큼 이동하여 그리고, 아래로 선을 그어 교차점을 표시하여 사각형을 그린다. 사각형이 바지 패턴에서 꼬리가 들어갈 구멍이 될 기준선이 된다.

|TIP| '허리둘레/7' 치수에서 강아지 크기에 따라 여유분을 조절한다. 강아지마다 사이즈가 다를 수 있으니 가봉 과정을 거쳐 최종 치수를 결정해야 한다.
- 초소형견 : 치수 그대로 사용   • 소형견 : +1cm
- L 이상 중형견 : +2cm

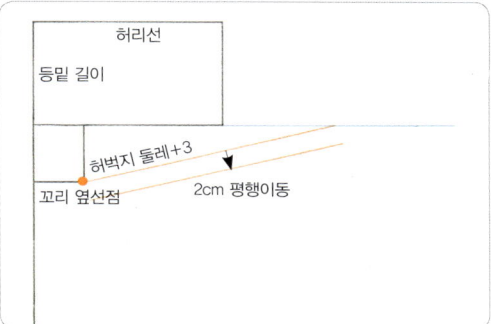

⑤ 꼬리 옆선점에서 오른쪽으로 연장해 놓은 직선으로 '허벅지 둘레+3'만큼 직선을 긋고, 2cm 평행이동하여 선을 하나 더 긋는다. 평행이동한 선이 바지통의 너비가 된다.

|TIP| • 다리가 짧은 견종은 2cm 평행이동이 필요없다.
       • 바지통은 디자인, 원단에 따라 여유분을 조절한다.

⑥ 등밑 길이가 끝나는 점과 평행이동한 꼬리 옆선점을 연결하는 곡선을 그려 꼬리가 나올 위치를 만들어준다.

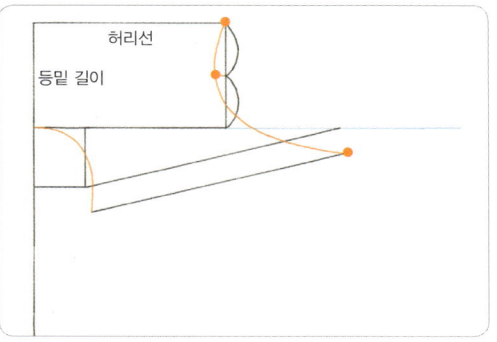

⑦ 허리선이 끝나는 지점의 등밑 길이선을 2등분하고 중심점에서 패턴 안쪽으로 0.5~1cm의 선을 그린다.

⑧ 그림과 같이 세 점을 연결하는 곡선을 그려, 바지의 옆선을 표시한다.

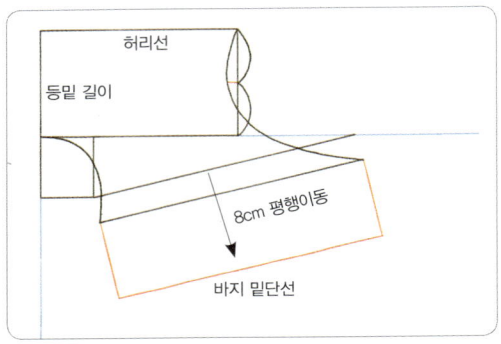
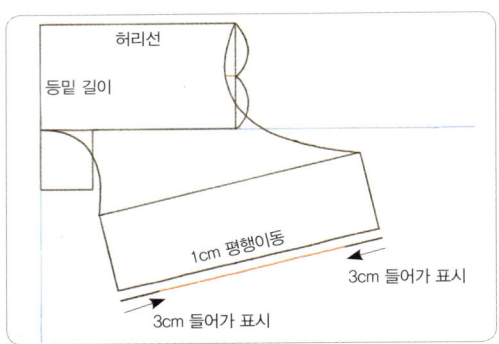

❾ 2cm 평행이동하기 전의 '허벅지둘레+3'에서 바지 길이만큼 평행이동한다. 바지 길이는 M사이즈 기준 7~8cm 정도다. 여기에 견종에 따라, 다리 길이에 따라 치수를 조절하면 된다.

❿ 바짓부리(밑단)를 정리하기 위해 바지 밑단선에서 1cm 평행이동하여 선을 그리고, 양 끝점에서 안쪽으로 3cm씩 들어와 표시한다.

|TIP| 3cm는 고정된 치수가 아니다. 숫자가 클수록 바지통이 좁아진다.

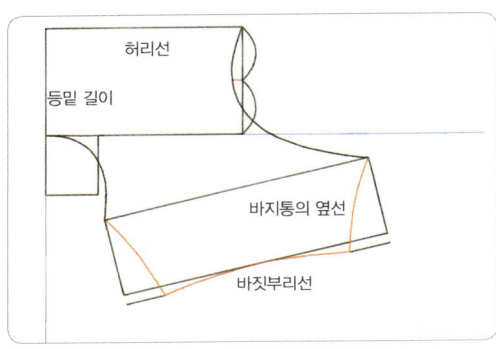
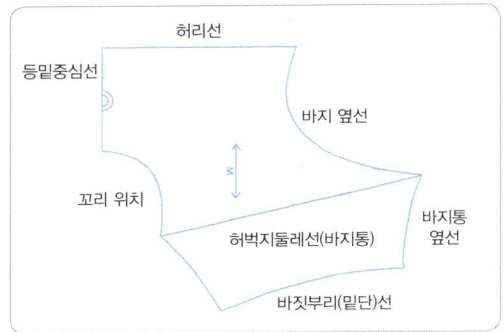

⓫ 바지통의 옆선과 바짓부리(밑단)선을 그리고 살짝 곡선이 되도록 수정한다.

⓬ 패턴의 완성선과 주요 부위의 명칭을 확인하자.

바지 패턴의 허리선 길이 참조

바지는 허리선을 '허리둘레/2'한 치수를 가로로 놓고 기본 패턴을 그린 후, 실제 옷을 만들 때 허리선의 길이를 늘리거나 줄여 사용한다. 보통 허리선을 70% 길이로 줄여서 사용하고, 올인원으로 변형될 때는 상의와 연결되면서 옆선 분량이 깎여 허리선 길이가 짧아진다.

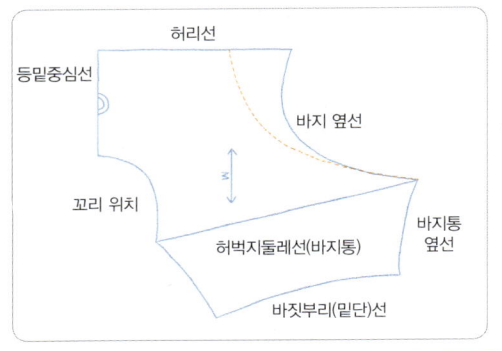

패턴의 조합과 분할

지금까지 '기본 패턴, 래글런 패턴, 기본 소매 패턴, 후드 패턴, 바지 패턴'을 그리는 방법을 알아보았다. 이 기본 패턴을 분할하고 변형하는 과정을 통해 새로운 디자인을 만들어낼 수 있고, 다른 패턴과의 결합을 통해 디자인을 확장할 수 있다. 강아지 원피스나 올인원은 이러한 과정을 통해 새롭게 만들어진 패턴이다.

 ## 패턴의 조합

몸판, 소매(민소매 포함), 하의, 기타 패턴을 조합해 사용하면 다양한 디자인으로 확장된다.

패턴 분할

패턴 분할은 크게 선의 방향에 따라 가로 분할, 세로 분할로 나뉘고, 선의 종류에 따라 직선 분할과 곡선 분할로 나뉜다. 일반적으로 분할을 하면 절개선을 기준으로 패턴을 잘라낸 후, 다른 원단으로 배색하여 완성하지만, 같은 원단을 사용하면서 분할선을 넣어주는 것만으로도 다른 느낌을 낼 수 있다. 또, 같은 원단을 절개선을 기준으로 방향을 다르게 배치할 수도 있다.

가로 분할

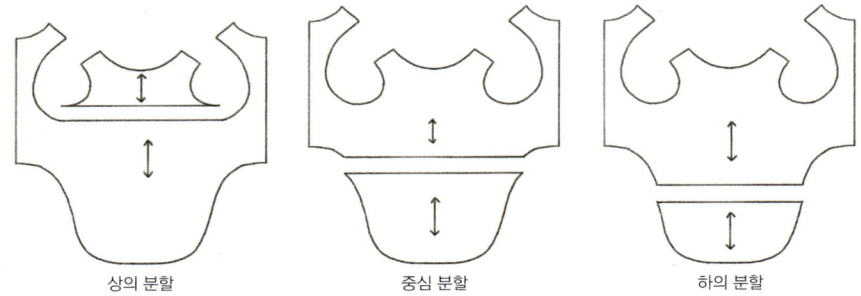

상의 분할　　　　　중심 분할　　　　　하의 분할

① **상의 분할** 패턴 위쪽에 절개선을 넣는 형식이다. 상의 분할 시에는 진동선을 기준으로 위아래로 움직여 절개 위치를 정한다. 진동선에 딱 맞춰 절개하면 봉제 시 시접이 많아지므로 진동선을 피하여 위아래로 움직이는 것이 좋다. 상의 분할의 경우 하의의 원단이 민무늬이거나 장식이 전혀 없으면 옷이 전체적으로 허전해 보일 수 있다.

② **중심 분할** 강아지는 등 길이가 긴 견종이 많아 1:1로 나눠지는 중심 분할은 자칫 강아지의 몸이 더 길어보일 수 있다. 원피스로 변형할 때도 중심을 기준으로 절개하기보다는 위아래로 절개선을 이동하는 것이 더 좋다.

③ **하의 분할** 하의 분할은 경쾌하고 발랄한 느낌을 줄 수 있어 강아지 원피스 디자인에서 주로 선택하는 분할 방법이다. 하의 분할의 기준선은 디자인에 따라 자유롭게 결정할 수 있지만, 몸판 길이의 중심보다 조금 더 내려온 정도가 가장 이상적이다. 티셔츠는 패턴 아래에 조금 튀고 화려한 느낌의 무늬 등을 배색하면 어울림이 좋고, 원피스는 치마 분량의 주름 분량을 주어 완성하면 좋다.

세로 분할

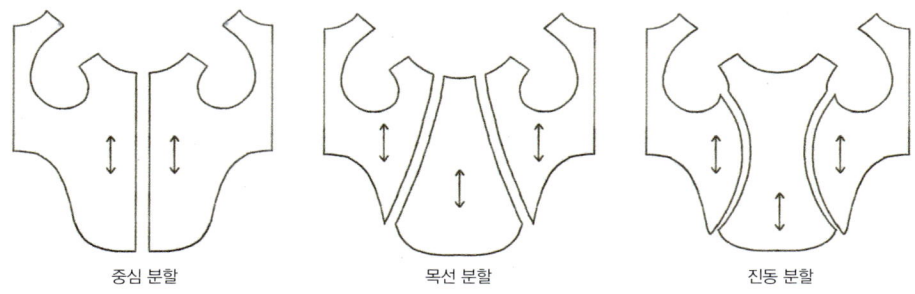

중심 분할　　　　　목선 분할　　　　　진동 분할

❶ **중심 분할** 세로 중심 분할은 좌우 원단의 무늬를 점진적으로 배열하거나(예 체크무늬 패턴의 사이즈를 다르게 사용), 같은 원단에 절개선만 넣어 포인트를 주는 식으로 많이 활용된다.

❷ **목선 분할** 드레스, 원피스에서 많이 볼 수 있는 분할로, 가운데 패턴에 프릴을 여러 층으로 달아주면 드레스 느낌을 충분히 살릴 수 있다.

❸ **진동 분할** 진동 분할을 하면 면적이 분산되어 시각적으로 날씬해 보이는 효과를 볼 수 있다. 살집이 있는 강아지들은 진동 분할을 활용하면 좋다.

◉ **직선 분할, 곡선 분할**

가로 분할과 세로 분할의 예시를 보면 직선이 사용된 것도 있고 곡선이 사용된 것도 있다. 직선은 좀 더 선명하고 딱딱하면서 단정한 느낌이 들고, 곡선은 부드럽고 우아하며 자연스러운 느낌이 든다. 때문에 같은 분할법이라도 선이 직선인지 곡선인지에 따라 어울리는 원단의 느낌, 부자재의 선택이 달라지게 된다.

 원피스 패턴으로 변형하기

앞서 배운 분할의 개념을 활용하여 원피스 패턴을 만드는 방법을 알아보자.

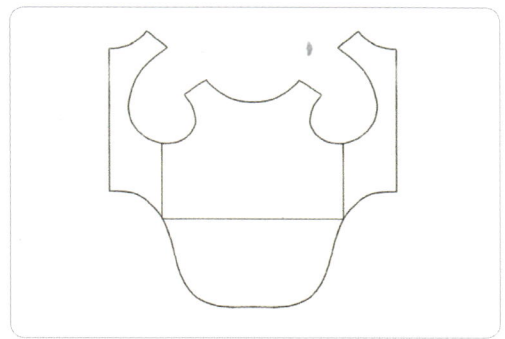

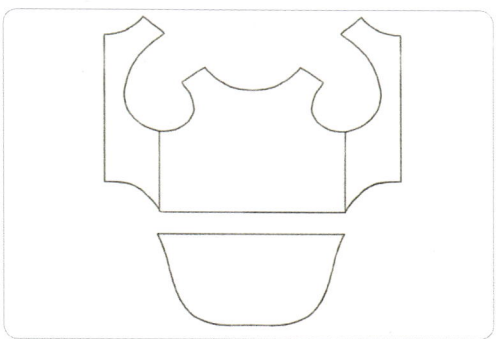

❶ 기본 패턴을 준비하고 옆선 끝에서 가로선을 그어 절개선을 표시한다.

❷ 절개선을 기준으로 패턴을 잘라 분할한 후 주름이 없는 치마 패턴으로 사용하면 된다.

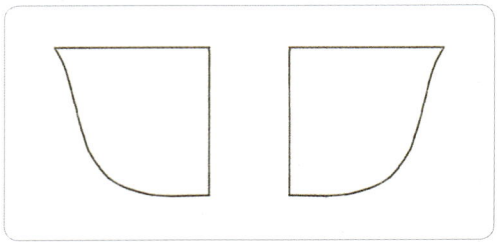

❸ 주름이 있는 치마 패턴으로 만들기 위해서는 2차 변형을 거쳐야 한다. 치마 패턴의 중심을 잘라 두 개의 조각으로 분할한다.

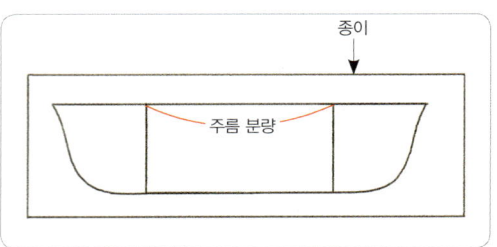

❹ 종이를 깔고 패턴 두 조각을 붙이되, 주름을 만들어줄 분량만큼 간격을 떨어뜨려 붙이고, 주름 분량의 위, 아래 선을 기존의 치마 패턴과 연결해 하나의 패턴으로 그려준다.

|TIP| 주름 분량은 치마 패턴 윗라인 길이의 1.5~2배 정도면 무난하다.

❺ 주름이 있는 원피스 치마 패턴이 완성되었다.

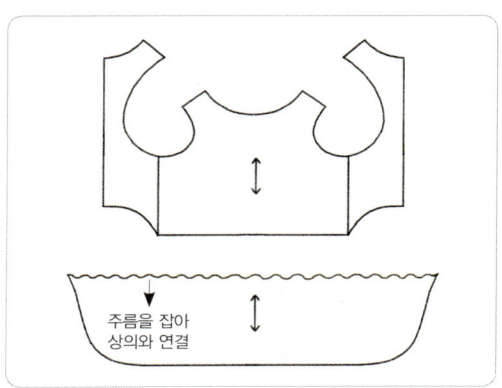

 올인원 패턴으로 변형하기

올인원 패턴은 상의 패턴과 바지 패턴을 결합하여 하나의 패턴으로 만들면 된다. 상의 패턴은 민소매, 래글런 소매, 기본 소매가 달린 몸판으로 완성할 수도 있다.

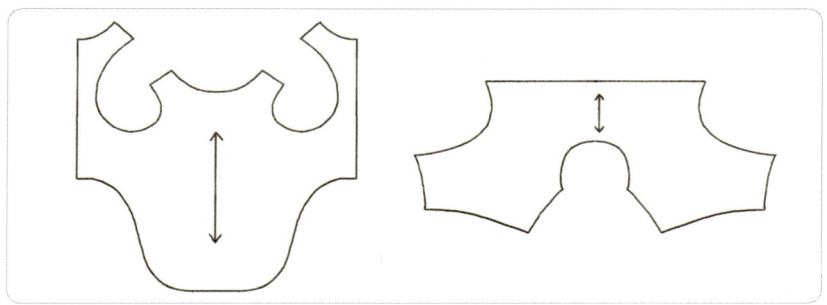

❶ 상의 패턴과 바지 패턴을 준비한다.

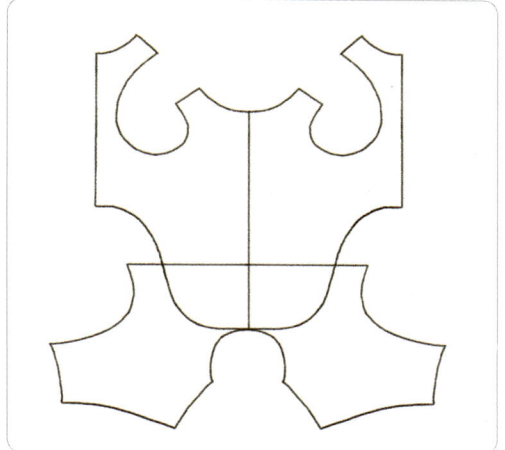 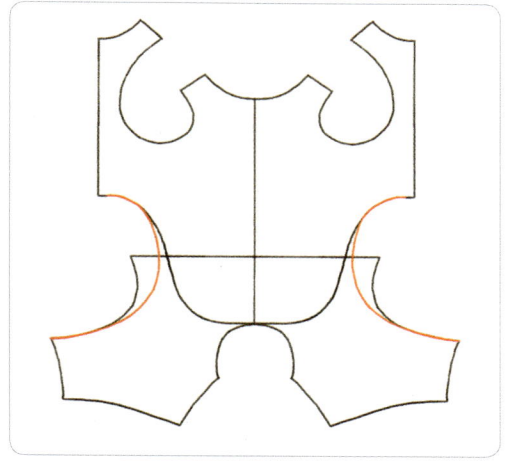

❷ 상의 패턴을 새로운 종이에 놓고 완성선을 복사해 그린 후 바지 패턴의 꼬리 중심점을 상의 패턴의 밑단 중심에 맞춰 올려 패턴을 복사한다.

|TIP| 꼬리 주변에 여유를 주고 싶다면 상의 패턴 끝에서 1cm 올라온 점에 바지 패턴의 꼬리 중심점을 올린다.

❸ 상의 배판 밑단과 하의 바지 옆선을 지나는 새로운 옆선을 그려주면 바지 옆선의 무시되는 분량이 생긴다. 올인원 패턴이 완성되었다.

|TIP| 곡선이 너무 중심 쪽으로 많이 들어오면 허리 살이 많이 보이게 되고, 너무 완만하게 그리면 옆선 분량이 남아서 고무줄로 옆선을 잡아줘도 튀어나오는 분량이 생길 수 있다.

chapter 02

가봉 및 패턴 수정하기

강아지마다 체형 특성이 다르기 때문에
가봉을 통해 패턴을 수정하는 과정을 거쳐야만
좀 더 잘 맞는 옷을 만들어 줄 수 있다.

가봉과 패턴 수정의 중요성

우리가 배운 패턴 그리는 법은 기성복화된 방식이다. 실제 치수를 이용하기도 하지만 평균적이고 안정적인 패턴 공식을 가지고 패턴을 그렸다. 이 패턴 공식을 이용하면 기준 치수(목, 가슴, 등)만 가지고도 패턴을 그릴 수 있다는 장점이 있다. 또한, 이 치수를 활용하여 패턴을 그리면 어떤 강아지도 '어느 정도까지' 몸에 맞는 패턴이 나오도록 만들 수 있다.

모든 강아지에게 적용할 수 있다는 것은 반대로 우리 강아지에게 맞춤옷처럼 딱 맞지는 않는다는 의미이기도 하다. 기준 치수(목, 가슴, 등)가 같은 강아지는 많지만 그 강아지의 체형과 몸의 특성까지 모두 같을 수는 없기 때문이다. 이러한 이유 때문에 가봉과 패턴 수정의 과정을 거치게 된다. 이 과정을 통해 기성복이 맞춤옷으로 새롭게 태어난다.

패턴 수업을 진행해 보면 이 가봉과 패턴 수정 과정에서 어려움을 느끼고 낯설어 하는 분들이 많다. 패턴의 각 부위가 강아지 몸의 어느 부분에 해당하는지, 옷의 전체 핏이 어떠한지 등을 이해하지 못한 상태에서는 이 개념들이 어렵게 다가오기 때문이다. 가봉과 패턴 수정이라는 개념은 옷 만들기의 처음부터 접근하기보다는 옷을 몇 벌 만들어 입혀보면서 강아지에게 필요한 것들이 무엇인지 정리가 된 후에 접근할 것을 권하고 싶다.

패턴 가봉하기

기본 패턴은 꼭 가봉 과정을 거쳐 '맞춤 기본 패턴'으로 만들어 놓은 후, 소매, 원피스, 올인원 등의 패턴으로 확장시켜 나가야 한다.

가봉 원단 선택하기

맞춤 패턴을 만들기 위해 가봉을 하는 경우에는 직기 원단을 사용하는 것이 좋다. 직기 원단은 늘어나지 않기 때문에 어느 부분이 뜨고, 어느 부분이 주름이 잡히는지 등을 알아보기 쉽기 때문이다. '맞춤 기본 패턴'이 만들어진 후부터는 최종 만들려고 하는 원단을 사용해 가봉하는 것이 가장 좋고, 원단의 성질만 맞춰(다이마루인지 직기인지) 가봉하면 된다. 원단 재단 후 남은 원단은 가봉용으로 남겨두면 좋다.

가봉 원단 재단하기

1. 가봉을 위한 재단을 할 때는 패턴이 다른 패턴 조각과 연결되는 부위에만 시접 분량을 주고, 밑단(몸판, 소매, 바지)에는 시접을 주지 않는다. 만약 목에 연결되는 패턴의 핏을 확인하고 싶다면 목 라인에도 시접을 주어야 한다.
2. 직기 원단으로 가봉을 할 때에는 늘어나지 않는 원단의 특성상 강아지에게 옷을 입힐 수 없기 때문에 등판이나 배판 둘 중 한 곳은 골선이 아니라 두 개의 등판 또는 배판으로 재단하고 별도의 여밈 분량을 주어 옷을 여민 후 핏을 보면 된다.
3. 바지 패턴은 바지 옆선과 꼬리 주변에 고무줄을 박아 가봉 핏을 확인해야 한다. 시접은 따로 주지 않아도 되고, 고무줄 부위와 박음질 방법은 PART 3의 바지 디자인 봉제 과정을 확인한다.

시접 분량 예시

● 민소매 기본 패턴 가봉 시 시접 분량
어깨와 옆선, 배판 중심에만 시접이 있고 나머지 부분에는 시접이 없다.

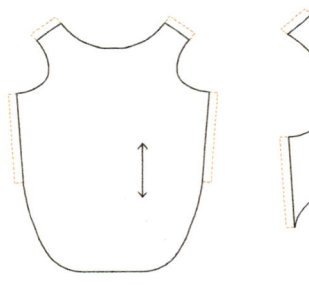 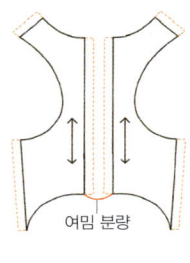

● 래글런 패턴 가봉 시 시접 분량
진동과 옆선, 배판 중심에만 시접이 있으며, 소매도 진동과 소매통의 옆선에만 시접이 있다.

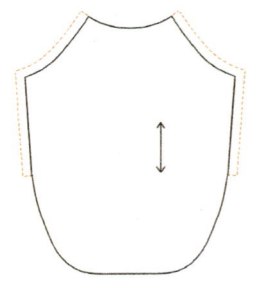 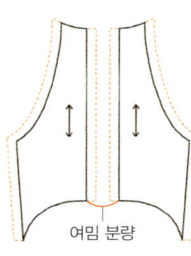 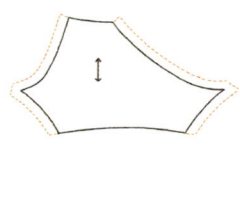

가봉 시 체크사항

 ## 기본 패턴 가봉 시 체크사항

가봉 상태를 확인할 때에는 강아지가 정면을 보고 서 있도록 한다.

- 가슴둘레는 적당한 여유분이 있는가?
- 목이 조이거나 너무 크지 않은가?
- 등목점에서 등 중심이 시작되고, 배목점에서 배 중심이 시작되었나?
- 앞길이(앞가슴 길이)가 짧거나 길지 않은가?
- 등 길이는 꼬리 직전까지 위치하고 있는가?
- 등 너비가 너무 파여 등 옆이 휑하게 보이지 않는가?
- 진동둘레가 커서 앞다리 주변이 휑하게 보이지 않는가?
- 진동에 뜨는 부분은 없는가?
- 어깨폭은 적당한가?
- 밑단 옆선 분량이 남아 처지지는 않는가?

- 앞가슴폭이 남거나 모자라지 않는가?
- 배판의 중심이 너무 배 아래쪽으로 내려와 수컷 강아지의 생식기와 가깝지 않은가?
- 배판의 진동이 다리를 너무 덮고 있거나 반대로 너무 파여 있지 않은가?

|TIP| 강아지는 가슴보다 허리가 가늘어서 옆선 아래쪽 분량이 남게 되므로 가슴둘레 사이즈를 조절하기 전에 옆선 다트잡기 (P.100 참조) 과정을 먼저 해 본다.

소매 패턴 가봉 시 체크사항(래글런 소매, 기본 소매)

소매가 있는 패턴의 경우 다음 항목들을 체크한다.

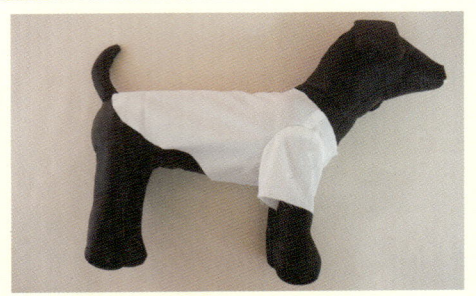

- 소매의 진동둘레가 커 앞발이 빠지지 않는가?
- 소매의 진동둘레가 좁아 끼지 않는가?
- 소매통은 적당한 여유가 있는가?
- 소매길이는 적당한가?

 ### 바지 패턴 가봉 시 체크사항

- 허리 부분이 너무 뜨지 않는가?
- 바지 옆선이 분량이 남아 튀어나오지 않는가?
- 바지통은 적당한 여유가 있는가?
- 바지 길이는 적당한가?

- 꼬리 주변의 고무줄이 너무 당기지 않는가?
- 항문 주변이 적당히 파여 있는가?

|TIP| 바지 패턴을 그린 후 허리선을 줄이지 않고 그대로 가봉하게 되면 허리둘레가 남아 등 부분이 위로 뜨게 되는데, 실제 옷으로 완성될 때는 허리선 길이를 조절하면 되므로 크게 문제 되지 않는다.

기본 패턴 수정하기

수정이 필요한 부분을 확인했다면 본격적으로 패턴을 수정해 보자. 패턴 수정 후 한 번 더 가봉하여 맞게 수정되었는지 확인하는 것이 좋다.

|TIP| 패턴 수정을 통해 늘리거나 줄이는 분량은 패턴 길이의 5~10%(약 2~3cm) 내외이다. 그 이상의 치수를 수정해야 한다면 패턴을 새로 그리는 것이 좋다.(단, 가슴둘레 늘리기는 제외)

 ## 가슴둘레 늘리고 줄이기

● 가슴둘레+진동둘레 늘리기

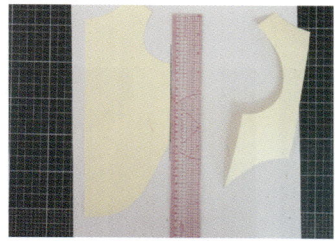

❶ 기본 패턴의 옆선을 절개하고 등판 패턴을 새로운 종이에 복사하거나 붙인다.

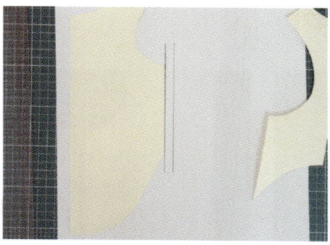

❷ 옆선을 위아래로 연장하고 가슴둘레 '늘리고 싶은 치수/2'만큼 선을 평행이동하여 그린다.

|TIP| 패턴이 반쪽이기 때문에 늘리고 싶은 치수/2'를 하면 골선으로 재단 시 2배만큼 치수가 늘어나게 된다.

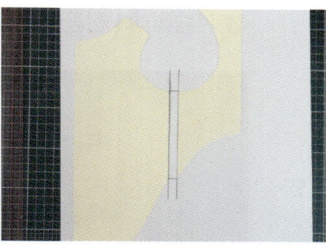

❸ 진동선과 옆선 끝을 연장하고, 평행이동한 선에 배판 패턴의 옆선을 붙인다.

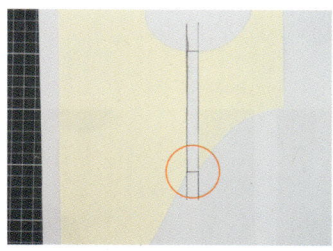

❹ 가슴둘레가 확장되었다. 패턴이 절개되고 벌어지면서 밑단선이 맞지 않게 되었다. 이 부분을 수정해 보자.

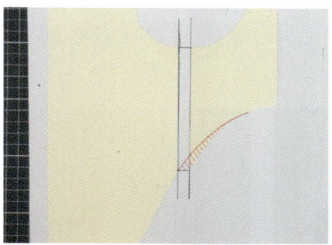

❺ 등판과 배판의 밑단이 자연스럽게 연결되도록 선을 수정한다. 빗금 부분은 선이 수정되면서 사라지는 분량이다.

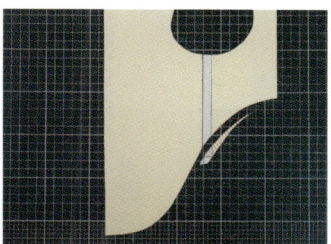

❻ 완성선대로 패턴을 자른 모습을 확인한다.

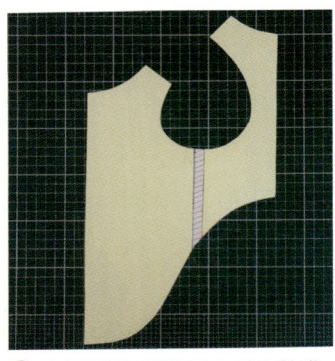

❼ 가슴둘레와 진동둘레 늘리기 완성!

가슴둘레 늘리는 분량 알아두기

- 기본 티셔츠, 원피스 여유분 : 2cm(패턴 한쪽에 1cm 여유를 주면 골선 재단 시 2cm 여유가 생긴다.)
- 원단이 두꺼운 경우 : 모직 원단은 패턴 반쪽에 1.5~2cm 정도의 여유 분량을 준다. 겨울 패딩은 솜 두께나 털 원단의 부피 때문에 많은 여유분이 필요하다. 패턴 반쪽에 3~4cm 여유분을 주어 만든다. 겨울철처럼 안에 티셔츠를 입고 외투를 입히는 경우라면 추가로 1~2cm의 여유분이 더 필요하다.
- 털이 많은 강아지 : 털이 많은 강아지는 한 치수 크게 입히는 경우가 많은데 이 분량은 총 3~4cm면 된다. 때문에 패턴 반쪽에 2~2.5cm의 여유 분량을 주어 옷을 만든다.

◉ 가슴둘레+진동둘레 줄이기

❶ 기본 패턴의 옆선을 잘라 패턴을 준비한다.

❷ '가슴둘레를 줄이고 싶은 분량/4'만큼 등판과 배판의 옆선에서 안쪽으로 선을 평행이동한다.

|TIP| '줄이고 싶은 분량/4'를 하는 이유는 패턴이 반쪽이기 때문에 '/2'를 하고, 등판과 배판에서 분량을 반씩 가져가기 때문에 한 번 더 '/2'를 해주는 것이다.

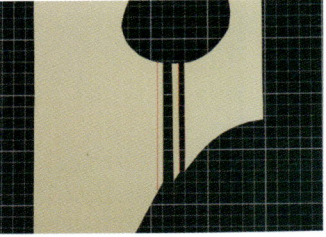

❸ 배판의 평행이동 선을 잘라낸다.

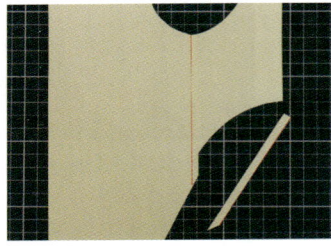

❹ 배판 옆선을 등판의 평행 이동한 옆선에 붙인다.

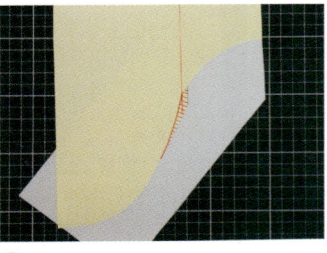

❺ 등판과 배판의 밑단이 자연스럽게 연결되도록 선을 수정한다. 빗금 부분은 잘려 나가는 분량이다.

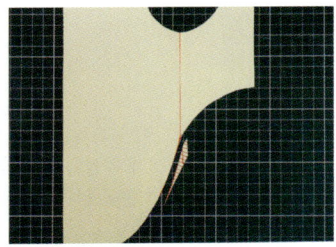

❻ 완성선대로 패턴을 자른다.

가슴둘레+목둘레 늘리기

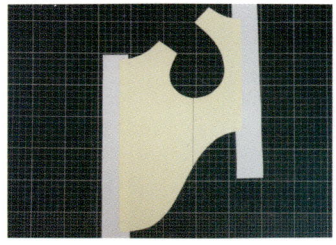
❶ 기본 패턴과 종이를 준비한 후 패턴의 등 중심과 배 중심에 종이를 붙인다.

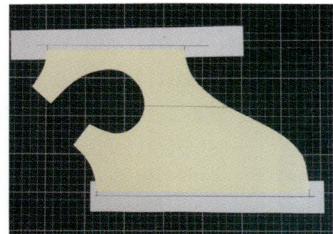
❷ 등 중심과 배 중심에 '늘리고 싶은 분량/4'만큼 평행이동한 선을 그리고 목선과 밑단선을 이어서 확장 분량을 만든다.

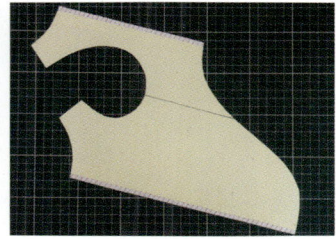
❸ 확장된 빗금 분량을 확인하고, 완성선대로 패턴을 잘라낸다.

가슴둘레+목둘레 줄이기

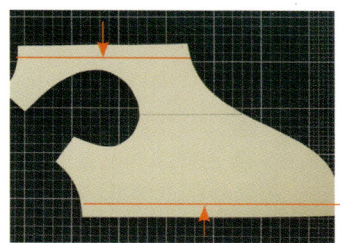
❶ 가슴둘레+목둘레를 늘리는 방법과 동일하게 등 중심과 배 중심에 '줄이고 싶은 분량/4'만큼 치수를 패턴 안쪽으로 평행이동하고 이동한 만큼 잘라낸다.

목둘레 늘리고 줄이기

목둘레 늘리기

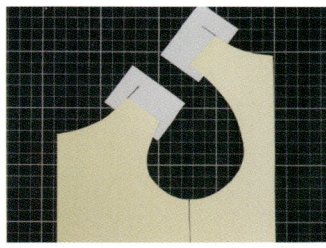
❶ 기본 패턴의 등판과 배판의 목 라인 끝에 종이를 붙인다. 등판과 배판의 목 라인을 바깥쪽으로 연장한다.

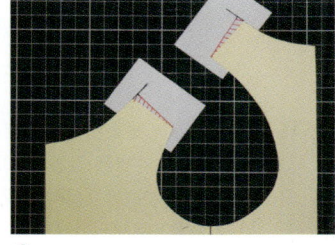
❷ '늘리고 싶은 목치수/4'만큼 연장한 선에 표시하고 어깨점과 연결하는 선을 긋는다.

|TIP| '늘리고 싶은 치수/4'를 하는 이유는 패턴이 반쪽이기 때문에 '/2'를 하고, 등판과 배판에서 분량을 반씩 가져가기 때문에 한 번 더 '/2'를 해주는 것이다.

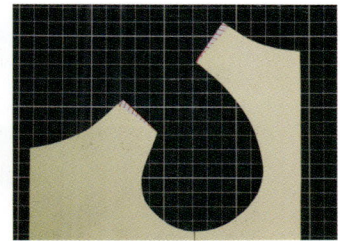
❸ 완성선대로 패턴을 잘라내면 목 길이를 늘린 패턴이 완성된다.

○ 목둘레 줄이기

① 목둘레를 늘리는 방법과 동일하게 패턴 안쪽으로 '줄이고 싶은 목치수/4'만큼 들어와 표시하고, 어깨점과 연결하는 선을 긋는다. 완성선대로 패턴을 잘라내면 패턴이 완성된다.

○ 목둘레+진동 늘리기

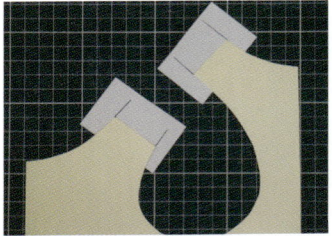  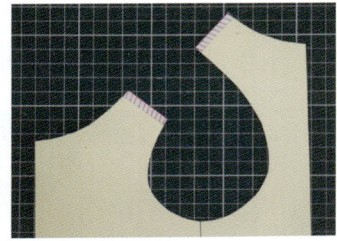

① 기본 패턴의 등판, 배판의 목 라인 끝에 종이를 붙이고 등판과 배판의 목 라인과 진동라인을 패턴 바깥으로 연장한다.

② '늘리고 싶은 목둘레/4'만큼 선을 평행이동한다.

③ 완성선을 따라 잘라내면 목과 진동의 사이즈가 늘어난 패턴이 완성된다.

목둘레와 진동 길이가 늘어나는 분량

목과 진동을 같은 치수로 늘리면 진동은 목의 절반 사이즈로 늘어난다. 예를 들어 목을 2cm 늘리고자 하는 경우, '/4'만큼(0.5cm) 선을 평행이동하면 골선으로 인해 총 목 라인은 2cm가 늘어난다. 하지만 진동라인은 골선 재단을 해도 길이에 변화가 없기 때문에 등판에서 늘린 0.5cm+배판에서 늘린 0.5cm를 더해 총 1cm의 진동이 늘어나게 된다.

○ 목둘레+진동 줄이기

① 어깨선에서 패턴 안쪽으로 '줄이고 싶은 목치수/4'만큼 평행이동하여 선을 그린 후 이 분량을 잘라내면 목과 진동이 함께 줄어든 패턴이 만들어진다.

등 길이 늘리고 줄이기

◯ 등 길이 늘리기

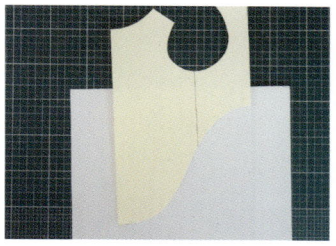

❶ 기본 패턴을 준비하고 밑단 아래 새로운 종이를 깔아 패턴을 붙이거나 선을 복사한다.

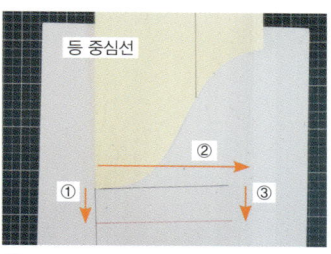

❷ 등 중심선을 연장하여 수직으로 선을 내리고, 밑단선을 가로로 연장한 후 늘리고 싶은 길이만큼 평행이동한다.

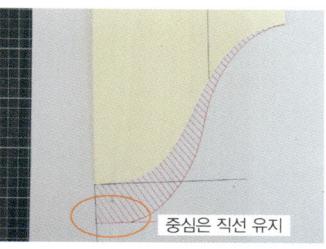

❸ 기존의 밑단선 모양처럼(등판은 선이 밖으로 볼록하게, 배판은 안으로 오목하게) 선을 다시 그린다.

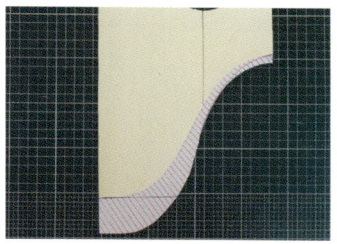

❹ 완성선을 따라 패턴을 잘라내면 완성된다.

배 중심 길이 연장

등 길이를 연장하는 경우 앞길이(앞가슴 길이)가 상대적으로 짧아져 밑단 분량에서 뜨는 부분이 생길 수 있다. 배 중심 길이를 1~2cm 가량(수컷 강아지는 생식기 위치 확인 필요) 늘려 밑단선을 다시 그려주면 몸에 더 잘 맞는 패턴이 된다. 이때, 옆선 길이도 약간 늘려주면 선의 모양이 예쁘게 그려진다.

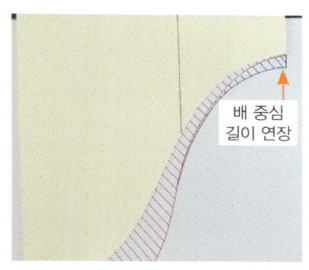

◯ 등 길이 줄이기

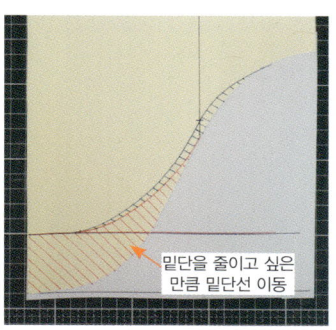

❶ 패턴 안쪽으로 밑단선을 올려 새로운 밑단선을 그린 후 패턴대로 자르면 완성된다.

|TIP| 등 길이를 줄이면 상대적으로 옆선의 길이가 길어지게 되므로 옆선을 1cm 가량 위로 올려 밑단선을 새로 그리면 된다. 빗금 분량은 모두 잘려 나가게 된다.

진동깊이 올리고 내리기

● 진동깊이 올리기

① 기본 패턴을 준비하고 진동라인 아래 새로운 종이를 깔고 패턴을 붙이거나 선을 복사한다.

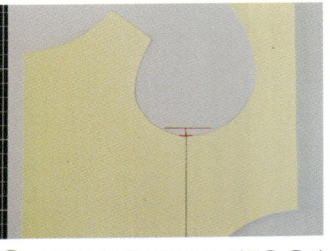

② 겨드랑이점을 기준으로 진동을 올리고 싶은 분량만큼 위로 선을 평행이동하여 그리고, 옆선도 수직으로 선을 위로 연장하여 그린다.

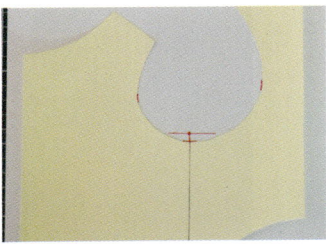

③ 등 너비 선과 앞가슴폭 선의 가장 오목한 곳을 표시한다.

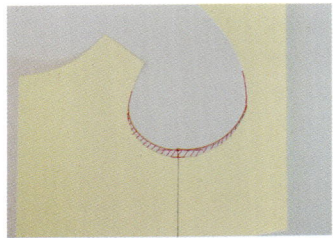

④ 새로 이동한 겨드랑이 점을 지나도록 진동라인을 새롭게 그린다.

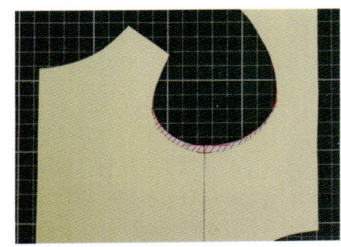

⑤ 완성선을 따라 패턴을 잘라내면 빗금 분량만큼 패턴이 추가로 생긴다.

● 진동깊이 내리기

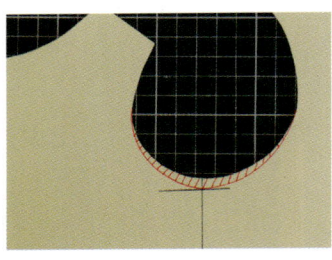

① 패턴 안쪽으로 겨드랑이 점을 내려 새로 진동라인을 그린 후 완성선을 따라 잘라내면 완성된다. 빗금 분량만큼 진동 깊이가 깊어진다.

등 너비 확장하기

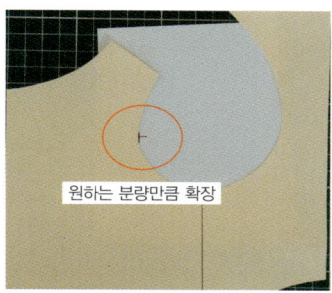

원하는 분량만큼 확장

① 기본 패턴의 진동라인 아래 새로운 종이를 깔고 패턴을 붙이거나 선을 복사한 후 등 너비 선의 가장 오목하게 들어간 위치를 표시하고 원하는 만큼 오른쪽으로 확장한다.

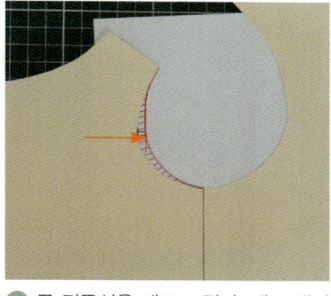

② 등 진동선을 새로 그린다. 새로 생긴 빗금 분량이 등을 더 가려주기 때문에 옷이 덜 휑하게 보인다.

|TIP| 1cm 이상 확장해야 하는 경우에는 어깨선도 함께 확장해주어야 한다. 수정 방법은 기본 패턴 그리기의 몸판 변형법과 동일하다.

진동 줄이기

 등 진동 줄이기(등 너비 뜨는 부분 줄이기)

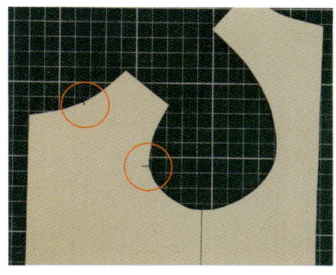

뜨는 분량만큼 선 이동

① 수정이 필요한 패턴을 준비하고 등 진동 선에 뜨는 분량의 위치를 표시한다.(등 진동의 중간 부분이 뜨는 경우가 많다.) 그리고 등판 목 라인 중심점을 표시한다.

② 두 점을 직선으로 긋고(검은선), 등 진동에서 뜨는 분량만큼 선을 이동하여 목 라인 중심점과 직선을 긋는다.(빨간 선)

③ 빨간색으로 표시한 선을 잘라낸다.

뜨는 분량 확인하기

등 너비와 앞가슴 진동라인의 뜨는 분량은 정면을 바라보고 서 있는 상태에서 확인해야 한다. 앉아 있을 때는 몸에서 옷이 떨어지기 때문에 뜨는 분량이 당연히 생기기 때문이다. 서 있는 상태에서 뜨는 분량이 있다면 그 부분을 손가락으로 꼬집듯이 잡아 분량을 cm로 가늠하면 된다.

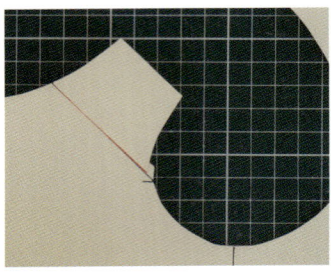 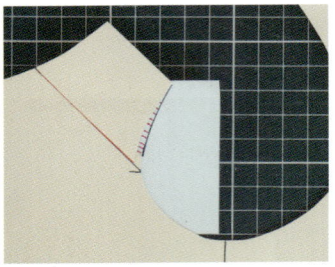 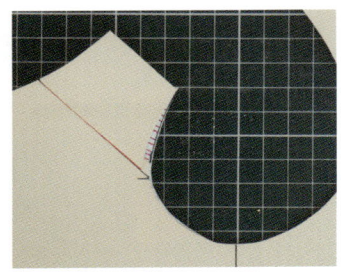

④ 잘라 낸 조각을 검은색 선에 붙이면 분량이 겹쳐지면서 뜨는 부분이 사라진다.

⑤ 패턴이 겹치면서 등 진동 선이 어긋났다. 패턴 뒤에 종이를 붙이고 등 진동선을 자연스럽게 새로 그린다.

⑥ 완성선대로 패턴을 잘라 수정을 완료한다.

● 배 진동 줄이기(앞가슴 진동 뜨는 부분 줄이기)

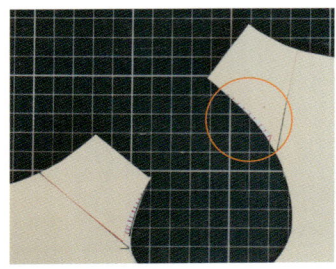

① 배 진동을 줄이는 방법은 등 진동을 줄이는 방법과 동일하다. 진동선이 자연스럽도록 선을 다시 그려준다.

● 앞길이(앞가슴 길이) 줄이기

배판의 진동만 줄여 뜨는 부분을 잡아주는 방법이다. 만약 앞길이가 길어 손으로 잡힐 정도로 옷이 뜨면 진동만 줄이는 것이 아니라 앞길이 자체를 줄여주어야 한다.

① 배 진동의 가장 오목하게 들어간 곳을 찾아 가로선(검은선)을 긋고, 줄이고 싶은 분량만큼 선을 이동하여 그린다(빨간선).

② 이동한 선(빨간선)을 기준으로 패턴을 자르고 처음 그은 선(검은선)에 맞춰 패턴을 붙여준다.

|TIP| 진동의 경사가 크거나 잡아주는 분량이 많을 때는 배판의 진동선이 어긋나게 된다. 이때는 새로 종이를 깔고 진동선이 자연스럽도록 새로 그려준다.

밑단 옆선 남은 분량 수정하기

살집이 있는 강아지, 가슴과 허리둘레의 차가 큰 강아지는 밑단 옆선 분량이 남아 처지는 경우가 있다. 이럴 때 수정하는 방법을 알아보자.

◉ 밑단 옆선 깎아내기

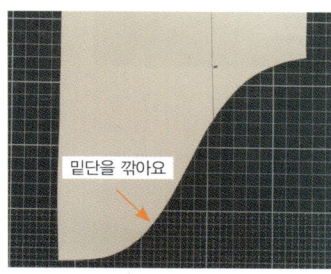

밑단을 깎아요

① 간단하게 밑단 옆선의 남는 분량을 수정하는 방법은 밑단 옆선 분량을 깎아내는 것이다.

|TIP| 밑단 중심은 직선이 유지되도록 그린다.

◉ 밑단 옆선 다트 잡기

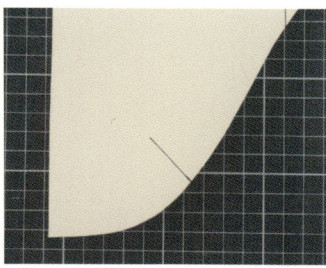 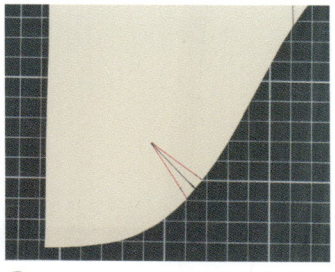

① 밑단 옆선의 남는 분량의 중심에서 패턴 안쪽으로 3cm 가량의 직선을 긋는다.

|TIP| 분량이 많이 남는 경우 3cm보다 더 길게 선을 긋는다. 너무 길게 다트를 잡는 것은 별로 예쁘지 않다.

② 선을 기준으로 양쪽으로 남는 분량만큼 선을 긋는다. 재단 시 이 선을 옮겨 다트 분량을 박음질한다.

다트 부분 재단 및 박음질하기

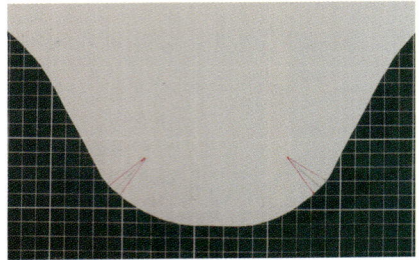 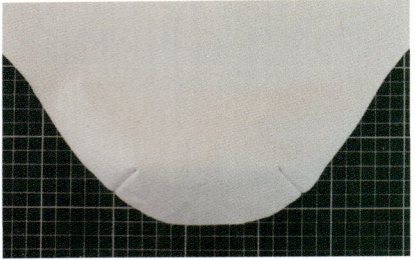

❶ 재단 시 원단 안쪽에 다트 분량을 똑같이 복사해 그린다.

❷ 검정선을 기준으로 원단을 겉과 겉이 만나게 접으면 빨간선의 겉과 겉이 만나게 된다. 그대로 빨간선을 박으면 남는 분량이 사라지면서 볼록하게 입체감이 생긴다. 이 다트 자체가 디자인이 될 수 있다.

소매 패턴 수정하기

 소매통 늘리고 줄이기

● 소매통 늘리기

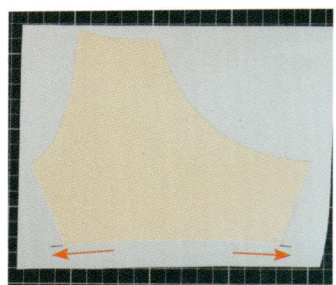 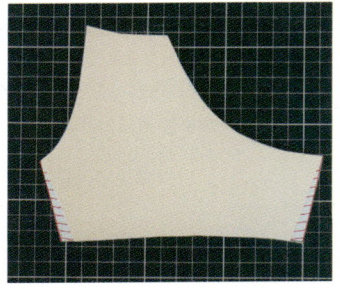

❶ 소매 밑단에서 늘리고 싶은 '소매통 분량/2'만큼 패턴 밖으로 선을 연장한다.

❷ 양쪽 진동 끝점과 연장한 점을 연결하면 빗금 분량만큼 패턴이 확장된다. 완성선대로 패턴을 잘라낸다.

● 소매통 줄이기

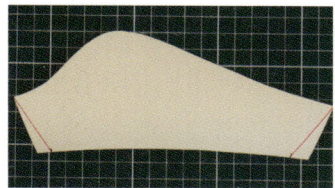 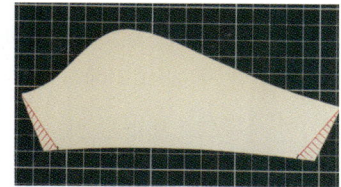

❶ 소매 패턴을 준비하고 '줄이고 싶은 분량/2'만큼 밑단에서 안쪽으로 들어와 표시하고, 진동 끝점과 선을 연결한다.

❷ 빗금 분량은 기존 패턴에서 잘려나갈 분량이다. 빗금 분량만큼 소매의 통이 줄어들게 된다.

소매길이 늘리고 줄이기

● 소매길이 늘리기

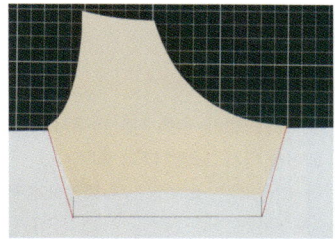 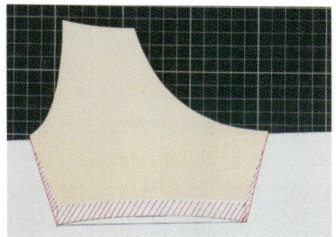 

❶ 소매 밑단 양 끝점에서 소매를 늘리고 싶은 길이만큼 수직으로 선을 내리고 두 선을 연결한다. 양쪽 진동라인 끝점과 선을 연결한다.

❷ 새로운 밑단 중심을 곡선으로 올려 그린다.(곡선으로 올려 원래 밑단과의 길이를 확인한다. 연장한 소매길이와 동일한 간격이어야 한다.)

❸ 새로 생긴 빗금 분량을 확인하고 완성선대로 패턴을 잘라낸다.

● 소매길이 줄이기

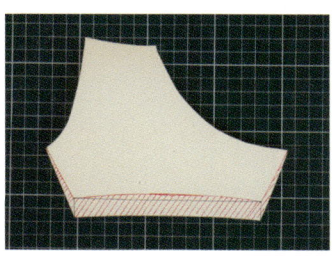

❶ 패턴 안쪽으로 줄이고 싶은 만큼 선을 올려 새로운 밑단 선을 그린 후 자르면 완성된다.

진동길이 늘리고 줄이기

진동길이는 몸판 패턴의 진동길이와 관련이 있다. 몸판 패턴의 진동길이가 수정된 경우에는 소매 패턴의 길이도 반드시 수정해야 한다. 몸판 패턴에서 '가슴+진동, 목+진동, 진동길이, 진동깊이' 등 진동에 관련된 수정이 생기면 자동으로 변경된 치수만큼 소매진동도 수정해주어야 한다.

● 소매진동 늘리기

 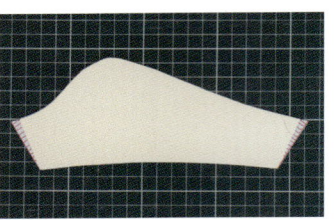

① 소매 패턴을 새로운 종이에 붙이고, '늘릴 진동길이/2'만큼 패턴 바깥으로 선을 연장한다.

② 밑단선 양 끝과 선을 연결한 후 완성선대로 패턴을 잘라낸다.

한쪽 진동만 수정될 때의 패턴 수정

- 몸판 패턴에서 진동이 변경될 때 등 진동만 변경되기도 하고 배 진동만 변경되기도 한다. 한쪽 진동만 수정될 때에는 소매도 한쪽 진동만 늘려주면 된다. 변경되는 길이가 1cm 이상이라면 소매 패턴을 다시 그리는 것이 좋다.
- 소매의 한쪽 진동만 길이를 연장하면 양쪽 소매의 옆선 길이가 차이가 난다. 이럴 때는 소매 밑단도 동일하게 연장하여 소매 양쪽 옆선의 길이를 동일하게 유지시켜야 한다. 진동이 커지면 소매통도 커지게 된다.

● 소매진동 줄이기

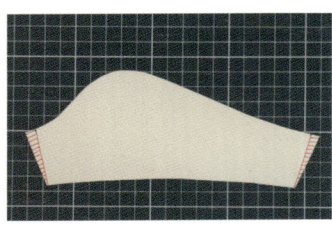

① 패턴 안쪽으로 진동 끝 분량을 잘라내면 빗금 분량만큼 진동이 줄어들고, 소매통도 조금 줄어들게 된다.

바지 패턴 수정하기

바지 패턴의 수정 방법은 소매 패턴과 동일하므로 완성된 모습으로 확인하자.

◉ **바지통 늘리기**

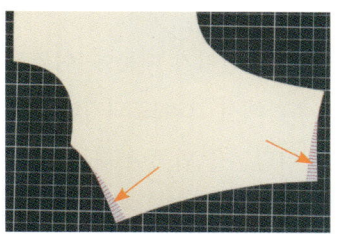

◉ **바지통 줄이기**

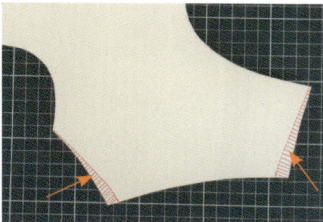

◉ **바지길이 늘리기**

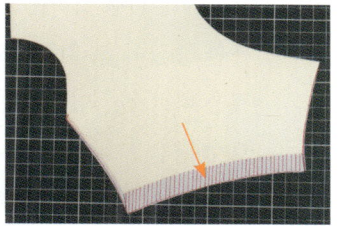

◉ **항문 주변 여유 있게 수정하기**

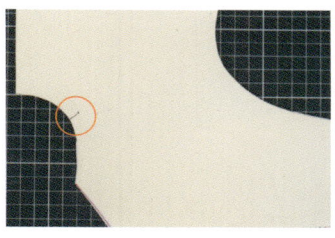

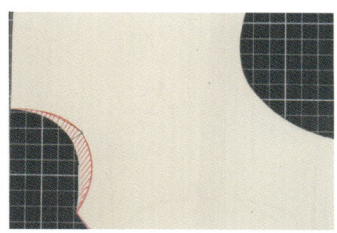

① 바지 패턴을 놓고 꼬리가 나오는 위치선의 가장 오목한 곳에서 안쪽으로 여유를 주고 싶은 분량만큼 선을 긋는다.

② 꼬리중심 - 그은 선 - 허벅지 둘레 시작선을 지나는 곡선을 그린다. 빗금 분량이 패턴에서 잘려나가면서 여유 분량이 만들어진다.

후드 패턴 수정하기

후드와 몸판 패턴의 목 길이는 사이즈가 동일해야 한다. 항상 패턴의 어느 한쪽이 움직이면 연결되어 있는 다른 패턴도 길이를 함께 조절해야 한다는 것을 기억하고 있어야 한다.

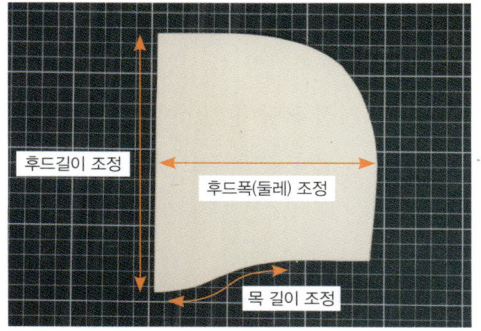

패턴 여밈분 주기

다음 두 그림의 배판 패턴의 차이점은 무엇일까? 첫 번째 그림은 배판의 골선 재단이 사용된 하나의 패턴이고, 두 번째 그림은 배 중심이 분리된 두 개의 패턴이다. 즉, 첫 번째 그림은 티셔츠처럼 머리에서 씌워 입히는 스타일이고, 두 번째 그림은 팔을 넣어 입혀야 하는 셔츠 스타일이다.

배판 중심이 분리되어 있는 패턴은 단추로 여며 입도록 하는 디자인이기 때문에 '여밈분'이라는 것을 따로 만들어주어야 한다. 이 여밈분은 패턴을 그릴 때 추가해서 그려도 되지만, 재단 시 따로 분량을 그려 사용하기도 한다. 강아지 옷은 배판 중심에 여밈분을 만들어 다는 방식이 가장 많고, 등판 중심을 절개해 여밈을 하기도 한다.

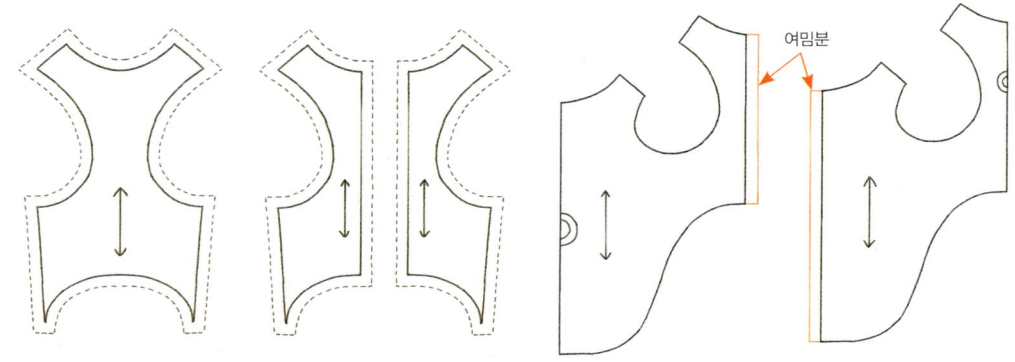

여밈분 추가

여밈 위치선에서 패턴 바깥으로 달고자 하는 '단추의 사이즈'만큼 선을 연장시킨다. 등 중심 여밈은 배 중심 여밈보다 조금 더 여유가 필요하므로 0.5~1cm 정도 여밈을 더 준다.

단추가 달리는 위치는 완성선에 표시되므로 완성선에 단추의 중심이 오게 달면 된다. 재단 시 여밈분을 추가한 후 시접 분량은 따로 한 번 더 추가해 줘야 한다는 것을 꼭 기억해야 한다. 배 중심에 시접 분량이 있어야 박을 수 있다.(※ 책에서 제공되는 실물패턴은 여밈분이 포함되어 있으므로 시접 분량만 주고 재단하면 된다.)

시보리, 바이어스 분량 계산하기

부록으로 제공되는 실물패턴으로 옷을 봉제할 때 패턴상에 시보리나 바이어스 패턴이 포함되어 있거나 패턴에 몇 cm로 재단하라는 표시가 되어 있다. 하지만 패턴을 직접 그린 경우에는 분량을 계산하여 시보리와 바이어스를 재단해야 한다. 시보리와 바이어스는 일단 길이만 계산해 두고, 나중에 재단하는 것이 더 편하다. 그림처럼 시보리와 바이어스 분량은 가로와 세로 길이가 필요하며, 시보리는 식서 방향으로, 바이어스는 바이어스 방향으로 재단한다.

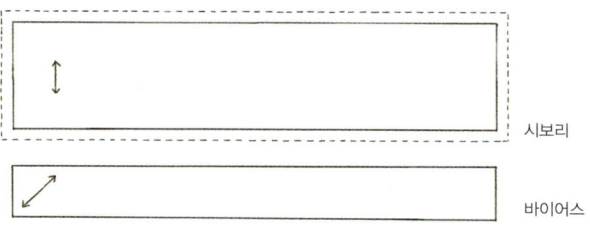

 시보리, 바이어스 가로 길이

시보리와 바이어스의 가로 길이 : 달고자 하는 부위의 총 길이의 80%+양쪽 시접 1cm씩 총 2cm

80%라는 치수는 통상적인 치수로, 시보리와 바이어스 모두 원단의 스판성에 따라 분량을 조절해야 한다. 시보리를 달고자 하는 위치의 길이를 재서 80%를 길이로 정하고 양쪽의 시접 분량을 1cm씩 추가해 분량을 잡으면 그 길이가 가로 길이가 된다. 봉제 시에는 시보리와 바이어스의 스판성을 이용해 당겨가며 박음질한다.

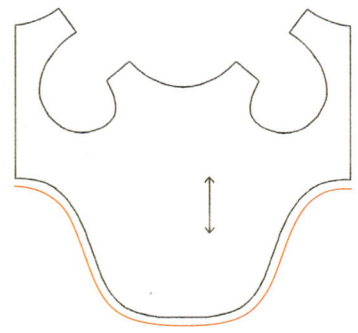

 ## 시보리, 바이어스 세로 길이

- 시보리 세로 길이 : (완성하고자 하는 시보리의 폭×2) + 위, 아래 시접 1cm씩 총 2cm
- 바이어스 세로 길이 : 최종 완성 사이즈 폭×4

시보리와 바이어스는 가로 사이즈를 정하는 방식은 같고, 세로 사이즈는 차이가 있다. 또 재단 방향도 시보리는 식서 방향, 바이어스는 바이어스 방향으로 재단해야 한다. 참고로 진동둘레에 시보리나 바이어스를 달 경우는 다리 양쪽이므로 두 개 분량을 재단해야 한다.

강아지 옷을 만들 때 특별히 고려할 점

옷을 만들 때는 대상의 신체적 특성을 가장 먼저 고려해야 한다. 기본적으로 강아지의 신체 특성을 이해하고 그것을 옷에 적용시켜 디자인, 패턴, 재단, 봉제가 이루어져야 한다. 여기에 같은 종이라 하더라도 유전자가 어떠한가, 견주가 어떻게 키우느냐에 따라 크기가 달라지기 때문에 강아지의 개별 신체적 특성 부분도 고려해야 한다.

강아지 몸 구조의 특징과 이 내용이 디자인이나 패턴, 봉제 등의 단계에서 어떻게 고려되어야 할지 생각해 보자.

강아지는 유연성이 좋다.

대부분의 동물들이 그런 것처럼 강아지도 유연성이 좋고 활동적이다. 디자인에 따라 다르겠지만 유연성이 뛰어나고 활동적인 강아지들에게 옷을 만들어줄 때 첫 번째 고려할 사항은 바로 '원단'이다. 사람도 신축성이 있는 옷과 없는 옷에서 느끼는 편안함이 다르듯이 강아지도 마찬가지이다. 오히려 유연성이 더 뛰어나기 때문에 원단에 더 신경을 써야 한다.

강아지 옷에 많이 사용되는 대표적 원단은 '다이마루'이다. 신축성이 있는 모든 원단을 통칭하는 다이마루는 눕고, 구르고, 뛰고, 청결활동을 하는 등 활동성이 뛰어난 강아지에게 가장 적합한 원단이다. 신축성이 없는 직기 원단도 강아지 옷으로 사용되지만 이 경우 가슴둘레나 진동둘레의 여유분 등 강아지가 충분히 활동할 수 있도록 패턴에서 고려해야 하고 단추를 여미는 방식으로 옷을 완성하는 것이 좋다.

강아지는 네 발로 엎드린 구조를 가지고 있다.

1 부자재의 선택

강아지는 엎드려 있는 구조를 가지고 있으므로 사람만큼 다양한 원단이나 부자재를 사용할 수 없다. 따라서 옷이 바닥으로 처지지 않으면서 핏은 살려줄 수 있도록 디자인 단계, 패턴 그리기, 부자재 선택 시에 고려해야 한다. 다이마루 원단과 시보리는 강아지 몸의 구조상 매우 중요한 부자재로 사용된다.

강아지 옷 중 티셔츠는 다이마루 원단+시보리, 바이어스, 고무줄 등을 주로 사용한다. 밑단에 주로 사용되는 시보리나 바이어스, 고무줄은 옷이 몸에 잘 맞는 동시에 바닥 쪽으로 내려가지 않고 몸으로 모아지게 하는 역할을 한다.

2 장식의 위치, 디자인 포인트의 위치

네 발로 서 있을 때 강아지의 등은 눈에 잘 띄고, 배는 잘 보이지 않는 부분이다. 등과 배가 사람과는 반대 구조로 되어 있으므로 등에 리본이나, 주머니, 코사지 등의 장식을 해주는 것이 좋다. 경우에 따라 디자인의 중요 포인트나 디테일이 등으로 왔을 때 어색한 느낌을 주는 경우도 있다. 예를 들어 강아지 턱시도의 경우 중요 포인트인 셔츠의 칼라와 재킷의 V존이 등으로 오면 사람에 따라 호불호가 있는 디자인이 될 수 있다. 예전에는 중요한 포인트 요소들이 등판으로 오게 디자인된 옷이 많았다면, 요즘은 사람 옷과 비슷한 형태가 많아지면서 강아지가 앉았을 때 포인트가 되도록 배판을 활용하는 비중도 늘고 있다. 옷의 특성에 따라 부자재를 어디에 다는 것이 좋을지 미리 신중하게 생각해보고 결정하는 것이 좋다.

강아지는 털이 있다.

1 털 길이에 따른 옷의 여유분이 필요하다.

털의 길이와 양에 따라 옷의 여유분이나 디자인을 달리해야 한다. 장모종은 미용 상태에 따라 옷 크기 차이가 커 선택에 어려움이 있다. 신축성이 있는 원단이라면 딱 맞지 않아도 입힐 수는 있겠지만 직기 원단(신축성이 없는 원단)이라면 전혀 입힐 수 없는 옷이 되어 버린다. 이처럼 견종, 미용 상태마다 털의 부피가 달라 일괄 적용하기는 어렵지만 +3~4cm의 여유분을 고려해야 한다. 겨울에는 대부분 털을 기르게 되고 옷 자체의 부피감도 크기 때문에 여유분이 추가로 필요하다. 털이 긴 강아지라면 털 길이에 따라 여러 가슴 사이즈를 체크해 두는 것이 좋다. 털의 부피감을 치수로 잰다는 것이 어렵기 때문에 옷을 입혀보고 얼마나 더 여유를 줘야 할지를 생각해서 사이즈를 결정하면 된다. 직접 만들어 옷을 입히면 이런 부분까지 신경 쓸 수 있어서 좋다.

2 움직임이 많은 부위에 여유분을 준다.

겨드랑이, 머리 뒤, 목 뒤는 움직임이 많은 부분이기 때문에 옷을 입고 있으면 마찰이 심해져 털이 쉽게 엉킬 수 있다. 털을 기른 강아지라면 진동깊이를 충분히 여유 있게 한다거나, 목 뒤쪽에만 여유분을 더 주어 마찰이 적도록 만들어 주는 것이 좋다. 또한 옷은 너무 장시간 입히지 말고, 옷을 벗겼을 때는 털 정리를 해주어야 한다.

3 강아지 옷의 여밈은 단추가 좋다.

강아지는 털이 있기 때문에 지퍼 장식보다는 단추 여밈이 대부분을 차지한다. 털이 짧은 강아지라 하더라도 몸에 밀착시켜 지퍼를 잠글 경우 털이 끼이거나 뽑힐 수 있어 지퍼는 많이 사용되지 않는다. 지퍼를 아예 사용하지 않는 것은 아니지만 덧단(지퍼 이에 털이 끼이지 않도록 막아놓은 부분)이 없는 지퍼 잠금의 옷이라면 선택하지 않는 것이 좋다. 또 벨크로테이프를 이용하여 여밈을 하기도 한다. 털이 끼일 수는 있지만 가볍고, 사이즈를 조금 크게 사용하면 결합력이 높아져 단단하게 여밈이 되어 좋은 재료 중 하나이다.

강아지는 활동성이 좋다.

1 도톰한 원단이 좋다.

강아지는 활동성이 좋아 얇은 원단은 쉽게 늘어나고 금방 헤져 옷을 오래 입지 못할 뿐만 아니라 원단의 조직이 약해 봉제도 어렵다. 늘어나는 소재인 다이마루 원단으로 옷을 만들었다면 조금 도톰한 것을 선택하는 것이 좋다. 원단 두께는 '수'의 개념으로 나누며, 30수가 가장 일반적인 두께이고 많이 사용되는 두께이다. 숫자가 낮을 수록 원단이 두껍다. 다이마루 싱글 원단을 기준으로 30수보다는 20수 정도의 원단을 선택하는 것이 형태를 더 오래 유지할 수 있다.

2 다리 주변, 허벅지 주변, 꼬리 주변에 여유분을 준다.

다리 주변, 허벅지 주변, 꼬리 주변이 여유분이 많고 넉넉할수록 편안한 옷으로 완성된다. 이러한 부위들은 여유 분이 적으면 좀 더 핏감이 있는 옷으로 완성된다. 강아지의 성향이나 견주의 취향에 따라 여유분을 결정하여 만들면 된다. 옷에 적응을 못하거나 옷을 처음 입는 강아지들은 주요 부위들의 치수를 늘려 여유 있게 만들면 옷에 적응시키기가 훨씬 좋다.

3 고무줄이나 시보리를 많이 사용한다.

강아지 옷에서는 고무줄과 시보리가 많이 사용된다. 티셔츠에는 시보리가 많이 사용되고, 바지는 주로 고무줄이 사용된다. 특히, 고무줄은 옷의 형태를 예쁘게 잡아주면서도 강아지들의 움직임이 불편하지 않도록 해주는 아주 중요한 부자재이므로 다양한 폭의 고무줄을 상황에 맞게 사용해야 한다. 강아지 옷에 가장 많이 사용되는 고무줄 폭은 0.5cm, 0.7cm이다.

고무줄이나 시보리의 사용 분량도 중요하다. 사용하는 분량이 너무 적으면 몸에 옷이 너무 붙어 불편할 수 있고 너무 많으면 헐렁해지기 때문이다. 또 고무줄은 폭에 따라, 시보리는 두께에 따라 힘의 차이가 있으므로 어떤 원단을 사용하느냐에 따라 고무줄과 시보리의 선택도 달라져야 한다. 두꺼운 원단일수록 고무줄의 폭을 넓히고, 좀 더 두꺼운 시보리를 사용해야 한다.

옷의 완성도를 높이는 장식법

심플한 원단, 민무늬 원단을 사용할 때는 장식이나 부자재의 포인트가 없으면 옷이 조금 허전해 보일 수 있다. 또, 같은 옷이라도 어떤 장식을 해주느냐에 따라 느낌이 달라진다. 대표적으로 많이 사용되는 장식 방법을 알아보자.

리본 장식
샤주름이 있는 원피스 디자인은 리본 장식이 가장 잘 어울린다. 시폰주름 리본과 싱글 와이어 리본이 많이 사용된다.

와펜 장식
여러 번 세탁을 해도 변형이 없는 장점을 가지고 있는 와펜은 점퍼나 외투에 잘 어울린다. 와펜은 박음질을 하여 붙일 수도 있고, 패브릭 글루를 이용해 원단에 붙일 수도 있다. 와펜은 등판 오른쪽 위나 등판 중심에 달면 가장 보기 좋다. 소형 강아지들은 작은 사이즈를 골라 사용한다.

단추 장식
모양과 색상이 다양하기 때문에 단추 두세 개 만으로도 포인트가 될 수 있다.

전사지

전사지는 원단에 다리미 열로 붙여 깔끔하게 완성하는 장식법으로, 와펜과 달리 큰 사이즈를 몸판에 붙여도 어색하지 않다. 전사지는 시중에 판매되는 것을 사서 붙여도 되고, 프린트와 다리미, 전사지를 이용하여 간단한 레터링은 집에서 만들어서 부착해도 된다. 심플한 디자인에 귀여운 느낌의 전사지만으로 장식하는 옷도 많으니 전사지 붙이기에 도전해 보자.

|TIP| 집에서 다리미로 붙인 전사지는 열과 압력이 다르기 때문에 시중에 판매되는 옷의 전사지보다 내구성이 떨어진다. 전사지를 붙인 옷은 1주일 동안 형태가 안정되도록 세탁하지 않는 것이 좋고, 세탁 시 뒤집어 빨거나 손세탁을 하는 것이 좋다.

기타 장식법

가정용 미싱의 지그재그 박기 기능에 무지개실을 사용하여 글씨를 쓰거나 간단한 그림을 그려 장식할 수도 있다. 이외에도 자수 놓기, 아플리케 방법도 유용하다. 다음 사진은 장식을 원하는 곳에 무지개색 실을 이용하여 별 모양으로 박음질한 모습이다. 지그재그 박기 패턴을 선택하면 선이 단조롭지 않아 예쁜 장식이 된다.

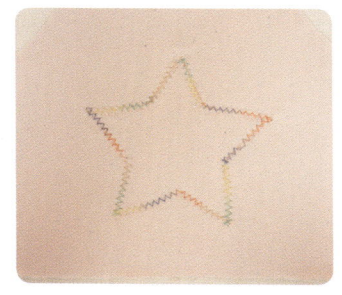

|TIP| 아플리케는 바탕천 위에 다른 천이나 레이스 가죽 등을 여러 모양으로 오려 붙여 그 둘레를 손이나 미싱으로 봉제하는 것을 말한다. 다른 원단을 덧대 올리고 테두리를 지그재그 박기로 박음질하면 간단하면서도 예쁜 장식이 된다.

PART 03

강아지 옷
만들기의 실제
_의류

How to make 01

기본 중의 기본
민소매 티셔츠

옷은 같은 패턴이라도 원단이 달라지면 전혀 다른 옷이 됩니다. 다양한 무늬의 원단으로 여러 벌 만들어서 매일매일 다른 느낌으로 입혀보세요.

📺 동영상   난이도 ★☆☆☆

사용 원단 및 부자재(M 사이즈 기준)

원단	30수 오가닉 후라이스 스판 50×35cm	**실물패턴 번호**	001
부자재	시보리감 94×5cm		

How to Make

 패턴 확인하기

 원단 재단하기

원단의 안쪽 면에 패턴을 올려 완성선과 시접선을 그린 후 시접선을 가위로 재단합니다.

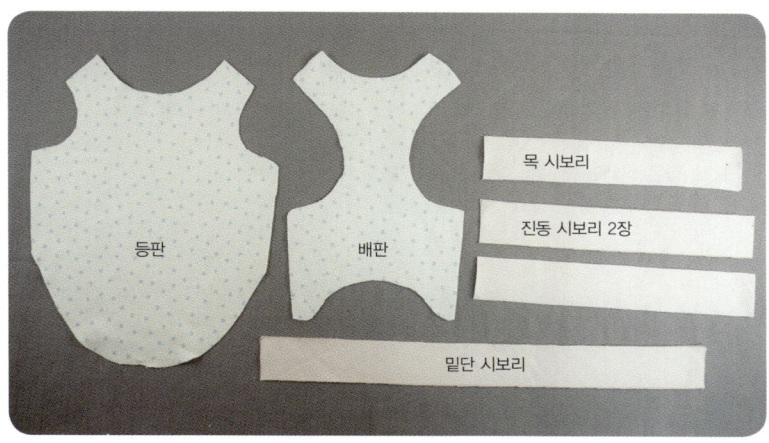

등판과 배판 한쪽 어깨 박기

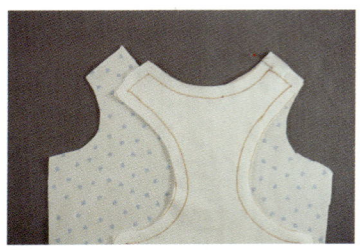

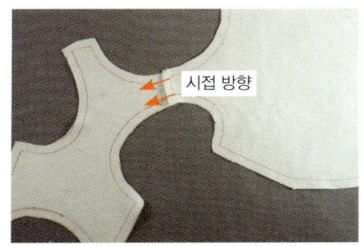

❶ 등판감의 겉면 위에 배판의 안쪽면이 보이도록 올린 후 한쪽 어깨선을 맞춰 핀으로 고정합니다.

|TIP| 목 시보리를 좀 더 쉽게 연결하기 위해 한쪽 어깨만 박음질한다.

❷ 선을 따라 겹쳐진 어깨선을 미싱으로 박음질하고 오버록이나 지그재그 박기로 시접을 정리합니다.

|TIP| 오버록이나 지그재그 박기 중 하나를 사용하여 시접 정리를 하면 된다.

❸ 등판과 배판을 펼친 후 시접은 배판 쪽으로 보내주세요.

몸판 목 라인에 시보리감 달기

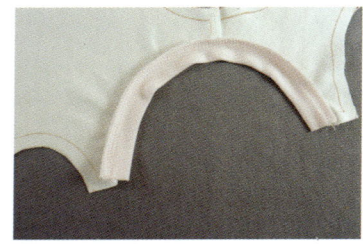

❶ 몸판의 겉이 보이게 펼치고 목 시보리감을 안쪽 면이 마주보도록 반으로 접은 후 올려 핀으로 고정합니다.

|TIP| 시보리감이 목 둘레의 길이보다 짧기 때문에 시보리감을 살짝 당겨가며 고정한다.

❷ 고정한 시보리감과 목 라인을 함께 1cm 시접 간격으로 박음질합니다.

|TIP| 초보자는 선이 표시되어 있지 않으면 박음질이 어려울 수 있다. 시보리를 반으로 접은 상태에서 시접 1cm 부분을 펜으로 표시하면 훨씬 쉽고 정확하게 박을 수 있다.

❸ 목 라인 전체를 오버록이나 지그재그 박기 합니다.

|TIP| 몸판과 시보리감 시접을 한꺼번에 박는다.

등판과 배판 나머지 한쪽 어깨 박기

① 등판은 겉이 보이게, 배판은 안이 보이게 놓고, 등판과 배판을 겹쳐 핀으로 고정합니다.

|TIP| 목 시보리의 시접은 몸판 쪽으로 보내고, 목 시보리는 바깥쪽으로 펼쳐준다.

② 어깨선을 박음질합니다.

|TIP| 목 시보리 옆선도 어깨선으로 생각하고 함께 박는다.

③ 어깨를 박은 부분은 오버록이나 지그재그 박기로 시접을 정리합니다.

시접 눌러 박기   KNOW HOW

시보리를 먼저 연결하고 어깨선을 박으면 시접이 떠서 불편하기도 하고 미관상으로도 좋지 않다. 어깨를 연결한 시접을 배판 쪽으로 보내 시접을 눌러 박기 하면 깔끔하게 정리할 수 있다.

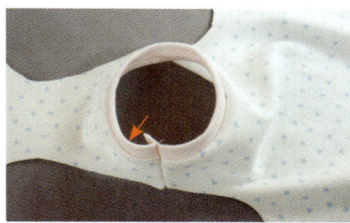
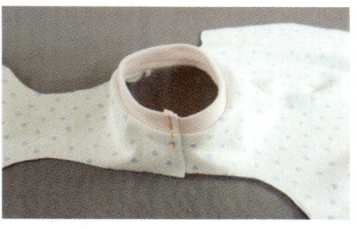

 ## 몸판 진동라인에 시보리감 달기

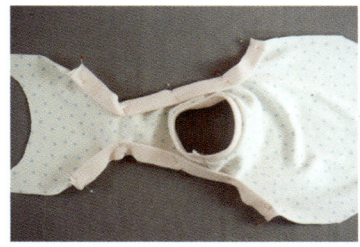
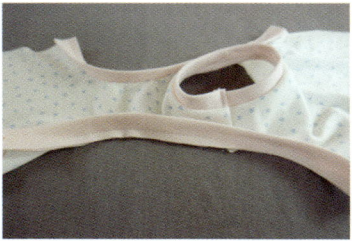
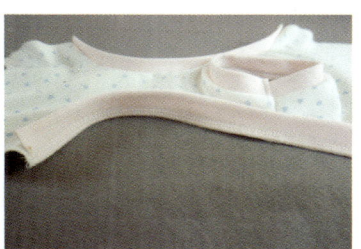

① 몸판의 겉이 보이도록 펼치고 진동라인 양쪽에 안과 안이 만나도록 반으로 접은 시보리감을 올려 양 끝과 중간중간을 핀으로 고정합니다.

② 양쪽 진동라인을 박음질합니다.

③ 진동라인 양쪽 전체를 오버록이나 지그재그 박기 하여 시접을 정리합니다.

몸판 옆선 박기

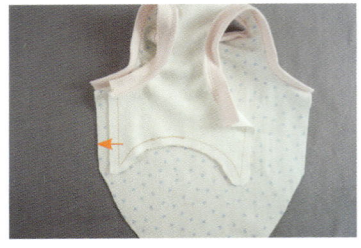

① 등판과 배판을 겉과 겉이 만나도록 놓고 양쪽 옆선을 핀으로 고정합니다.

|TIP| 시접은 몸판 쪽으로 내리고, 시보리감은 바깥쪽으로 보내 핀으로 고정한다.

② 점선을 따라 한쪽 옆선은 옆선 전체를 박음질하고, 반대쪽 옆선은 2~3cm 정도 남겨두고 박음질해주세요.

|TIP| 트임의 위치는 양쪽 옆선 중 어느 쪽이든 관계없다.

③ 양쪽 옆선을 오버록이나 지그재그 박기로 시접을 정리합니다. 트임이 있는 쪽은 트임 전까지만 시접 정리를 합니다.

 ## 밑단 라인에 시보리감 달기

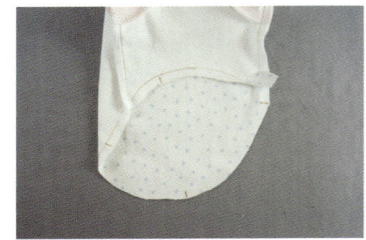
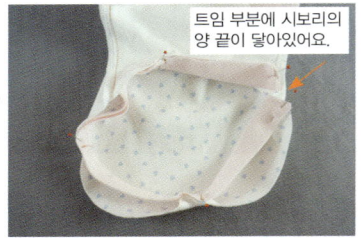
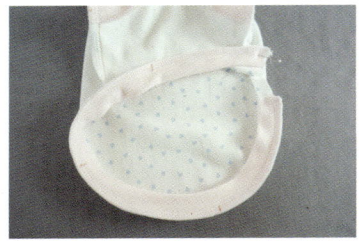

① 밑단 시보리감을 안과 안이 만나도록 반으로 접어주세요. 밑단 시보리감과 안이 보이도록 뒤집은 몸판을 각각 4등분하여 펜으로 표시합니다.

② 옆선 트임을 기준으로 밑단의 4등분 표시점과 시보리의 4등분 표시점이 만나도록 배치한 후 핀으로 고정합니다.

|TIP| 밑단 길이가 길기 때문에 목/진동 시보리보다 더 촘촘하게 핀으로 고정한다.

③ 고정한 시보리감을 한쪽 트임에서 시작해서 반대쪽 트임 부분까지 박음질하고 오버록이나 지그재그 박기로 시접을 정리합니다.

4등분 표시는 왜 하나요?

시보리를 몸판과 연결할 때 균등하게 달기 위해서이다. 시보리는 신축성이 있어 몸판보다는 짧게 패턴이 그려져 기준점 없이 몸판과 시보리를 연결하면 전체적인 축이 무너져 모양이 예쁘지 않다. 몸판에도 균등하게 4등분 표시를 해서 서로 겹쳐 박아주면 훨씬 수월하게 작업할 수 있다.

옆선 트임 부분 박기

❶ 옆선의 트임을 두었던 곳이 보이게 놓고 겉과 겉끼리 겹쳐 핀으로 고정합니다.

|TIP| 밑단 시보리감은 몸판 바깥쪽으로 나오도록 고정한다.

❷ 트임 부분의 옆선을 직선 박기 합니다. 시보리의 시접 부분도 함께 박습니다.

❸ 옆선 트임 부분을 오버록이나 지그재그 박기 하여 시접을 정리합니다.

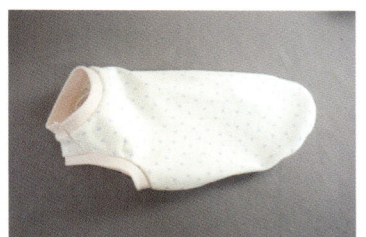

❹ 목, 진동, 밑단에 박힌 시보리가 겉에서 잘 보이도록 손으로 만져주세요. 완성입니다!

|TIP| 옆선 시접도 배판 쪽으로 보내 겉에서 눌러 박기 하여 깔끔하게 마무리한다.

❺ 완성!

여름에는 시원한 원단으로
끈나시 티셔츠

끈나시 티셔츠는 바이어스로 몸판을 감싸 봉제하는 디자인이므로, 미리 바이어스테이프 모양으로 만들어 끼워 박기를 하면 시간을 줄일 수 있습니다.

난이도 ★☆☆☆

사용 원단 및 부자재(M 사이즈 기준)

원단	30수 싱글 다이마루 50×35cm	**사용 기구**	바이어스메이커(18mm), 다리미, 송곳
부자재	바이어스감 세로 3.7cm×가로 길이(하단 사이즈 참조)	**실물패턴 번호**	001

XS : 몸판 바이어스 길이 75cm+(어깨끈 길이 16cm×4) = 139cm
S : 몸판 바이어스 길이 81cm+(어깨끈 길이 17cm×4) = 149cm
M : 몸판 바이어스 길이 96cm+(어깨끈 길이 18cm×4) = 168cm
L : 몸판 바이어스 길이 113cm+(어깨끈 길이 19cm×4) = 189cm
XL : 몸판 바이어스 길이 124cm+(어깨끈 길이 20cm×4) = 204cm

How to Make

 패턴 확인하기

| 몸판 |

'시접 없음' 제외 전체 시접 1cm

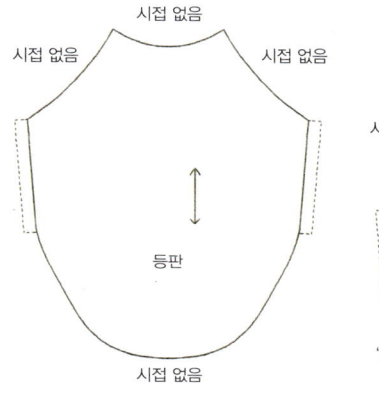

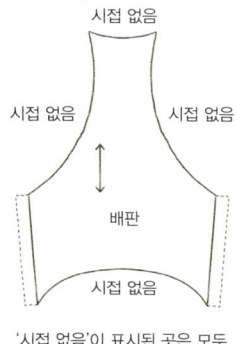

'시접 없음'이 표시된 곳은 모두
바이어스로 감쌀 부분이에요.

| 바이어스 |

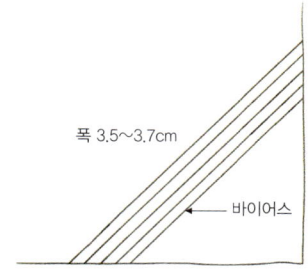

 원단 재단하기

원단의 안쪽 면에 패턴을 올려 완성선과 시접선을 그린 후 시접선을 가위로 재단합니다.

바이어스테이프 만들기

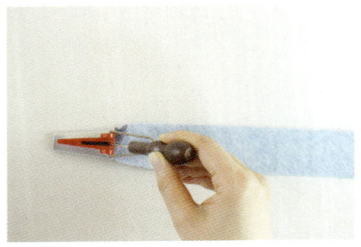

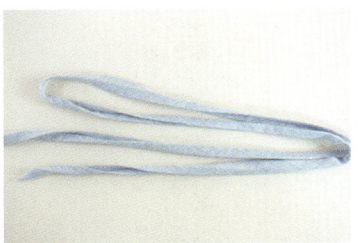

❶ 바이어스감의 한쪽 끝을 삼각형 모양으로 뾰족하게 자른 후 자른 부분을 바이어스메이커의 뒤쪽에서 밀어 넣어 앞쪽으로 빼주세요.

|TIP| 송곳을 이용하면 쉽게 뺄 수 있다.

❷ 바이어스메이커의 손잡이를 뒤로 당겨 바이어스감이 빠져나오게 하면서 다리미로 바이어스감을 눌러 다려주세요.

❸ 폭이 반으로 줄어든 바이어스감을 반으로 한 번 더 접어 다리면 바이어스테이프가 완성됩니다.

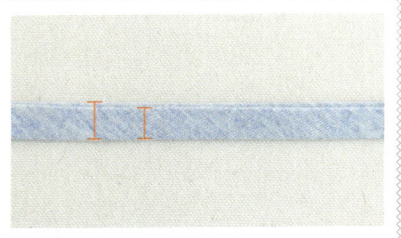

바이어스감을 반으로 한 번 더 접을 때 눈에 보이는 쪽을 약간 짧게 반으로 접어 다리는 것이 좋다. 바이어스를 몸판에 박을 때 뒤쪽의 바이어스가 박히지 않는 경우가 많이 생긴다. 따라서 바이어스테이프를 만들 때 테이프의 앞뒤 길이에 차이를 두고 길이가 짧은 쪽이 몸판 겉으로 오도록 하면 바이어스테이프 뒤쪽이 박히지 않는 일을 방지할 수 있다.

등판과 배판의 옆선 박고, 목 라인에 바이어스테이프 박기

❶ 등판감 겉에 배판감의 안이 보이도록 올리고 배판 옆선을 등판의 한쪽 옆선 라인에 맞춰 핀으로 고정합니다.

❷ 반대쪽 옆선도 라인에 맞춰 핀으로 고정합니다. 이때, 아래쪽 2~3cm는 핀 고정을 하지 않습니다.

❸ 트임을 둔 2~3cm 여백을 제외하고 양쪽 옆선을 미싱으로 박고, 오버록이나 지그재그 박기로 시접을 정리합니다.

④ 등판 겉의 목 라인이 보이도록 놓고 바이어스테이프를 목 길이보다 약간 길게 잘라낸 후 등판 목을 감싸 핀으로 고정합니다.

⑤ 이번에는 배판 겉의 목 라인이 보이도록 하고 목 라인에 목 길이보다 약간 길게 잘라낸 바이어스테이프를 감싸 핀으로 고정합니다.

⑥ 고정한 바이어스테이프를 미싱으로 박아주세요. 양옆으로 남은 바이어스테이프는 목 길이에 맞춰 잘라내주세요.

|TIP| 목 라인 바이어스를 당기지 말고 목 라인의 시접을 덮어준다는 느낌으로 박는다.

진동라인에 바이어스테이프 박기, 어깨끈 만들기

① 등판의 겉이 보이도록 놓고 등 중심과 배 중심을 기준으로 몸판의 옆선이 보이도록 접습니다. 몸판의 옆선과 진동라인이 보이는 상태가 되었어요.

② 바이어스테이프를 진동라인에 진동라인 모양대로 배치한 후 바이어스테이프의 한쪽 끝을 사진과 같이 벌려 끝 시접을 1cm 정도 안으로 접어주세요.

③ 다시 원래 테이프 모양대로 접은 후 핀으로 고정합니다. 진동라인에 바이어스테이프를 모두 고정하면 총 네 군데의 시접 끝이 생기므로 모두 같은 방법으로 바이어스테이프 끝 시접을 마감합니다.

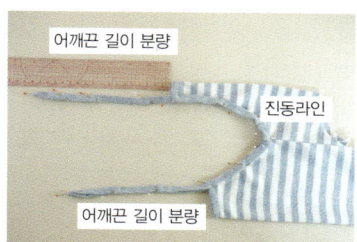
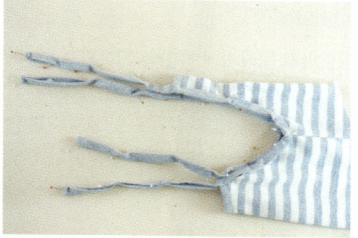
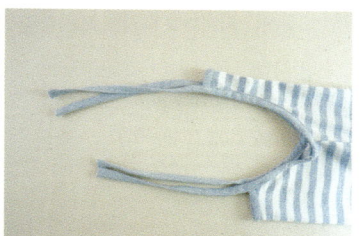

④ 진동라인 전체에 바이어스테이프를 끼워 고정합니다. 사용 원단 및 부자재에 표시된 사이즈별 어깨끈 길이를 확인하고, 등쪽과 배쪽에 어깨끈을 만들어주세요.

|TIP| 어깨끈은 당기지 않고 고정하고, 진동라인은 바이어스테이프를 살짝 당겨가며 고정한다.

⑤ 몸판을 뒤집어 반대쪽에도 동일하게 바이어스테이프를 끼워 핀으로 고정합니다.

⑥ 핀으로 고정한 어깨끈과 진동라인을 미싱으로 박아주세요. 원단의 겉을 보고 박으면 간격을 눈으로 볼 수 있어서 예쁘게 박을 수 있어요. 뒤쪽 바이어스감이 빠지지 않도록 주의하세요.

밑단에 바이어스테이프 감싸 박기

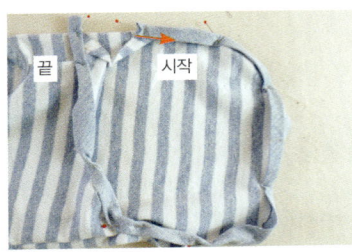  

❶ 옆선의 겉이 보이도록 하고 옆선 트임의 아래쪽 부분을 시작점으로 하여 밑단에 바이어스테이프를 당겨가며 끼워 밑단 라인을 따라 옆선 위쪽 부분까지 둘러 핀으로 고정해주세요.

❷ 핀을 고정한 밑단 라인의 바이어스테이프 전체를 천천히 박아주세요.

❸ 바이어스테이프를 박은 밑단 라인과 진동라인을 다리미로 다려주면 더 모양이 예쁘게 잡혀요.

옆선 트임 부분 박기

❶ 옆선 트임의 겉과 겉이 만나게 해 길이를 맞춘 후 핀으로 고정하고 옆선을 박아주세요. 바이어스테이프가 끼워진 부분도 함께 박아주세요.

❷ 오버록이나 지그재그 박기로 시접을 정리합니다.

KNOW HOW
오버록이나 지그재그 박기한 끝은 어떻게 처리해야 할까?

원단 시접의 올이 풀려 지저분해지는 것을 방지하기 위해 오버록이나 지그재그 박기로 시접을 정리한다. 시접 정리 과정에서 중요한 것은 오버록이나 지그재그 박기를 한 후에 제대로 매듭을 지어야 한다는 점이다. 끝 매듭을 제대로 짓지 않으면, 세탁 후 시접의 올이 풀릴 수 있기 때문이다. 소매 끝, 바지 끝, 옆선 끝 등 다른 원단을 덧대어 박지 않는 경우에는 매듭짓기를 반드시 해주어야 한다. 매듭을 짓는 방법은 오버록이나 지그재그 박기 한 뒤에 밑실과 윗실을 분리하여 두 번 서로 묶어주면 된다.

  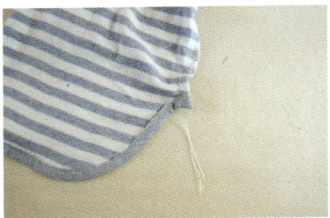

❶ 밑실과 윗실 분리

❷ 밑실과 윗실 두 번 묶기

❸ 매듭 정리 완료

밑단 옆선 시접 눌러 박기

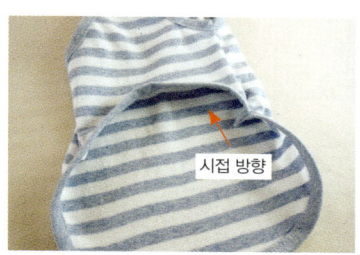

① 옆선 트임 부분의 시접이 사진처럼 튀어나와 있으면 옷을 입었을 때 불편할 수 있으므로 시접을 배판 쪽으로 보내 겉에서 눌러 박아주세요.

② 시접이 배판 쪽에 눌러 박기 되었습니다.

③ 어깨끈을 리본으로 묶어 주면 끈나시 티셔츠가 완성됩니다.

How to make 03

소매가 달린 옷을 만들어 볼까요?
기본 소매 티셔츠

소매가 달린 티셔츠는 기본 패턴에 소매 패턴을 추가해 완성하는 옷입니다. 소매 패턴이 있을 때의 봉제 방법을 함께 배워 봐요.

난이도 ★★☆☆

사용 원단 및 부자재(M 사이즈 기준)

원단 30수 후라이스 원단 50×50cm
부자재 시보리감 110×5cm

실물패턴 번호 002

How to Make

 패턴 확인하기

| 몸판 |

전체 시접 1cm

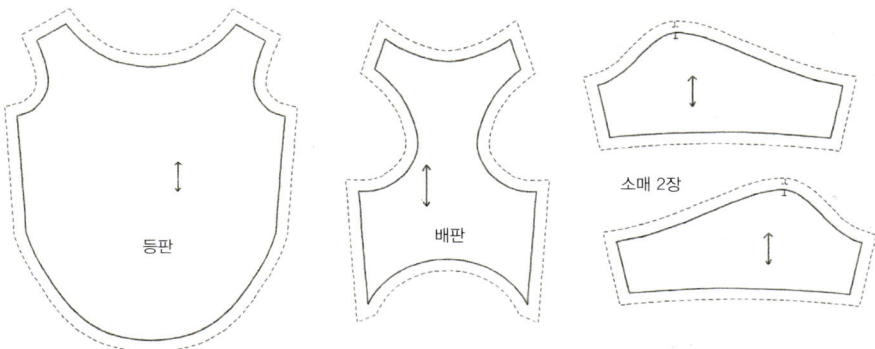

| 시보리 |

목 시보리(시접 포함)

밑단 시보리(시접 포함)

소매 시보리 2장(시접 포함)

 원단 재단하기

원단의 안쪽 면에 패턴을 올려 완성선과 시접선을 그린 후 시접선을 가위로 재단합니다.

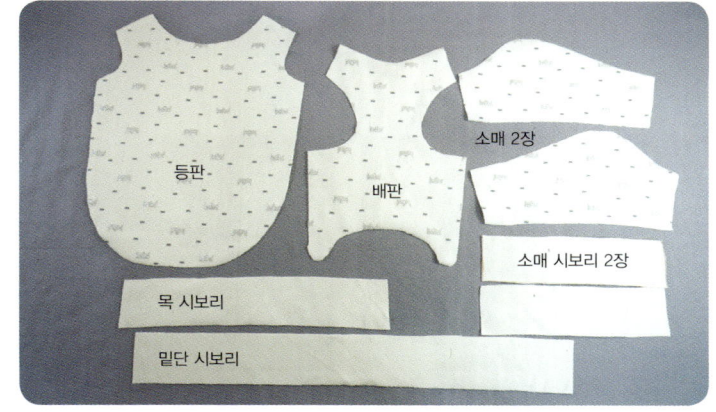

미리 체크하세요

봉제 전에 펜으로 소매 중심에 너치 표시를 해야 한다. 너치는 원단과 원단을 연결할 때 기준점을 알려주는 표시로, 주름의 시작과 끝점을 알려주기도 하고, 봉제 시 위치를 맞추라는 의미로도 활용된다. 패턴에 너치 표시가 있는 경우에는 재단 후 반드시 펜으로 너치 위치를 미리 표시해 두어야 향후 작업이 수월하다.

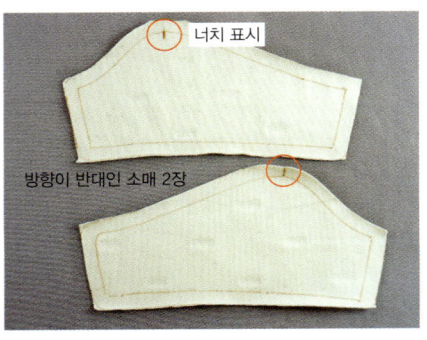

등판과 배판 한쪽 어깨 박기

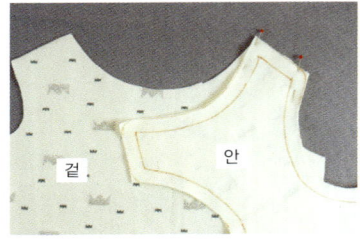 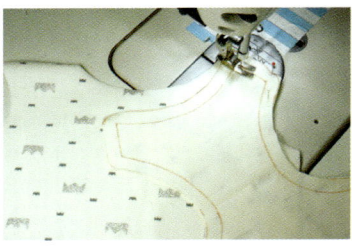 

❶ 재단한 등판감을 겉이 보이도록 놓고, 그 위에 배판감의 안이 보이도록 올려주세요. 배판과 등판의 한쪽 어깨선을 맞춘 후 핀으로 고정합니다.

❷ 한쪽 어깨선을 미싱으로 박고 오버록이나 지그재그 박기로 시접을 정리합니다. (시접은 배판 쪽으로 보내주세요.)

|TIP| 나머지 한쪽 어깨는 목 시보리를 연결한 후 마무리한다. 목 시보리를 좀 더 쉽게 연결하기 위해서 한쪽 어깨만 먼저 박는 것이 좋다.

몸판 목 라인에 시보리감 달기

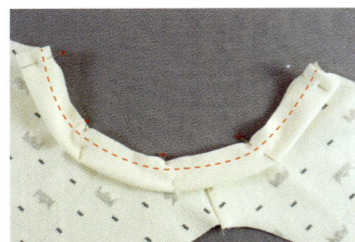  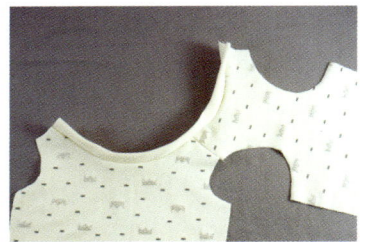

❶ 몸판의 겉이 보이게 펼쳐주세요. 목 라인 위에 원단의 안과 안이 만나도록 반으로 접은 목 시보리감을 올려 핀으로 고정합니다.

❷ 고정한 시보리감을 몸판의 목 라인에 점선을 따라 박음질하고 오버록이나 지그재그 박기로 시접을 정리합니다.

❸ 몸판에 목 시보리 박기 완성

등판과 배판 나머지 한쪽 어깨 박기

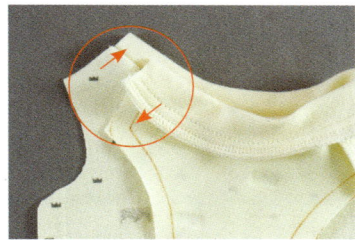
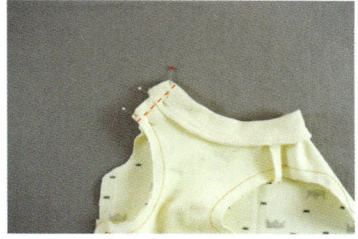
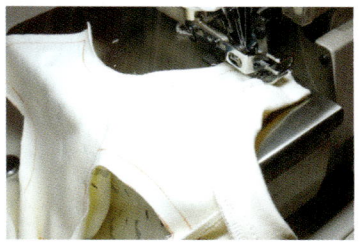

① 등판은 겉이 보이게, 배판은 안이 보이게 놓은 후 목 시보리의 시접은 몸판 쪽으로 보내고, 목 시보리는 바깥쪽으로 펼쳐주세요.

② 등판과 배판의 어깨선을 맞춰 핀으로 고정한 후 점선을 따라 박음질합니다.

③ 오버록이나 지그재그 박기로 시접을 정리합니다.

소매감 밑단에 시보리 달기

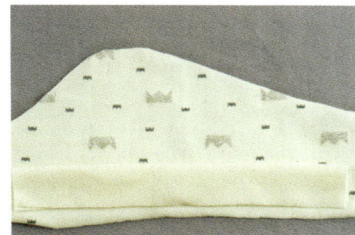
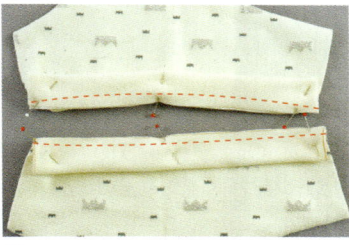

① 재단한 소매 2장과 반으로 접은 소매 밑단 시보리감 2장을 준비하고 그림과 같이 올려주세요.

② 소매와 시보리감 2장을 핀으로 양 끝과 중간을 고정합니다.

③ 소매 밑단을 미싱으로 박음질하고 오버록이나 지그재그 박기로 시접을 정리합니다.

몸판 진동라인에 소매 달기

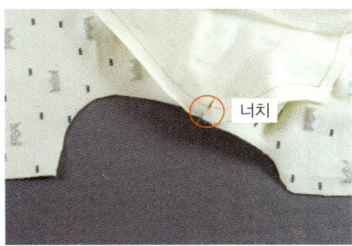
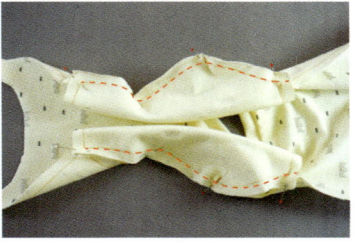
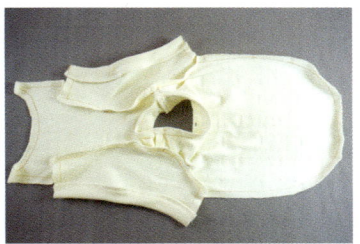

① 등판과 배판의 겉이 보이게 펼치고 소매감을 가져와 겉과 겉이 만나도록 올려 핀으로 고정합니다. 소매의 너치를 몸판의 어깨선에 맞추세요.

|TIP| 어깨선의 시접은 배판 쪽으로 보낸다.

② 소매 양쪽을 모두 핀으로 고정한 후 박음질하고 시접을 정리합니다.

|TIP| 소매 왼쪽, 오른쪽 위치 구분은 166 페이지를 참조한다.

|TIP| 소매 진동이 미싱으로 박는 과정에서 뒤로 밀려 분량이 남을 수 있어 미리 분량 조절을 해 놓았으므로 소매의 진동 길이가 몸판의 진동 길이보다 약간 짧다. 소매 분량이 남지 않도록 딱 맞게 박아야 한다.

소매의 왼쪽/오른쪽 구분하기

KNOW HOW

소매 패턴의 모양을 보면 진동 라인의 너치 표시를 중심으로 왼쪽과 오른쪽의 길이가 차이가 나는 것을 알 수 있다. 일반적으로 소매 패턴은 등판 쪽에 달리는 분량이 짧고, 배판 쪽에 달리는 분량이 길다. 따라서 너치를 중심으로 짧은 쪽을 등판 쪽에 연결하고, 긴 쪽을 배판 쪽에 연결하면 된다.

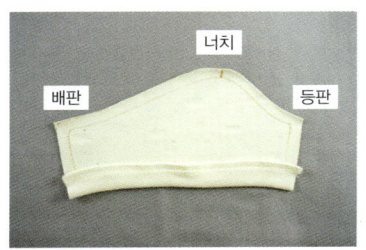

 소매 옆선과 몸판 옆선 박기

❶ 등판과 배판의 겉이 만나도록 하고, 소매도 겉과 겉이 닿도록 반으로 접은 후 겨드랑이점을 맞춰 핀으로 고정합니다.

|TIP| 소매의 시보리는 바깥쪽으로, 시보리 시접은 몸판 쪽으로 위치시킨다.

❷ 몸판 반대쪽 옆선에는 시보리를 달 공간을 남겨두기 위해 2~3cm 트임을 주고 고정합니다.

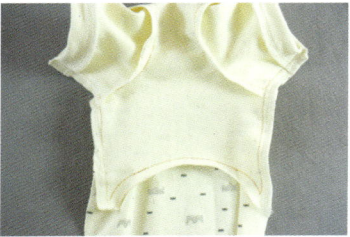

❸ 2~3cm 트임을 제외한 핀 고정된 양쪽 옆선을 미싱으로 박음질한 후 오버록이나 지그재그 박기 하여 시접을 정리합니다.

 밑단 라인에 시보리감 달기

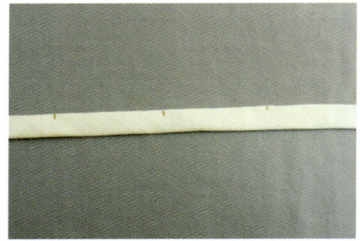

❶ 밑단 시보리감 원단의 안과 안이 만나도록 반으로 접고, 가로로 4등분하여 펜으로 위치를 표시합니다.

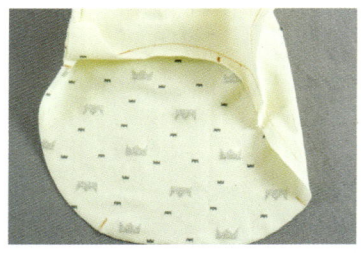

❷ 안이 보이도록 뒤집은 몸판의 밑단도 옆선 트임을 기준으로 4등분하여 펜으로 표시합니다.

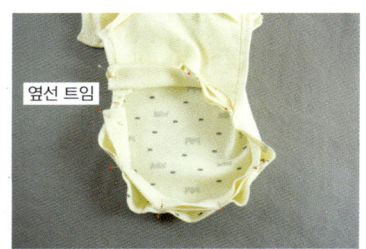

❸ 옆선 트임을 기준으로 밑단의 4등분 표시점과 시보리의 4등분 표시점이 각각 만나도록 배치한 후 핀으로 고정합니다.

|TIP| 밑단 길이가 길기 때문에 목/진동 시보리보다 더 촘촘하게 핀으로 고정한다.

 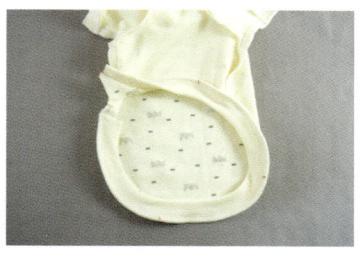

④ 점선을 따라 고정한 시보리감을 한쪽 트임에서 시작해서 반대쪽 트임 부분까지 박음질합니다.

⑤ 오버록이나 지그재그 박기로 시접을 정리합니다.

옆선 트임 부분 박기

  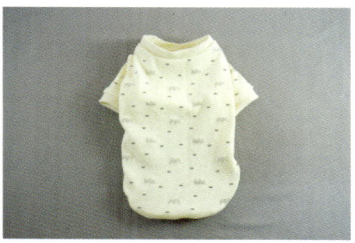

① 2~3cm 트임 부분의 겉과 겉이 마주보게 한 후 핀으로 고정하여 시보리와 함께 직선 박기 합니다.

|TIP| 밑단 시보리감은 몸판 바깥으로 위치시킨다.

② 트임 부분은 오버록이나 지그재그 박기 해 시접을 정리합니다.

|TIP| 소매 옆선 시접, 밑단 연결 시접은 겉에서 눌러 박아 깔끔하게 마무리한다.

③ 목, 소매, 밑단에 박힌 시보리가 겉에서 잘 보이도록 손으로 만져주면 완성!

How to make 04

쭉쭉 늘어나서 활동성 굿!
스키니 목폴라

목폴라 디자인으로 추운 날씨에 목도리 없이도 입을 수 있어 유용한 옷이에요. 스키니하게 몸에 붙는 디자인은 스판성이 좋은 원단을 선택해 강아지들의 활동성을 높여주세요.

난이도 ★★☆☆

사용 원단 및 부자재(M 사이즈 기준)

원단	스판 후라이스 원단 50×75cm (시보리감 포함)	**실물패턴 번호**	003

PART 03 강아지 옷 만들기의 실제_의류

How to Make

 ### 패턴 확인하기

| 몸판 |

1.5cm 제외 전체 시접 1cm

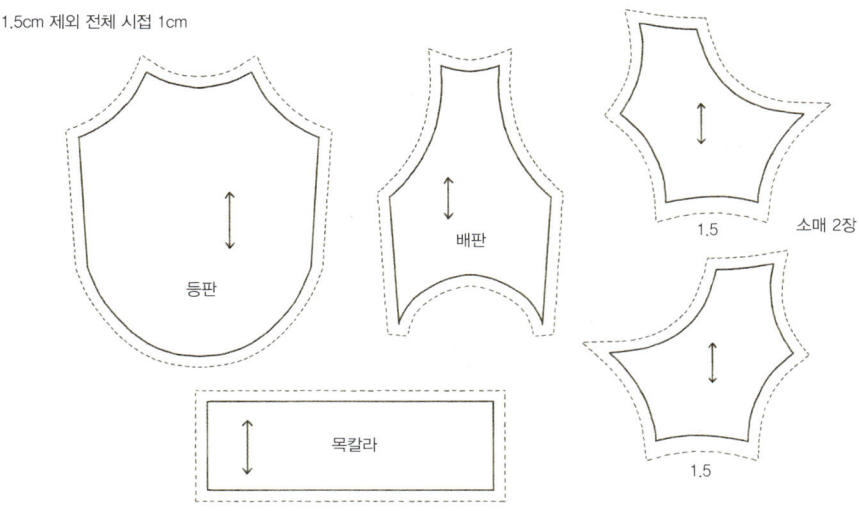

| 시보리 |

※신축성이 좋은 원단은 식서 방향으로 사용 가능해요.

 ### 원단 재단하기

원단의 안쪽 면에 패턴을 올려 완성선과 시접선을 그린 후 시접선을 가위로 재단합니다.

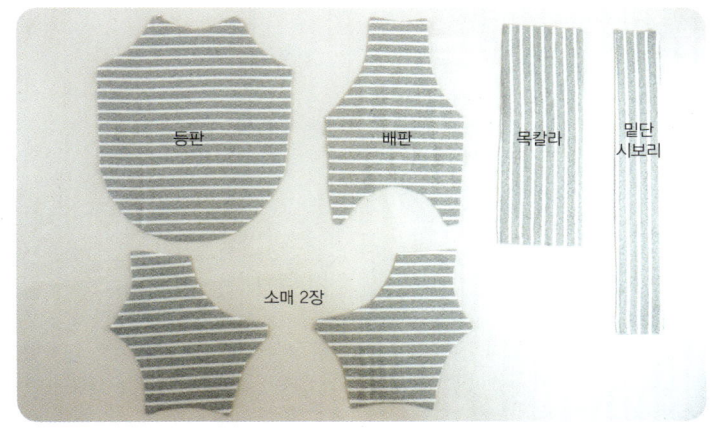

등판, 소매, 배판 박기

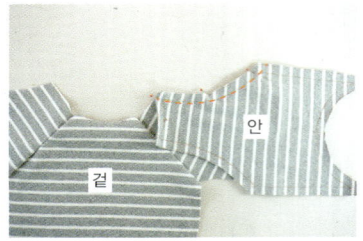
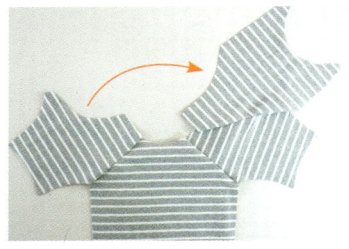

① 등판의 겉이 보이도록 놓고 등판의 진동라인에 맞춰 소매의 안이 보이게 올려 핀으로 고정한 후 양쪽 진동라인을 미싱으로 박아주세요.

② 등판과 연결된 소매가 모두 겉이 보이게 펼치고 소매의 남은 진동라인에 배판의 안이 보이도록 맞춰 고정하고 미싱으로 박아줍니다.

③ 남은 소매의 겉과 배판의 겉이 마주 닿도록 진동라인에 맞춰 핀으로 고정하고 미싱으로 박아줍니다. 미싱으로 박음질한 곳을 모두 오버록이나 지그재그 박기 합니다.

 ## 소매 밑단 접어 박기

① 소매의 밑단이 보이도록 놓고, 소매의 밑단 시접을 오버록이나 지그재그 박기 해 밑단의 시접 올이 풀리지 않도록 정리해주세요.

② 소매의 안쪽으로 1.5cm 분량만큼 시접을 접어 올려 직선 박기로 박아줍니다.

소매 옆선과 몸판 옆선 박기

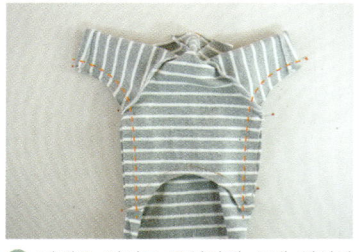

① 등판과 배판이 겉과 겉이 만나도록 접어 소매 옆선, 소매와 몸판이 만나는 겨드랑이점, 등판과 배판의 옆선 끝을 핀으로 고정합니다.

② 반대쪽 옆선도 동일하게 소매 옆선과 몸판 옆선을 맞춰 핀으로 고정합니다.

③ 양쪽 모두 소매 옆선부터 몸판 옆선까지 한 번에 미싱으로 박아주세요. 양쪽 시접을 오버록이나 지그재그 박기 합니다.

시보리감 준비하기

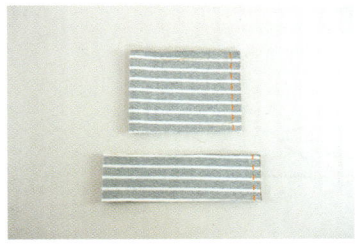  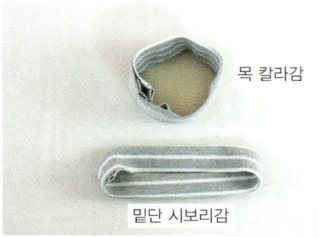

① 목 칼라감과 밑단에 박을 시보리감을 겉과 겉이 만나도록 반으로 접고 옆선 1cm를 시접으로 박아주세요.

② 2장 모두 시접 분량이 두꺼워지지 않도록 박은 시접을 가름솔합니다.

③ 시보리감을 안으로 반을 접어 원형 모양으로 만들어주세요.

목 라인에 목 칼라 박고 밑단에 시보리감 박기

① 몸판의 안이 보이도록 하고 배판 목 중심과 등판 목 중심을 펜으로 표시합니다.

② 몸판을 세워 목 라인이 보이도록 하고 목 라인 안쪽으로 칼라감을 집어넣은 후 핀으로 고정합니다.

|TIP| 소매와 몸판을 박은 연결선에 목 칼라의 옆선 박음질선이 같은 선상에 위치하도록 고정한다.

③ 목 라인을 한 바퀴 둘러 박아주세요. 목 라인 전체를 오버록이나 지그재그 박기합니다.

|TIP| 원형 모양을 한 바퀴 돌아 다시 시작점으로 왔을 때 시작 땀 위치에서 몇 땀 더 지나가 끝내면 미싱 땀이 풀리지 않는다.

④ 밑단 시보리감과 몸판 밑단에 4등분점을 표시하고 4등분점에 맞춰 각각 핀으로 고정합니다.

|TIP| 시보리감의 옆선 박음질선이 몸판의 한쪽 옆선에 오도록 한다.

⑤ 더 촘촘하게 중간중간 핀으로 고정한 후 밑단 전체를 한 바퀴 박고, 오버록이나 지그재그 박기 해주세요.

⑥ 겉이 보이도록 뒤집으면 완성!

How to make 05

소매 배색으로 포인트를 주는
래글런 소매 티셔츠

'래글런 소매' 혹은 '나그랑 소매'로 불리기도 하는 이 소매의 패턴은 어깨의 구분선 없이 목에서 소매가 바로 연결된다는 점에서 일반 소매 티셔츠와는 달라요. 이런 패턴의 특징 덕분에 소매 원단 배색이 아주 멋스럽게 표현된답니다.

동영상 난이도 ★★☆☆

사용 원단 및 부자재(M 사이즈 기준)

원단	(몸판) 미니쭈리 원단 50×35cm	**부자재**	시보리감 62×5.6cm
	(소매) 미니쭈리 원단 26×18cm	**실물패턴 번호**	016

How to Make

 패턴 확인하기

| 몸판 |

1.5cm 제외 전체 시접 1cm

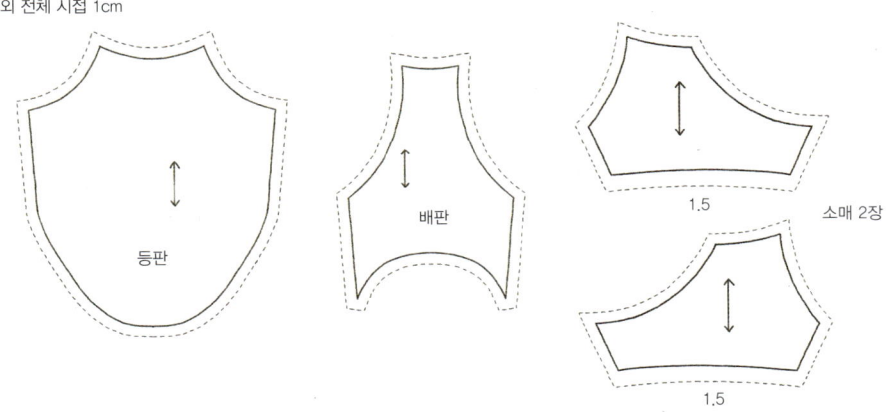

| 시보리 |

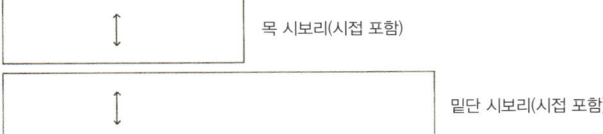

 원단 재단하기

원단의 안쪽 면에 패턴을 올려 완성선과 시접선을 그린 후 시접선을 가위로 재단합니다.

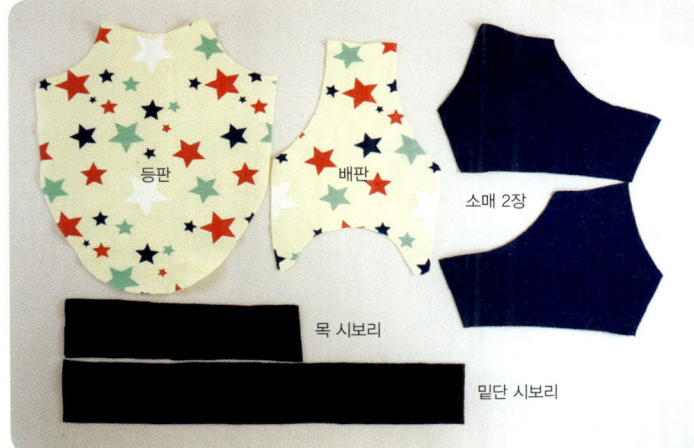

등판, 소매, 배판 박기

❶ 등판의 겉과 양쪽 소매의 겉이 마주보도록 올리고 등 진동과 소매 진동의 길이를 맞춰 핀으로 고정한 후 미싱을 박아주세요.

❷ 등판과 연결된 소매가 모두 겉이 보이게 펼치고 한쪽 소매의 진동라인에 배판의 겉이 닿도록 올린 후 라인에 맞춰 핀으로 고정하고 박음질합니다.

❸ 나머지 한쪽 소매의 겉과 배판의 겉이 마주 닿도록 올린 후 핀으로 진동라인에 맞춰 고정하고 박음질합니다. 미싱으로 박음질한 곳을 모두 오버록이나 지그재그 박기 해주세요.

 ## 소매 밑단 접어 박기

❶ 소매 밑단 시접에 오버록이나 지그재그 박기 하고, 소매의 안쪽으로 1.5cm 분량만큼 시접을 접어 올려주세요.

❷ 접어 올린 소매 밑단 시접을 점선을 따라 직선 박기로 박아주세요.

|TIP| 소매 밑단 시접을 접어 박기 한 곳은 강아지에게 입혔을 때 실 색깔이 보이는 부분이므로 실의 색에 신경을 써야 한다.

 ## 소매 옆선과 몸판 옆선 박기

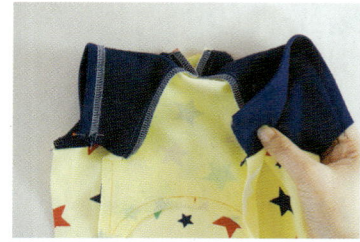  

❶ 등판과 배판이 겉과 겉이 만나도록 접어주세요. 소매도 겉과 겉이 만나도록 반으로 접어주세요.

❷ 배판을 등판의 한쪽 옆선 쪽으로 가져와 소매의 옆선, 겨드랑이 지점, 등판과 배판의 옆선 끝을 핀으로 고정합니다. 양쪽 옆선 모두 핀으로 고정합니다.

시접은 몸판 쪽으로

❸ 옆선 양쪽 모두 소매의 옆선에서 몸판의 옆선까지 박아주세요. 양쪽 시접 모두 오버록이나 지그재그 박기 합니다.

시보리감 준비하기

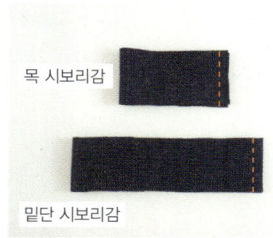

목 시보리감

밑단 시보리감

① 시보리 겉과 겉이 만나도록 반으로 접고 옆선의 1cm 안쪽을 시접으로 박아주세요.

|TIP| 시접은 두꺼워지지 않도록 가름솔합니다.

② 시보리감을 안으로 반 접어 원형 모양으로 만들어주세요.

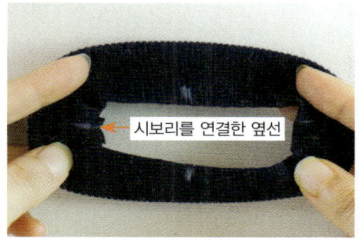

시보리를 연결한 옆선

③ 목과 밑단의 원형 시보리감을 옆선 박은 곳을 기준으로 4등분하여 펜이나 초크로 표시해주세요.

 ## 목 라인에 시보리감 달기

① 몸판을 안이 보이도록 뒤집고 목라인을 4등분하여 표시한 후 목 라인과 목 시보리감의 4등분한 표시를 겉과 겉이 닿게 하여 핀으로 고정합니다.

② 목 시보리감이 보이도록 놓고 시접 1cm 안쪽에 한 바퀴 돌려가며 목 라인을 박아주세요.

③ 목 시보리감을 박아준 목 라인 전체를 오버록이나 지그재그 박기 해주세요.

밑단에 시보리감 달기

옆선이 기준!

① 안이 보이도록 몸판을 뒤집고 밑단의 한쪽 옆선을 기준으로 밑단 라인을 총 4등분하여 펜이나 초크로 표시해주세요.

② 밑단 시보리감의 4등분점과 몸판 밑단의 4등분점을 만나게 하여 핀으로 촘촘하게 고정합니다.

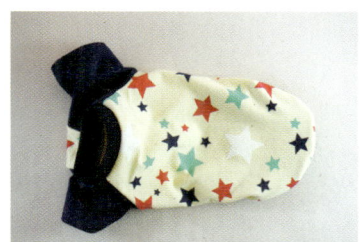

③ 밑단 전체를 한 바퀴 돌려 박고, 오버록이나 지그재그 박기로 마무리하면 완성입니다.

How to make 06

따스한 봄 햇살처럼 싱그러운 민트 원단의
프릴 소매 티셔츠

민소매 티셔츠이지만, 어깨의 프릴이 시각적으로 소매 역할을 하기 때문에 팔이 허전해 보이지 않아요. 작은 리본을 매칭해주면 훨씬 사랑스러운 티셔츠로 완성돼요.

난이도 ★★☆☆

사용 원단 및 부자재(M 사이즈 기준)

원단	(몸판) 40수 후라이스 스판 50×35cm	**부자재**	공단 리본 폭 12mm, 길이 20cm
	(프릴) 40수 후라이스 스판 56×25cm		고무줄 폭 5mm, 길이 9cm
바이어스감	목 바이어스 25×3.5cm	**실물패턴 번호**	004

How to Make

 패턴 확인하기

| 몸판 |

'시접 없음', 0.5cm 제외 전체 시접 1cm

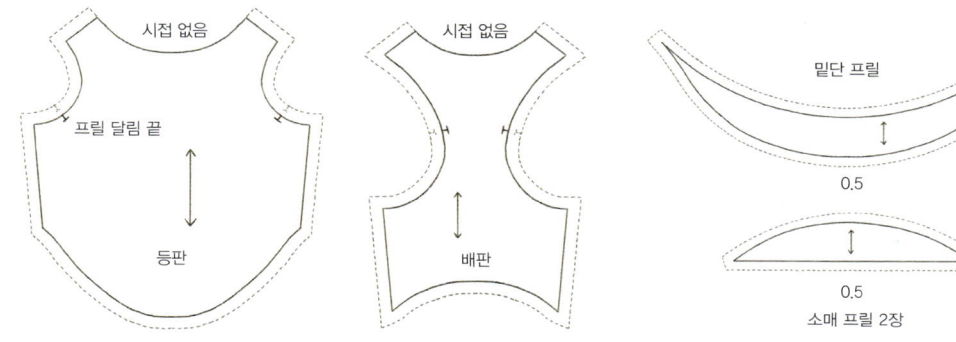

| 바이어스 |

목 바이어스
(시접 포함)

 원단 재단하기

원단의 안쪽 면에 패턴을 올려 완성선과 시접선을 그린 후 시접선을 가위로 재단합니다.

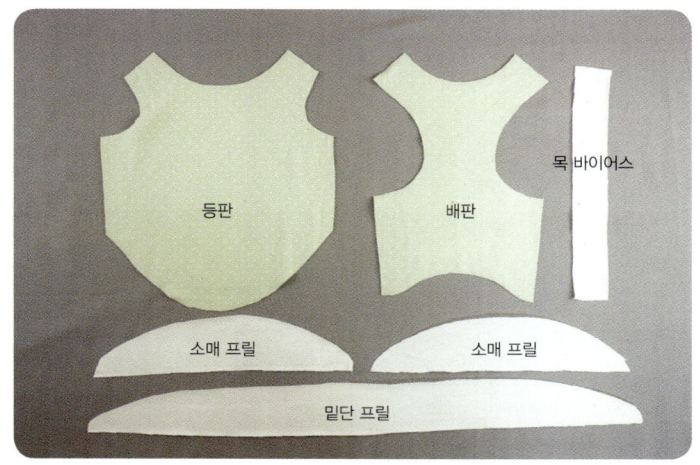

미리 체크하세요

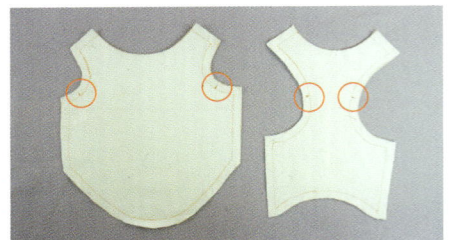

등판과 배판 패턴의 프릴 달림 끝을 표시한다.

프릴 달림 끝은 펜으로 표시 후 살짝 가위집을 내 놓으면 나중에 알아보기 편하다.

등판과 배판 어깨 박기

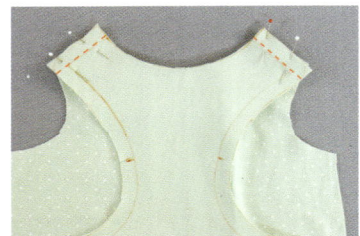

❶ 등판감을 겉이 보이도록 놓고, 그 위에 배판감의 안쪽이 보이도록 올린 후 어깨선을 맞춰 핀으로 고정합니다.

❷ 양쪽 어깨선을 박음질한 후 오버록이나 지그재그 박기로 시접을 정리합니다.

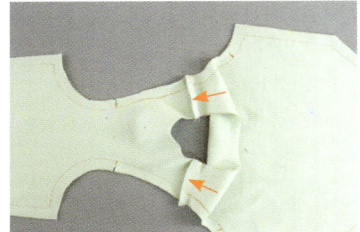

|TIP| 시접은 배판 쪽으로 보낸다.

프릴감 밑단 접어 박기

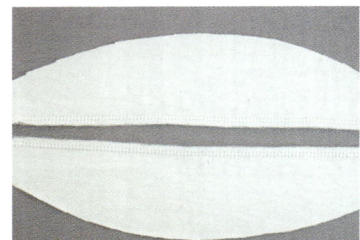

❶ 소매와 밑단 프릴의 올이 풀리지 않도록 밑단선을 오버록이나 지그재그 박기 합니다.

|TIP| 시접 분량이 적으므로 좁은 오버록이나 지그재그 박기 한다.

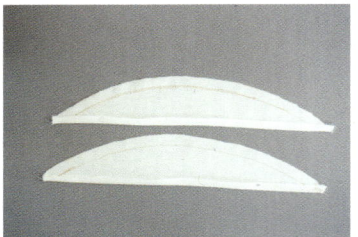

❷ 프릴감을 시접 분량 0.5cm만큼 시접을 접어 올려주세요.

|TIP| 다리미로 시접을 접어 올리면 원단이 고정되어 작업이 편하다.

❸ 접어 올린 밑단을 박아주세요.

|TIP| 밑단은 말아 박기를 하면 좀 더 고급스럽게 완성할 수 있다.[끝단 마감법(P.57) 참조]

프릴감 주름 만들기

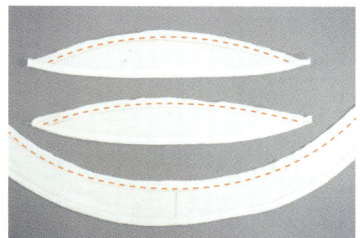

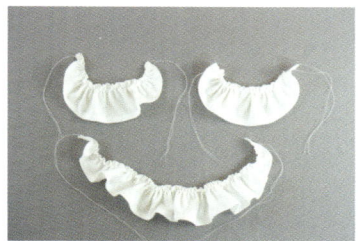

❶ 소매 프릴 2개와 밑단 프릴의 시접 분량 1cm에 주름을 잡아 볼게요.

❷ 미싱을 주름 노루발로 교체하여 주름을 잡아주세요.

|TIP| 노루발 뒤쪽에 손을 대고 원단이 밀려나오는 정도를 조절하면 프릴의 촘촘함을 조절할 수 있다.

❸ 프릴의 길이를 조절할 때 사용하기 위해 시작과 끝 부분의 실은 길게 여유를 두세요.

몸판에 소매프릴 박기

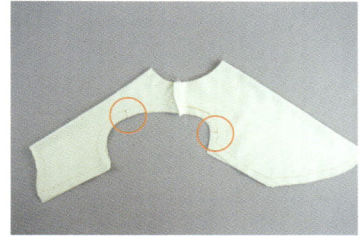

❶ 어깨선이 보이도록 몸판을 놓고 재단할 때 표시해 둔 프릴 달림 끝 표시 사이에 분량만큼 프릴을 잡아 줄게요.

❷ 몸판의 겉이 보이게 놓고 프릴 달림 위치에 맞춰 소매 프릴감의 안이 보이도록 올린 후 핀으로 고정합니다.

❸ 고정한 소매 프릴감을 몸판에 박고, 진동라인 전체를 오버록이나 지그재그 박기 합니다.

주름 분량 조절 방법

• **몸판에 달릴 길이보다 소매 프릴의 길이가 짧을 때**
한 손으로 원단을 잡고 다른 손은 실 방향으로 원단을 밀면 프릴 주름이 풀어지면서 길이가 길어진다.

• **몸판에 달릴 길이보다 소매 프릴의 길이가 길 때**
한 손으로 실을 잡고 다른 손으로 원단을 당기면 프릴 주름이 촘촘해지면서 길이가 짧아진다.

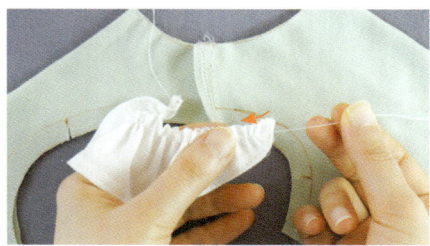

진동라인 상침하기

❶ 몸판 겉이 보이게 놓고 소매 프릴도 겉이 보이게 젖혀 주세요.

❷ 나머지 진동라인의 시접도 몸판 쪽으로 접어놓고 핀으로 고정합니다.

❸ 몸판의 겉을 보고 핀 고정한 진동라인에 상침해 시접을 눌러 박아주세요.

|TIP| 몸판의 겉을 보고 상침하면 간격을 균일하게 박을 수 있다.(상침 간격 0.3~0.4cm)

밑단 프릴 박기

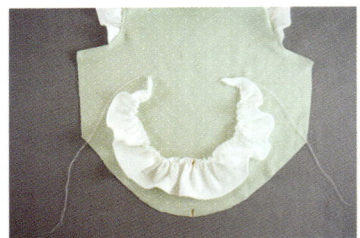

❶ 몸판의 겉이 보이게 놓은 후 밑단의 중심과 밑단 프릴의 중심을 펜으로 표시해 주세요.

❷ 등판 밑단의 길이에 맞춰 프릴 주름을 조절합니다. 등판의 겉에 프릴의 안이 보이도록 놓고 중심을 맞춘 후 핀으로 고정합니다.

|TIP| 프릴의 방향은 위쪽으로 한다.

❸ 핀 고정한 밑단 프릴을 미싱으로 박아주세요.

|TIP| 프릴을 몸판에 박은 후에는 길게 남겨둔 실을 잘라낸다.

몸판 옆선 박기

❶ 등판은 겉이 보이도록, 배판은 안이 보이도록 놓고 한쪽 옆선을 맞춰 핀으로 고정합니다.

❷ 반대쪽도 밑단 프릴이 몸판 쪽으로 향하게 올린 채로 그대로 덮어 핀으로 고정합니다.

❸ 양쪽 옆선을 미싱으로 박고, 오버록이나 지그재그 박기 합니다.

PART 03 강아지 옷 만들기의 실제_의류

밑단 전체 시접 정리하기

  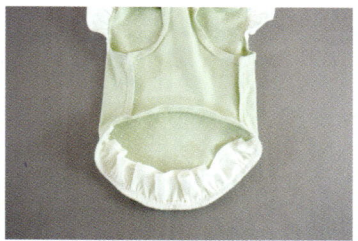

❶ 밑단이 보이도록 하고, 오버록이나 지그재그 박기를 밑단 전체에 한 바퀴 돌려가며 해주세요.

|TIP| 옆선을 연결한 시접은 배판 쪽으로 향하게 한다. 배판은 한 겹이므로 당기지 말고 오버록이나 지그재그 박기 한다.

❷ 몸판과 배판의 밑단 시접 정리가 완료되었습니다.

 ## 배판에 고무줄 박기

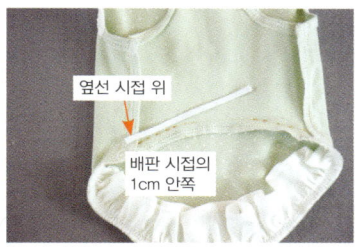  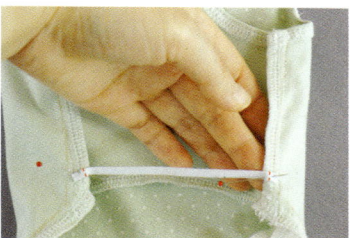

❶ 고무줄을 한쪽 옆선 쪽으로 가져와 옆선 연결 시접 위에, 배판 시접 1cm 안쪽으로 올려놓습니다. 고무줄은 배판 아래 길이의 1/2 또는 2/3의 분량을 준비합니다.

❷ 완성 후 겉에서 봤을 때 몸판에 고무줄을 박은 자국이 보이지 않도록 고무줄을 옆선을 연결한 시접 분량에만 핀으로 고정합니다.

❸ 반대쪽 옆선 연결 시접에도 고무줄을 고정하고, 옆선 시접과 고무줄을 함께 잡아 미싱으로 박아줍니다.

❹ 고무줄이 단단히 고정되어야 하므로 되돌아 박기를 여러 번 합니다.

밑단 전체 상침하기

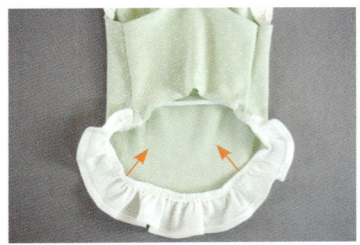

❶ 몸판 겉이 보이게 뒤집고 등판에 박은 프릴단의 시접은 몸판 쪽으로 올려줍니다.

❷ 배판의 고무줄은 양쪽으로 당겨 배판 시접 안쪽에 고무줄이 들어가게 하고 시접으로 고무줄을 감싸 보이지 않게 한 후 겉에서 밑단 전체를 상침합니다.

|TIP| 상침 간격 : 등판 0.2~0.3cm, 배판 0.8~0.9cm

|TIP| 배판 상침 시 고무줄이 박히지 않도록 시접만 몸판에 박는다.

● 밑단 전체에 상침을 하는 이유

상침은 프릴이 뜨지 않도록 잡아주고, 배판 안쪽 시접에 박음질해 놓은 고무줄을 고정시키는 역할을 한다. 상침을 해주지 않으면 프릴이 떠서 몸판 쪽으로 뒤집어질 수 있으므로 반드시 해주어야 하는 과정 중 하나이다. 상침은 프릴에 할 수도 있고, 몸판에 할 수도 있지만 프릴 소매 티셔츠는 디자인상 고무줄이 마감되어야 하므로 몸판 쪽에 상침한다.

● 등판과 배판의 상침 간격이 다른 이유

등판에 보이는 상침 간격은 소매 프릴과 맞춰 0.2~0.3cm로 하면 되지만 배판의 경우는 고무줄 폭이 0.5cm 정도로 넓고, 고무줄을 박지 않고 시접만 몸판에 박아야 하기 때문에 상침 간격 폭이 0.8~0.9cm로 더 커진다.

 ## 목 바이어스 준비하기

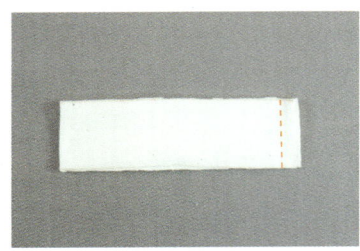
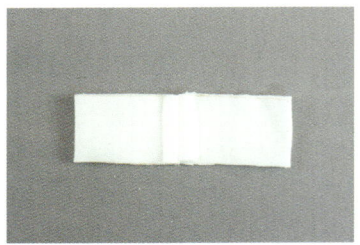

❶ 바이어스감의 겉과 겉이 마주보도록 접고 옆선을 박아주세요.

❷ 시접이 두꺼워지지 않도록 박은 시접은 가름솔합니다.

❸ 바이어스감을 균등하게 4등분하여 펜으로 등분점을 표시해주세요.

몸판에 목 바이어스 감싸 박기

❶ 몸판의 목 라인을 4등분하여 펜으로 등 분점을 표시합니다.

❷ 몸판의 안쪽에 바이어스감의 겉이 닿게 넣어 4등분점이 만나도록 한 후 핀으로 고정합니다.

|TIP| 바이어스는 늘어나는 성질을 이용해 당겨서 박기 때문에 목 길이보다 짧게 재단되었다.

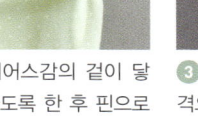

❸ 고정한 바이어스감을 몸판에 0.7cm 간격으로 박음질합니다.

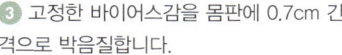

바이어스는 몸판 원단을 감싸서 박는 박음질로, 폭은 3.5~3.8cm를 주로 사용한다. 바이어스의 완성 사이즈는 '바이어스 폭/4'한 치수로 이 치수만큼 박아 접으면 된다. 그러나 실제로는 바이어스감을 몸판에 감쌀 때 원단 두께에 의해 분량이 모자라게 되기 때문에 미리 분량을 줄여 0.7cm로 박아 보완해 준다.

❹ 몸판이 겉이 보이도록 놓고, 박은 목 바이어스감을 겉으로 꺼내 올려주세요.

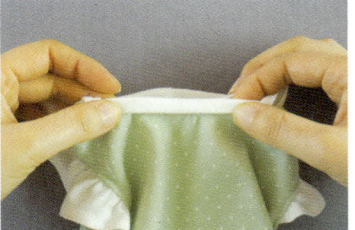

❺ 바이어스를 반 접듯이 몸판의 겉쪽으로 접고, 몸판의 목 부분을 감싸듯이 한 번 더 접어주세요.

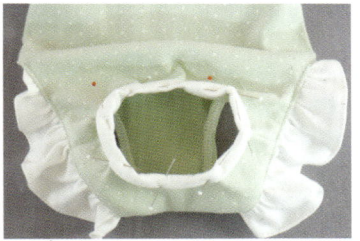

❻ 목 라인에 박힌 바이어스감을 한 바퀴 돌아가며 시접을 감싸듯이 접고 모두 핀으로 고정한 후 목 바이어스의 겉을 보고 박아주세요.

❼ 몸판에 목 바이어스가 연결되었습니다.

❽ 공단 리본을 이용해 장식 리본을 만들어 달아주면 프릴 소매 티셔츠 완성![리본 만들기(P.320) 참조]

How to make 07

꾸준한 인기 아이템
후드 티셔츠

일반 티셔츠보다 좀 더 스포티한 느낌도 나고, 후드가 더 귀여운 느낌을 줘요. 후드에 시보리를 달아 좀 더 완성도 있는 후드 티셔츠를 만들어 볼게요.

난이도 ★★★☆

사용 원단 및 부자재(M 사이즈 기준)

원단	미니쭈리 원단 74×53cm	**부자재**	장식와펜
시보리	80×5.6cm	**실물패턴 번호**	005

How to Make

 패턴 확인하기

| 몸판 |

1.5cm 제외 전체 시접 1cm

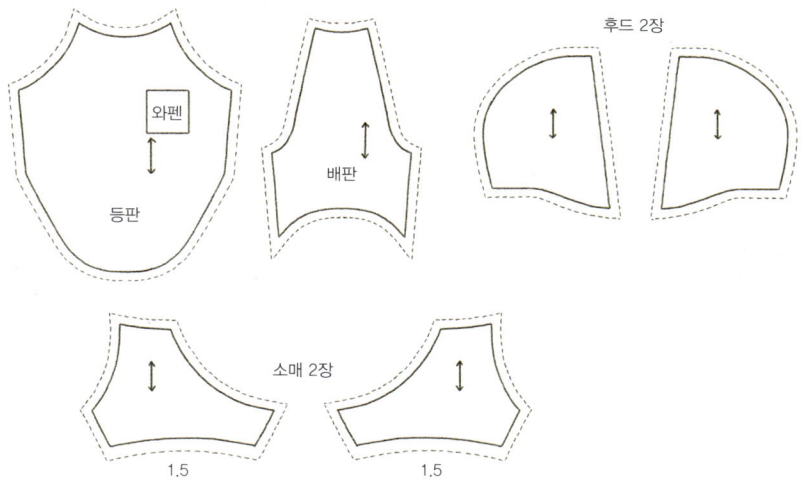

| 시보리 |

후드 시보리(시접 포함)   밑단 시보리(시접 포함)

 원단 재단하기

원단의 안쪽 면에 패턴을 올려 완성선과 시접선을 그린 후 시접선을 가위로 재단합니다.

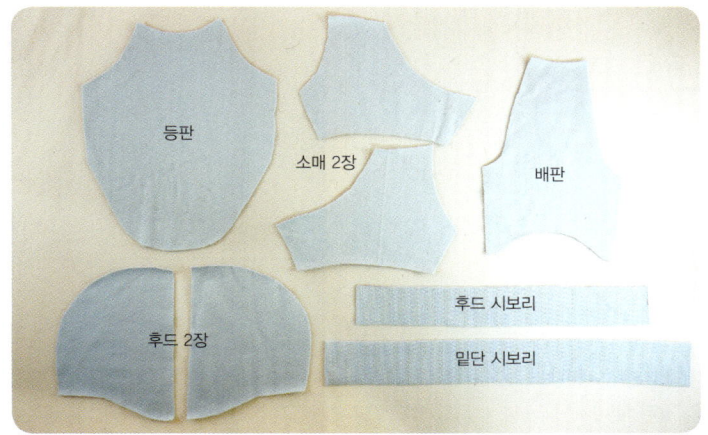

미리 체크하세요

등판에 와펜 위치 표시하기
패턴을 올려 표시된 와펜 장식 위치를 원단에 미리 표시한다. 다른 원단이 연결되면 와펜 위치를 찾기 힘들어지므로 미리 위치를 표시한 후 봉제 시작 전, 또는 봉제 후 와펜을 달아준다.

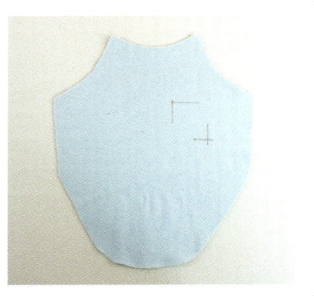

등판, 소매, 배판 박기

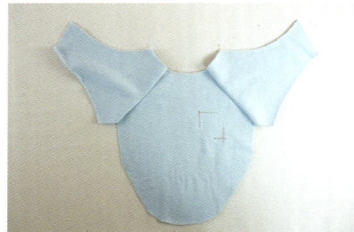 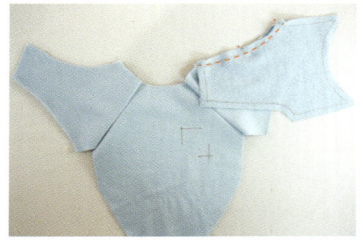 

❶ 등판의 겉과 소매의 안이 보이도록 놓고 등 진동 길이를 맞춰 핀 고정 후 미싱으로 박아주세요.

❷ 소매의 겉과 배판의 겉이 마주보게 하여 핀으로 고정한 후 배 진동라인을 박아주세요.

❸ 반대쪽 소매도 동일한 방법으로 핀으로 고정한 후 진동라인을 따라 박음질합니다. 양쪽 진동라인을 오버록이나 지그재그 박기로 시접을 정리합니다.

|TIP| 시접은 모두 몸판 쪽으로 보낸다.

소매 밑단 접어 박기

❶ 소매의 겉이 보이도록 놓고 소매 밑단 시접이 풀리지 않도록 오버록이나 지그재그 박기 합니다.

❷ 소매의 밑단 시접은 1.5cm입니다. 소매의 안쪽으로 1.5cm 분량만큼 시접을 접어 올리고 직선 박기 하여 시접을 박아줍니다.

|TIP| 소매 시접을 접어 박을 때 겉을 보고 박으면 간격을 균일하게 맞추기 좋다.

소매 옆선과 몸판 옆선 박기

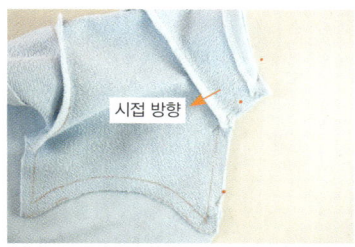

① 등판과 배판이 겉과 겉이 만나도록 어깨선을 기준으로 반으로 접고 한쪽 소매 옆선과 몸판 옆선을 맞춘 후 핀으로 고정합니다.

② 반대쪽도 소매 옆선과 몸판 옆선을 핀으로 고정합니다.

③ 양쪽 모두 소매의 옆선에서 몸판의 옆선까지 한 번에 박고, 오버록이나 지그재그 박기로 시접을 정리합니다.

 ## 후드 준비하기

① 재단한 후드감 2장을 겉과 겉이 마주보도록 겹쳐 놓습니다. 헤드라인을 맞춰 핀으로 고정한 후 시접 1cm 분량을 박고 시접을 정리합니다.

② 시접을 한쪽 방향으로 넘겨주세요. 후드의 겉을 보고 상침합니다. 상침은 시접을 눌러주고 고정해주는 역할을 합니다.(상침 간격 0.3~0.4cm)

③ 후드 안단 시보리를 반으로 접고 가로 길이의 중심을 펜으로 표시한 후 후드의 겉에 올려주세요.

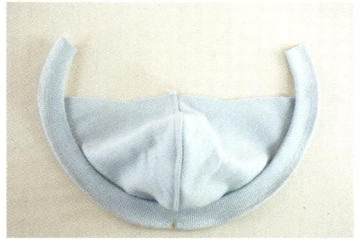

④ 후드 중심과 양 끝을 맞춰 핀으로 고정합니다. 이때 후드의 양쪽 끝으로 시보리감이 3cm 정도 더 길게 나오도록 합니다.

⑤ 핀으로 고정한 페이스라인을 시접 1cm 간격으로 박음질합니다. 튀어나와 있는 시보리 부분도 함께 박음질하세요.

⑥ 오버록이나 지그재그 박기 하여 마무리합니다.

|TIP| 후드 시보리감의 시접은 후드 쪽으로 보낸다.

몸판에 후드 박기

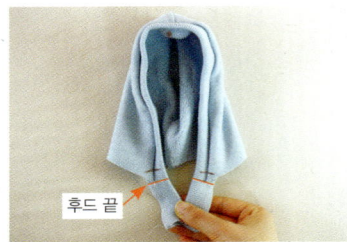

① 양쪽 모두 시보리를 남겨둔 후드 끝이 보이도록 놓고, 후드 끝에서 1cm 안으로 들어와 펜으로 표시합니다.

② 몸판의 등이 보이도록 놓고, 목 중심에 펜으로 표시한 후 후드의 겉이 닿도록 몸판 위에 올립니다. 몸판의 등목 중심 표시점과 후드의 목 중심을 맞춰 핀으로 고정합니다.

③ 배판 목 중심을 펜으로 표시하고 후드의 양 끝을 배판 쪽으로 당겨 가져와 후드에 1cm 들어가 표시한 점과 배판의 목 중심 표시를 맞춰 핀으로 고정합니다.

> **후드 끝의 1cm 안쪽에 점을 표시하는 이유**
> 배목 중심에 후드의 목 라인이 서로 겹치도록 하기 위해서이다. 후드 목 라인을 겹쳐 박아주면 완성 후에 목이 휑하게 보이지 않고, 목 라인에 오버록이나 지그재그 박기 한 부분이 겉으로 뒤집어져 보이는 것을 막아준다.

④ 튀어나온 시보리감은 대각선 위로 올려 핀으로 고정합니다. 배 중심점의 위치를 고정된 한쪽 시보리에 펜으로 표시합니다.

⑤ 다른 한쪽 후드 끝에 표시한 점도 배목 중심에 맞춰 핀으로 고정합니다.

|TIP| 몸판 목, 후드 시보리 4겹이 합쳐지기 때문에 시접이 두꺼우므로 집게로 고정해도 좋다.

⑥ 몸판 목 라인과 후드를 합쳐 중간중간을 핀으로 더 고정하고 목 라인 한 바퀴를 미싱으로 박아줍니다.

⑦ 길게 나와 있는 후드 시보리감을 잘라주세요.

⑧ 후드의 겉이 보이도록 뒤집으면 후드 모양이 완성됩니다. 목 전체를 한 바퀴 둘러 오버록이나 지그재그 박기 합니다.

몸판에 밑단 시보리 박기

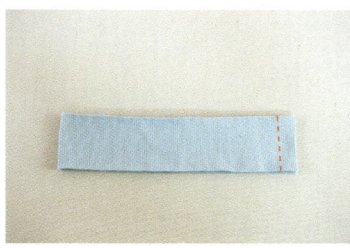

❶ 밑단 시보리감이 겉과 겉이 만나도록 반으로 접고 1cm 간격으로 박아주세요. 시접은 가름솔합니다.

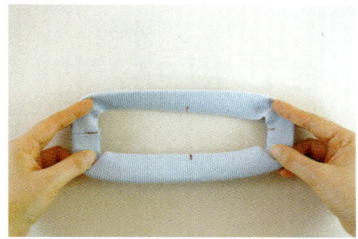

❷ 시보리감을 안으로 반 접고, 옆선을 기준으로 4등분하여 각각의 지점을 펜으로 표시합니다.

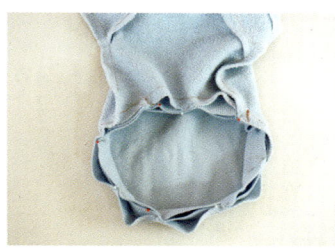

❸ 몸판도 4등분하여 펜으로 표시하고 시보리감의 4등분점과 만나도록 핀으로 고정합니다.

❹ 밑단 라인 전체를 미싱으로 박고 오버록이나 지그재그 박기 하여 시접을 정리합니다.

❺ 등판에 표시한 와펜 장식 위치에 와펜을 달아 완성합니다.

|TIP| 와펜 다는 3가지 방법
❶ 미싱으로 와펜 모양을 따라 박는다.
❷ 와펜 뒤에 브로치핀을 달아 탈부착이 가능하도록 만들어준다.
❸ 원단 접착제를 사용하여 원단에 붙여준다.

시원한 홈런 한 방! 야구장에 놀러가요
야구 원피스

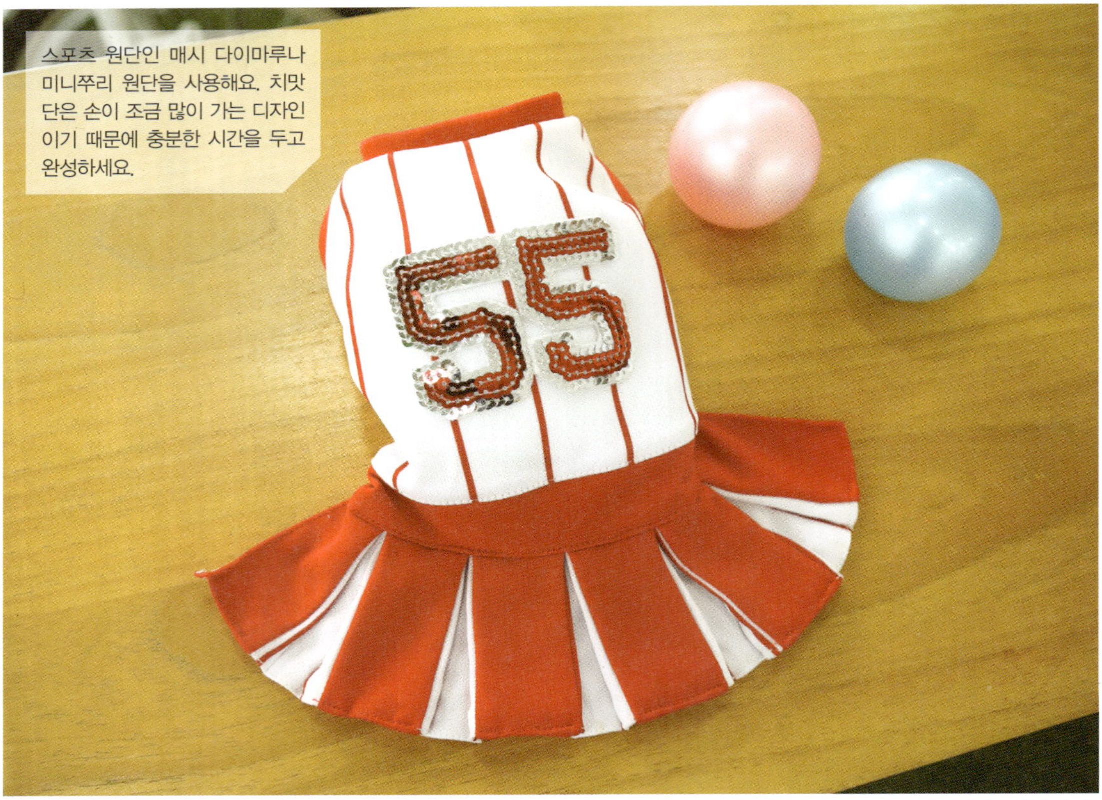

스포츠 원단인 매시 다이마루나 미니쭈리 원단을 사용해요. 치맛단은 손이 조금 많이 가는 디자인이기 때문에 충분한 시간을 두고 완성하세요.

난이도 ★★★☆

사용 원단 및 부자재(M 사이즈 기준)

스타일 1
- (몸판, 치마주름단) 매시 다이마루(스트라이프) 45×35cm
- (치맛단, 시보리) 매시 다이마루(단색 배색 원단) 60×30cm

부자재 고무줄 폭 0.3~0.5cm, 길이 10cm
실물패턴 번호 009

How to Make

 패턴 확인하기

| 몸판 · 치마 |

전체 시접 1cm

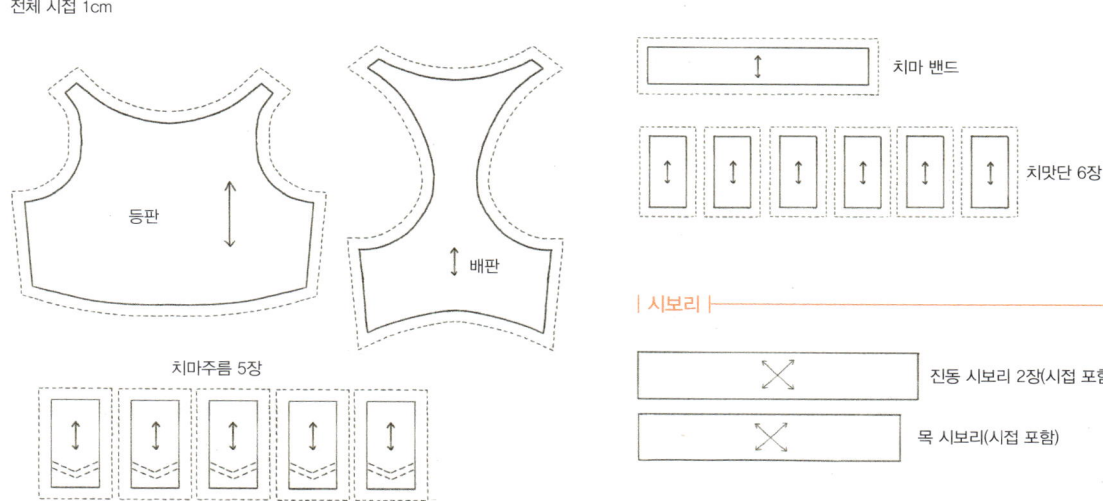

 원단 재단하기

원단의 안쪽 면에 패턴을 올려 완성선과 시접선을 그린 후 시접선을 가위로 재단합니다.

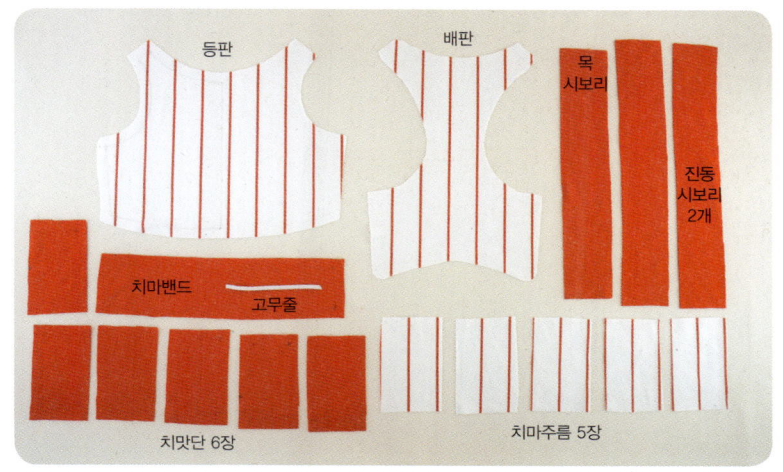

등판과 배판의 어깨, 옆선 박기

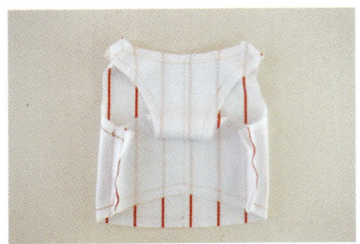

❶ 등판과 배판의 겉이 마주보도록 올린 후 양쪽 어깨선과 옆선을 맞춰 핀으로 고정하고 미싱으로 박음질합니다.

❷ 어깨와 옆선을 오버록이나 지그재그 박기 하여 시접을 정리합니다.

❸ 몸판의 목 라인과 진동 양쪽을 4등분하여 펜으로 표시합니다.

목, 진동에 시보리 달기

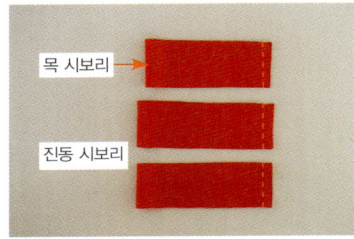
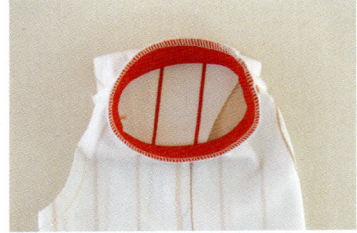
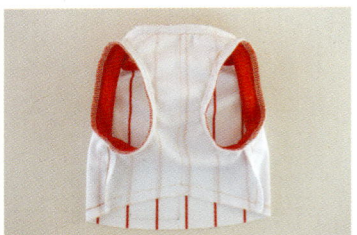

❶ 목 시보리감과 진동 시보리감을 겉과 겉이 만나도록 반으로 접고 옆선을 박음질한 후 길이를 4등분하여 펜으로 표시합니다. 안으로 반을 접어 링 모양이 되도록 접습니다.

|TIP| 시접은 가름솔한다.

❷ 몸판의 안이 보이도록 뒤집고 시보리감을 몸판 안으로 집어넣어 4등분점에 맞춰 핀으로 고정한 후 박음질하고, 오버록이나 지그재그 박기로 시접을 정리합니다.

❸ 진동라인 양쪽도 목 시보리를 고정한 것과 같은 방법으로 몸판에 박음질하고 시접을 정리합니다.

치맛감, 치마 주름감 박아 연결하기

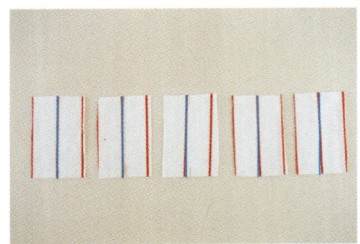

❶ 치맛감(6장), 치마 주름감(5장)을 준비하고 치마 주름감(5장)의 중심을 표시합니다.

❷ 치맛감과 치마 주름감을 교차로 놓고, 미싱으로 박아 연결합니다.

❸ 연결 시접은 오버록이나 지그재그 박기 하여 정리합니다.

치맛단 맞주름 잡기

❶ 치맛감과 치마 주름감을 연결한 시접을 꼬집듯이 양쪽에서 잡아 올려 치마 주름감에 표시해 둔 중심선에 붙이듯이 놓고 핀으로 고정합니다.

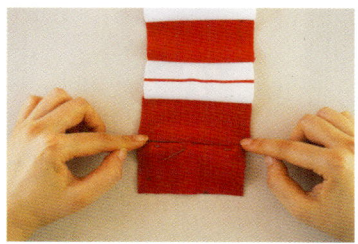

❷ 위쪽의 치맛감과 치마 주름감을 연결한 시접도 꼬집듯이 양쪽에서 잡아 치마 주름감에 표시해 둔 중심선에 붙이듯이 놓고 고정합니다.

|TIP| 양쪽에서 주름이 맞닿듯이 만들어지기 때문에 맞주름이라고 부른다.

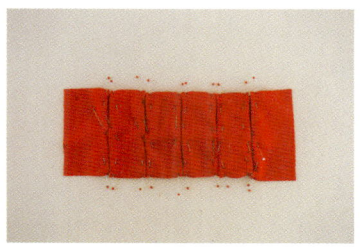

❸ 같은 방법으로 모두 맞주름을 잡아줍니다. 맞주름을 모두 잡으면 치맛감만 보이고 치마 주름감(스트라이프 원단)은 안쪽으로 들어가 보이지 않게 됩니다.

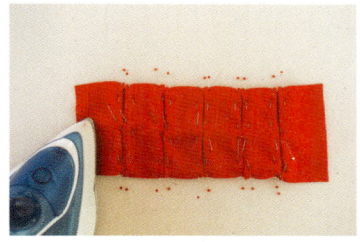

❹ 다리미로 눌러 잡아놓은 맞주름을 고정합니다.

❺ 핀을 빼고 주름 분량을 펼친 후, 밑단을 오버록이나 지그재그 박기 하여 시접을 정리합니다.

|TIP| 다리미로 맞주름을 눌러뒀기 때문에 펼쳐도 주름 선은 남아 있다.

❻ 맞주름 분량을 박음질로 고정해보겠습니다. 맞주름 잡힌 선을 기준으로 원단을 넘겨, 원단 끝을 박음질해 주름선을 고정합니다.

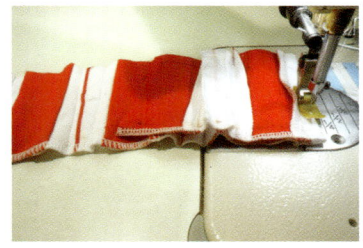

❼ 원단을 왼쪽으로 당겨 다음 맞주름선을 미싱으로 박음질합니다. 같은 방법으로 맞주름선 모두를 박음질합니다.

❽ 맞주름선을 모두 미싱으로 박은 모습입니다.

|TIP| 세탁 후 맞주름선이 풀려 주름 모양이 흐트러지는 것을 방지하기 위해 미리 박음질하는 것이다.

밑단 시접 접어 박기

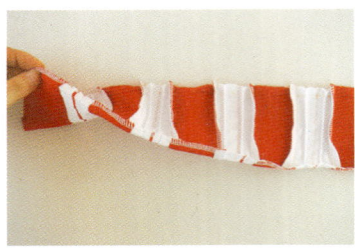 

❶ 밑단 시접 분량 1cm만큼 접어 올려 다리미로 눌러주세요.

❷ 접어 올린 시접을 미싱으로 박아줍니다.
|TIP| 밑단을 접어 박음질할 때 실의 색을 각각의 원단 색깔에 맞추면 더 깔끔하게 완성할 수 있다.

 ### 맞주름 분량 고정하기

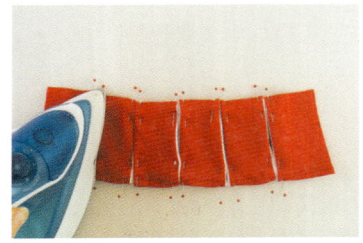 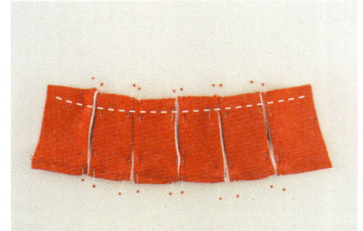 

❶ 밑단을 정리하느라 느슨해진 맞주름 분량을 다시 잡아 고정하고, 다리미로 눌러주세요.

❷ 치마밴드감과 연결하기 위해 맞주름 분량을 임시 박음질해둘게요. 가장 큰 미싱 땀수로 시접선에 박음질합니다.

❸ 맞주름 분량이 고정되었습니다.

 ### 치마밴드 연결하기

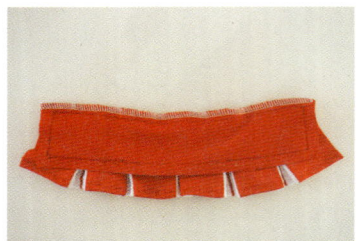  

❶ 치마밴드의 겉을 치맛감 겉에 올리고 길이를 맞춰 핀으로 고정하여 박음질한 후 시접을 정리합니다.

❷ 치마밴드와 치맛감 연결 시접을 위로 보내고 상침합니다. 치마 양쪽 옆선 시접에 오버록이나 지그재그 박기 해주세요.

❸ 시접을 정리한 옆선을 접어 넣고 박음질합니다.

몸판과 치마 연결하기

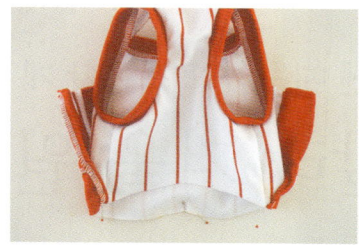
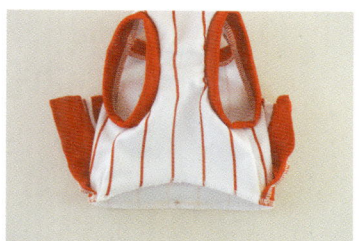

① 몸판과 치마 모두 겉이 보이도록 놓고 치마 위쪽과 몸판의 등 중심에 중심점을 표시합니다.

② 치마를 몸판 쪽으로 올려 안이 보이게 하고, 중심과 옆선의 끝에 맞춰 핀으로 고정하세요.

③ 미싱으로 박아 몸판과 치마를 연결하고, 허리 시접 전체를 오버록이나 지그재그 박기 합니다.

배판에 고무줄 박기

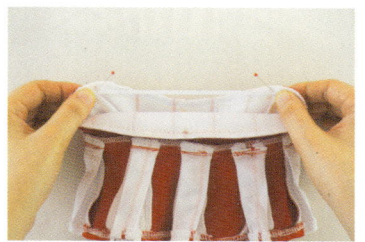

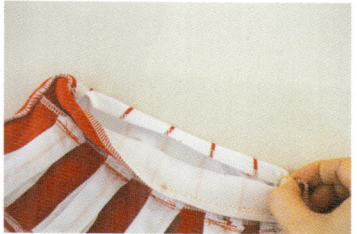

① 배판 안쪽이 보이도록 놓고, 배판 양끝 시접에 고무줄을 고정한 후 고무줄을 박음질합니다.

|TIP| 고무줄은 배판 길이의 1/2 분량을 준비한다.

② 등판과 배판의 시접을 위로 올린 후 허리선 전체를 시접을 눌러 상침합니다.

|TIP| 등판과 배판을 한 번에 상침하면 가장 깔끔하지만 봉제가 어려울 수 있으니 등판 먼저 상침한 후에(같이 보이도록) 배판은 안쪽이 보이도록 놓고 상침한다.

③ 배판은 고무줄이 시접에 고정되어 있는 상태입니다. 고무줄이 안에 들어 있는 상태에서 시접을 위로 접어 올려 1cm 간격으로 박음질합니다.

|TIP| 고무줄은 박히지 않도록 한다.

등판은 치마와 몸판 연결 시접 끝에 상침해요.

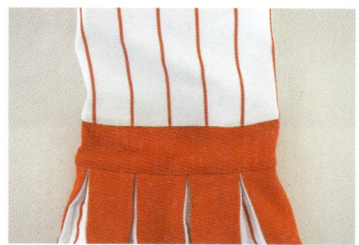

④ 등판과 배판에 상침선이 생겼어요.

⑤ 등판 쪽에서 바라본 모습입니다.

⑥ 봉제가 끝났습니다. 숫자 와펜을 달아 야구 원피스 느낌을 더해주세요.

|TIP| 와펜 다는 방법(P.189) 참조

How to make 09

겨울엔 따뜻하고 포근한 게 제일!
큰 칼라 겨울 원피스

누빔 원단과 덤블링 원단을 사용하면 보온성이 좋고, 폭신폭신한 원피스를 완성할 수 있어요.

난이도 ★★☆☆

사용 원단 및 부자재(M 사이즈 기준)

원단	(몸판) 다이마루 누빔 원단 60×45cm	부자재	T단추 4쌍(크기 11.5mm)
	(안감) 덤블링 원단 60×45cm	실물패턴 번호	008

How to Make

 패턴 확인하기

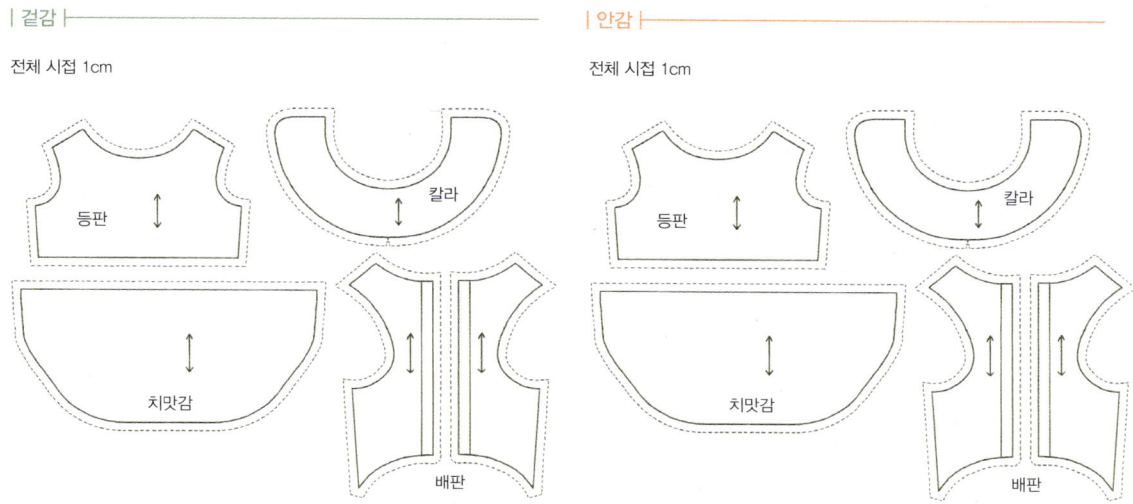

 원단 재단하기

원단의 안쪽 면에 패턴을 올려 완성선과 시접선을 그린 후 시접선을 가위로 재단합니다.

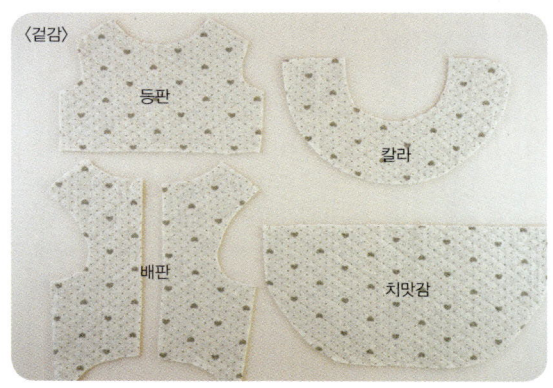

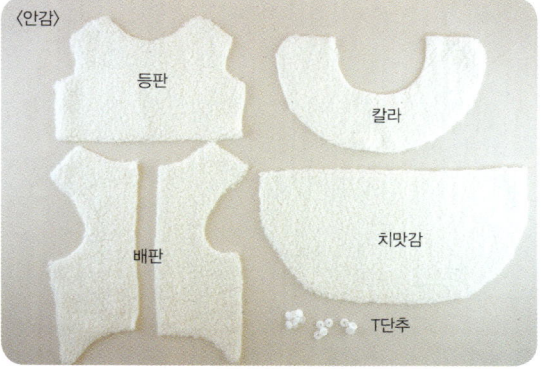

겉감, 안감 어깨 연결하기

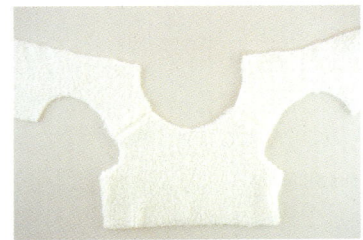

❶ 등판 겉감 위에 배판 겉감의 안이 보이도록 올리고 양쪽 어깨를 맞춰 핀으로 고정한 후 박음질합니다.

|TIP| 시접이 두꺼워지지 않도록 가름솔한다.

❷ 안감(덤블링 원단)도 겉감과 같은 방법으로 어깨를 박고, 시접은 가름솔해 준비해 둡니다.

칼라 준비하기

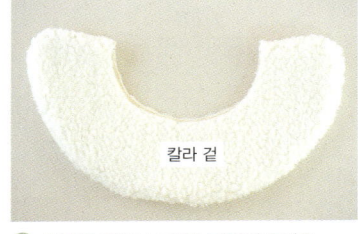

칼라 겉

❶ 하나의 칼라감을 겉이 보이게 놓고, 그 위에 다른 칼라의 안이 보이게 올려 완전히 겹친 후 핀으로 고정합니다.

❷ 목 라인을 제외하고 미싱으로 박아줍니다. 박은 라인 전체에 쪽가위로 가위집을 내줍니다.

|TIP| 곡선은 가위집을 내 주어야 뒤집었을 때 뜨거나 뒤틀리지 않고 모양이 예쁘게 잡힌다.

❸ 칼라를 겉이 보이게 뒤집어주세요.

2cm 떨어짐(시접 1cm, 앞여밈 1cm)

목 중심

❹ 몸판 겉이 보이게 놓고, 그 위에 목 라인을 맞춰 칼라의 겉이 보이게 올려주세요. 등판의 목 중심과 칼라의 목 중심을 맞춰주세요.

❺ 목 라인을 따라 칼라와 몸판을 함께 핀으로 고정하고 임시 박음질합니다. 미싱의 가장 큰 땀으로 박아주세요.

몸판과 같은 누빔 원단을 칼라의 겉감으로 사용해도 무방하다. 몸판과 칼라가 같으면 통일성은 있지만 자칫 디자인이 심심해질 수 있다. 원단에 따라 어느 쪽을 겉감으로 사용할지 결정하면 된다.

배판 중심, 목 라인, 진동라인 박기

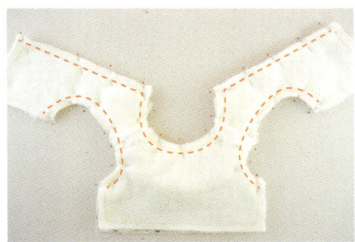

① 겉감의 겉에 안감의 안이 보이게 놓고 완전히 겹쳐 고정합니다.

② 양쪽 배판 중심, 목 라인, 양쪽 진동라인을 시접 1cm 분량으로 미싱을 박아주세요. 곡선 부분은 가위집을 내주세요.

|TIP| 진동라인에 튀어나오는 칼라는 살짝 밀어 넣어 미싱으로 박히지 않도록 한다.

③ 등판의 겉감과 안감 사이로 손을 집어넣어 칼라를 조금씩 당겨 배판 양쪽을 빼내 전체를 뒤집습니다. 등판의 겉이 보이도록 정리합니다.

 ### 등판에 치맛단 박기

① 겉감의 치맛감 위쪽 시접 라인 전체를 시침질한 후 실을 당겨 주름을 잡습니다.

② 주름을 잡은 치맛감의 가로 길이는 몸판의 밑단 길이와 같도록 맞춰주세요.

|TIP| 시침질한 실을 당기거나 풀어 주름으로 길이를 조절한다.

③ 치맛감을 뒤집어 올려 안이 보이게 하고 몸판의 밑단과 치맛감의 라인을 맞춰 핀으로 고정합니다.

|TIP| 겉감끼리만 고정한다.

④ 고정한 몸판과 치맛감을 미싱으로 박아주세요.

⑤ 안감 치마도 같은 방법으로 주름을 잡은 후 몸판과 박아 연결합니다.

겉감과 안감 옆선 박기

❶ 몸판의 겉이 보이도록 놓고, 배판의 안이 보이도록 등판 쪽으로 넘깁니다.

❷ 배판의 안감을 걷어내 배판 겉감의 안쪽이 보이도록 하고, 배판과 등판의 겉감만 잡은 후 핀으로 옆선을 고정합니다.

❸ 핀 고정한 양쪽 겉감 옆선을 미싱으로 박아주세요.

❹ 안감이 보이도록 뒤집고, 양쪽 모두 안감의 등판과 배판 옆선을 겉과 겉이 만나도록 하여 핀으로 고정합니다.

❺ 양쪽 옆선을 미싱으로 박되, 한쪽 옆선은 나중에 뒤집을 수 있도록 창구멍을 남겨두고 박습니다.

창구멍은 남겨두고 위, 아래만 1~2cm 박아주세요.

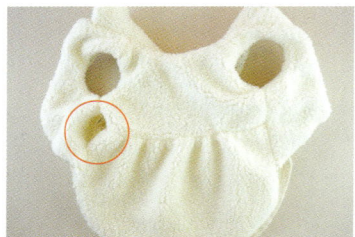
❻ 창구멍이 만들어졌습니다.

 ## 겉감과 안감 밑단 박기

❶ 겉감과 안감 모두 겉이 보이도록 펼친 후 겉감과 안감의 밑단을 손으로 잡고 밑단이 만나도록 하여 핀으로 고정합니다.

❷ 핀 고정한 중심을 기준으로 양옆의 배판 밑단이 보이도록 하고 핀으로 고정합니다.

|TIP| 목 라인, 배판 중심, 칼라 등이 겉감과 안감의 가운데에 들어 있는 상태이기 때문에 배판 전체를 끄집어 낼 수는 없다. 양쪽 배판감은 밑단이 보일 정도로만 빼 준다.

❸ 밑단 라인을 박음질합니다.

|TIP| 박은 라인 전체에 가위집을 넣어주면 뒤집었을 때 시접이 예쁘게 자리 잡는다.

창구멍으로 몸판 전체 뒤집어 공그르기

① 안감 옆선의 창구멍을 확인하세요.

② 창구멍을 통해 몸판의 전체를 뒤집어 줍니다.

|TIP| 창구멍이 크지 않기 때문에 자칫 옆선의 위, 아래에 박은 실이 뜯어질 수 있다. 조금씩 몸판을 꺼낸다는 느낌으로 전체를 뒤집어준다.

③ 창구멍을 공그르기 한다.[공그르기(P.53) 참조]

단추 달아 완성하기

① 배판 중심에 T단추를 달아주세요.[T단추 다는 법(P.70) 참조]

② 배판 중심의 칼라가 뜨지 않도록 몸판과 칼라를 손바느질로 연결합니다.

③ 브로치 리본을 만들어 허리에 달면 더 예쁘게 완성할 수 있습니다.[싱글 와이어 리본 만들기(P.320) 참조]

실 고무줄을 활용한 여름 원피스의 대표주자!
스모킹 원피스

몸통에 쭈글쭈글하게 생기는 주름이 너무 깜찍한 스모킹 원피스! 어깨끈을 리본으로 묶으면 더 사랑스러운 느낌으로 완성할 수 있습니다.

난이도 ★★☆☆

사용 원단 및 부자재(M 사이즈 기준)

원단	플라워 프린트 면 원단 65×30cm	부자재	실고무줄
	어깨끈 16×29cm	실물패턴 번호	004

어깨끈 길이(완성 폭 1cm) : 세로 4cm, 가로 하단 치수 참조(총 4개, 시접 포함, 식서 방향 재단)

XS : 등 23cm(2개)/배 27cm(2개)
S : 등 24cm(2개)/배 28cm(2개)
M : 등 25cm(2개)/배 29cm(2개)
L : 등 26cm(2개)/배 32cm(2개)
XL : 등 28cm(2개)/배 34cm(2개)

How to Make

패턴 확인하기

| 몸판 |

전체 시접 1cm

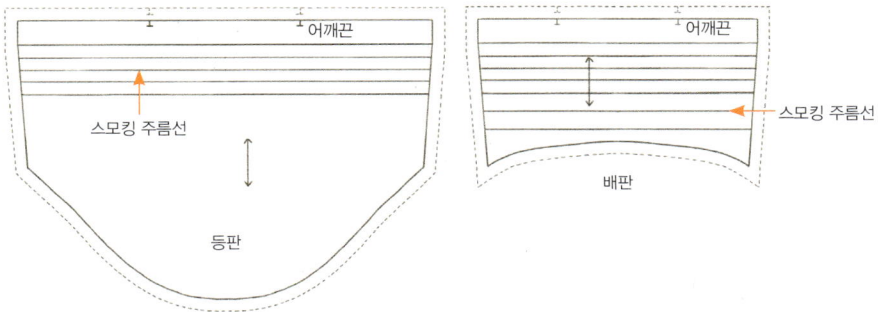

원단 재단하기

원단의 안쪽 면에 패턴을 올려 완성선과 시접선을 그린 후 시접선을 가위로 재단합니다. 어깨끈은 바이어스테이프 형태로 만들되, 4개를 이어 길게 하나로 재단한 후 추후에 4개로 잘라 사용해도 됩니다. [바이어스테이프 만들기(P.60) 참조]

미리 체크하세요

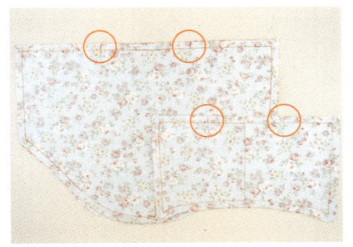

등판, 배판 어깨끈 달림 위치 표시하기

등판 겉에 스모킹 주름선 5줄 표시하기

배판 겉에 스모킹 주름선 7줄 표시하기

봉제 전 준비하세요

실고무줄을 북알(보빈)에 감아두기

스모킹 원피스를 만들기 위해서는 밑실은 실고무줄, 윗실은 일반 봉제사(또는 코아사)를 사용한다. 북알(보빈)에 실고무줄을 일반 밑실과 같은 방법으로 감아 준비하면 된다. 미싱마다 가지고 있는 장력이 다르고, 장력을 높이면 고무줄이 더 쭈글쭈글해지므로, 어느 정도로 주름이 잡히는지 미리 테스트 후 사용하는 것이 좋다.

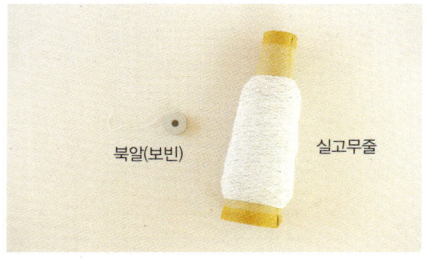

한쪽 옆선 연결하고 윗단, 밑단 시접 접어 박기

❶ 등판과 배판의 겉이 마주닿도록 올려 한쪽 옆선을 맞춰 핀으로 고정하고 미싱으로 박은 후 시접을 오버록이나 지그재그 박기 합니다.

❷ 윗단과 밑단 시접을 오버록이나 지그재그 박기 하고 접어 다리미로 다립니다.

|TIP| 시접을 미리 다려두면 봉제할 때 훨씬 수월하고, 완성도도 높아진다.

❸ 다린 시접을 미싱으로 노루발 간격으로 박아주세요.

노루발 간격

노루발 간격은 노루발의 한쪽 발 간격을 의미한다. 노루발 간격으로 박기는 시접 접어 박을 때나 상침할 때 자주 사용되는 간격 폭이다. 시접을 접어 눌러서 박는 경우, 폭이 너무 좁으면 안쪽에 접어 놓은 시접이 뒤집어져 예쁘게 완성되지 않고, 반대로 간격이 넓으면 겉에서 봤을 때 완성도가 떨어져 보인다. 노루발 간격은 폭 0.4~0.6cm 정도로 완성되어 자주 사용된다.

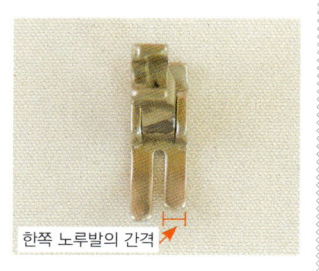

스모킹(주름) 잡기

❶ 미싱을 끊지 않고 한 번에 등판과 배판에 스모킹을 잡도록 하겠습니다. 사진에 표시된 시작 지점과 끝 지점을 확인하세요.

❷ 밑실을 실고무줄로 바꾸고 미싱으로 박음질합니다.

|TIP| 박음질을 시작하면 밑실의 실고무줄 때문에 노루발 뒤쪽 원단은 자연스럽게 주름이 잡힌다.

❸ 주름이 만들어졌습니다. 실고무줄이 박힌 시작 위치와 끝 위치에 길게 남겨둔 실고무줄을 매듭지어 풀어지지 않도록 합니다.

|TIP| 이미 만들어진 스모킹(주름)을 당겨 펼쳐가면서 아래쪽 스모킹 주름을 만든다.

스모킹 주름 박기
① 밑실은 실고무줄로 바꾼다. 시작 위치의 실고무줄을 길게 남겨두고 박고, 끝낼 때도 길게 남겨두고 끝낸다.
② 등판 주름 5줄, 배판 주름 7줄을 지그재그 박기 모양으로 한 번에 박는다.
③ 배판은 등판보다 2줄의 주름 분량이 더 있으므로 마지막 두 줄은 배판에서만 박는다.
④ 시접 분량까지 모두 박는다.
⑤ 직선 박기 후 아래 선으로 이동할 때는 아래로 박음질한다.
⑥ 시작과 끝에 길게 남긴 실을 매듭짓는다.
※ 스모킹은 한 줄씩 박아도 되지만 시작 부분과 끝 부분에 매듭을 지어 올이 풀어지지 않도록 해야 한다.

나머지 한쪽 옆선 박기

❶ 몸판의 겉과 겉이 만나도록 반으로 접어 나머지 한쪽 옆선을 맞춰 핀으로 고정합니다.

❷ 핀 고정한 옆선을 미싱으로 박고 시접을 오버록이나 지그재그 박기 합니다.

|TIP| 스모킹 주름을 당겨가며 박음질한다.

❸ 몸판이 완성되었습니다.

어깨끈 연결하기

❶ 바이어스테이프 모양으로 만들어둔 어깨끈감의 한쪽 끝 시접을 1cm 안으로 접어 넣은 후 시접을 고정합니다.[바이어스테이프 만들기(P.60) 참조]

❷ 미싱으로 박아 끈 모양으로 만들어줍니다. 어깨끈감 4개를 모두 동일하게 박아주세요.

|TIP| 어깨끈감의 반대쪽 끝은 몸판에 박을 것이므로 시접을 접어 넣지 않는다.

❸ 등판과 배판 안쪽에 어깨끈 달림 위치를 확인합니다.

❹ 시접 1cm를 접어 넣지 않은 쪽의 어깨끈감을 원피스의 밑단 방향으로 향하게 올려 핀으로 고정합니다.

❺ 등판과 배판 총 4군데에 어깨끈을 핀으로 고정하고 미싱으로 박아줍니다.

❻ 등판과 배판에 어깨끈이 고정되었습니다.

❼ 이번에는 어깨끈을 젖혀 위쪽으로 올려 4군데 모두 핀으로 고정한 후, 미싱으로 박아줍니다.

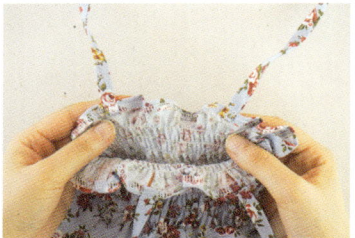

|TIP| 어깨끈을 두 번 박으면 튼튼하게 고정되며, 안쪽에서 봤을 때 끈의 시접이 보이지 않아 깔끔하다.

 **완성**

❶ 완성!

❷ 배판 쪽 어깨끈이 크로스가 되도록 리본을 묶어주면 끈이 흘러내리지 않아요.

테이프 하나로 이소룡이 되다! 아뵤~~!!
트레이닝 올인원

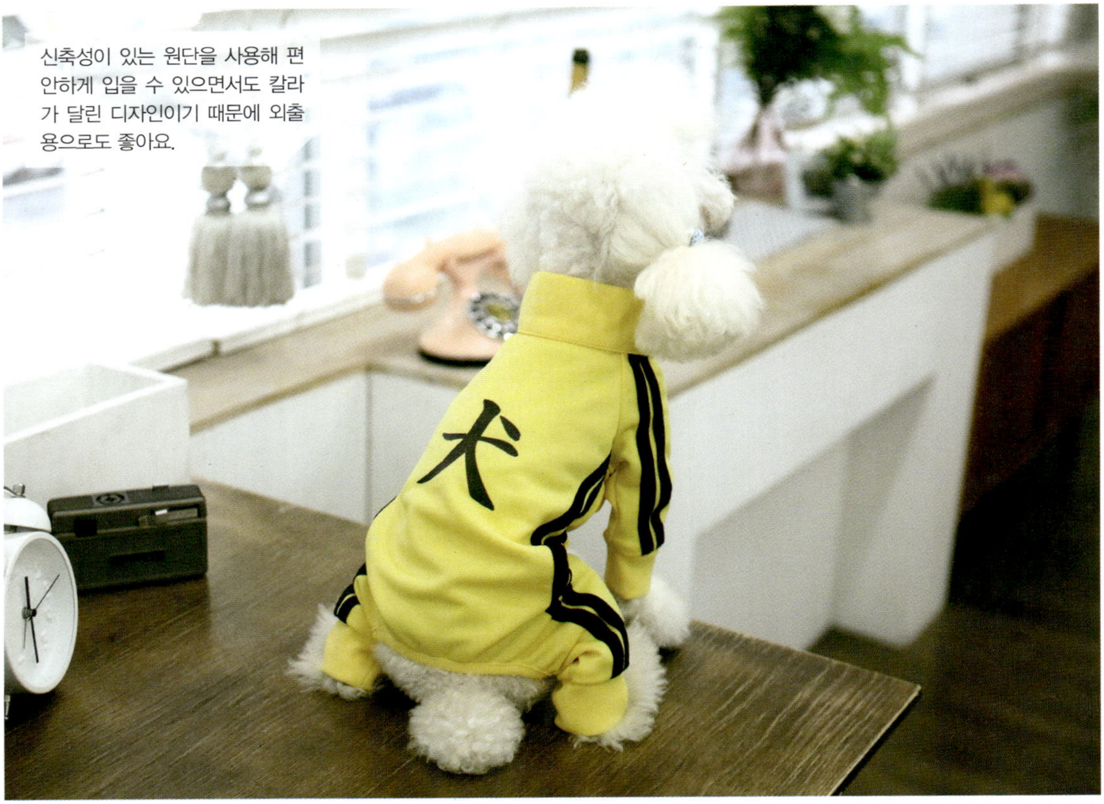

신축성이 있는 원단을 사용해 편안하게 입을 수 있으면서도 칼라가 달린 디자인이기 때문에 외출용으로도 좋아요.

난이도 ★★★☆

사용 원단 및 부자재(M 사이즈 기준)

원단   쿠션지 120×50cm   검정 면 테이프(210cm)
부자재 시보리 51×33cm   실크 심지 34×5cm
        T단추 5쌍(크기 11.5mm)   **실물패턴 번호** 014, 015

How to Make

 ### 패턴 확인하기

| 몸판 |

'시접 없음' 제외 전체 시접 1cm

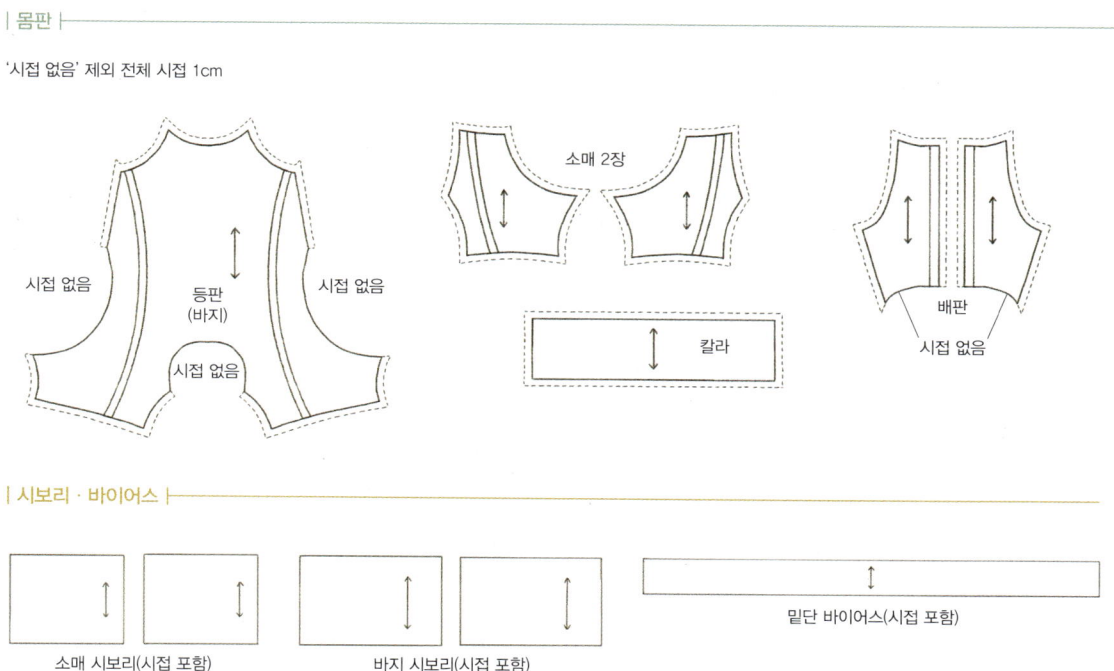

 ### 원단 재단하기

원단의 안쪽 면에 패턴을 올려 완성선과 시접선을 그린 후 시접선을 가위로 잘라 재단합니다.

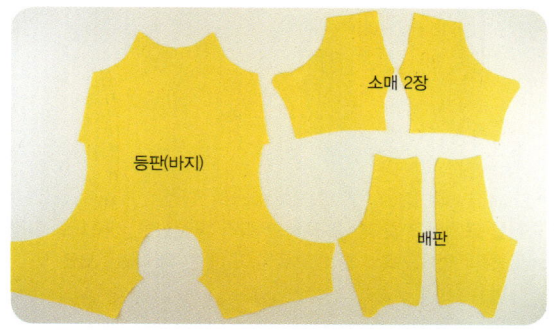
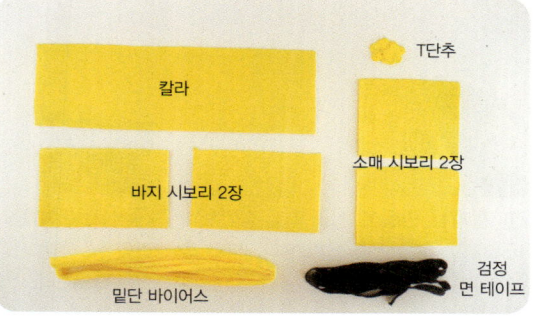

미리 체크하세요

● 몸판, 소매에 면 테이프 위치선 표시하기

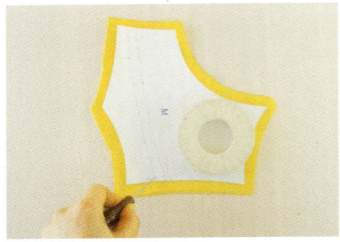

소매 원단 2장을 겉과 겉이 만나도록 겹쳐 놓고 핀으로 고정한다. 그 위에 패턴과 문진을 올려 고정한 후 송곳으로 패턴에 표시된 면 테이프 박음선을 따라 구멍을 낸다.

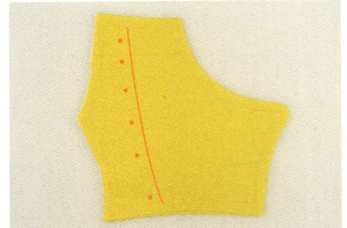

패턴을 걷어내고 원단의 겉에 송곳으로 찌른 구멍을 펜으로 표시한 후 선을 이어 그린다.

몸판은 등 중심을 기준으로 반으로 접어 소매와 같은 방법으로 면 테이프를 박을 위치를 표시한다.

● 배 밑단 시보리감

식서 방향으로 재단하여 바이어스테이프 모양으로 다림질하여 미리 준비한다.

● 배판

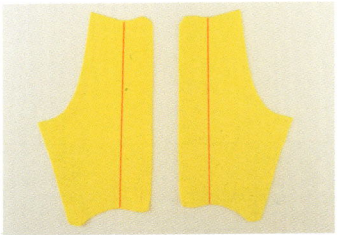

배판 안쪽에 안단선을 표시한다.

칼라 준비하고 몸판과 소매에 면 테이프 박기

❶ 칼라감 안쪽에 칼라폭의 절반보다 1cm 정도 큰 심지를 올리고 다리미로 붙여줍니다.

|TIP| 심지의 풀이 발린 거친 면과 원단이 닿도록 한다.

❷ 심지 위에 칼라의 중심을 표시하고 칼라의 위, 아래 시접 1cm를 칼라 안쪽으로 접어 다려줍니다.

❸ 표시한 칼라 중심선을 기준으로 칼라를 반으로 접어 한 번 더 다려주세요.

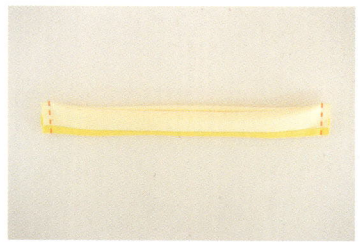
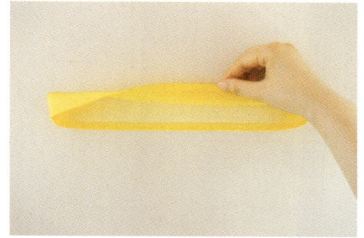

④ 칼라를 겉이 보이게 펼치고 칼라가 겉과 겉이 만나도록 반으로 접어 양쪽 옆선을 핀으로 고정하여 박음질합니다.

⑤ 옆선 시접을 짧게 잘라 내고 칼라를 뒤집어 모양을 잡아줍니다. 한쪽에는 심지가 붙어 있고, 반대쪽은 심지가 없는 상태입니다.

⑥ 몸판과 소매의 겉에 면 테이프 위치를 맞춰 올리고 핀으로 고정한 후 미싱으로 면 테이프를 박음질합니다.

|TIP| 면 테이프는 당기지 않고 박는다.

등판, 소매, 배판 박기

① 등판과 소매의 겉과 겉이 만나도록 놓고 진동라인을 맞춰 핀으로 고정한 후 진동선을 박음질합니다. 시접은 오버록이나 지그재그 박기로 정리합니다.

② 소매를 겉이 보이게 펼치고 배판의 안쪽이 보이도록 올린 후, 소매의 남은 진동 라인에 맞춰 핀으로 고정합니다.

③ 미싱으로 진동을 박음질하고, 시접은 오버록이나 지그재그 박기 합니다.

몸판 옆선, 바짓단 옆선 박기

① 몸판이 모두 겉이 보이도록 놓고 배판의 안쪽이 보이도록 등판 위로 가져와 소매 옆선과 몸판 옆선의 길이를 맞춰 핀으로 고정합니다.

② 소매 옆선과 몸판 옆선을 한 번에 박음질하고, 시접은 오버록이나 지그재그 박기 합니다.

③ 바지 옆선도 겉과 겉이 만나도록 반으로 접어 핀으로 고정한 후 박음질하고, 시접은 오버록이나 지그재그 박기 합니다.

소매부리, 바짓부리 시보리 달기

❶ 소매 시보리감 2장, 바지 시보리감 2장을 겉과 겉이 닿도록 반으로 접고, 옆선을 박음질합니다.

|TIP| 박은 시접은 가름솔한다.

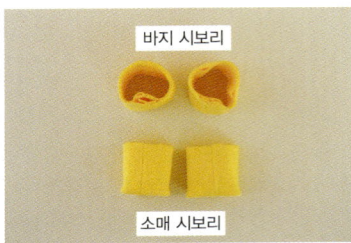

❷ 시보리를 반으로 접고 뒤집어서 겉이 보이도록 링 모양으로 만들어 줍니다.

❸ 몸판을 안이 보이도록 뒤집고, 소매와 바지에 링으로 만든 시보리감을 집어 넣어 핀으로 고정합니다.

|TIP| 소매 옆선과 시보리 옆선이 같은 선 상에 놓이도록 하면 더 예쁘게 완성된다.

❹ 소매부리와 바짓부리에 고정한 시보리감을 미싱으로 박아 연결하고, 시접은 오버록이나 지그재그 박기 해주세요.

배판 중심 안단 정리하기

❶ 몸판이 안이 보이도록 놓고, 양쪽 배판 중심의 1cm의 시접 분량을 안으로 접어 다리미로 다려주세요.

❷ 양쪽 배판에 표시해둔 안단선을 기준으로 한 번 더 안쪽으로 접어 다린 후 핀으로 고정합니다.

❸ 안단선 시접을 박음질하여 고정합니다. 겉을 보고 박으면 선을 일정하게 박을 수 있어서 더 예쁘게 완성됩니다.

배, 꼬리 부위 시보리로 마감하기

❶ 몸판을 펼치고, 바이어스테이프 모양으로 다림질해 놓은 시보리감을 감싸 박아줄 위치를 확인합니다.

❷ 배 중심의 밑단이 보이게 놓고, 다림질한 시보리감의 끝을 1cm 안으로 접은 후 배 중심 밑단에 시보리를 집어넣어, 점선 위치 전체를 감싸 고정합니다.

❸ 고정한 시보리를 미싱으로 박아 마감합니다.

|TIP| 시보리감은 몸판보다 길이가 짧으므로 당겨가며 몸판 길이에 맞춰 박는다. 시보리를 많이 당겨 완성하는 디자인이다.

 ## 몸판에 칼라 박기

❶ 칼라와 몸판 겉의 목 라인에 중심을 표시하고, 심지가 붙어 있지 않은 칼라가 바닥에 닿도록 한 후 칼라 사이에 중심을 맞춰 몸판 목 라인을 넣어 고정합니다.

❷ 칼라의 양 끝에 몸판 배 중심도 시접 1cm만큼 끼워 넣어 고정합니다.

|TIP| 몸판 겉의 목 라인에 시접 1cm를 펜으로 표시하면 끼워 고정하기가 더 좋다.

❸ 박음질할 때 칼라가 빠지지 않도록 핀으로 촘촘히 고정하고 목 라인을 박아 칼라를 연결하면서 칼라 전체에 상침합니다.

 ## 완성

❶ 배판과 칼라에 T단추를 달아 마무리합니다.[T단추 다는 법(P.70) 참조]

❷ 트레이닝 올인원이 완성되었습니다.

❸ 등판에 옷과 어울리는 전사지나 와펜을 붙여 완성합니다.

How to make 12

이너 티셔츠 없이 하나만 입어도 폼나요!
멜빵 올인원

청해지 원단으로 만든 멜빵 디자인이 가미된 올인원입니다. 안감이 있는 올인원이기 때문에 안쪽 면까지도 깔끔하게 마무리할 수 있어요.

난이도 ★★★☆

사용 원단 및 부자재(M 사이즈 기준)

원단	(겉감) 청해지 원단 48×55cm	T단추 4쌍(크기 11.5mm)
	(안감) 면 원단 48×75cm	와펜
부자재	고무줄 폭 0.5cm, 길이 30cm	실물패턴 번호 015

How to Make

 패턴 확인하기

| 겉감 | 안감 |

전체 시접 1cm

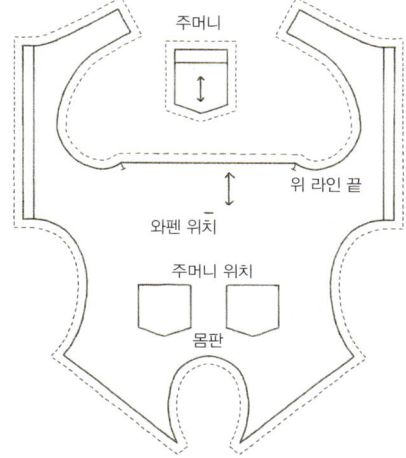

전체 시접 1cm

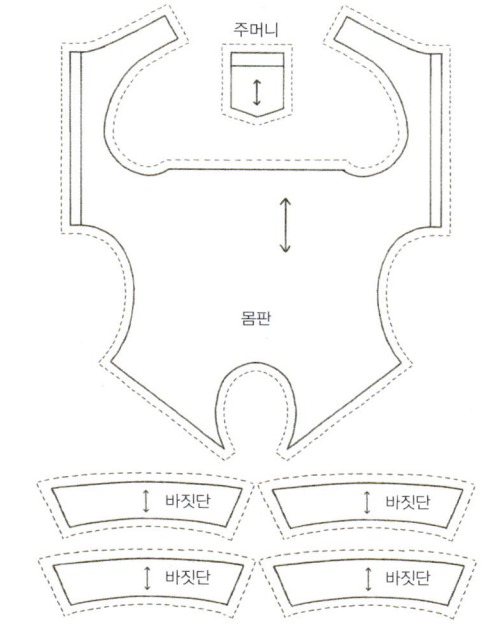

 원단 재단하기

원단의 안쪽 면에 패턴을 올려 완성선과 시접선을 그린 후 시접선을 가위로 재단합니다.

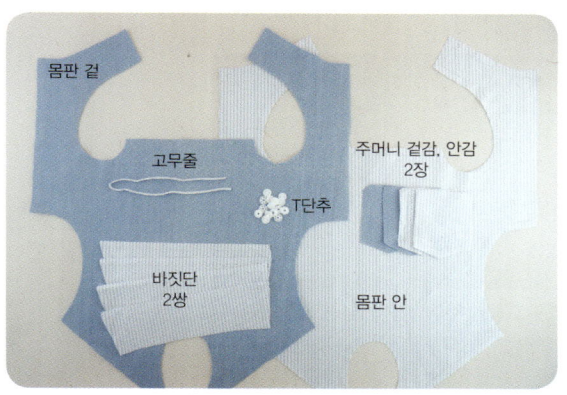

미리 체크하세요

위 라인 끝, 와펜 위치, 등 중심, 주머니 위치, 꼬리 중심을 미리 표시한다.

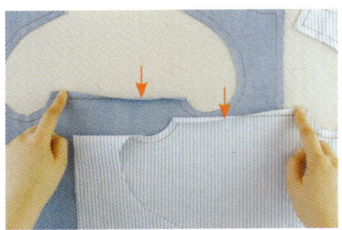

겉감과 안감의 등판 위 라인 시접을 접어 다리미로 미리 다려 둔다.

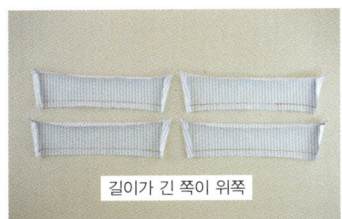

길이가 긴 쪽이 위쪽

바짓단감 4장의 위, 양옆의 시접을 접어 미리 다려 둔다.

주머니 만들어 겉감에 박기

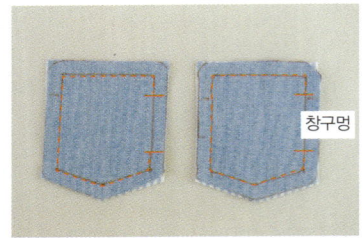

창구멍

❶ 겉이 보이는 주머니 안감 위에 겉감 주머니의 안이 보이도록 올려 고정하고 창구멍을 제외하고 주머니감을 각각 박아줍니다.

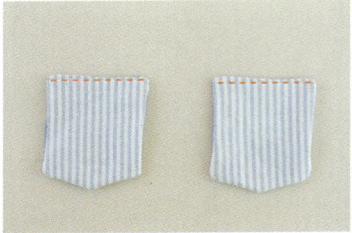

❷ 창구멍을 제외하고 시접을 짧게 잘라낸 후 창구멍을 통해서 주머니감을 뒤집고, 위쪽 라인에만 한 줄로 상침해주세요.

❸ 상침을 한 주머니감 윗부분을 1.5cm 접어 겉감의 주머니 위치에 맞춰 주머니감을 올려 고정합니다.

- 창구멍은 차후 겉감에 주머니를 박을 때 함께 박히기 때문에 창구멍 시접만 안쪽으로 잘 넣어 자리를 잡아놓으면 된다.
- 위쪽 라인 상침 시 주머니감 안쪽에서 겉감이 보이지 않도록 살짝 밀어 넣고, 안감을 보면서 상침한다.

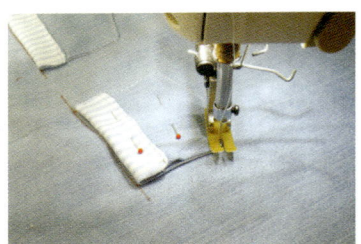

❹ 고정한 주머니감을 '옆선 시작-뾰족한 밑 라인-반대편 옆선' 순으로 박아줍니다.

겉감과 안감 박아 연결하기

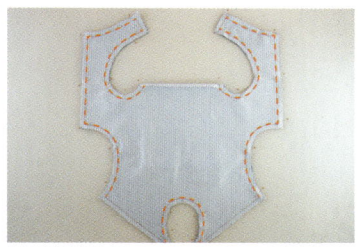
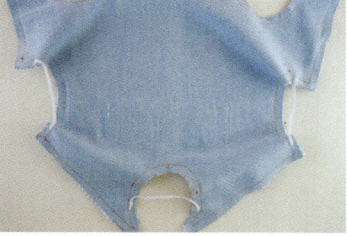
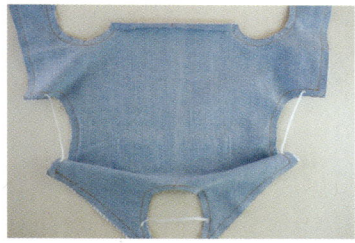

❶ 겉감 겉 위에 안감의 안이 보이도록 겹쳐 핀으로 고정한 후 박음질합니다.

|TIP| 등 위쪽 라인은 시접을 아래로 내려 접은 채로 그대로 고정하고, 진동라인 시접에는 가위집을 넣는다.

❷ 고무줄을 달 부분의 양 끝에 고무줄을 핀으로 고정합니다.

|TIP| 시접 끝에서 2~3cm 정도 안으로 들어와 고무줄을 고정한다. 고무줄은 허리선과 꼬리 구멍 길이의 절반 정도 길이로 준비한다.

❸ 고무줄의 끝을 미싱으로 박아 고정합니다. 여러 번 되돌아 박기해 단단하게 고정합니다.

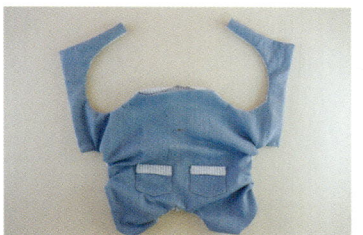

❹ 등 라인으로 손을 넣어 몸판을 완전히 뒤집어주세요.

❺ 고무줄이 허리선과 꼬리 부분 길이보다 짧기 때문에 원단이 쭈글쭈글하게 울어요.

몸판 전체 상침하기

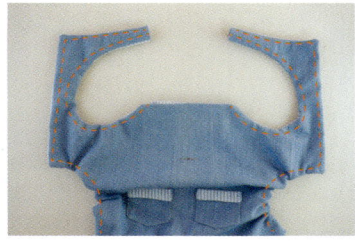

❶ 겉감과 안감을 연결하기 위해 박음질한 곳 전체를 상침합니다.

|TIP| 기본 상침 간격은 0.5cm, 고무줄이 고정되어 있는 부분은 0.8~1cm 간격으로 상침한다.

❷ 허리선과 꼬리 부분은 원단 안쪽 양 끝에 고무줄이 고정되어 있는 상태이므로 한 쪽을 고정하고, 아래쪽을 당겨 원단이 펼쳐지게 하여 상침합니다.

(허리선 아래쪽을 아래로 당겨요. / 한쪽 고정)

❸ 허리선과 꼬리 부분에 고무줄이 갇히면서 쭈글쭈글하게 모양이 잡혔습니다.

멜빵 모양 완성하기

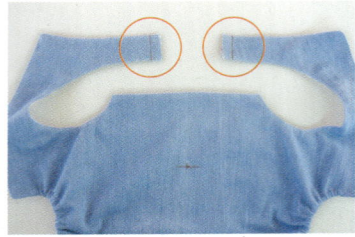
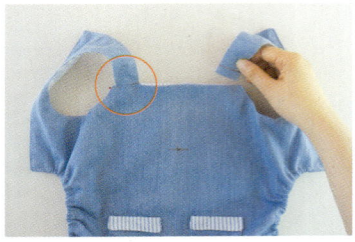
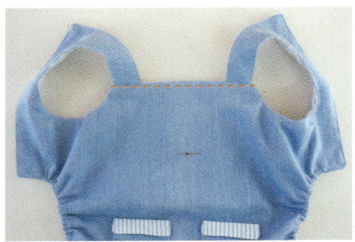

① 배판 어깨 부분에 시접 1cm 선을 표시합니다.

② 어깨 끝을 등 위쪽 라인으로 가져가 표시한 1cm만큼만 끼워 넣고 고정합니다.

③ 어깨끈을 끼운 채로 등 위쪽 라인을 직선으로 상침해요.

바짓단 몸판에 박기

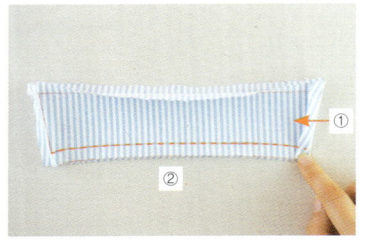
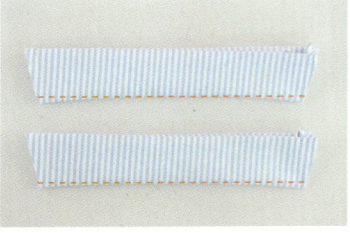
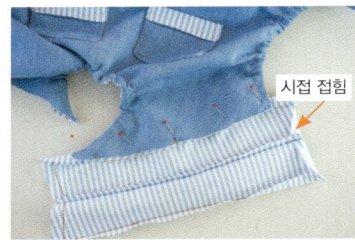

① 바짓단감을 겉과 겉이 만나도록 2장씩 겹치고, 옆선의 한쪽 시접만 안으로 접어 넣은 후, 밑 라인을 박아 바짓단감 2장을 연결합니다.(길이가 긴 쪽이 위쪽)

② 바짓단감을 펼친 후 다시 안과 안이 만나도록 반으로 접어 밑 라인 끝을 상침합니다.

③ 허벅지 라인과 바짓단의 중심을 표시하고, 중심을 맞춰 바짓단의 접은 시접 위로 몸판을 올린 후 몸판의 허벅지 라인 양쪽을 펼쳐 더 촘촘하게 핀 고정합니다.

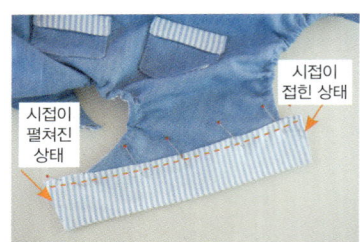
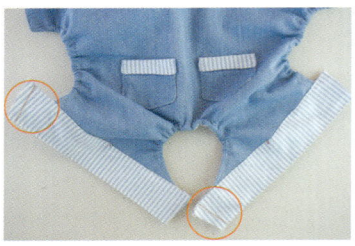

④ 펼쳐진 나머지 한 장의 바짓단을 몸판 쪽으로 올려 허벅지 라인을 덮고 핀으로 모두 고정합니다. 다른 한쪽 바짓단도 같은 방법으로 몸판에 고정합니다.

⑤ 핀 고정한 허벅지 라인을 미싱으로 박고, 시접을 접어 넣지 않은 바짓단의 옆선에 시접 1cm를 펜으로 표시합니다.

⑥ 몸판을 안쪽으로 뒤집어 시접을 접어 넣은 옆선 위치를 확인하세요. 구멍이 생겨 있습니다.

❼ 바짓단의 양쪽 옆선이 모두 겉이 보이게 하여 길이를 맞춰 잡고, 접어 넣은 시접 안으로 시접 1cm를 표시한 옆선(시접을 접지 않은)을 끼워 넣어 고정합니다.

❽ 상침이 되어 있는 한쪽 옆선에 나머지 옆선을 끼워 넣는 것이기 때문에 길이 차이가 납니다. 사진처럼 끝을 잘라내 길이를 최대한 맞춰 끼워 넣어 보세요.

❾ 양쪽 바짓단 모두 끼워 넣고 핀 고정한 후, 미싱으로 박아줍니다.

|TIP| 핀 고정한 바짓단끼리만 박아준다. 몸판이 같이 박히지 않도록 주의한다.

마무리 후 완성하기

❶ 배판에 T단추를 달아주세요.[T단추 다는 법(P.70) 참조]

❷ 미리 표시해둔 와펜 부착 위치에 와펜을 부착하여 완성합니다.

How to make 13

부드러움에 편함을 더한
누빔 원단 면조끼

> 부드러운 촉감 덕분에 편하게 활동이 가능하여 실내복으로 안성맞춤입니다. 바이어스테이프를 감싸 포인트가 되면서도 깔끔한 누빔 원단 조끼를 만들어봐요.

난이도 ★★☆☆

사용 원단 및 부자재(M 사이즈 기준)

원단	다이마루 누빔 원단 50×30cm
부자재	바이어스테이프 200cm
	T단추 4쌍(크기 11.5mm)

실물패턴 번호 007

PART 03 강아지 옷 만들기의 실제_의류

몸판 전체에 바이어스테이프 박기

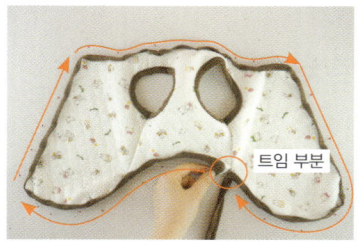
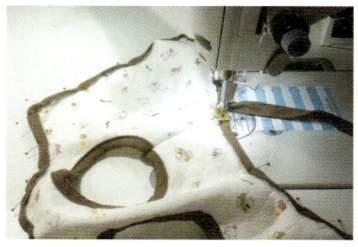
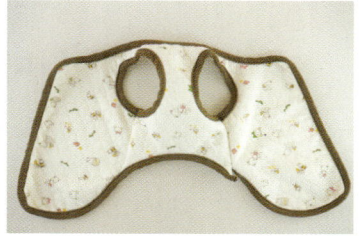

❶ 몸판의 겉이 보이도록 놓고 몸판의 바깥라인 전체를 바이어스테이프로 감싸 핀으로 고정합니다. 살짝씩 당겨 가며 고정해 주세요.

|TIP| 트임을 만들어 놓은 곳에서부터 감싸기를 시작한다.

❷ 고정한 바이어스테이프를 미싱으로 몸판에 박습니다.

|TIP| 트임부터 박기 시작해 트임 부분에서 끝내며, 남은 바이어스테이프는 잘라낸다.

❸ 몸판 전체에 바이어스테이프가 박혔습니다.

 ## 옆선 트임 박기

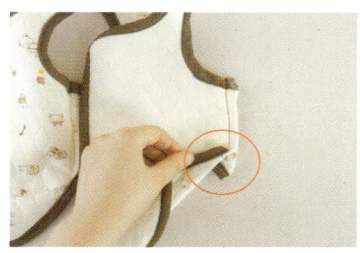
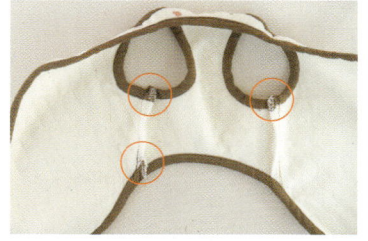

❶ 옆선 트임 부분의 위치를 맞춰 미싱으로 박음질하고 오버로크나 지그재그 박기 해줍니다.

|TIP| 등판과 배판의 바이어스테이프가 자연스럽게 연결되는지 미리 확인한다.

❷ 옆선 트임 부분이 정리되었습니다.

|TIP| 사진에 표시된 곳은 시접이 다소 두꺼운 부분이기 때문에 시접을 배판 쪽으로 보내고 겉을 보고 눌러 박으면 시접이 눌리면서 더 예쁜 모양으로 완성된다.

> 바이어스 랍빠를 사용하면 보다 편리하고 깔끔하게 바이어스감을 박을 수 있다.(P.63 참조)

 ## 단추 달고 완성하기

❶ 봉제가 완료되었습니다.

❷ T단추를 달아 마무리합니다.[T단추 다는 법(P.70) 참조]

원피스와 코디하면 우아함의 극치
털조끼

하나만 걸쳐도 사랑스러움이 묻어나는 옷이에요. 털 원단을 사용하여 부드럽고 따뜻한 옷이 될 거예요.

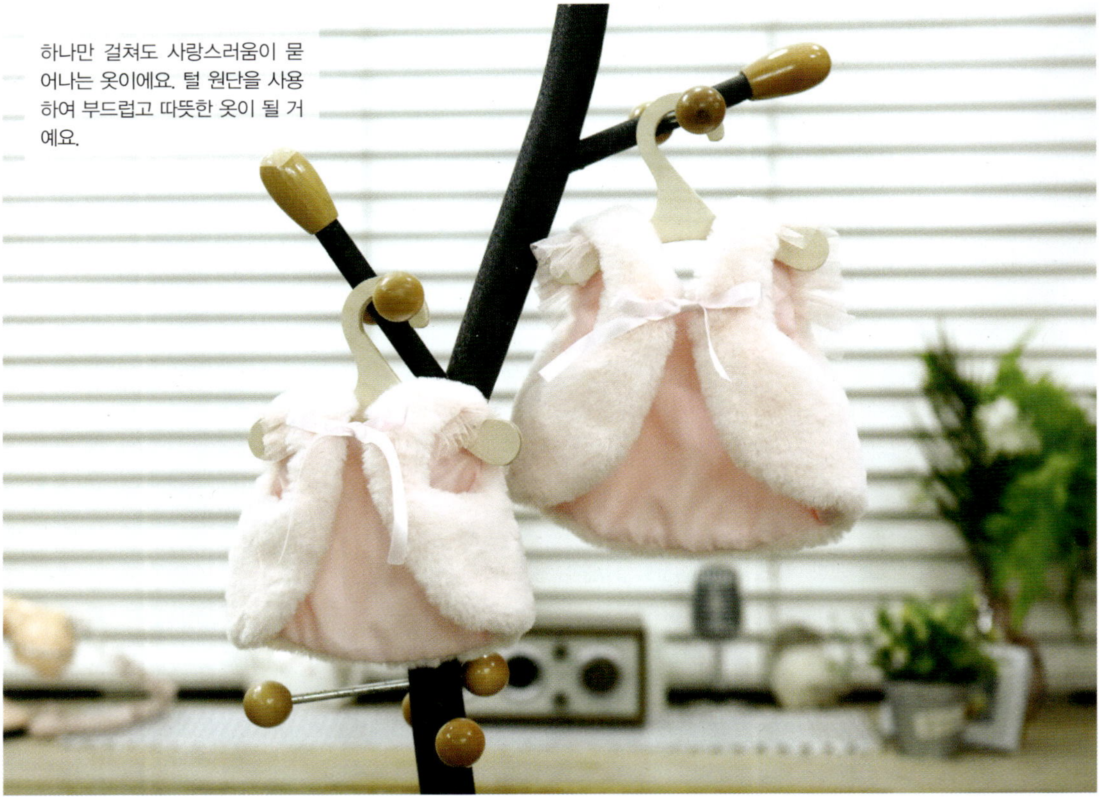

난이도 ★★☆☆

사용 원단 및 부자재(M 사이즈 기준)

원단　(겉감) 털 원단 55×35cm
　　　(안감) 공단 55×35cm
　　　어깨 장식 망사 원단 4×40~50cm
부자재　공단 리본 25cm
실물패턴 번호 008

How to Make

패턴 확인하기

| 겉감 |

전체 시접 1cm

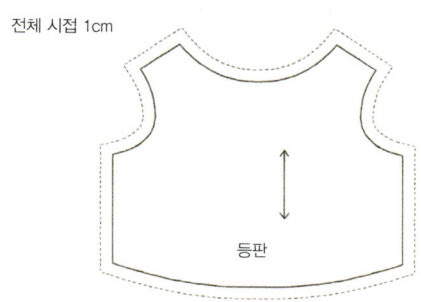

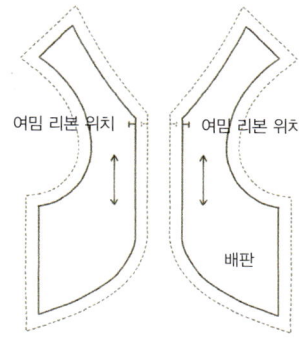

| 안감 |

전체 시접 1cm

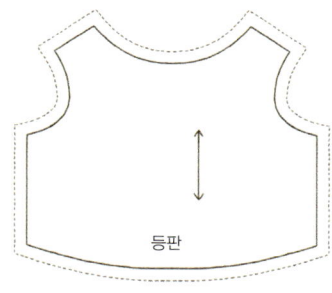

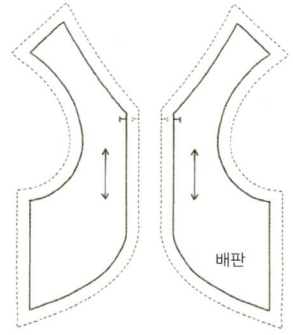

원단 재단하기

원단의 안쪽 면에 패턴을 올려 완성선과 시접선을 그린 후 시접선을 가위로 재단합니다.

미리 체크하세요

자연스럽게 원단이 흘러내리기 위해 털의 방향대로 재단하기

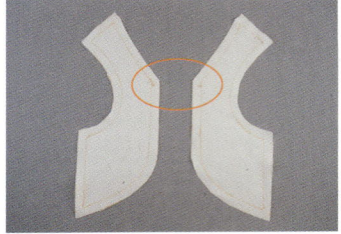

여밈 리본 달리는 위치 미리 표시하기

리본의 올풀림 방지를 위해 리본 끝을 라이터로 열처리하기

어깨 장식 망사 원단 주름 잡기

❶ 주름 노루발로 바꾼 미싱으로 어깨 장식용 망사 원단의 한쪽 끝에 주름을 잡아 주세요.

|TIP| 망사 원단은 끝단의 실이 풀리지 않으므로 시접 정리가 필요 없다.

❷ 망사 원단 2개를 실을 당기거나 풀어 같은 길이로 조절해 준비합니다.[주름 분량 조절 방법(P.179) 참조]

|TIP| 망사 원단 길이는 작은 강아지 5~6cm, 큰 강아지 9~10cm면 적당하다.

겉감과 안감 어깨 박기

❶ 겉감의 등판 겉에 배판의 겉이 닿도록 올려 어깨선을 맞춰 고정한 후 미싱으로 박아주세요.

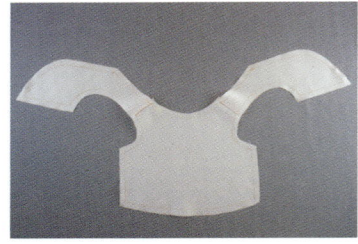

❷ 안감도 같은 방법으로 어깨를 박아줍니다.

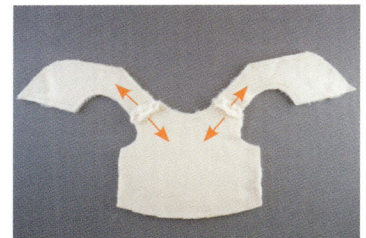

❸ 겉감과 안감의 시접은 모두 가름솔합니다.

|TIP| 털 원단은 부피감 때문에 시접이 두꺼워지므로 반드시 가름솔을 해야 한다.

안감 어깨에 프릴 주름 잡은 망사 원단 고정하기

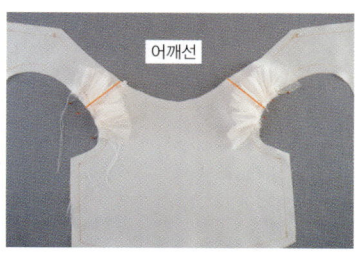
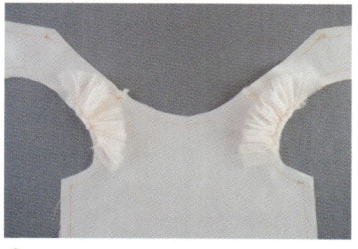

> 보통 겉감에 어깨프릴 장식을 하지만 털조끼는 겉감의 털 원단 부피감 때문에 어깨 장식 프릴을 박기가 불편하므로 안감 겉에 박는다.

① 안감의 겉에 어깨선을 중심으로 진동 라인에 주름을 잡은 망사 원단을 올려 핀으로 고정합니다.

② 미싱의 가장 큰 땀수로 망사 원단이 고정되도록 시접 0.5cm 위치에 임시로 박아주세요.

 ## 겉감과 안감의 배판 중심, 목 라인, 진동 박기

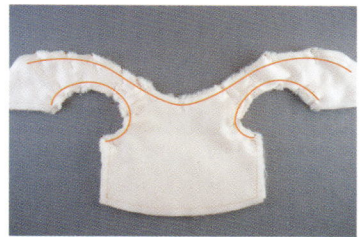
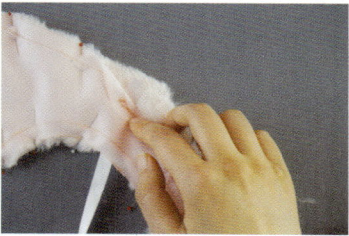

① 겉감의 겉에 안감의 안이 보이도록 올려 완전히 겹쳐지도록 한 후 배판 중심 라인, 목 라인, 진동 라인을 모두 핀으로 고정합니다.

② 여밈 리본 달림 위치에 리본을 가져가 겉감과 안감을 고정해놓은 사이에 리본을 끼워 고정합니다. 반대쪽도 동일하게 고정합니다.

③ 겉감과 안감 사이로 리본을 모두 집어넣고, 핀으로 고정한 배 중심 라인, 목 라인, 진동 라인을 미싱으로 박아주세요.

|TIP| 망사 원단이 박히지 않도록 하고 박음질 후 진동, 목선은 가위집을 낸다.

 ## 몸판 전체 뒤집기

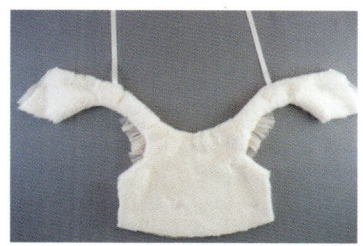

① 등판 아래에서 어깨 방향으로 손을 집어넣고 어깨선으로 손가락을 집어넣은 후 반대쪽 손가락으로 겉에서 안쪽으로 어깨선을 밀어 넣고 안쪽에서 잡아주세요.

② 천천히 몸판 전체를 뒤집어주세요.

③ 반대쪽 어깨도 같은 방법으로 뒤집어줍니다. 등판과 배판 전체가 겉이 보이는 상태가 되었습니다.

옆선 박기

❶ 배판의 안감이 보이도록 등판 쪽으로 가져와 배판 밑단의 안감을 걷어 올리면 배판 겉감의 안쪽이 보입니다.

❷ 등판의 겉감과 배판의 겉감만 잡고 옆선을 핀으로 고정합니다.

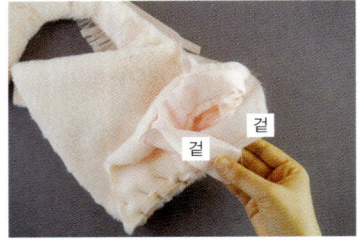
❸ 이번엔 안감의 겉과 겉이 만나도록 옆선을 핀으로 고정합니다.

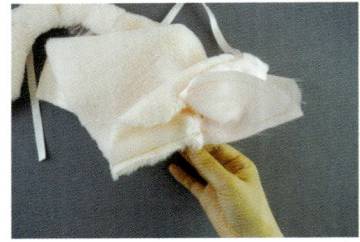
❹ 겉감은 겉감끼리, 안감은 안감끼리 옆선을 핀 고정한 부분을 한 번에 미싱으로 박습니다.

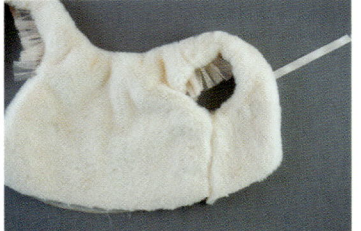
❺ 안감과 겉감을 안과 안이 만나도록 접어 내리면 겉감과 안감의 옆선이 박힌 상태가 됩니다.

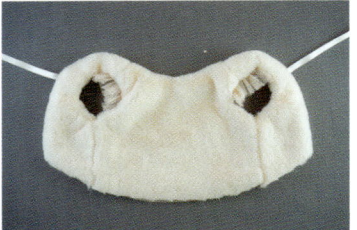
❻ 반대쪽도 같은 방법으로 핀 고정하되, 안감 쪽에는 창구멍을 남겨두고 미싱을 박아주세요. 옆선 양쪽이 연결되었습니다.

 ## 겉감과 안감 밑단 박고 창구멍으로 뒤집기

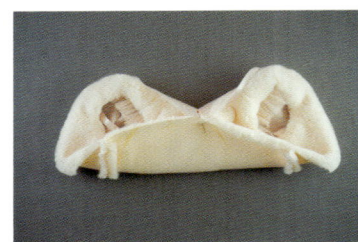
❶ 겉감과 안감 모두 겉이 보이도록 펼치고 밑단 중심을 잡은 후 가운데로 모아 핀으로 고정합니다.

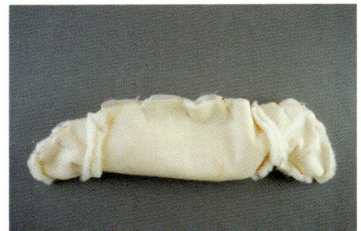
❷ 양쪽 옆선, 양쪽 배판의 밑단도 겉감과 안감의 위치를 맞춰 핀으로 고정합니다.

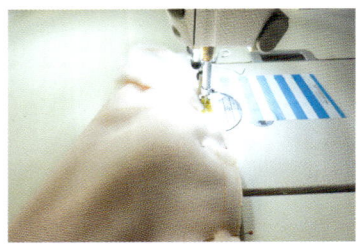
❸ 핀으로 고정한 배판 밑단과 등판 밑단을 미싱으로 박아주세요.

|TIP| 배판은 어깨로 몸판을 뒤집기 위해 배판 중심 아래쪽까지 이미 박음질이 되어 있는 상태이므로 박음질이 끝난 곳을 시작으로 밑단 라인을 미싱으로 박아 완전히 막아준다.

밑단 핀을 빼 보면 털조끼의 겉감이 보인다. 겉감과 안감 밑단이 겉과 겉끼리 만나면서 목 라인, 어깨선, 어깨장식 프릴 등이 모두 같힌 상태가 된다.

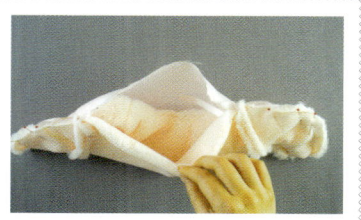

❹ 곡선 부분은 가위집을 내고, 밑단 라인은 0.5cm로 시접을 짧게 잘라냅니다.

❺ 안감 옆선의 창구멍 위치를 확인하고 창구멍으로 몸판 전체를 뒤집어줍니다.

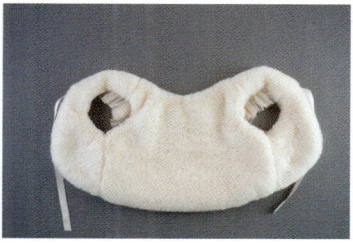

❻ 겉감과 안감 모두 겉이 보이는 상태가 되었습니다.

옆선 안감 공그르기 및 완성

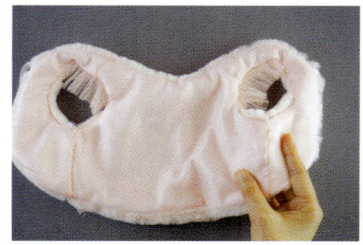

❶ 옆선 안감의 창구멍 위치를 확인하고 손바느질로 공그르기 합니다.[공그르기 (P.53) 참조]

❷ 예쁘게 리본을 매 주면 완성입니다.

How to make 15

겨울 옷의 대표주자!
레드체크 청 패딩 점퍼

이너웨어로 티셔츠나 올인원을 입고 패딩 점퍼를 입으면 추운 겨울에도 문제없어요.

난이도 ★★★☆

사용 원단 및 부자재(M 사이즈 기준)

원단	(겉감) 레드체크 모직 원단 25×13cm	부자재	4온스 솜 55×35cm
	청 원단 53×30cm		T단추 4쌍(크기 11.5mm)
	(안감) 털 원단 55×35cm	실물패턴 번호	009

PART 03 강아지 옷 만들기의 실제_의류

How to Make

 패턴 확인하기

| 겉감 |

전체 시접 1cm

등판 위
등판 아래
칼라 달림 끝   칼라 달림 끝
배판
칼라

| 안감 |

전체 시접 1cm

등판
배판
칼라

 원단 재단하기

원단의 안쪽 면에 패턴을 올려 완성선과 시접선을 그린 후 시접선을 가위로 재단합니다.

> 아래 사진처럼 솜을 따로 재단하면 겉감의 원단을 원하는 것으로 선택할 수 있고, 겉감 등판의 위, 아래 원단을 다르게 사용하여 디자인성을 높일 수 있다. 참고로 솜의 두께에 따라 옷의 여유분이 달라진다.

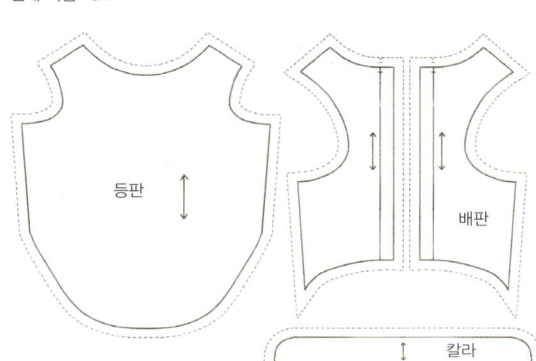

〈겉감〉 등판 위 / 등판 아래 / 배판 / 칼라 / T단추

〈안감〉 등판 / 배판 / 칼라

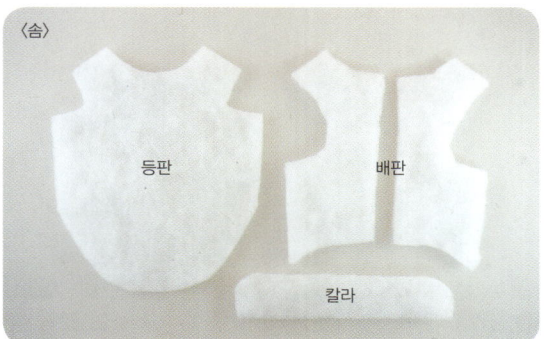

〈솜〉 등판 / 배판 / 칼라

미리 체크하세요

솜을 따로 재단하지 않고 솜이 누벼져 있는 누빔 원단이나 본딩 원단(원단에 솜이 붙여져 있는)을 사용하면 간편하게 만들 수 있다.

겉감 등판은 위, 아래 패턴을 분리해 재단하고, 안감과 솜은 패턴의 등판 위, 아래를 붙여 한 번에 재단한다.

배판의 안쪽과 바깥쪽에 칼라 달림 끝을 표시한다.

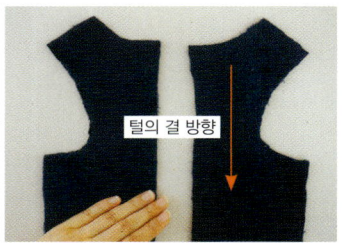

안감 털 원단의 결 방향은 위에서 아래로 흐르게 한다.

겉감에 솜 고정하기

① 등판 위 조각을 위로 걷어 올려 아래 조각에 닿도록 하고 등판 위, 아래 조각의 절개선을 핀으로 고정합니다.

② 미싱으로 절개선을 박아 연결하고, 시접을 등판 위 조각 쪽으로 향하게 하여 상침합니다.

③ 겉감 원단 모양에 맞춰 솜을 원단 밑에 넣고, 시접에 가장 큰 땀수로 임시 박음질을 합니다.

|TIP| 솜 고정 박음질 시 '왼쪽→오른쪽' 혹은 '오른쪽→왼쪽'처럼 한쪽 방향으로 박는다.

겉감과 안감 어깨 연결하기

① 등판 겉에 배판 안쪽이 보이도록 올려 양쪽 어깨를 맞춘 후 집게로 고정하고 시접 1cm 간격으로 박아주세요.

② 겉감 등판과 배판의 어깨가 연결되었습니다.

|TIP| 안쪽의 박힌 시접은 가름솔한다.

③ 안감의 등판 겉에 배판 안쪽이 보이도록 올려 어깨를 맞춘 후 어깨선을 박아 연결합니다.

|TIP| 어깨 연결 시접은 가름솔한다.

겉감과 안감에 칼라 박기

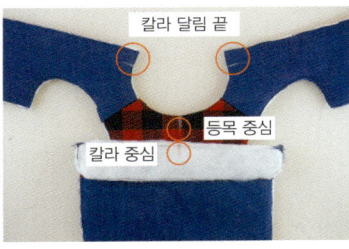
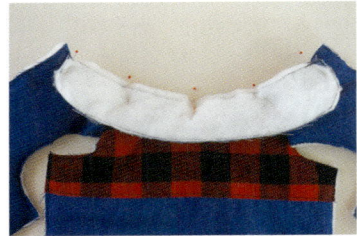

❶ 겉감의 겉이 보이도록 놓고, 그 위에 칼라감의 안이 보이도록 올린 후 등목 중심과 칼라의 중심을 맞춰 핀으로 고정합니다.

❷ 배판의 양쪽에 표시된 '칼라 달림 끝'에서 1cm 더 나가 칼라를 고정합니다. 핀으로 목 라인에도 칼라를 고정합니다.

|TIP| 칼라에도 시접 1cm가 있기 때문에 1cm 더 나가 고정을 해야 '칼라 달림 끝' 위치에 칼라의 끝이 온다.

❸ 칼라감을 미싱으로 박아 목 라인에 연결합니다.

|TIP| 칼라는 완성선을 박는다.

❹ 안감 털 원단도 겉감과 같은 방법으로 목 라인에 칼라를 고정합니다.

❺ 미싱으로 박아 칼라를 안감 목 라인에 연결합니다.

 ## 겉감과 안감의 진동라인, 배 중심, 칼라 박기

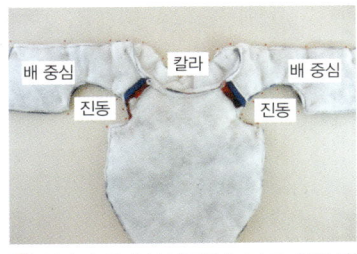

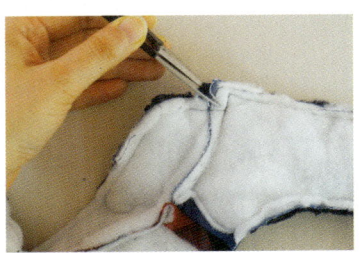

❶ 안감의 겉이 보이도록 놓고 그 위에 겉감의 안이 보이도록 올려 완전히 겹친 후 핀으로 고정합니다.

|TIP| 겉감과 안감의 칼라도 겉과 겉이 닿도록 하여 핀으로 고정한다.

❷ 핀으로 고정한 배 중심(양쪽), 칼라, 진동라인(양쪽)을 미싱으로 박아주세요.

❸ 시접을 짧게 잘라 정리하고 곡선 부분은 가위집을 내주세요. 칼라에서 배 중심으로 꺾이는 부위는 대각선으로 가위집을 내주세요.

배 중심에서 칼라로 넘어가는 봉제라인을 확인한다.

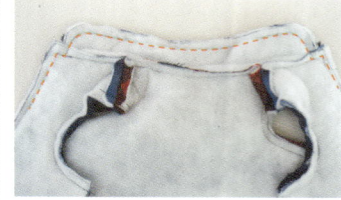

겉감과 안감 뒤집고 옆선 박기

① 밑단 쪽으로 손을 넣어 어깨선을 통과해 배 중심 부위까지 손을 집어넣은 후 오른손으로 원단을 밀고, 왼손으로 원단을 잡아당겨 양쪽 배판 전체가 완전히 나오도록 전체를 뒤집어주세요.

② 등판과 배판이 모두 겉이 보이도록 펼친 후 배판의 안감을 걷어 배판 겉감의 안이 보이도록 합니다.

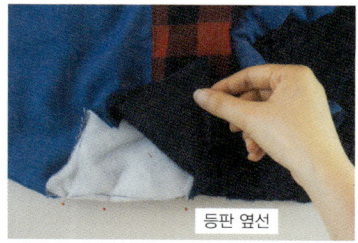

③ 배판을 등판의 옆선 쪽으로 가져가 겉감과 안감이 이어진 부분(겨드랑이점)을 맞춰 핀으로 고정합니다.

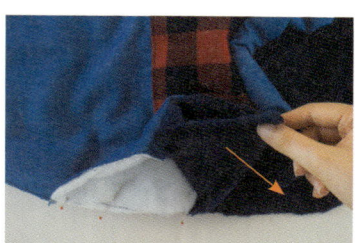

④ 배판의 안감을 손으로 잡고 등판의 안감 쪽으로 당겨 옆선에 맞춰 핀으로 고정합니다.

⑤ 핀으로 고정한 겉감과 안감의 옆선을 한 번에 미싱으로 박아주세요.

⑥ 반대쪽 옆선도 같은 방법으로 핀으로 고정하고 미싱으로 박아줍니다. 이때, 안감은 창구멍을 남기고 박아주세요.

겉감과 안감의 배판과 등판 밑단 박기

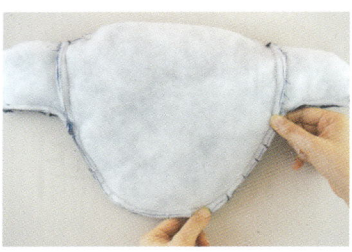

❶ 겉감과 안감의 겉과 겉이 닿도록 하고 밑단 중심과 양옆의 배판을 빼내 모양을 잡고, 중심을 비롯하여 밑단 전체를 핀으로 고정합니다.

❷ 핀 고정한 밑단 라인 전체를 미싱으로 박아줍니다. 곡선 라인은 쪽가위로 가위집을 내주세요.

❸ 안감 옆선 쪽에 남겨둔 창구멍 위치를 확인하고, 창구멍을 통해 원단 전체를 뒤집어줍니다.

마무리하여 완성하기

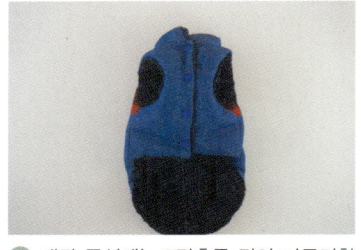

❶ 안감 옆선의 창구멍은 공그르기 합니다.[공그르기(P.53) 참조]

❷ 배판 중심에는 T단추를 달아 마무리합니다.[T단추 다는 법(P.70) 참조]

❸ 완성!

How to make 16

스타일리시한 핏, 스포티한 느낌
야구 점퍼

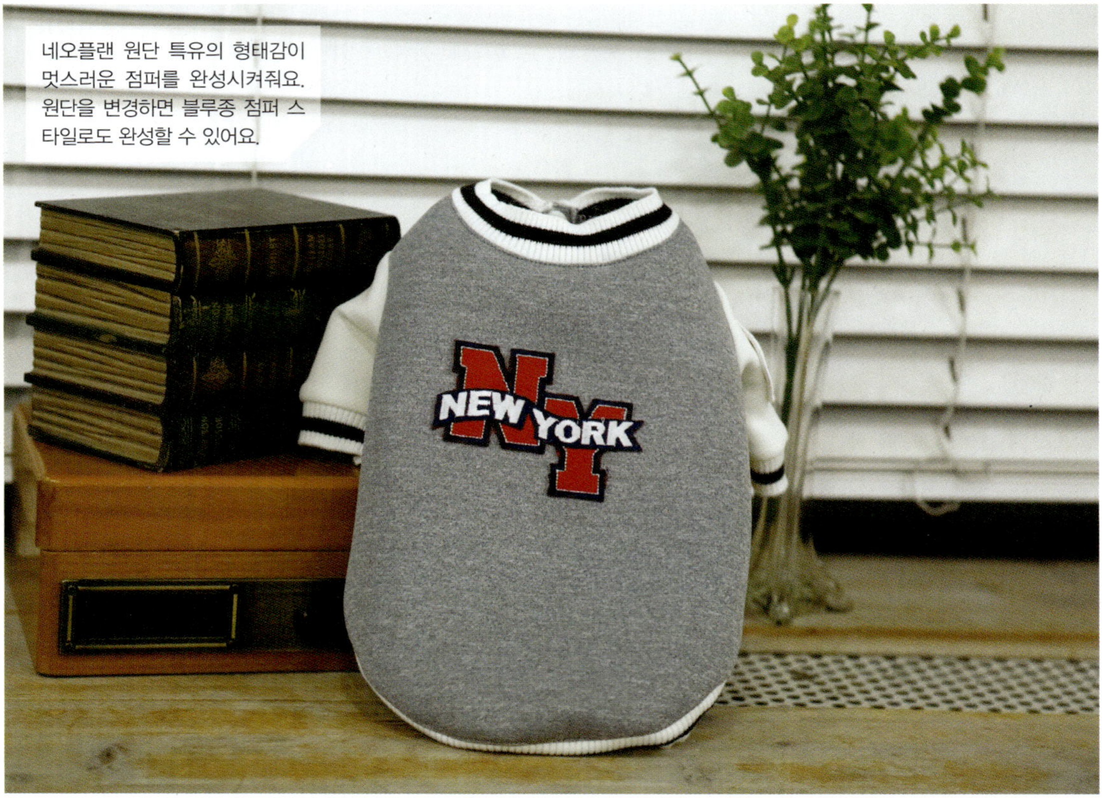

네오플랜 원단 특유의 형태감이 멋스러운 점퍼를 완성시켜줘요. 원단을 변경하면 블루종 점퍼 스타일로도 완성할 수 있어요.

난이도 ★★☆☆

사용 원단 및 부자재(M 사이즈 기준)

원단	(몸판) 네오플랜 55×30cm	T단추 4쌍(크기 11.5mm)
	(소매) 네오플랜 55×14cm	와펜
부자재	점퍼 시보리 100cm	실물패턴 번호 011

How to Make

 패턴 확인하기

| 몸판 |

'배 중심' 제외 전체 시접 1cm

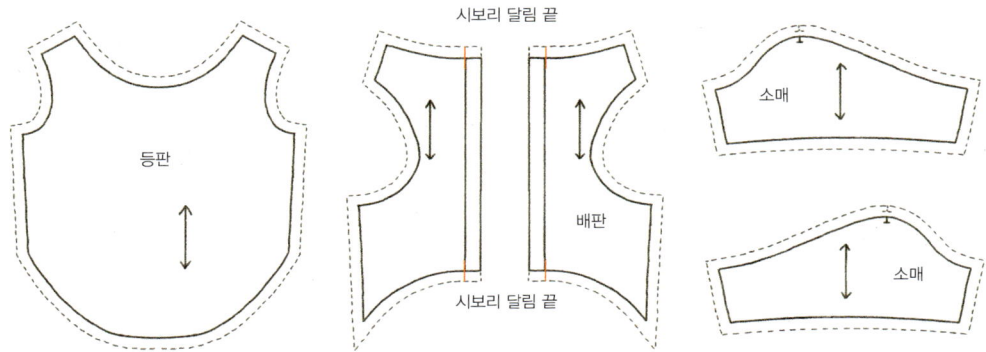

 원단 재단하기

원단의 안쪽 면에 패턴을 올려 완성선과 시접선을 그린 후 시접선을 따라 가위로 재단합니다.

- 점퍼 시보리의 폭은 4~10cm 이상까지 다양하다. 폭이 큰 시보리는 폭을 좁게 잘라 한 겹으로 사용하거나 반으로 접어 두 겹을 몸판과 박음질해 사용해도 된다.
- 이 책에서는 한 겹의 시보리를 사용하여 패턴 없이 바로 재단하고 박음질하는 방법으로 설명하였다. 두 겹의 시보리를 사용하고자 하는 사람들을 위해 부록에 실물패턴이 첨부되어 있으니 확인하면 된다.
- 야구 점퍼 느낌을 내기 위해 줄무늬가 있는 점퍼 시보리를 사용하였다. 일반 시보리를 사용해도 무방하다.

미리 체크하세요

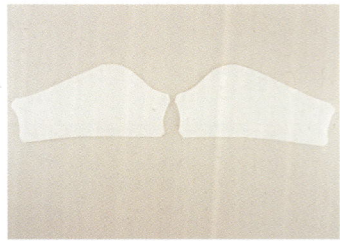

소매는 방향이 반대인 2장을 재단한다.

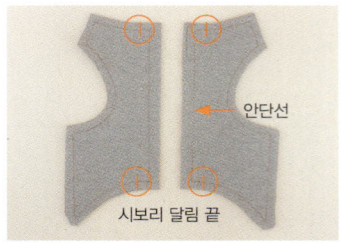

배판은 방향이 반대인 2장을 재단하고, 시보리 달림 끝과 안단선을 표시한다.

|TIP| 배판의 중심에는 시접이 없다.

등판, 배판 어깨 박고, 소매 밑단 시보리 연결하기

❶ 등판과 배판의 어깨를 오버록이나 지그재그 박기로 시접을 정리하고, 등판의 겉과 배판의 겉이 닿도록 올리고 어깨선을 맞춰 핀으로 고정한 후 박음질합니다.

❷ 시접은 가름솔합니다. 네오플랜 원단은 두께가 있기 때문에 시접이 한 방향으로 향하면 두꺼워집니다.

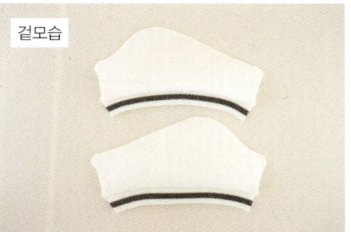

❸ 소매 겉쪽 밑단에 시보리감 겉이 닿도록 고정한 후 미싱으로 박음질하고 오버록이나 지그재그 박기로 시접을 정리합니다.

|TIP| 시보리 길이는 소매 밑단 길이의 3/4 정도의 길이로 잘라 당겨 가며 소매 밑단에 박는다.

몸판에 소매 박기

❶ 몸판의 안쪽에 소매의 안이 보이도록 넣어주세요. 소매 중심과 어깨선을 살짝 뒤집듯이 들어올려 소매와 몸판의 겉과 겉이 마주닿도록 고정합니다.

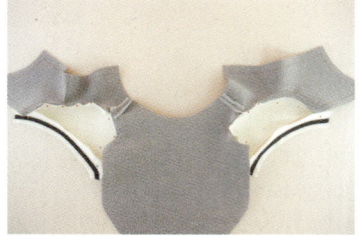

❷ 등판과 배판의 겉과 소매의 겉이 마주 닿도록 진동 전체를 핀으로 고정합니다.

❸ 핀으로 고정한 양쪽 진동라인을 미싱으로 박음질하고, 오버록이나 지그재그 박기로 시접을 정리합니다.

몸판과 소매 옆선 박기

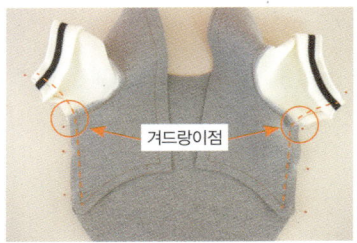

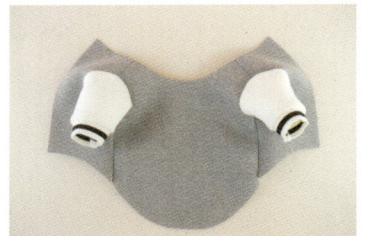

① 배판의 안이 보이도록 등판 쪽으로 젖혀 소매의 옆선과 겨드랑이점, 몸판의 옆선을 맞춰 핀으로 고정합니다.

② 미싱으로 소매 옆선과 몸판 옆선을 한 번에 박음질하고, 오버록이나 지그재그 박기로 시접을 정리합니다.

③ 점퍼의 기본 형태가 완성되었습니다.

 ## 목 라인, 밑단 시보리 달기

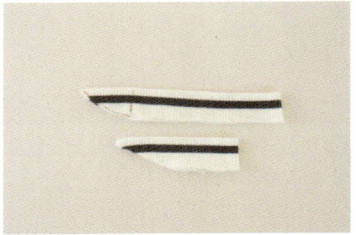
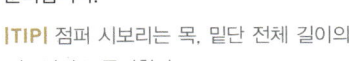
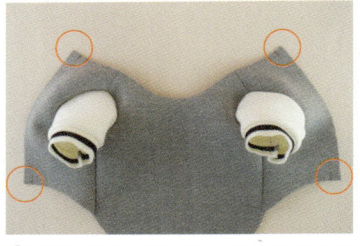

① 점퍼 시보리를 세로로 반으로 접고, 끝에서 5cm를 표시한 후 사진과 같이 곡선을 그려 라인을 따라 가위로 잘라줍니다.

② 목 라인과 밑단도 같은 방법으로 잘라 준비합니다.

|TIP| 점퍼 시보리는 목, 밑단 전체 길이의 3/4 길이로 준비한다.

③ 배판 겉이 보이도록 놓고 미리 표시해 둔 '시보리 달림 끝' 위치를 확인합니다.

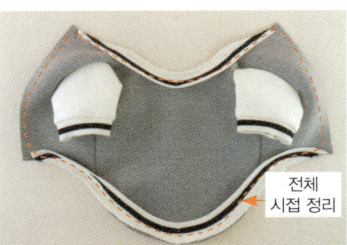

④ '시보리 달림 끝' 위치에서 1cm 바깥쪽으로 목, 밑단 시보리를 핀으로 고정합니다.

|TIP| 몸판의 옆선 시접은 배판 쪽으로 보낸다.

⑤ 목 라인과 밑단 라인에 고정된 시보리를 미싱으로 박음질합니다. 오버록이나 지그재그 박기로 몸판의 외곽 라인 전체를 시접 정리합니다.

|TIP| 네오플랜 원단은 올이 풀리지 않지만 깔끔한 봉제를 위해 시접을 정리한다.

배 중심 안단 정리하기

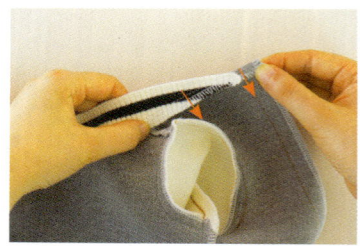  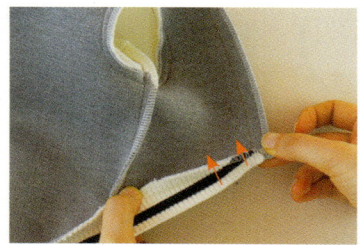

❶ 몸판 안쪽의 목 라인 끝이 보이도록 놓고 목 라인의 시접을 아래로 내려주세요.

|TIP| 배 중심 시접도 아래로 접어 내린다.

❷ 안단선을 기준으로 배 중심의 안단을 안쪽으로 접어 넣고 핀으로 고정합니다.

❸ 밑단 쪽 시접과 배 중심 밑단 시접도 위로 접어 올려 핀으로 고정합니다.

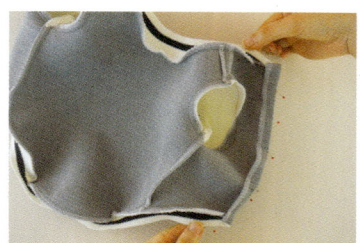  

❹ 안으로 접힌 배 중심의 안단을 안으로 접어 넣고 핀으로 고정합니다.

❺ 미싱으로 접어 넣은 배 중심 안단을 겉을 보고 눌러 박습니다.

❻ 반대쪽도 동일하게 배 중심 안단을 정리합니다.

 ## 목 라인, 밑단 라인 상침하고 완성하기

❶ 시접을 눌러 상침하면 옷이 예쁘게 자리 잡아요. 시접은 몸판 쪽으로 보내고 시접을 눌러 박아주세요.

❷ 등판 중심에 와펜을 달아 야구점퍼 느낌을 내줍니다. 소매에도 와펜을 달아주면 예뻐요.[와펜 다는 법(P.189) 참조]

❸ 배판 중심에 T단추를 달아 완성합니다.[T단추 다는 법(P.70) 참조]

야구 점퍼의 변형

야구 점퍼 패턴으로 원단을 변경해서 만든 블루종 점퍼! 원단을 변경하면 같은 패턴이라도 다른 느낌의 옷이 된다.

KNOW HOW

하나만 툭 걸쳐도 외출준비 끝!
야상

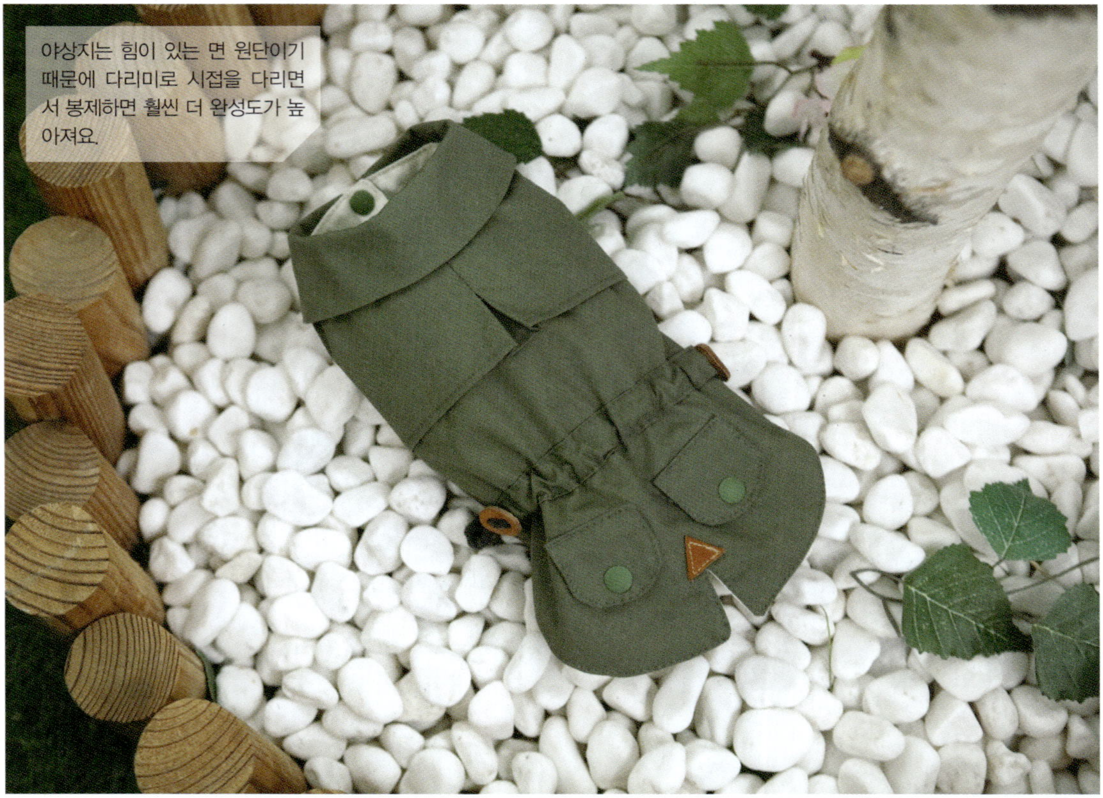

야상지는 힘이 있는 면 원단이기 때문에 다리미로 시접을 다리면서 봉제하면 훨씬 더 완성도가 높아져요.

▶ 동영상 난이도 ★★★★

사용 원단 및 부자재(M 사이즈 기준)

원단   (겉감) 야상지 60×62cm   허리끈 30cm, 가죽 스토퍼 2개
         (안감) 면 원단 60×42cm   삼각형 슬릿 장식

부자재 T단추 4쌍, 등판 장식단추 2개(크기 11.5mm)   실물패턴 번호 012

How to Make

패턴 확인하기

| 겉감 |

전체 시접 1cm

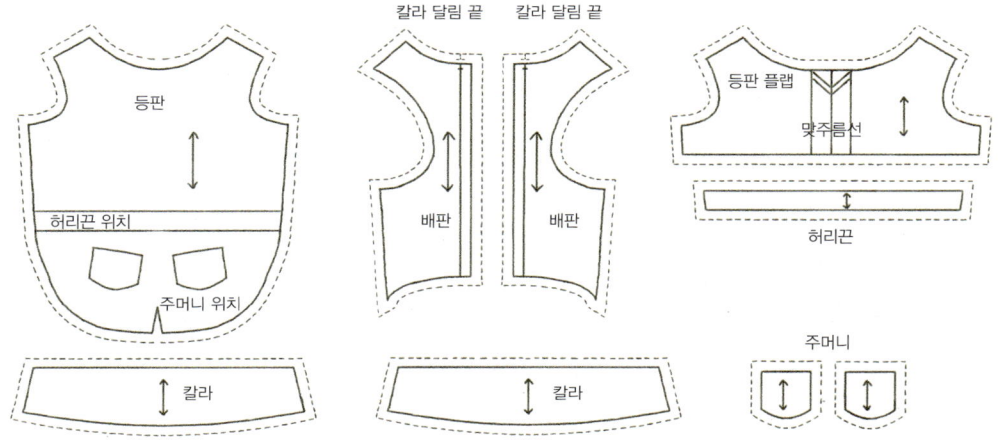

| 안감 |

전체 시접 1cm

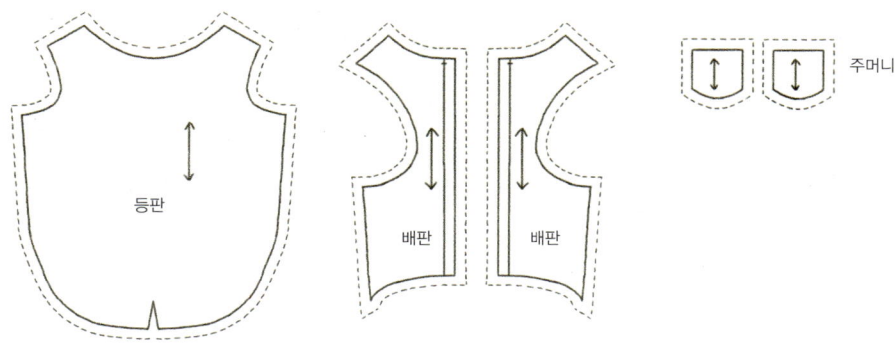

원단 재단하기

원단의 안쪽 면에 패턴을 올려 완성선과 시접선을 그린 후 시접선을 가위로 재단합니다.

미리 체크하세요

등판 허리끈 위치, 주머니 달림 위치 표시

배판 칼라 달림 끝 표시

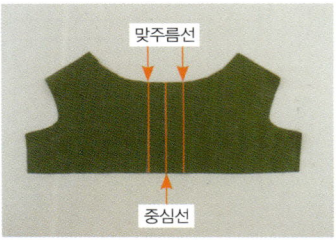

등판 플랩 중심선, 맞주름선 표시

등판 플랩 밑단 접어 박기

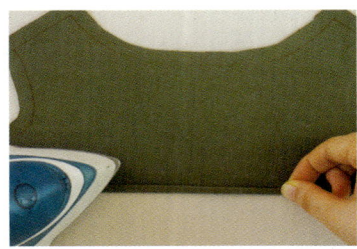

❶ 등판 플랩감을 안이 보이게 놓고 밑단 시접을 0.5cm 접어 올려 다리미로 눌러줍니다. 접힌 시접을 한 번 더 0.5cm 접어 올려 다리미로 눌러주세요.

❷ 시접이 두 번 접힌 상태입니다. 이렇게 시접을 정리하는 것을 '두 번 접어 박기'라고 합니다.

❸ 두 번 접어 박기한 시접을 눌러 박기 합니다. 겉을 보고 눌러 박아야 더 예쁘게 박힙니다.

등판 플랩 장식 맞주름 잡기

❶ 등판 플랩감을 옆으로 놓고 한쪽 맞주름선을 양쪽으로 잡아 중심선에 붙이듯이 놓은 후 고정해주세요.

❷ 나머지 맞주름선도 중심선에 붙이듯이 놓고 고정합니다.

❸ 맞주름 분량을 다리미로 다려 고정시켜줍니다.

맞주름 분량 박음질하고 등판 플랩 임시 고정하기

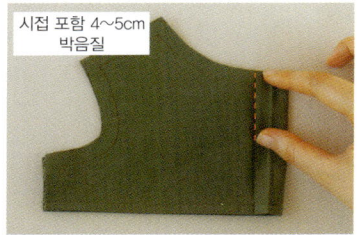

❶ 등판 플랩감의 주름 분량을 펼치고 겉과 겉이 만나도록 반으로 접고, 사진에 표시된 부분만큼 박음질합니다.

❷ 플랩감을 펼치면 박음질한 부분은 주름이 사라지고 박지 않은 부분은 살짝 벌어지면서 맞주름 분량이 보입니다.

❸ 등판 겉감의 겉에 등판 플랩감의 겉이 보이게 올린 후 등판 어깨와 진동 위치에 맞춰 플랩감을 고정하고 가장 큰 땀수로 시접 0.5cm 안쪽에 박음질하여 임시 고정합니다.

주머니 만들어 달기

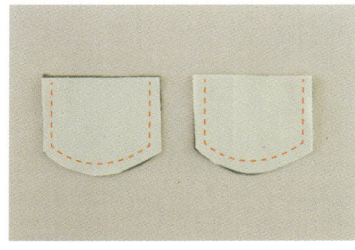

❶ 겉감의 겉에 안감의 겉이 완전히 겹치도록 놓고 위쪽 라인을 제외한 옆선과 밑단을 박음질합니다.

|TIP| 시접은 짧게 잘라 정리한다.

❷ 주머니감을 겉이 보이도록 뒤집고 위쪽 라인을 제외하고 주머니 라인을 따라 상침합니다.

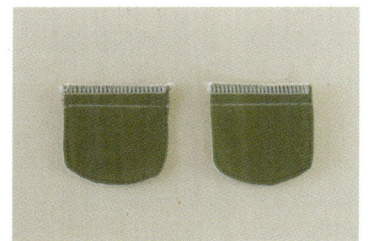

❸ 위쪽 라인 시접에 오버록이나 지그재그 박기 하고 1cm 아래에 선을 표시합니다.

❹ 주머니감을 표시한 1cm만큼 안으로 접고 등판 겉감의 겉에 주머니 달림 위치를 확인한 후 주머니감을 올려 핀으로 고정합니다.

❺ 미싱으로 주머니감의 위쪽 라인을 눌러 박아줍니다.

❻ 장식단추를 달아 줍니다.

|TIP| 주머니감의 위쪽 라인만 눌러 박았기 때문에 주머니감이 위로 뜬다. 이 부분을 잡아주기 위해 단추를 달아주었다.

겉감과 안감 어깨 박기

❶ 등판 겉에 배판의 안쪽이 보이도록 올리고 어깨를 맞춰 핀으로 고정합니다.

❷ 미싱으로 어깨를 박음질합니다.

❸ 동일한 방법으로 안감도 어깨를 맞춰 고정한 후 박음질합니다.

|TIP| 시접은 모두 가름솔한다.

칼라 만들어 목 라인에 고정하기

  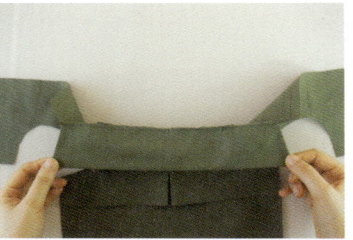

❶ 칼라감 2장을 겉과 겉이 닿도록 하고 핀으로 고정한 후 목 라인을 제외하고 박음질합니다. 칼라를 뒤집어 모양을 잡고, 다리미로 칼라를 다려주세요.

|TIP| 박은 시접은 짧게 잘라 정리한다.

❷ 칼라에 중심을 표시하고 등 중심에 칼라 중심을 맞춰 핀으로 고정한 후 배판의 '칼라 달림 끝' 위치에 맞춰 칼라 양 끝을 고정합니다.

❸ 미싱의 가장 큰 땀수로 시접선에 칼라를 임시 박음질합니다.

겉감과 안감 박아 연결하기

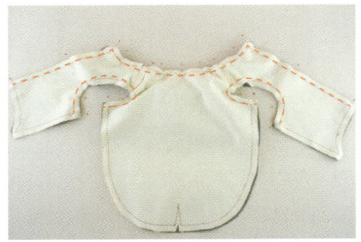
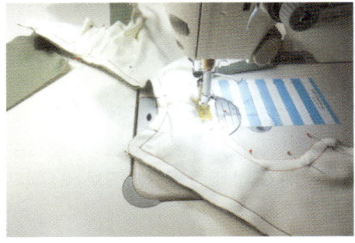

❶ 겉감의 겉에 안감의 안이 보이도록 올려 완전히 겹치고 배판 중심 양쪽, 목 라인, 진동라인을 핀으로 고정합니다.

❷ 박음질 선 위치를 확인하고 미싱으로 박아주세요.

|TIP| 진동선을 박을 때 칼라가 박히지 않도록 주의한다.

❸ 박은 라인의 곡선 부분(목 라인, 진동라인)은 모두 가위집을 내줍니다.

 ## 겉감과 안감 뒤집기

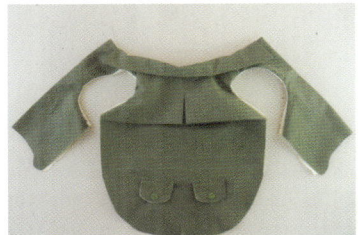

❶ 몸판 밑단에 손을 집어 넣고 어깨 쪽으로 손을 가져가 박음질되어 있는 칼라를 당겨 빼냅니다.

❷ 빠져나온 칼라 옆의 어깨선 구멍으로 배판 전체를 조금씩 당겨 전체를 꺼내주세요.

❸ 반대쪽도 칼라와 배판을 빼내 주면 몸판 전체가 뒤집어져 겉감과 안감이 모두 겉이 보이게 됩니다.

 ## 겉감과 안감 옆선 박기

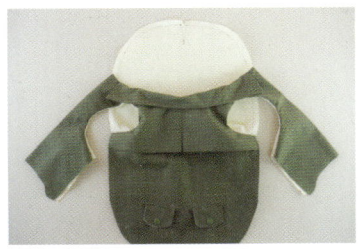
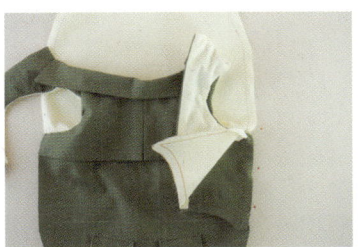

❶ 겉감과 안감의 등판이 모두 겉이 보이도록 펼쳐주세요.

|TIP| 야상지는 힘이 있는 면 원단이기 때문에 봉제하고 뒤집는 과정에서 주름이 생기므로 마무리 과정에서 다림질한다.

❷ 배판의 안감이 보이도록 젖혀 등판 위에 올린 후 다시 안감을 젖히면 겉감의 안쪽면이 보여요. 배판 겉감을 등판 겉감의 옆선 쪽으로 가져가 핀으로 고정합니다.

❸ 배판 안감을 펼쳐져 있는 등판 안감 쪽으로 가져가, 등판과 배판의 안감 옆선을 맞춰 핀으로 고정하세요.

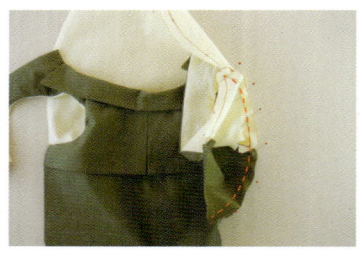 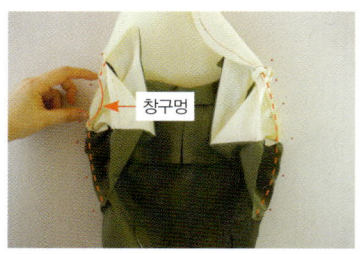 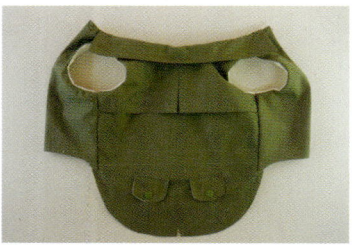

④ 안감 옆선과 겉감 옆선이 일직선으로 연결되어 핀 고정되었습니다.

|TIP| 겉감과 안감의 연결 부위 시접은 겉감 쪽으로 내린다.

⑤ 반대편 옆선도 같은 방법으로 고정하고 라인을 따라 박음질합니다. 이때 한쪽 안감의 옆선은 창구멍을 내 주어야 해요.

⑥ 안감 원단을 아래로 내리고 정리하면 겉감과 안감이 모두 옆선이 박힌 상태가 됩니다.

겉감과 안감 밑단 박기, 뒤집기

  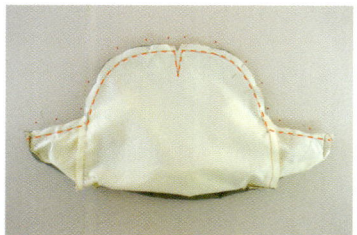

① 겉감과 안감의 등판이 모두 겉이 보이도록 펼치고, 밑단의 중심을 양 손으로 잡아주세요.

② 겉감과 안감의 중심이 만나도록 붙여주고, 핀으로 고정합니다.

③ 밑단 중심을 기준으로 양쪽 배판의 밑단을 모두 꺼내 겉감과 안감의 겉과 겉이 닿도록 하고 핀으로 고정합니다.

|TIP| 핀 고정한 밑단 중심 안쪽에 배판, 어깨가 도두 들어 있는 상태다.

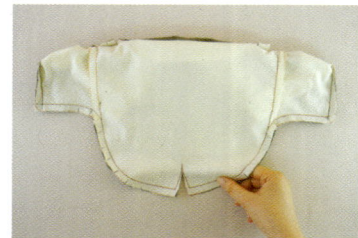 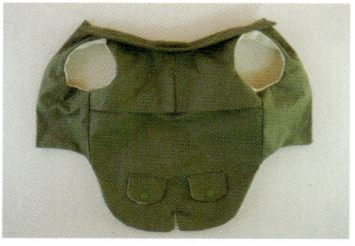

④ 미싱으로 핀 고정한 밑단선을 박음질 합니다. 등판 밑단의 슬릿(뾰족하게 들어간 부분)도 완성선을 따라 박음질합니다.

|TIP| 곡선 라인과 등판 슬릿 부분은 완성선 거의 끝까지 가위집을 낸다.

⑤ 안감 옆선에 만들어둔 창구멍 위치를 확인하고 창구멍을 통해서 몸판 전체를 꺼내 뒤집어줍니다.

몸판 전체 상침하기

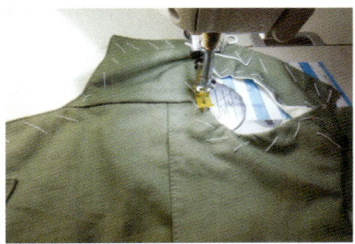

① 몸판 전체를 미싱으로 상침합니다. 상침 간격은 0.2~0.3cm로 좁게 해주세요. 안감이 보이지 않도록 살짝 밀어 넣어 박음질하는 것이 중요합니다.

|TIP| 상침할 부위에 시침질을 하면 완성도 있게 상침할 수 있다. 시침질을 하면 원단에 구멍이 생기지만 다리미의 스팀을 쐬어주거나, 세탁을 하면 원단이 제자리를 잡는다.

② 몸판 전체에 상침이 완료되었습니다.

등판에 허리끈감 박기

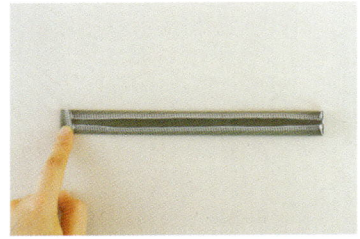

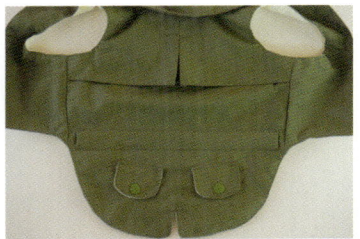

① 허리끈감의 시접 전체를 오버록이나 지그재그 박기 해 시접을 정리하고 다리미로 모든 시접을 접어 다립니다.

② 등판에 표시해둔 허리끈 달림 위치에 허리끈감을 올려 위치를 맞춰 고정하고 위, 아래를 박음질합니다. 안감도 같이 박습니다.

|TIP| 허리끈감의 양옆은 트여 있다.

장식하고 완성하기

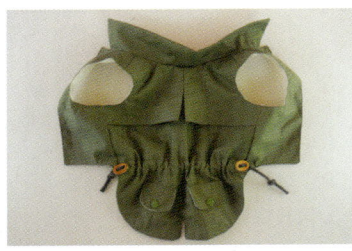
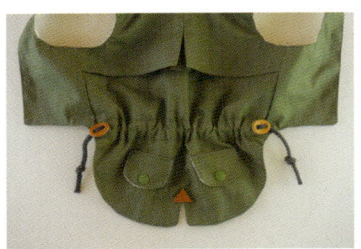

① 트여 있는 허리끈감 안에 허리끈을 끼우고 허리끈의 양 끝에 가죽 스토퍼를 끼워 주름을 잡은 후 스토퍼로 고정합니다.

② 밑단 슬릿 부분에 삼각 가죽 슬릿 장식을 박음질합니다. 안감의 창구멍은 공그르기 합니다.[공그르기(P.53) 참조]

③ 배판 중심에 T단추를 달아 마무리합니다.[T단추 다는 법(P.70) 참조]

How to make 18

빠라바라바라밤~ 폼 나는 가죽재킷
라이더 재킷

> 튜튜 원피스와 코디하면 좋은 굿 아이템! 부드럽고 얇은 가죽을 선택하고, 안감도 얇은 것으로 준비해 미싱에 무리가 덜 가도록 해주세요.

난이도 ★★★★

사용 원단 및 부자재(M 사이즈 기준)

원단	(겉감) 인조가죽 62×50cm
	(안감) 공단 55×28cm
부자재	별 스터드(징) 11개
	T단추 4쌍(크기 11.5mm)
	금속 왈자 조리개 2개(너비 3.5~4cm)
노루발	가죽 노루발(테프론)
실물패턴 번호	01C

How to Make

 패턴 확인하기

| 겉감 |

전체 시접 1cm

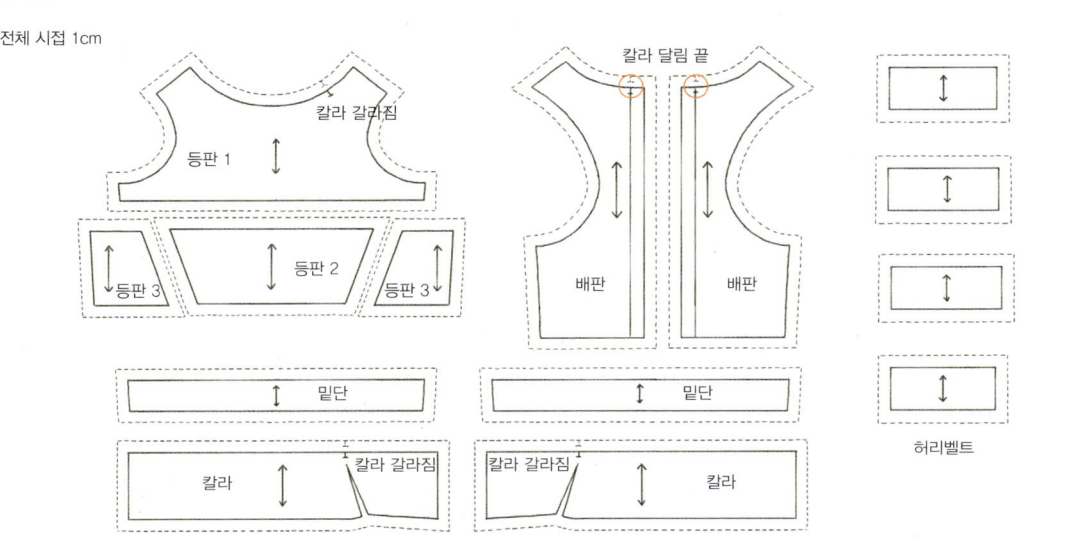

| 안감 |

전체 시접 1cm

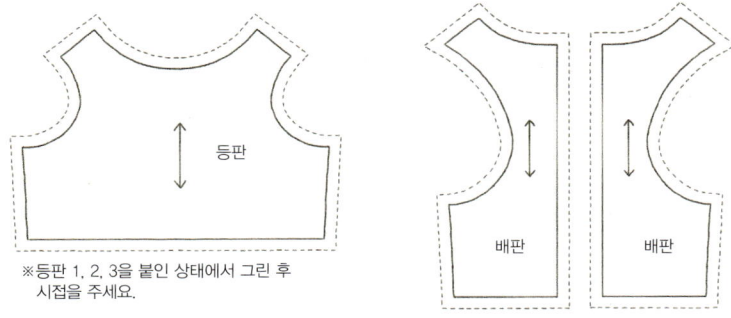

※등판 1, 2, 3을 붙인 상태에서 그린 후 시접을 주세요.

 ## 원단 재단하기

원단의 안쪽 면에 패턴을 올려 완성선과 시접선을 그린 후 시접선을 가위로 재단합니다.

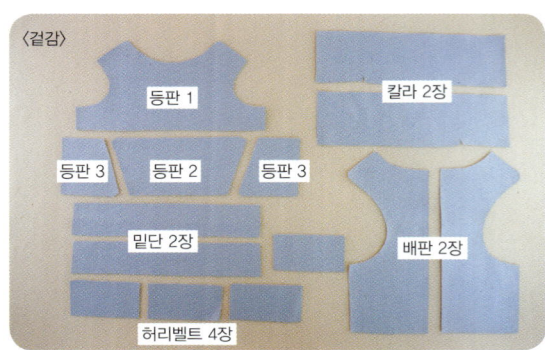

미리 체크하세요

- 노루발은 가죽 노루발로 교체한다. 일반 노루발보다 더 잘 미끄러져 원단이 덜 밀린다.
- 칼라감과 배판은 방향을 반대로 2장을 재단한다.

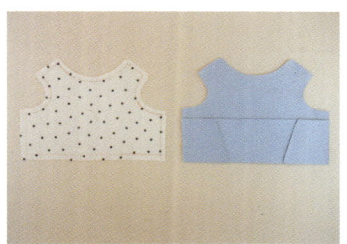
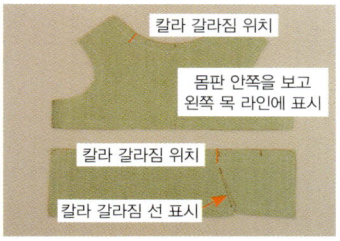

등판의 안감은 등판 패턴 1, 2, 3(2장)이 붙여진 상태에서 전체 시접 1cm를 주고 한 장으로 재단한다.

등판 목 라인과 칼라감에 칼라 갈라짐 위치를 표시한다.

방향이 반대인 배판에도 칼라 달림 끝 위치를 표시한다.

PART 03 강아지 옷 만들기의 실제

겉감 등판 1, 2, 3 연결하기

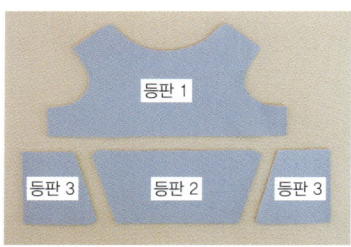

❶ 재단한 등판 1, 2, 3(2장)을 겉이 보이도록 놓습니다.

|TIP| 조각이 많은 경우 미리 펼쳐놓으면 방향이 바뀌거나 다른 조각을 박는 실수를 줄일 수 있다.

❷ 등판 2에 등판 3의 겉이 닿도록 뒤집어 올려 선을 맞춘 후 미싱으로 박음질합니다.

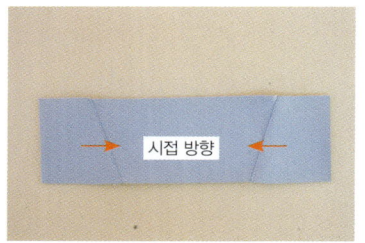

❸ 등판 3번 조각을 모두 펼치고 시접을 눌러 상침합니다. 상침 후 시접은 짧게 정리합니다.

|TIP| 상침 간격은 0.4cm가 넘지 않도록 한다.

❹ 등판 1번을 2번 쪽으로 젖혀 안이 보이게 하고, 핀으로 고정한 후 미싱으로 박음질합니다.

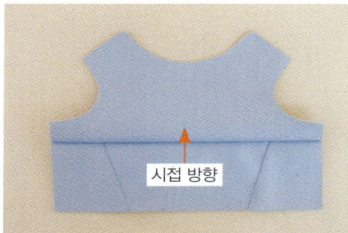

❺ 등판 1번 조각을 위로 넘기고, 등판 1번 조각에 상침한 후 시접은 짧게 잘라냅니다.

❻ 밑단감 한 장을 준비하고 등판 겉감과 겉과 겉이 닿게 고정한 후 박음질하고 밑단을 아래쪽으로 내려 상침합니다. 시접은 짧게 잘라냅니다.

 ## 겉감 등판과 배판 어깨 박기

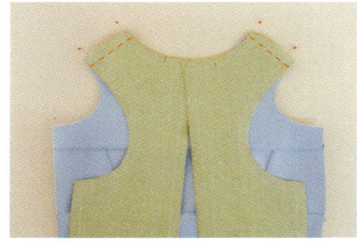

❶ 등판 겉이 보이도록 놓고, 그 위에 배판 안이 보이도록 올린 후 양쪽 등판 어깨선에 맞춰 배판을 고정합니다.

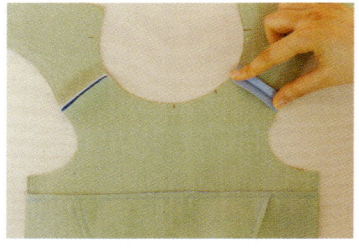

❷ 어깨선을 박음질하고, 시접은 가름솔합니다.

가죽 원단은 힘이 있어 다리미로 시접을 눌러도 다시 돌아온다. 안감과 연결하여 박음질할 때 어깨 시접은 가름솔한다.

안감 밑단, 어깨 박기

❶ 안감 등판감과 밑단감을 준비하고, 겉과 겉이 만나도록 하여 핀으로 고정한 후 박음질합니다.

|TIP| 밑단은 겉감의 가죽 원단을 사용한다.

❷ 겉감과 마찬가지로 시접을 내리고 밑단 쪽에 상침합니다. 상침 후 시접을 짧게 잘라내세요.

|TIP| 가죽 원단은 시접이 두 겹만 되어도 두께감이 생기므로 바로 잘라 정리한다.

❸ 안감 등판 겉에 안감 배판감을 안이 보이게 올려 어깨를 고정한 후 양쪽 어깨선을 박음질합니다. 시접은 가름솔합니다.

 ## 칼라 준비하기

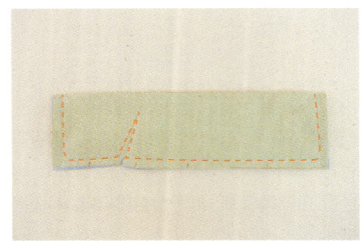

❶ 칼라감 2장을 겉이 닿도록 올려 핀으로 고정한 후 목 라인을 제외한 세 면만 박음질합니다. 칼라 트임선도 박음질합니다. 시접은 짧게 잘라냅니다.

❷ 칼라 갈라짐선은 박음질 선 가까이까지 가위집을 내주세요.

|TIP| 최대한 깊이 가위집을 내주되 박은 시접이 뜯어지지 않도록 주의한다.

❸ 칼라 전체를 뒤집어 집게로 고정합니다. 몸판 겉이 보이게 놓았을 때 칼라 갈라짐 위치가 오른쪽에 와야 합니다.

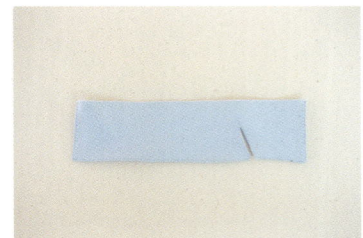

❹ 박은 시접을 눌러 상침할 때 칼라 갈라짐 위치가 오른쪽에 오도록 놓고 상침합니다.

❺ 상침이 완료되었습니다. 가죽 원단은 원단 시접을 눌러 고정을 해줘야 제대로 자리를 잡기 때문에 과정마다 상침이 필요합니다.

몸판에 칼라 임시로 박기

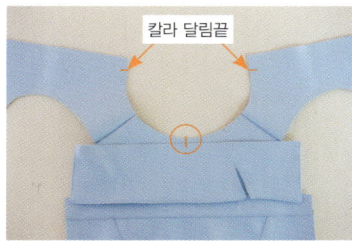
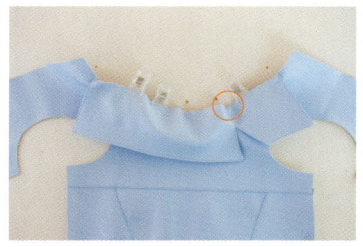

① 목 라인 중심과 칼라 중심을 맞추고 칼라 양 끝을 배판의 칼라 달림 끝에 맞춰 핀으로 고정합니다.

② 칼라 갈라짐 위치를 잘 맞춰 핀과 집게로 촘촘하게 고정합니다.

③ 미싱의 가장 큰 땀수로 목 라인의 시접에 칼라를 박아 임시로 고정해둡니다.

 ## 겉감과 안감의 배 중심, 목 라인, 진동라인 박기

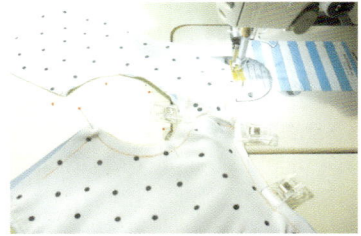

① 겉감의 겉이 보이도록 놓고, 그 위에 안감의 안이 보이도록 올린 후 겉감과 안감의 배 중심, 목 라인, 진동라인 양쪽을 핀으로 고정합니다.

② 핀으로 고정한 전체 라인을 미싱으로 박음질합니다.

|TIP| 겉감과 안감 사이의 칼라는 진동라인을 박음질할 때 불편하지 않도록 칼라를 안쪽으로 접어 넣어둔다.

③ 곡선 부분은 모두 가위집을 내줍니다.

④ 배 중심 시접을 짧게 정리합니다.
|TIP| 목 라인과 진동라인 시접도 짧게 잘라내면 좋다.

몸판 뒤집고 허리벨트 부착하기

❶ 밑단에 손을 넣어 어깨쪽의 칼라를 잡아 밑단 쪽으로 천천히 당겨 뺍니다.

❷ 어깨폭을 통해 배판 양쪽 모두 밖으로 빼내 줍니다.

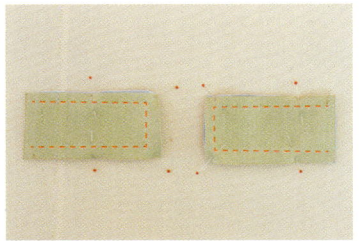

❸ 허리 벨트감을 겉끼리 만나도록 하여 핀으로 고정하고 옆선을 제외한 세 면을 박음질합니다.

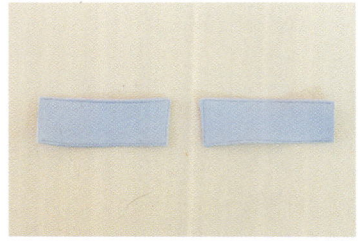

❹ 시접은 짧게 잘라 정리하고, 칼라를 뒤집은 후 겉을 보고 상침합니다.

❺ 몸판 겉이 보이게 놓고, 등판 3번 조각 위에 허리 벨트를 올려 집게로 고정한 후 겉감의 한쪽 옆선에 박음질합니다.

|TIP| 안감을 걷어 올려 허리벨트가 겉감에만 박히도록 한다.

 ## 겉감과 안감 옆선 박기

❶ 등판과 안감이 모두 겉이 보이도록 펼치고 배판은 안쪽이 보이도록 등판 위로 올립니다.

❷ 배판의 안감을 걷어 올려 등판과 배판의 겉감끼리만 옆선을 맞춰 고정합니다.

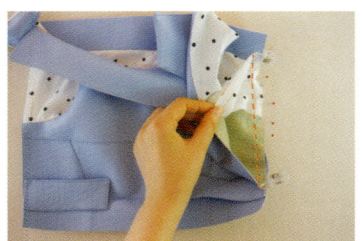

❸ 걷어 올린 안감을 잡고 안감의 등판 겉쪽으로 끌어 올리면 안감의 등판과 배판이 겉과 겉이 만나는 상태가 됩니다. 핀으로 옆선을 맞춰 고정합니다.

 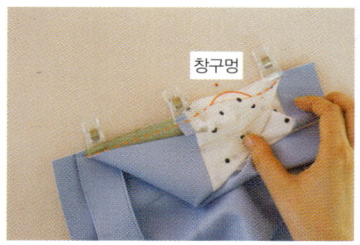 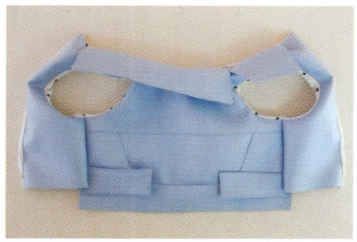

❹ 반대쪽도 같은 방법으로 옆선을 고정합니다.

❺ 양쪽 옆선을 일직선으로 박아주되, 한쪽 옆선은 안감 쪽에 몸판을 뒤집을 수 있는 창구멍을 남기고 박음질합니다.

❻ 겉감은 등판과 배판의 옆선이 연결되었고, 안감은 한쪽 옆선에만 창구멍이 생겼습니다.

허리벨트에 왈자 조리개 고정하기

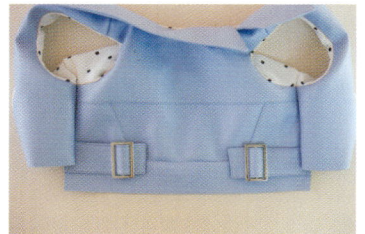 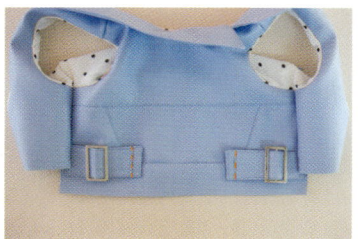 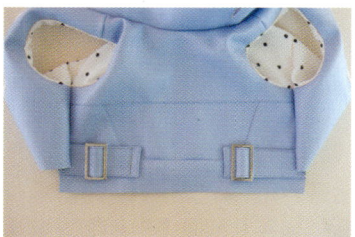

❶ 몸판 겉이 보이게 놓고, 조리개를 그림과 같이 허리벨트에 통과시킵니다.

❷ 조리개를 옆으로 보내고 벨트 끝에 1cm 선을 그린 후 미싱으로 겉감에만 박음질합니다.

❸ 박음질이 완료되면 왈자 조리개가 갇혀 빠지지 않아요.

겉감과 안감 밑단 라인 박기

❶ 등판과 배판이 모두 겉이 보이도록 펼쳐 놓습니다.

❷ 겉감과 안감의 밑단 중심을 안으로 모아 핀으로 고정한 후 등판과 배판의 밑단 길이 전체를 맞춰 핀으로 고정합니다.

❸ 배판 밑단도 모두 빼내 핀으로 고정합니다.

|TIP| 밑단을 박을 때 허리벨트의 조리개를 주의해야 한다. 조리개를 움직여 자리를 확보한 후 박음질한다.

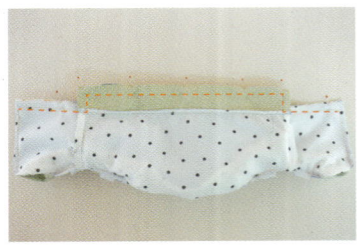 

④ 핀 고정한 밑단 라인을 미싱으로 박아 주세요. 밑단 라인 시접은 짧게 정리합니다.

⑤ 옆선 아래 시접은 대각선으로 가위집을 내주세요.

몸판 뒤집기, 상침하기

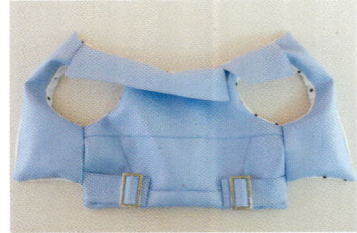  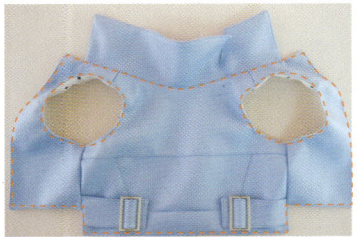

① 안감의 창구멍을 통해 몸판 전체를 뒤집어주세요.

② 안감의 창구멍은 공그르기 합니다.[공그르기(P.53) 참조]

③ 몸판 전체를 상침하여 시접을 눌러 박습니다.

|TIP| 겉에서 안감이 보이지 않게 밀어 넣어가며 상침한다.

단추, 스터드 달고 완성하기

① 배판 중심에 T단추를 달아주세요.[T단추 다는 법(P.70) 참조]

② 스터드(징)를 준비하고 원하는 위치에 달아주세요.

|TIP| 안감 쪽에 나오는 가시발은 안감 원단을 움직여 가시발이 겉감과 안감 사이로 들어가도록 조절한다.

③ 완성

스터드(징) 다는 법

스터드는 가시발이 있는 타입, 나사 타입, 리벳 타입 등 몇 가지 종류가 있다. 그중 가시발 타입은 무게가 가벼워 간단하게 옷에 달 수 있다.

❶ 가시발 타입의 스터드(징)를 준비하고, 원하는 위치에 올려 손으로 꾹 눌러준다.

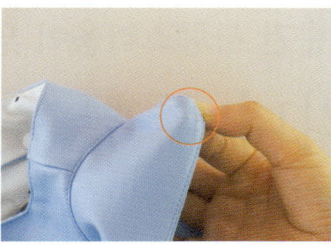

❷ 가시발이 원단 뒤쪽으로 나온다.

❸ 뾰족하게 튀어나온 가시발을 동전이나 롱노즈 등을 이용해 안쪽으로 완전히 눌러준다.

How to make 19

입는 순간 사랑스러움이 두 배!
발레리나 튜튜 원피스

튜튜 원피스는 단독으로 하나만 입히기도 하고, 이너 원피스로 활용하기도 좋은 아이템이에요.

난이도 ★★☆☆

사용 원단 및 부자재(M 사이즈 기준)

원단
- (몸판) 싱글 다이마루 20수 45×23cm
- (스커트) 샤 원단(망사 원단) 105×40cm

부자재 바이어스테이프 70cm

고무줄 폭 5mm, 길이 8cm

실물패턴 번호 007

사이즈별 어깨끈 길이
XS : 5.5cm/S : 6cm/M : 6.5cm/L : 7cm/XL : 7.5cm

스커트 재단 사이즈(시접 포함)
XS : 가로-82.6cm/세로-1단 9cm/2단 10cm/3단 11cm
S : 가로-88.7cm/세로-1단 10.5cm/2단 11.5cm/3단 12.5cm
M : 가로-104.5cm/세로-1단 12.5cm/2단 13.5cm/3단 14.5cm
L : 가로-126.5cm/세로-1단 14.5cm/2단 15.5cm/3단 16.5cm
XL : 가로-137cm/세로-1단 16cm/2단 17cm/3단 18cm

How to Make

 패턴 확인하기

| 몸판 |

'시접 없음' 제외 전체 시접 1cm

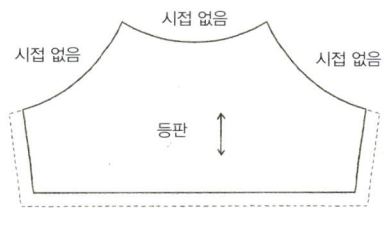

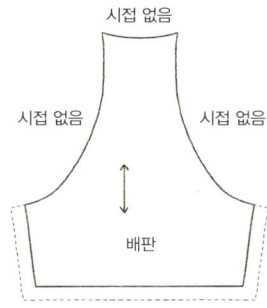

| 바이어스 |

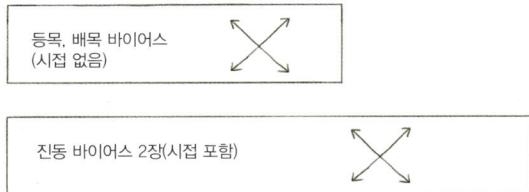

 원단 재단하기

원단의 안쪽 면에 패턴을 올려 완성선과 시접선을 그린 후 시접선을 가위로 재단합니다. 바이어스감은 바이어스테이프 모양으로 다려 준비합니다.[바이어스테이프 만드는 법(P.60) 참조]

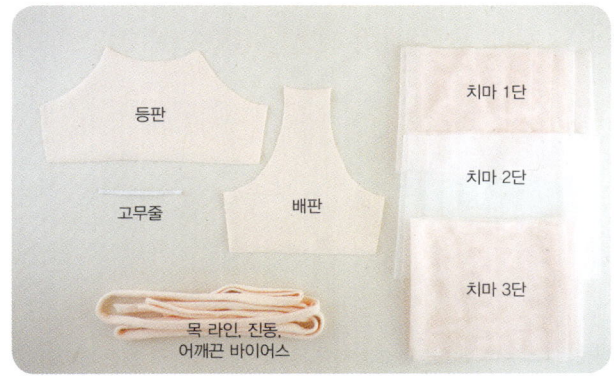

미리 체크하세요

○ **샤 스커트 세로 길이 재단**
- 샤 스커트는 주름 분량이 많아 실물패턴보다 사이즈(치수)로 재단하는 게 더 쉽다. 재단하기 편하도록 샤 원단 폭(세로 방향)을 기준으로 두세 번 반으로 접은 후 제시된 스커트 재단 사이즈의 세로 길이를 확인하고 총 3장을 준비한다.

○ **샤 스커트 가로 길이 재단**
- 튜튜 원피스는 스커트의 주름이 포인트가 되는 디자인이므로 사용 원단 및 부자재에 제시된 가로 길이만큼 잘라 사용하면 된다. 풍성한 주름을 원한다면 구입한 샤 원단의 폭을 그대로 사용해도 좋다.

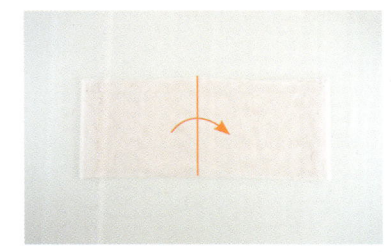

- 큰 사이즈의 강아지는 사용 원단 및 부자재에 제시된 세로 길이를 두 번 재단해 옆선을 이어 붙인 후 표시된 가로 길이만큼 잘라서 사용하면 된다. 옆선을 이어 붙일 때는 보이지 않는 실(투명사)을 사용하는 것이 좋고, 연결한 옆선이 치마의 측면 쪽으로 가게 하면 주름 분량 때문에 연결선이 눈에 잘 띄지 않아 좋다.

○ **샤 스커트 옆선 곡선으로 잘라내기**

샤 원단(1, 2, 3단)을 자르면 직사각형 모양이 된다. 직사각형 모양 그대로 원피스를 완성하면 주름을 잡은 스커트에 힘이 생기면서 양 끝이 강아지 허리 옆쪽으로 흘러내리게 되어 강아지도 불편하고 모양도 예쁘지 않다. 재단한 샤 원단을 반으로 접어 접힌 부분의 끝에 맞춰 옆선을 사진과 같이 곡선 모양으로 그리고 잘라내면 더 예쁜 주름을 잡을 수 있다.

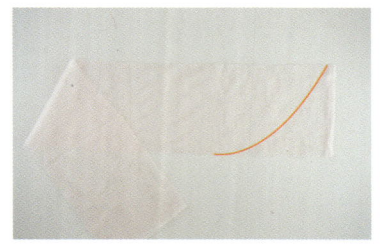 

등판, 배판의 목 라인에 바이어스테이프 박고, 옆선 박기

  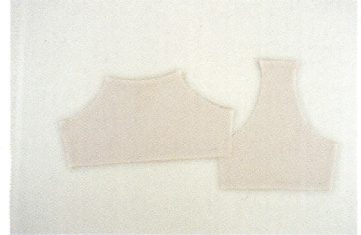

① 등판의 겉이 보이게 놓고 각각의 목 라인에 바이어스테이프를 끼워 핀으로 고정합니다.

② 배판도 등판과 마찬가지로 목 라인에 바이어스테이프를 끼워 핀으로 고정합니다.

③ 등판과 배판에 고정한 바이어스테이프를 미싱으로 박아줍니다.

|TIP| 양쪽에 남은 바이어스테이프는 잘라낸다.

④ 등판과 배판의 겉이 마주닿도록 올리고 양쪽 옆선을 맞춰 핀으로 고정합니다.

⑤ 양쪽 옆선을 미싱으로 박고, 오버록이나 지그재그 박기로 시접을 정리합니다.

진동라인에 바이어스테이프 박기

① 진동 패턴의 길이만큼 바이어스테이프를 2개 잘라 준비하고, 사진과 같이 반으로 접어 옆선을 박아줍니다.
|TIP| 시접이 두꺼워지지 않도록 가름솔 한다.

② 사용 원단 및 부자재에 제시된 길이만큼 어깨끈 분량을 만들어 진동라인 전체에 바이어스테이프를 끼워 핀으로 고정합니다.
|TIP| 진동라인에 고정할 때는 바이어스감을 당겨 진동길이에 맞춘다.(어깨끈 길이는 당기지 않음)

③ 양쪽 진동 모두 바이어스테이프를 끼워 고정한 후 바이어스테이프를 미싱으로 박아줍니다.
|TIP| 몸판의 옆선보다 배판 쪽으로 1cm 이동해 바이어스테이프를 끼우면 시접이 덜 두꺼워진다.

샤 스커트 주름잡기

① 3장의 스커트감 위쪽 시접에 가장 큰 땀수로 직선 박기를 한 후 주름을 잡아줍니다.[주름 잡는 법(P.64) 참조]

② 몸판 원단을 놓고 등판 길이에 맞춰 스커트감 각각 주름 분량을 조절합니다.

③ 3장의 스커트 양옆과 중심을 맞춰 핀으로 고정하고 가장 큰 땀수로 박음질하여 임시 고정합니다.
|TIP| 스커트를 각각 주름을 잡아 합쳐 박으면 치마가 훨씬 풍성해진다.

몸판과 스커트 연결하기

❶ 등판의 겉, 스커트의 겉과 안에 중심을 표시합니다. 몸판 위에 스커트를 뒤집어 올려 중심을 맞춥니다.

❷ 등판의 양쪽 옆선에 스커트 끝을 맞춰 핀으로 고정합니다. 핀을 촘촘하게 꽂아 주세요.

❸ 스커트가 고정된 옆선에서 반대편 옆선까지 미싱으로 박아주세요. 허리 둘레 전체를 오버록이나 지그재그 박기 하여 시접을 정리합니다.

 ## 배판 밑단에 고무줄 박고 완성하기

❶ 배판의 양쪽 시접에 고무줄을 올려 핀으로 고정합니다.

|TIP| 고무줄은 배판의 절반 길이로 준비한다.

❷ 핀 고정한 양쪽 끝 고무줄을 미싱으로 박아 고정합니다.

|TIP| 배판 밑단의 길이보다 고무줄이 짧기 때문에 고무줄을 박으면 배판 밑단이 쭈글쭈글하게 운다.

❸ 고무줄을 당기면서 시접을 1cm 분량만큼 안으로 접은 후 미싱으로 박아줍니다.

|TIP| 고무줄은 박히지 않도록 주의한다.

❹ 고무줄이 시접 안에 갇혀 쭈글쭈글한 주름이 생깁니다.

|TIP| 이 주름은 강아지의 배 부분을 잡아 줘 좀 더 안정감 있게 옷을 완성할 수 있다.

❺ 리본 브로치를 만들어 달아주거나 전사지를 붙여 장식하면 완성됩니다.

|TIP| 전사지는 재단 후 붙이고 봉제를 시작하는 것이 좋다.

튜튜 연결 부위가 까끌거리는 경우에는 연결 부위에 바이어스테이프를 감싸 마감한다.

튜튜 원피스의 변형

KNOW HOW

면 레이스를 주름 잡아 치마로 연결하면 심플한 민소매 원피스가 완성된다. 간단한 여름 원피스나 이너 원피스로 활용하기 좋다.(치마 가로길이=등판 길이×1.5~2배)

How to make 20

칼라+프릴 주름+레이스=원피스의 정석
프릴 칼라 원피스

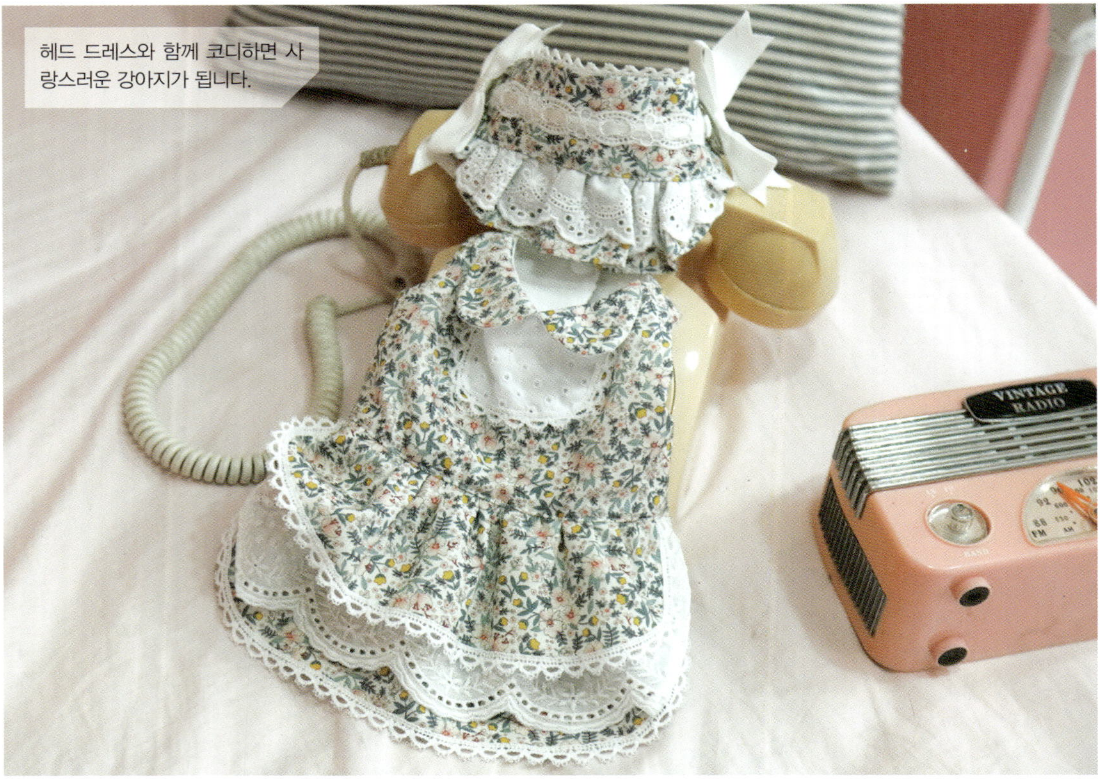

헤드 드레스와 함께 코디하면 사랑스러운 강아지가 됩니다.

난이도 ★★☆☆

사용 원단 및 부자재(M 사이즈 기준)

원단
- (겉감) 면 직기 50×65cm
- (등판) 펀칭 레이스 원단 16×15cm
- (치마 2단) 면 레이스 44×15cm
- (안감) 면 직기 50×32cm

부자재
- T단추 4쌍(크기 11.5mm)
- 1cm 폭 토숀 레이스, 길이 150cm

실물패턴 번호 006

How to Make

 ## 패턴 확인하기

| 겉감 |

0.7cm 제외 전체 시접 1cm

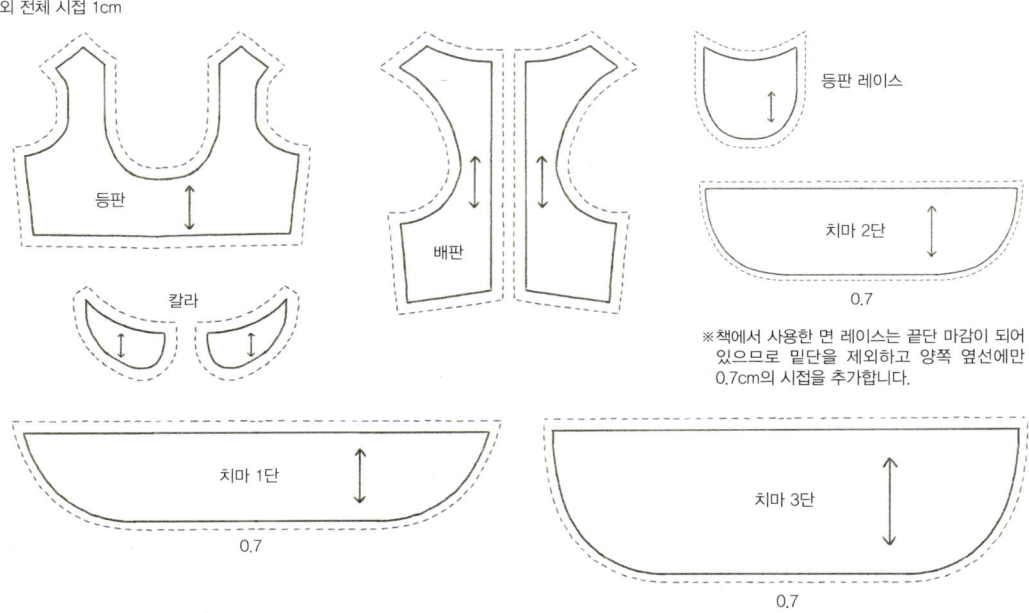

※책에서 사용한 면 레이스는 끝단 마감이 되어 있으므로 밑단을 제외하고 양쪽 옆선에만 0.7cm의 시접을 추가합니다.

| 안감 |

전체 시접 1cm

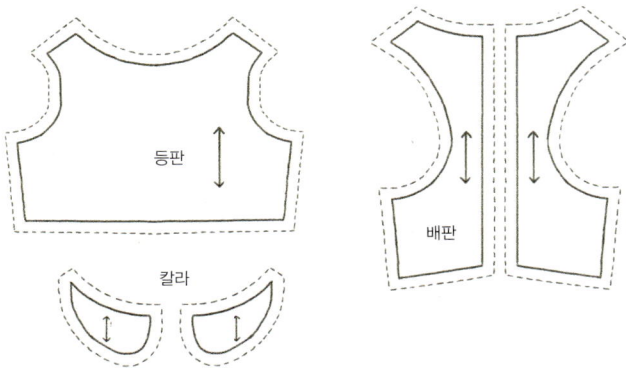

원단 재단하기

원단의 안쪽 면에 패턴을 올려 완성선과 시접선을 그린 후 시접선을 가위로 재단합니다.

> 등판 안감은 등판 겉과 등판 레이스 패턴을 함께 놓고 한 장으로 재단한다.

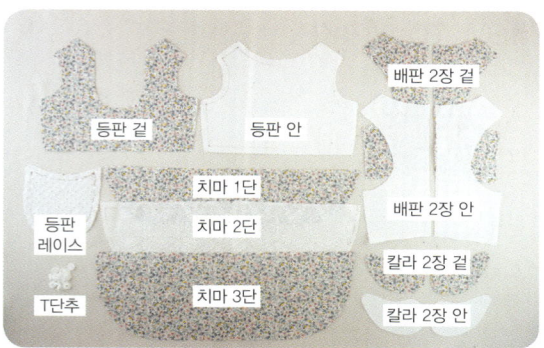

등판 겉감에 등판 레이스 박기

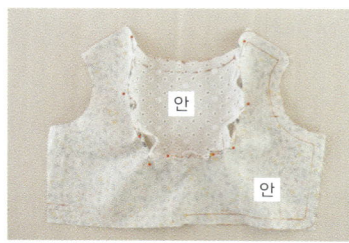  

❶ 등판 레이스 원단과 등판 겉감 모두 겉이 보이도록 양손으로 젖힌 후, 겉과 겉이 닿도록 핀으로 고정합니다.

❷ 핀으로 고정한 후 겉을 봤을 때 목 라인이 자연스럽게 흘러가도록 맞추면 됩니다.

❸ 레이스 원단을 겉감 등판에 박고, 시접은 다리미로 다려 안쪽으로 모아주세요. 등판 겉감에 면 레이스 원단이 연결되었습니다.

❹ 면 레이스 원단에 토숀 레이스를 달아 장식하기 위해 토숀 레이스를 핀으로 고정합니다.

❺ 겉을 보고 레이스를 눌러 미싱으로 박음질합니다.

> - 등판 레이스를 연결한 선이 보이지 않도록 덮어 박음질한다.
> - 레이스는 곡선이기 때문에 너무 위쪽을 박으면 토숀 레이스가 뒤집히듯 위로 솟아오르게 되니 주의한다.

칼라 만들어 고정하기

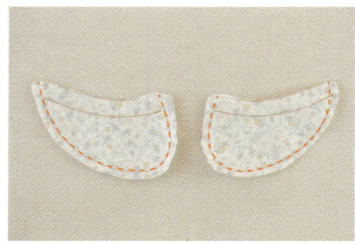

❶ 칼라 안감 겉과 겉감 겉이 닿도록 겹친 후 칼라 위쪽 라인을 제외하고 나머지 부분을 핀으로 고정하여 박음질합니다.

|TIP| 시접은 절반만 남기고 잘라내고 곡선 부분은 가위집을 낸다.

❷ 칼라감을 뒤집고, 다리미로 다려 모양을 잡아줍니다.

|TIP| 다림질을 할 때는 겉에서 안감 원단이 보이지 않도록 살짝 밀어 넣어 다린다.

❸ 등판 겉감의 겉이 보이도록 놓고, 목 라인에 칼라를 올려 핀으로 고정한 후 미싱의 가장 큰 땀으로 임시 박음질합니다.

겉감과 안감 합쳐 봉제하기

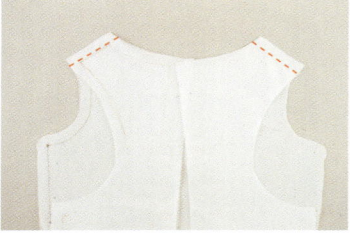

❶ 등판 겉감의 겉과 배판 겉감의 겉이 닿도록 올린 후 등판과 배판의 어깨선을 맞춰 핀으로 고정하여 박음질합니다.

❷ 안감도 겉감과 마찬가지로 어깨를 고정하고, 미싱으로 박음질합니다.

|TIP| 겉감과 안감 모두 시접을 가름솔한다.

❸ 안감과 겉감의 겉이 닿도록 겹친 후 핀으로 고정하고 배판 중심, 목 라인, 진동라인 양쪽을 미싱으로 박음질합니다.

|TIP| 곡선 부분은 가위집을 낸다.

몸판 뒤집기

❶ 몸판 밑단에서 어깨 쪽으로 손을 집어 넣어 배판을 천천히 밑단 쪽으로 빼내 겉이 보이게 전체를 뒤집어 주세요.

❷ 겉감과 안감의 등판과 배판의 밑단 시접을 1cm 접어 올려 다리미로 다려주세요.

|TIP| 치맛단을 연결한 후 박음질할 때 좀 더 완성도 있게 만들기 위한 과정이다.

등판과 배판 옆선 박기

① 등판의 겉감과 안감이 모두 겉이 보이도록 펼쳐 놓고, 배판의 안이 보이도록 등판 위로 올립니다.

② 배판의 안감을 걷어 올리고(안이 보이도록) 등판 옆선 쪽으로 가져가 등판과 배판 옆선을 맞춰 핀으로 고정합니다.

|TIP| 겉감은 겉감끼리, 안감은 안감끼리 닿는다.

③ 옆선을 박음질하고, 안감을 내려 정리하면 그릴 칼라 원피스의 상의 준비가 완료됩니다.

|TIP| 밑단의 접어 다린 시접 1cm를 모두 펼쳐 박음질한다.

 ## 치맛단 준비하기(1단, 2단, 3단)

① 치맛감 세 장을 준비하고 1단과 3단 치맛감은 밑단 전체를 시접 정리합니다.

|TIP| 면 레이스 원단은 재단 시 잘린 옆선만 시접 정리한다.

② 1단과 3단 치맛감은 분량만큼 시접을 접어 올리고, 2단 치맛감도 옆선 시접을 분량만큼 접어 올려 미싱으로 박아줍니다.

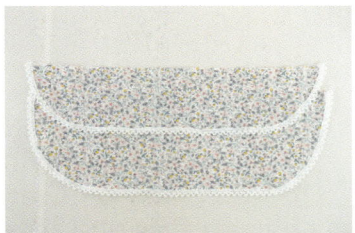

③ 1단과 3단 치맛감의 밑 라인에 토숀 레이스를 미싱으로 박아주세요.

|TIP| 토숀 레이스는 치맛감 밖으로 0.8cm 정도 튀어나오게 고정해 박는다.

④ 치맛감 세 장의 시접에 각각 가장 큰 땀수로 직선 박기를 한 후, 밑실을 당겨 주름을 잡습니다.[주름 잡는 법(P.64) 참조]

⑤ 몸판을 놓고 왼쪽 옆선에서 오른쪽 옆선까지의 길이에 맞춰 치맛단의 주름 길이를 조절합니다.

⑥ 세 장의 치맛감을 길이를 맞춰 고정하고 위쪽 라인을 가장 큰 땀수로 임시 고정하는 박음질을 합니다.

> **프릴 주름 잡는 방법 선택 기준**
> 주름 잡는 방법은 원단에 따라 선택하면 된다.
> • 주름 노루발 사용 : 원단이 얇을 때, 길이 조절이 크게 필요 없는 경우
> • 큰 땀수로 직선 박기 해 실을 당겨 주름 만들기 : 원단이 두껍지 않을 때, 길이 조절이 필요한 경우
> • 시침질하여 주름 만들기 : 두꺼운 원단을 사용할 경우

몸판에 치맛단 박기

❶ 겉감 몸판의 안이 보이도록 걷어 올리고 접어 다린 안감 시접 위에 주름을 잡은 치맛단을 올려 핀으로 고정합니다.

❷ 그대로 겉감을 덮고, 핀으로 고정합니다. 안감 시접과 치마를 고정한 핀을 빼고 겉감을 덮은 상태로 다시 고정하세요.

❸ 배판 양쪽 밑단과 등판 밑단을 일직선으로 박아 치마를 몸판에 연결하도록 합니다.

|TIP| 안감도 겉감과 같은 폭으로 박음질 되어야 예쁘다. 박음질 폭은 0.5cm로 한다.

단추 달기 후 완성

❶ 박음질이 모두 끝났습니다.

|TIP| 진동라인 양쪽과 배 중심 양쪽에 0.3~0.4cm 간격으로 상침을 해주면 완성도를 높일 수 있다.

❷ 배판에 T단추를 달아 마무리합니다.[T단추 다는 법(P.70) 참조]

❸ 등판 레이스 원단 위에 리본을 만들어 브로치형으로 달아주면 더 예쁘게 완성할 수 있어요.[리본 만들기(P.320) 참조]

How to make 21

프릴 칼라 원피스와 환상의 짝꿍
헤드 드레스

일반적으로는 리본으로 묶는 형태로 완성하지만 강아지가 착용했을 때 풀어질 수 있으므로 버클을 달아 완성해 볼게요.

난이도 ★☆☆☆

사용 원단 및 부자재(S 사이즈 기준)

원단	30수 면 직기 35×13cm
부자재	공단 끼움 레이스 15cm
	토숀 레이스 1×15cm
	프릴단 면 레이스 4×30cm
	공단 리본(폭1cm) 짧은 끈 6.5cm,
	긴 끈 S/M/L(17cm/20cm/23cm)
	보타이용 버클 1개
	왈자 조리개 1개(폭 1cm)
	실크 심지 32×7cm
실물패턴 번호 002	

PART 03 강아지 옷 만들기의 실제_의류

How to Make

 패턴 확인하기

| 겉감 |

전체 시접 1cm

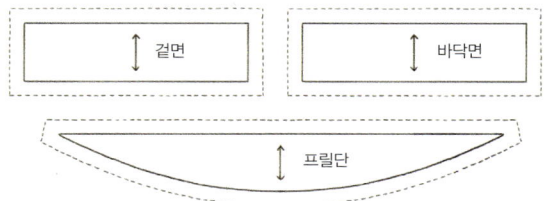

 원단 재단하기

원단의 안쪽 면에 패턴을 올려 완성선과 시접선을 그린 후 시접선을 가위로 재단합니다.

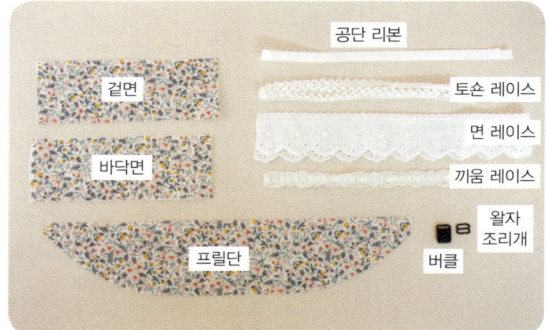

미리 체크하세요

심지 붙이기 : 겉면과 바닥면에 심지를 붙인다.[심지 붙이는 법(P.69) 참조]

머리띠 겉면 장식하기

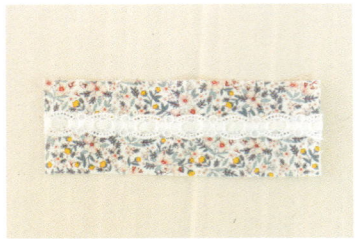

❶ 머리띠 겉면의 중심에 끼움 레이스를 올려 고정하고 박음질합니다.

❷ 프릴감 직선 부위의 시접을 정리합니다.[끝단 마감법(P.57) 참조]

❸ 프릴감 양옆에 레이스의 끝이 튀어 나오도록 고정합니다.

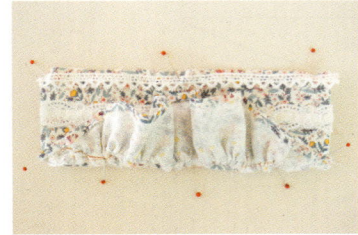

❹ 프릴감과 레이스를 박음질하고 실을 당겨 주름을 잡은 후 머리띠의 길이에 맞게 맞춰줍니다.

|TIP| 시접에 가장 큰 땀수로 박아 주름잡는다.[주름 잡는법(P.64) 참조]

❺ 프릴단을 안이 보이도록 뒤집어 머리띠 쪽으로 올려 길이를 맞춰 고정하고, 머리띠의 위쪽 라인에는 토숀 레이스를 올려 고정합니다.

|TIP| 토숀 레이스의 폭은 1cm로, 시접 끝에서 0.5cm 안쪽에 고정해야 뒤집었을 때 레이스가 보인다.

❻ 토숀 레이스와 프릴단은 가장 큰 땀수로 시접에 박아 임시로 고정해둔다.

 ## 머리띠 바닥면 박기

❶ 버클을 달 리본을 준비하고 머리띠 겉면의 양 끝 중심에 핀으로 고정합니다.

|TIP| 짧은 끈, 긴 끈의 좌우 위치는 관계없다.

❷ 머리띠 겉면 위에 바닥감 안이 보이도록 올려 덮고, 창구멍을 제외하고 박음질한 후 박은 시접은 반만 남기고 잘라 정리합니다.

❸ 창구멍으로 뒤집어 모서리를 깔끔하게 빼주세요.

④ 창구멍 시접을 정리해 넣고 머리띠 전체를 둘러 상침합니다.

⑤ 헤드 드레스가 완성되었습니다.

 버클 연결하여 완성!

① 리본에 왈자 조리개와 버클을 연결합니다. [버클 연결하는 법(P.72) 참조]

|TIP| 버클은 핀이나 집게로 임시 고정한 후 강아지에게 씌워 최종 길이를 맞춘 후 박아 고정하세요.

② 양쪽 끝에 싱글 와이어 리본을 달아 완성합니다. [리본 만들기(P.320) 참조]

|TIP| 리본은 브로치 형태로 달아 탈부착이 가능하도록 하거나, 손바느질로 고정한다.

③ 버클을 채우면 모자가 벗겨지지 않고 좋아요.

How to make 22

설날엔 한복을 입어요!
당의 한복

난이도 ★★★★

사용 원단 및 부자재(M 사이즈 기준)

원단	(당의) 한복지(양단) 100×30cm	부자재	실크 심지, T단추 4쌍(크기 11.5mm)
	(치마) 한복지(양단) 55×30cm		자수패치, 노리개 등 장식
	(깃, 치마 배색) 한복지(금·은박) 70×15cm	실물패턴 번호	022

PART 03 강아지 옷 만들기의 실제_의류

How to Make

 패턴 확인하기

| 겉감 |

전체 시접 1cm

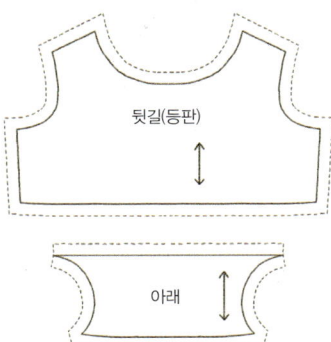
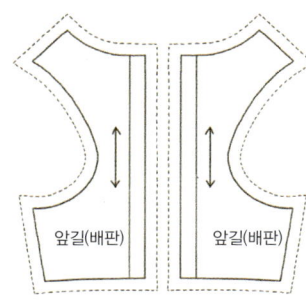

| 안감 |

전체 시접 1cm

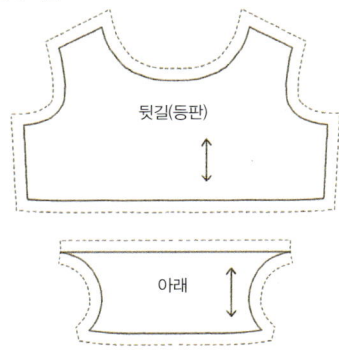
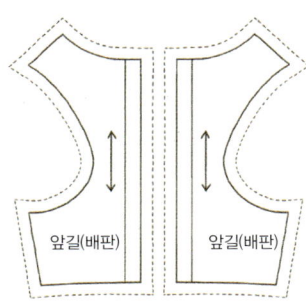

| 치마 · 깃 |

전체 시접 1cm

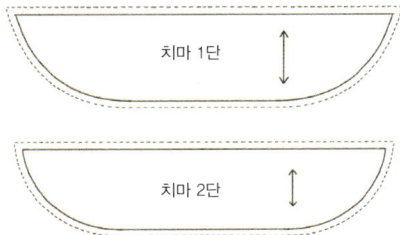
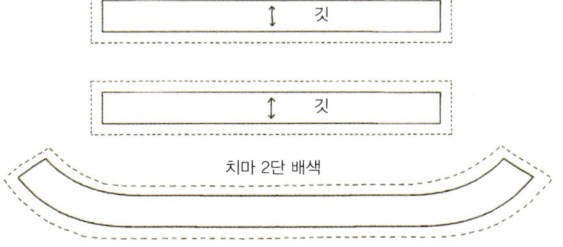

원단 재단하기

원단의 안쪽 면에 패턴을 올려 완성선과 시접선을 그린 후 시접선을 가위로 재단합니다.

|TIP| 이 책에서는 겉감과 안감의 구분을 위해 다른 한복지를 사용했다. 겉감과 안감 모두 같은 원단으로 재단하는 것이 좋다.

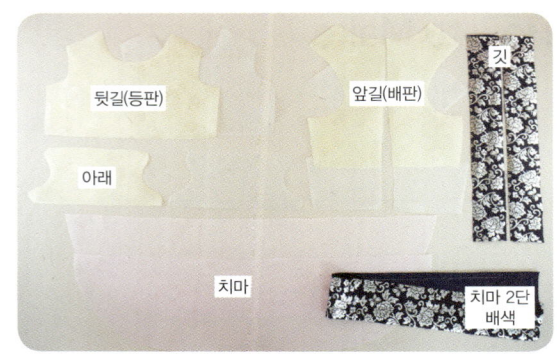

미리 체크하세요

- 앞길(배판) 여밈 부분(단추 부착 위치)과 깃의 한쪽 면에는 심지를 붙인다.
- 강아지들은 활동성이 뛰어나 원단이 얇으면 옷의 내구성이 떨어지기 때문에 한복 원단은 조금 도톰한 것이 좋다. 강아지용 한복 원단으로는 양단 원단이 가장 많이 사용된다.
- 원단이 얇고 부드러울 때는 바늘의 호수를 낮춰 얇은 바늘을 사용한다.
- 얇은 원단은 실의 두께도 더 얇은 것을 써야 한다. 한복실은 60수 2합을 사용한다. (※ '수'는 실의 두께를 말하고, '합'은 꼬임을 말한다.)
- 땀수는 1~2번에 놓고 촘촘하게 박음질해야 튼튼하다.

뒷길과 앞길 어깨 박기

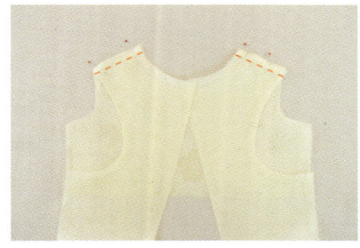  

❶ 뒷길(등판)의 겉에 앞길(배판)의 겉이 닿도록 올린 후 어깨를 맞춰 핀으로 고정하고 시접 끝에서 0.9cm 들어와 박음질합니다.

❷ 시접 전체를 배판 쪽으로 꺾어 손톱으로 누르고, 0.1cm 간격으로 한 번 더 박음질합니다.

❸ 시접을 바짝 잘라 낸 후 배판 쪽으로 넘겨 다림질합니다.

④ 안감도 같은 방법으로 어깨를 박아 준비합니다.

|TIP| 원단 연결 부분을 좀 더 탄탄하게 박는 방법으로, 한복 봉제에서 사용되는 방법이다.

겉감과 안감 합쳐 박음질하기

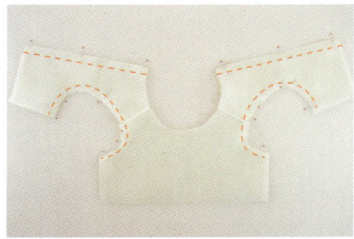 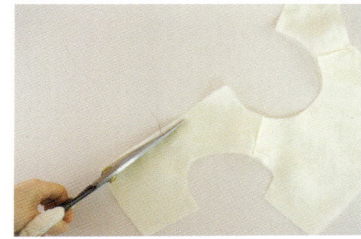 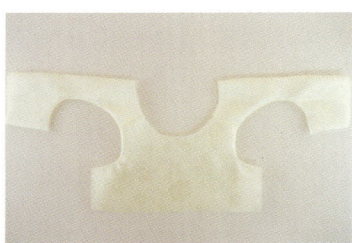

① 겉감의 겉이 보이도록 놓고 그 위에 안감의 안이 보이도록 올려 앞길(배판) 중심과 진동라인을 핀으로 고정하세요.(목 라인 제외)

② 핀으로 고정한 곳을 미싱으로 박음질합니다. 시접은 0.3cm 정도 남기고 모두 잘라내세요.

③ 목 라인을 통해 겉이 보이도록 전체를 뒤집고 다림질합니다.

|TIP| 뒤집은 후 손톱으로 시접을 눌러 겉감과 안감이 자리잡도록 한 후 다림질하면 좀 더 수월하다.

깃 준비하기

 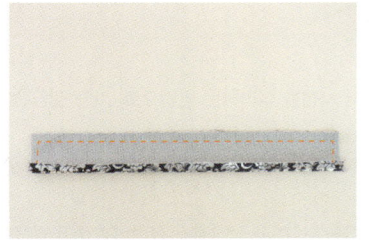 

① 깃의 한쪽 시접을 다리미로 접어 올려주세요.

② 깃감 2장을 겉과 겉이 만나도록 놓고 접어 올린 시접을 제외한 세 면을 미싱으로 박음질합니다.

|TIP| 시접이 접힌 채로 박음질한다.

③ 시접을 짧게 정리합니다. 박음질하지 않은 부분으로 옷감을 뒤집고 깃의 모양을 잡은 후 다림질합니다.

당의에 깃 달기

❶ 당의의 목 라인이 보이도록 놓고 심지를 붙인 깃이 겉으로 오도록 한 후 접힌 2장의 깃감 사이로 당의의 목 라인을 끼워줍니다.

|TIP| 당의 목 라인의 겉에 시접 1cm를 표시해두면 쉽게 깃을 끼울 수 있다.

❷ 깃감 사이에 끼운 목 라인 전체를 핀으로 고정합니다.

|TIP| 깃감 사이에 목 라인을 끼워 고정했기 때문에 안감 쪽에서 봤을 때도 깃 라인이 깔끔하다.

❸ 미싱으로 깃의 아래쪽 라인을 박음질합니다. 당의에 깃이 달렸습니다.

 ## 치마 밑단 정리하기, 배색감 연결하기

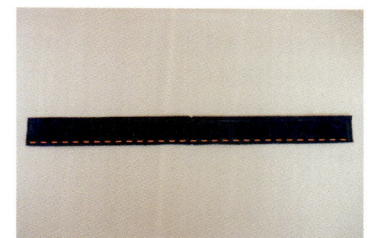

❶ 2단 치마의 밑단에 연결될 배색감(금박, 은박)을 준비하고, 밑단 시접 1cm 분량만큼 박음질합니다.

❷ 박은 시접선을 기준으로 손으로 시접을 안쪽으로 접어 눌러준 후 겉을 보고 0.1~0.2cm 간격으로 상침합니다.

❸ 안쪽 시접을 바짝 잘라내면 밑단 시접 정리가 완료됩니다.

얇은 원단의 시접 정리 방법

- 말아 박기 : 말아 박기 노루발을 이용해서 시접을 정리하는 방법으로, 가장 깔끔하게 마무리할 수 있지만 노루발의 사용이 숙련되기까지 연습이 필요하다.
- 두 번 접어 박기 : 시접 1cm를 두 번 접어 박는 방법으로, 깔끔하게 마무리할 수 있지만 원단이 얇고 잘 풀어지는 경우 두 번 접기가 힘들다.
- 곱솔/깨끼박음 : 책에서 설명된 방법은 '곱솔'이고, 이 상태에서 한 번 더 접어 박음질하는 것을 깨끼 박음이라고 한다. 다른 도구 없이 박음질만으로 시접을 정리할 수 있어서 편하다.

❹ 2단 치맛감에 밑단 배색감을 안이 보이도록 올려 핀으로 고정하고 미싱으로 박음질한 후 오버록이나 지그재그 박기 합니다.

❺ 시접을 아래쪽으로 내리고 배색감에 상침을 합니다.

|TIP| 2단 치마의 밑단 배색감이 안쪽으로 모여 주름이 잡히면 치마 모양이 자연스럽다.

❻ 1단 치맛감도 치마 배색감의 밑단을 정리한 것과 같은 방법으로 준비합니다.

치맛감 주름잡기

❶ 치맛감 2장을 겹쳐 위쪽 시접선을 맞추고 가장 큰 땀수로 시접선에 한 줄 박음질합니다.

❷ 실을 당겨 주름을 만들어주세요. [주름 잡는 법(P.64) 참조]

❸ 전체 길이는 당의의 뒷길(등판) 밑단 길이에 맞춥니다.

당의 아랫감 준비하기

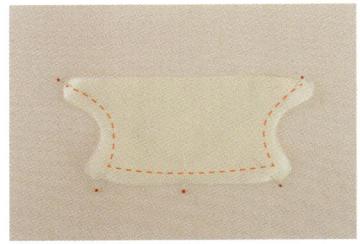 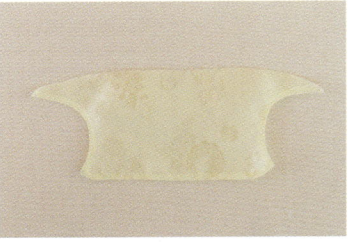 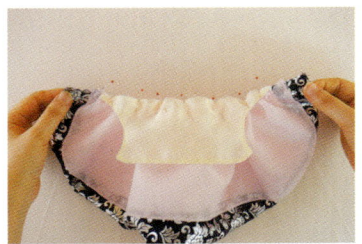

❶ 당의 아랫감 2장을 겉과 겉이 만나도록 놓은 후 핀으로 고정합니다. 허리에 연결될 위쪽 라인을 제외하고 박음질합니다.

|TIP| 시접은 0.5cm 남기고 잘라낸다.

❷ 뒤집어 모양을 잡은 후, 겉에서 0.2cm 간격으로 한 번 더 박아(상침) 모양을 잡아줍니다.

❸ 치마에 당의 아랫감을 핀으로 고정하고 가장 큰 땀수로 치마에 당의 아랫감을 임시 박음질합니다.

당의에 치마 연결하기

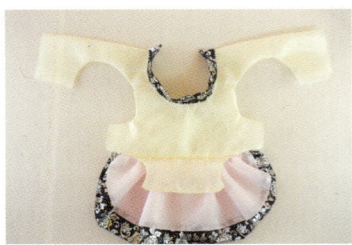

❶ 당의와 치마가 겉이 보이도록 놓고, 치마를 당의 쪽으로 걷어 올려 안이 보이게 하세요.

❷ 당의의 밑단 라인에 치마를 맞춰 핀으로 고정한 후 미싱으로 박고, 시접은 오버록이나 지그재그 박기 합니다.
|TIP| 당의의 겉감에만 치마를 박는다.

❸ 당의에 치마가 연결되었습니다.

 ### 옆선 박음질하기

❶ 한복의 겉이 보이게 놓고, 앞길(배판)의 안감이 보이도록 뒷길(등판)에 올립니다. 앞길(배판)의 안감을 걷어내고, 앞길과 뒷길의 겉감끼리 옆선을 맞춰주세요.

❷ 당의의 안감을 안이 보이도록 젖히고 안감끼리 겉과 겉이 만나게 해 옆선을 맞춰 핀으로 고정합니다. 양쪽 옆선을 모두 핀으로 고정합니다.

❸ 양쪽 옆선을 직선으로 박음질합니다.

 ### 안감 밑단 정리하기, 상침하기

❶ 안감의 안이 보이도록 놓고, 앞길(배판)과(겉감 포함) 뒷길(등판) 안감 밑단의 시접 분량만큼 접어 넣습니다.

❷ 접어 넣은 부분을 핀으로 고정합니다.

❸ 이제 겉을 보고 배 중심, 허리선, 진동선 등 전체를 상침하도록 합니다. 앞길(배판)의 밑단 시접은 상침하면서 같이 박히게 됩니다.

④ 원단과 실 색을 맞춰 상침하고, 간격은 0.2~0.3cm로 합니다.

단추 달고 완성하기

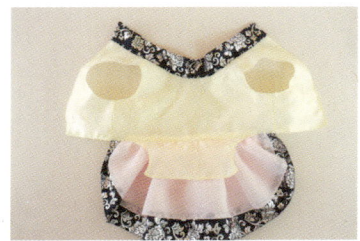  

① 봉제가 모두 끝났습니다.

② 앞길(배판)에 단추를 달아줍니다.[T단추 다는 법(P.70) 참조]

③ 허리선에 자수패치를 달아 완성합니다.

|TIP| 자수패치는 손바느질로 겉감에 달면 된다. 치마에도 자수패치가 위치하므로 몸판에 박음질하면 치마가 눌려 예쁘지 않다.

How to make 23

명절 필수템! 배자 하나로 한복 느낌 물씬~
배자 한복

난이도 ★★★☆

사용 원단 및 부자재(M 사이즈 기준)

원단
- (배자) 한복지(양단) 100×40cm
- (깃, 허리띠) 한복지(금·은박) 32×25cm
- (뒷길 장식) 한복지(양단) 25×14cm

T단추 4쌍(크기 11.5mm)
자수패치, 노리개 등 장식

실물패턴 번호 023

부자재 실크 심지

PART 03 강아지 옷 만들기의 실제_의류

How to Make

 패턴 확인하기

| 겉감 |

전체 시접 1cm

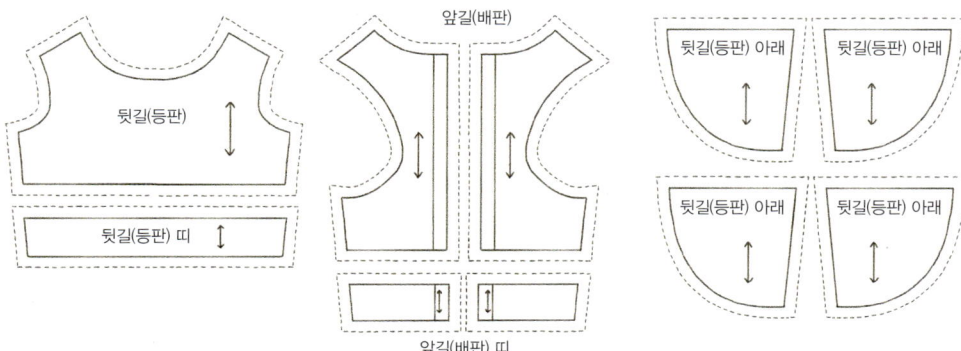

| 안감 |

전체 시접 1cm

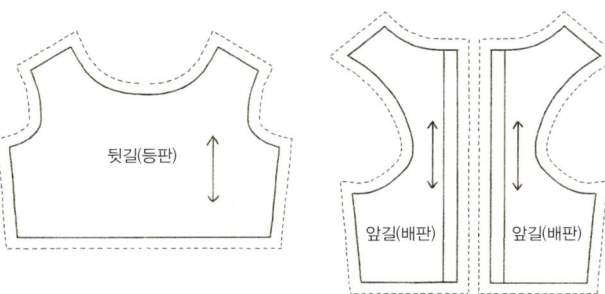

안감의 뒷길(등판)과 앞길(배판)은 각각 띠를 붙여 하나로 재단한다.

| 깃·장식 |

전체 시접 1cm

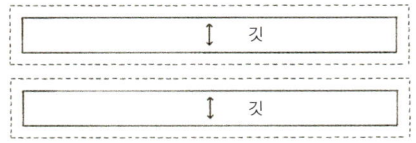
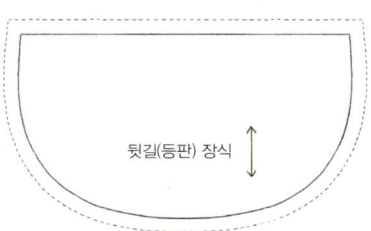

원단 재단하기

원단의 안쪽 면에 패턴을 올려 완성선과 시접선을 그린 후 시접선을 가위로 재단합니다.

|TIP| 이 책에서는 겉감과 안감의 구분을 위해 다른 한복지를 사용했다. 겉감과 안감 모두 같은 원단으로 재단하는 것이 좋다.

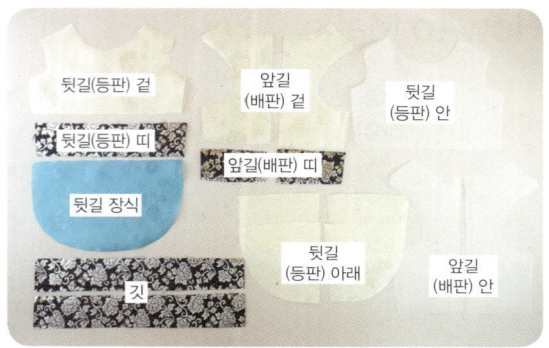

미리 체크하세요

- 앞길(배판) 여밈 부분(단추 부착 위치)과 깃의 한쪽 면에는 심지를 붙인다.
- 허리띠 부분까지 단추를 달고 싶다면 배자와 허리띠감을 연결한 후 심지를 붙인다.
- 앞길(배판)과 뒷길(등판) 아랫감은 방향을 반대로 재단한다.
- 강아지는 활동성이 뛰어나 원단이 얇으면 옷의 내구성이 떨어지기 때문에 한복 원단은 조금 도톰한 것이 좋다. 강아지용 한복 원단으로는 양단 원단이 많이 사용된다.
- 원단이 얇고 부드러울 때는 바늘의 호수를 낮춰 얇은 바늘을 사용한다.
- 얇은 원단은 실의 두께도 더 얇은 것을 써야 한다. 한복실은 60수 2합을 사용한다.
  (※ '수'는 실의 두께를 말하고, '합'은 꼬임을 말한다.)
- 땀수는 1~2번에 놓고 촘촘하게 박음질해야 튼튼하다.

 ### 뒷길(등판)과 앞길(배판) 허리띠 박기

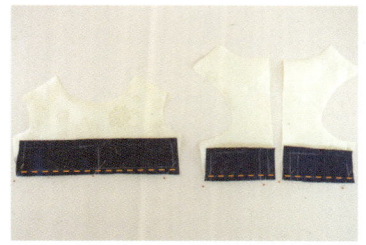

❶ 겉감의 뒷길(등판), 앞길(배판)의 겉에 허리띠감의 겉이 닿도록 올려 핀으로 고정하고 박음질합니다.

|TIP| 띠 원단의 색을 고려하여 실 색을 맞춰 사용한다.

❷ 시접을 아래로 내리고 허리끈감에 상침하세요. 시접은 짧게 잘라 냅니다.

> 허리띠에도 단추를 달 경우에는 이 과정에서 앞길(배판)과 허리띠 중심에 심지를 붙인다. 심지는 겉감에만 붙여도 충분하지만 안감에 붙여주면 더 단단해진다.

뒷길(등판)과 아랫감 준비하기

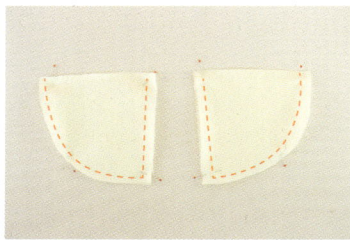

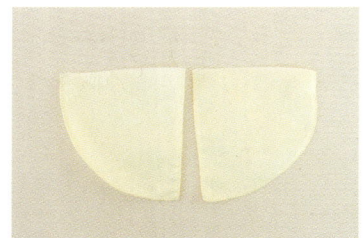

① 뒷길(등판) 아랫감 4장을 겉과 겉이 만나도록 해 두 쌍으로 만들고 핀을 꽂아 고정한 후 허리선을 제외하고 박음질합니다.

② 시접은 짧게 잘라 정리한 후 아랫감을 뒤집고 손으로 눌러 모양을 만들어주세요.

③ 중심이 살짝 벌어지는 모양으로 만들어집니다. 박은 선을 겉에서 한 번 더 상침해 시접을 눌러주세요.

|TIP| 상침 간격은 0.2~0.3cm 정도가 적당하며, 실 색깔을 잘 맞춰 사용한다.

뒷길(등판) 장식감 시접 정리 후 뒷길에 부착하기

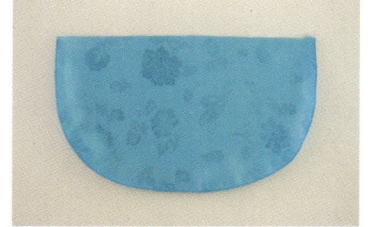
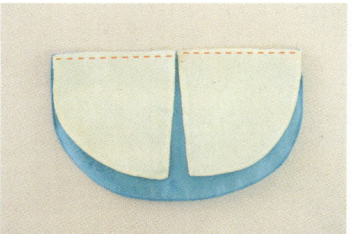

① 곱솔로 시접을 정리하기 위해 뒷길(등판) 장식감의 시접 1cm 선에 박음질합니다.

② 박은 선을 기준으로 시접을 안으로 접은 후 겉을 보고 0.1cm 간격으로 상침합니다. 뒤에 남은 시접은 짧게 잘라냅니다.

③ 뒷길(등판) 아랫감과 뒷길 장식감을 합쳐 허리선을 맞춰 놓고, 가장 큰 땀수로 시접선에 박음질해 임시로 고정합니다.

뒷길(등판)과 앞길(배판) 어깨 박기

① 뒷길(등판)의 겉이 보이도록 놓고 앞길(배판)의 안이 보이도록 올려 어깨를 핀으로 고정한 후 시접 끝에서 0.9cm 들어와 박음질합니다.

② 어깨 시접을 배판으로 보내 감싸 잡고 어깨선을 0.1~0.2cm 간격으로 한 번 더 박음질하세요.

|TIP| 시접은 바짝 잘라 내고 배판 쪽으로 보낸다.

③ 안감도 동일한 방법으로 준비합니다.

겉감과 안감 합치기

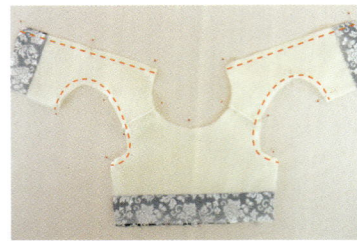 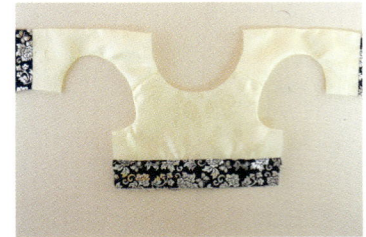

❶ 겉감의 겉이 보이도록 놓고 그 위에 안감의 안이 보이도록 올려 앞길 중심과 진동라인을 핀으로 고정하고 박음질합니다. (목 라인 제외)

❷ 시접을 짧게 잘라내고, 목 라인을 통해 전체를 뒤집고 모양을 잡습니다.

 ## 깃 준비하기

 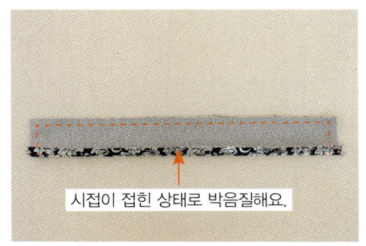 

시접이 접힌 상태로 박음질해요.

❶ 깃의 한쪽 시접을 다리미로 접어 올려주세요.

❷ 깃감 2장을 겉과 겉이 만나도록 놓고 접어 다린 시접을 제외한 세 면을 미싱으로 박음질합니다.

❸ 시접을 짧게 정리합니다. 박음질하지 않은 부분으로 옷감을 뒤집고 깃의 모양을 잡은 후 다림질합니다.

 ## 목 라인에 깃 달기

❶ 배자의 목 라인이 보이도록 놓고 심지를 붙인 깃이 겉으로 오도록 한 후 접힌 2장의 깃감 사이로 배자의 목 라인을 끼워줍니다.

❷ 깃감 사이에 끼운 목 라인 전체를 핀으로 고정합니다.

|TIP| 배자 목 라인의 겉에 시접 1cm를 표시해두면 쉽게 깃을 끼울 수 있다.

❸ 미싱으로 깃의 아래쪽 라인을 박음질합니다. 배자에 깃이 달렸습니다.

|TIP| 깃의 뒷면도 같이 박혀야 한다.

배자 옆선 박기

❶ 배자의 겉이 보이게 놓고, 앞길(배판)의 안감이 보이도록 뒷길(등판)에 올립니다.

❷ 앞길(배판)의 안감을 젖히고, 앞길과 뒷길의 겉감끼리 옆선을 맞춰 핀으로 고정합니다.

❸ 안감을 안이 보이도록 젖히고 안감끼리 겉과 겉이 만나게 해 옆선을 맞춰 핀으로 고정합니다.

❹ 옆선을 직선으로 박음질합니다.

❺ 반대쪽 옆선도 핀으로 고정합니다. 이때 창구멍을 내고 박아줘야 해요. 위치를 확인하세요.

❻ 창구멍을 제외하고 옆선을 박음질합니다. 창구멍이 만들어졌어요.

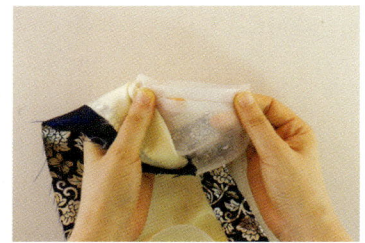

❼ 안감은 시접 분량만큼 접히도록 가름솔하여 손으로 눌러주세요.

|TIP| 시접 분량이 미리 접혀 있으면 공그르기 하기 더 좋다.

❽ 박은 양쪽의 옆선 시접을 반 정도 잘라냅니다. 겉감과 안감의 옆선이 연결되었습니다.

허리선 박기

① 뒷길(등판)을 겉이 보이도록 놓고 배자의 아랫감을 안이 보이도록 뒤집어 뒷길(등판)의 양쪽 옆선에 맞춰 핀으로 고정합니다.

|TIP| 배자의 겉감에만 핀으로 고정한다.

② 배자 안감의 겉이 보이도록 펼쳐 겉감의 겉과 안감의 겉이 모두 보이도록 해요.

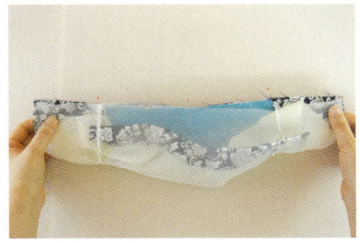

③ 겉감 겉의 중심과 안감 겉의 중심을 붙여(겉과 겉이 닿도록) 핀으로 고정합니다.

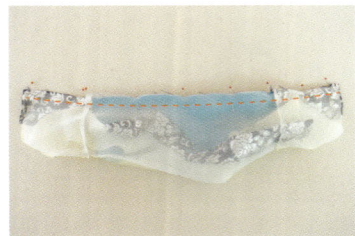

④ 앞길(배판)의 밑단을 모두 빼내 모양을 잡고 핀으로 고정한 후 허리선 전체를 박음질합니다.

⑤ 박은 시접을 짧게 정리하세요. 오버록이나 지그재그 박기를 해도 됩니다.

⑥ 안감의 창구멍을 확인하고, 창구멍을 통해 배자 전체를 뒤집어 꺼내줍니다. 창구멍은 공그르기 해 막아줍니다.[공그르기 (P.53) 참조]

⑦ 앞길(배판) 중심, 허리선, 진동라인을 상침해 옷의 형태를 고정해주세요.

|TIP| 원단의 색에 맞게 실을 교체하여 상침하면 옷의 완성도가 높아진다.

장식 후 완성하기

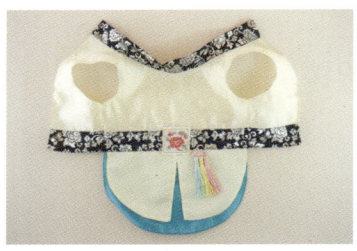

① 봉제가 끝났습니다. 자수 패치 및 노리개 등을 손바느질로 달아 장식하세요.

|TIP| 허리띠에 자수가 위치하는 것이 가장 예쁘다.

② 앞길(배판) 중심에 단추를 달아줍니다. [T단추 다는 법(P.70) 참조]

③ 완성입니다.

특별한 날을 맞이한 강아지를 위한
드레스

심플한 디자인에 입체 레이스 원단 하나로 포인트를 주었어요.

난이도 ★★★☆

사용 원단 및 부자재(M 사이즈 기준)

원단	(몸판) 샤틴 공단 55×25cm
	입체 레이스 원단 55×25cm
	(치마) 1단 치마 크리스탈 노방 50×19cm
	2단 치마 샤틴 공단 50×19cm
부자재	T단추 4쌍(크기 11.5mm)
실물패턴 번호	024

How to Make

 ### 패턴 확인하기

| 겉감 |

전체 시접 1cm

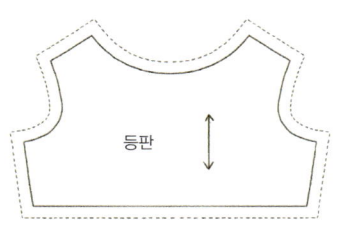

| 안감 |

전체 시접 1cm

| 치마 |

전체 시접 1cm

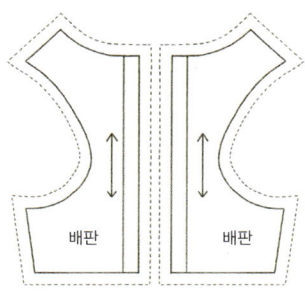

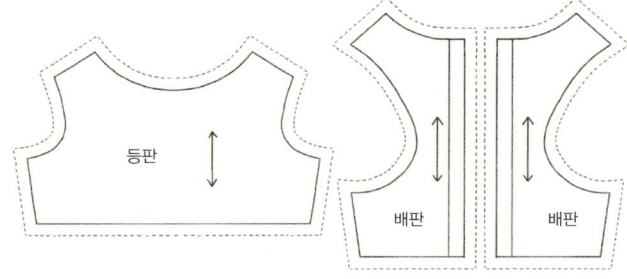

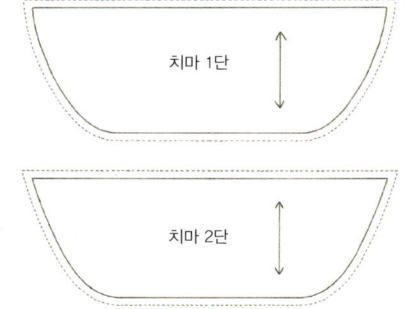

 ### 원단 재단하기

원단의 안쪽 면에 패턴을 올려 완성선과 시접선을 그린 후 시접선을 가위로 재단합니다.

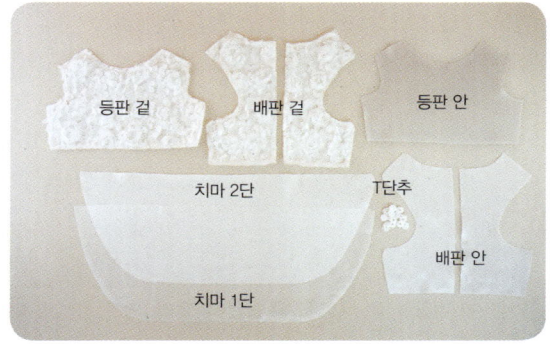

몸판 겉감에 입체 레이스 원단 고정하기 | KNOW HOW

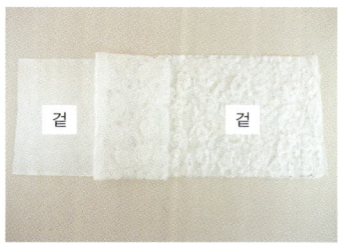  

샤틴 공단과 입체 레이스 원단을 겉과 겉이 만나도록 겹쳐 핀으로 고정한다.

원단을 뒤집어 패턴을 대고 완성선과 시접선을 그린다.

|TIP| 완성 후에 색 표시가 나지 않도록 기화성펜 또는 수성펜을 사용한다.

완성선과 시접선의 중간을 가장 큰 땀수로 브음질하여 고정한 후 시접선을 잘라낸다.

|TIP| 원단이 씹히는 것을 방지하기 위해 박음질은 한 방향으로 한다.

 ## 등판, 배판의 어깨 박기

① 등판과 배판의 겉과 겉이 만나도록 올려 어깨를 고정하고 박음질합니다.

|TIP| 어깨 시접은 반만 남기고 잘라낸다.

② 어깨 시접은 배판으로 보내거나 가름솔합니다.

③ 동일한 방법으로 안감을 준비합니다. 안감은 몸판 밑단 정리를 정확하게 하기 위해 등판과 배판의 밑단 시접을 접어 올려 다려주세요.

 ## 겉감과 안감 합쳐 박기

  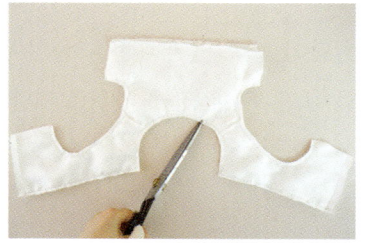

① 겉감과 안감의 겉이 만나도록 올린 후 배 중심 양쪽, 목 라인, 진동라인 전체를 핀으로 고정하고 미싱으로 박아주세요.

② 박은 시접 전체를 반만 남기고 잘라내고 곡선 부분은 가위집을 내주세요.

|TIP| 초보자들은 실수를 줄이기 위해 쪽가위를 사용해 가위집을 내주는 것이 좋다.

몸판 뒤집고 옆선 박기

❶ 밑단으로 손을 넣어 어깨 부위의 원단을 잡아 밑단 방향으로 당겨 빼주세요. 몸판 전체를 뒤집어 등판과 배판 모두 겉이 보이게 해요.
|TIP| 시접은 손으로 눌러 정리한다.

❷ 몸판의 겉감과 안감을 모두 겉이 보이도록 놓고 배판 안감의 겉이 보이게 등판으로 배판을 가져옵니다.

❸ 배판의 안감을 젖히고 등판의 옆선에 겉감은 겉감끼리, 안감은 안감끼리 맞춰 핀으로 고정합니다.

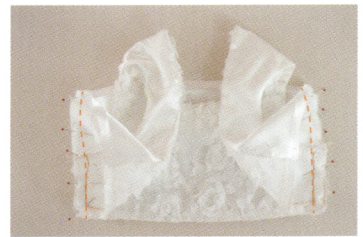
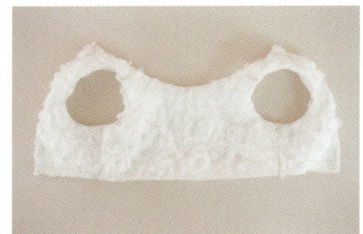

❹ 미싱으로 핀 고정한 옆선을 박아줍니다. 시접은 반만 남기고 잘라내세요.

❺ 옆선이 연결되었습니다.

❻ 안감도 옆선이 연결되었습니다.

배판 밑단 박기

❶ 겉감과 안감이 모두 보이도록 펼쳐 놓고 겉감과 안감의 중심을 모아 핀으로 고정합니다.

❷ 어깨와 진동을 집어넣고 배판의 밑단이 보이도록 해 배판 밑단에 핀을 꽂고 배판 밑단만 박음질합니다.
|TIP| 배판 밑단의 시접은 반만 남기고 잘라낸다.

❸ 박음질하지 않은 등판으로 몸판 전체를 빼내 모양을 잡아주세요.

치맛감 밑단 정리하기

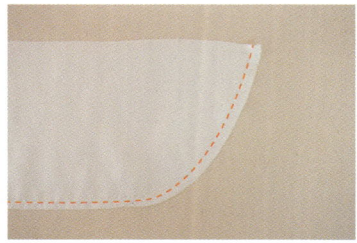  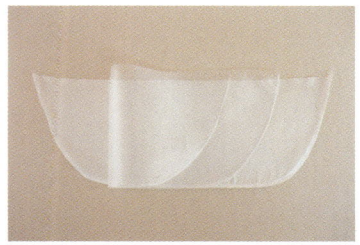

① 재단한 1단, 2단 치마를 준비하고 밑단을 곱솔박음으로 정리하기 위해 먼저 완성선을 따라 박음질합니다.

② 박은 선을 기준으로 안쪽으로 시접을 접어 넣은 후 겉을 보고 끝을 한 줄 더 박음질합니다. 박은 시접은 바짝 잘라냅니다.

③ 치맛감 2장 모두 같은 방법으로 정리하면, 치맛감 밑단의 시접 정리가 완료되었습니다.

 ## 치마 주름잡기

  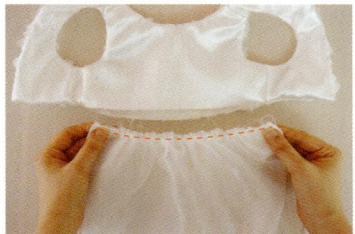

① 2장의 치맛감 시접에 가장 큰 땀수로 한 줄 박기를 하고 실을 한 줄 당기면 주름이 생겨요.[주름 잡는 법(P.64) 참조]

② 치맛감 2장 모두 등판의 밑단 길이에 맞게 주름을 잡습니다.

③ 치맛감을 합쳐 고정하기 위해 2장의 치맛감 시접을 맞춰 가장 큰 땀수로 한 줄 박기 해주세요.

몸판에 치마 박기

① 몸판과 치마의 겉이 마주보도록 치마를 몸판 쪽으로 뒤집어 올려 밑단에 맞춰 줍니다.

② 치마를 몸판에 고정하되 몸판 안감은 제외하고 겉감에만 치마를 고정한 후 박음질합니다.

③ 몸판과 치마 연결 완료!

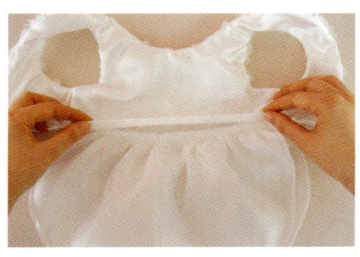  

④ 미리 다려놓은 몸판 안감은 시접선만큼 안으로 접습니다.

⑤ 접은 부분을 핀으로 촘촘하게 고정합니다.

⑥ 등판의 안감 시접은 공그르기 해 마무리합니다.[공그르기(P.53) 참조]

 ## 단추 달아 완성하기

① 배판에 T단추를 달아 마무리 하세요.[T단추 다는 법(P.70) 참조]

② 허리에는 싱글와이어 리본을 달아 완성하면 드레스의 아름다움을 더할 수 있어요.[리본 만들기(P.320) 참조]

댄디한 수컷 강아지를 위한
멜빵 정장 올인원

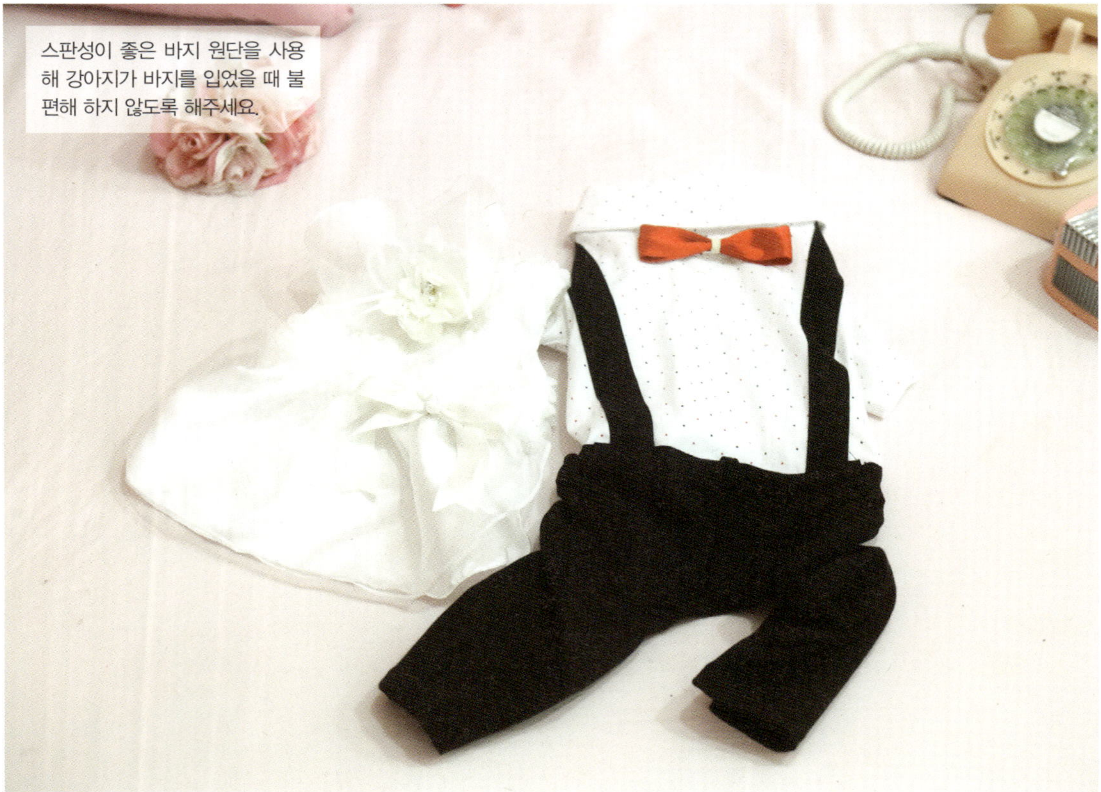

스판성이 좋은 바지 원단을 사용해 강아지가 바지를 입었을 때 불편해 하지 않도록 해주세요.

난이도 ★★★★

사용 원단 및 부자재(M 사이즈 기준)

원단	(셔츠) 30수 면 직기 70×50cm	고무줄 폭 0.5cm, 길이 35cm
	(바지) 면스판 70×30cm	실크 심지 33×20cm
부자재	T단추 4쌍(크기 11.5mm)	실물패턴 번호 025

How to Make

 패턴 확인하기

| 셔츠 |

전체 시접 1cm

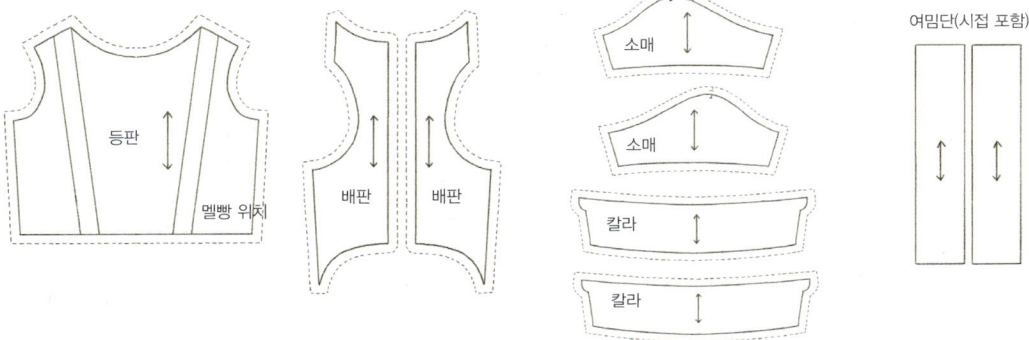

| 바지 |

1.5cm 제외 전체 시접 1cm

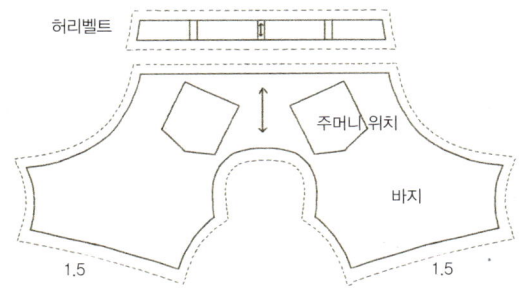
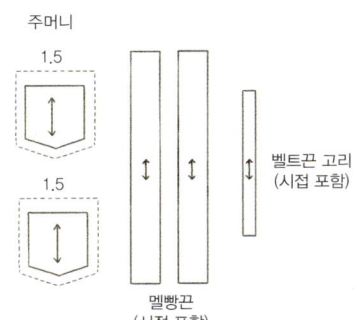

원단 재단하기

원단의 안쪽 면에 패턴을 올려 완성선과 시접선을 그린 후 시접선을 가위로 재단합니다.

미리 체크하세요

셔츠의 등판 어깨끈 위치, 허리벨트의 벨트끈 고리 위치, 주머니감 위치를 미리 표시한다.

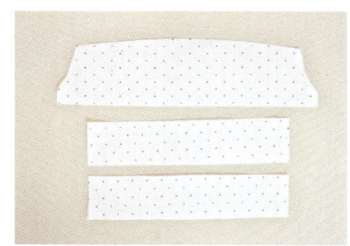

셔츠 칼라 1장, 여밈단 2장 모두에 심지를 붙여 놓는다.

준비하기

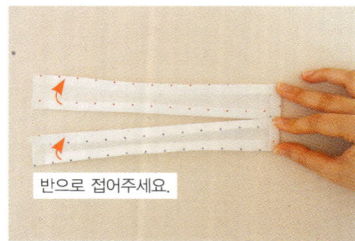

① **여밈단** 위, 아래, 한쪽 옆선을 안쪽으로 1cm 접어 다린 후, 반으로 접어 한 번 더 다려요.

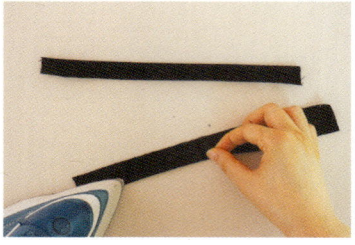

② **멜빵끈감** 위, 아래 시접을 안쪽으로 0.5cm 접어 다려 놓아요.

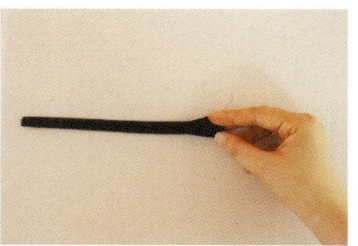

③ **벨트끈 고리감** 위, 아래 시접을 안쪽으로 모아 접어 다려 놓아요.

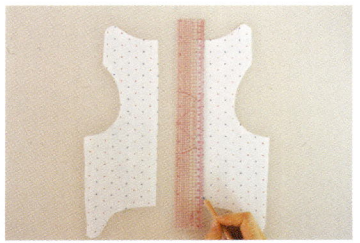

❹ **주머니감** 시접 전체를 오버록이나 지그재그 박기 하고, 완성선대로 시접을 접어 주머니 모양을 만들어주세요.

❺ **배판감** 겉의 중심에 1cm 폭으로 선을 그려 놓아요.(완성선 표시)

|TIP| 등판과 배판의 목 라인에 식서테이프를 붙여두면 목이 늘어나지 않아 칼라 연결 시 길이를 딱 맞춰 봉제할 수 있다. 풀이 발린 면을 원단에 붙여 다리미로 다린다.

등판과 배판 어깨 박기

❶ 등판의 겉이 보이도록 놓고, 멜빵 위치에 멜빵감을 올려 미싱으로 박아요.

|TIP| 원단 색상에 따라 밑실을 선택한다.

❷ 등판의 겉과 배판의 겉이 마주보도록 올려 어깨를 맞춰 고정한 후 미싱으로 박고 시접을 오버록이나 지그재그 박기합니다.

시접은 배판 쪽!

❸ 겉을 보고 배판 어깨에 상침을 해 시접을 눌러 박아요.(간격 0.3~0.5cm)

|TIP| 30수의 셔츠 원단에 상침하면 단단하게 박음질되고, 색깔 있는 실을 사용하면 포인트가 된다.

배판 밑단 고무줄 끼워 박기

❶ 배판 밑단 시접을 오버록이나 지그재그 박기로 정리하세요. 밑단 길이의 절반 정도의 고무줄을 준비하고, 시접의 양 끝에 고무줄 끝을 박음질합니다.

❷ 고무줄을 당겨 시접을 덮고(시접 1cm) 시접 끝을 박음질합니다.

고무줄이 들어 있어요.

❸ 고무줄이 시접 안에 갇히면서 주름이 생겨요.

셔츠 여밈단 박기

① 배판 중심의 겉이 보이도록 놓고 준비해둔 여밈단을 가지고 옵니다.

② 배판 중심에 미리 표시해둔 1cm 선을 확인하고 여밈단을 표시한 선까지 끼워 고정합니다.

③ 미싱으로 박음질합니다.

 ## 칼라 박기

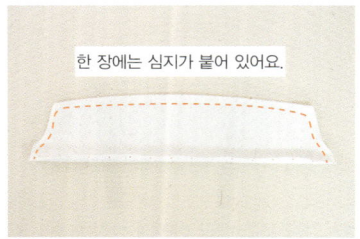

① 칼라감의 아래 목 라인의 시접 1cm를 접어 다리고 칼라 2장을 겉과 겉이 맞닿게 놓은 후 하단 시접을 제외한 세 면을 박음질합니다.

|TIP| 다린 시접을 접어 올린 상태에서 박음질한다.

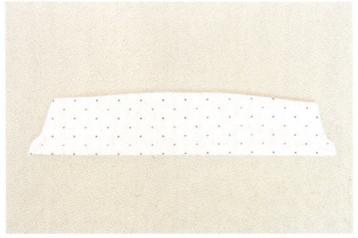

② 시접은 반만 남기고 잘라낸 후 칼라 박음선의 곡선에서 직선으로 바뀌는 지점은 가위집을 내고 뒤집어 모양을 잡아 다려주세요.

③ 몸판에 칼라를 박기 위해 심지가 없는 쪽이 위로 보이게 놓고 몸판의 목 라인에 칼라를 끼워 고정하고 박음질합니다.

|TIP| 칼라를 박을 때 안쪽 칼라 시접도 함께 박아야 한다. 몸판 겉의 목 라인에 1cm 선을 표시하면 칼라를 끼우기 좋다.

 ## 옆선 박기

① 등판의 겉과 배판의 안이 보이게 놓고 옆선을 맞춰 핀으로 고정하고 박음질합니다.

② 시접을 정리하고 등판 쪽으로 보내세요.

- 어깨 옆선을 상침한 것처럼 등판 겉을 보고 옆선을 상침해도 좋다.
- 일반적으로 시접은 배판 쪽으로 보내지만 셔츠 밑단의 고무줄 연결, 바지 연결을 고려해 시접을 깔끔하게 정리하기 위해 등판 쪽으로 시접을 보냈다.

소매 달기

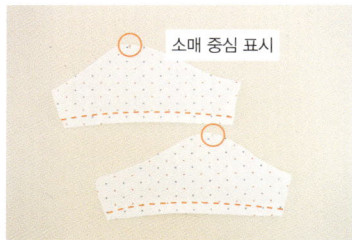
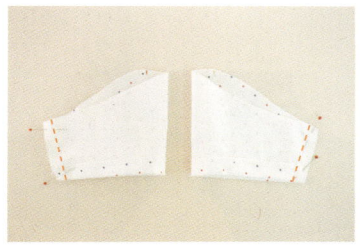

❶ 소매감 밑단 시접을 정리하고 시접 분량만큼 접어 다려준 후 박음질합니다.

❷ 겉과 겉이 만나도록 소매 옆선을 맞춰 고정하고 박음질한 후 시접을 정리합니다.

❸ 소매 진동의 시접선 0.5cm 안쪽에 가장 큰 땀수로 한 줄 박기를 해주세요.

❹ 밑실 한 가닥을 당겨 주름을 만들어요. 살짝 사이즈만 줄여준다는 느낌으로 당겨요.

|TIP| 실은 몸판에 진동을 박을 때까지 잘 라내지 말고 둔다.

❺ 시접 쪽에는 살짝 주름 느낌이 있지만 1cm 안쪽의 완성선에는 주름 없이 매끄럽게 만들어줘야 해요.

❻ 몸판의 안쪽이 보이게 놓고 소매의 방향을 찾으세요. 소매 중심점을 기준으로 옆선까지의 길이가 짧은 쪽이 등판 진동선에 와야 합니다.

> 몸판에 소매를 달았을 때 겉에서 보면 주름이 전혀 없어야 한다. 이렇게 하는 것을 '이세 분량을 준다'고 표현한다. 몸판 진동과 소매 진동의 곡선 모양 차이 때문에 생기는 길이의 변화를 이세 분량을 주어 길이를 맞추게 된다. 원단에 스판성이 없는 경우 이런 방법으로 소매를 달게 된다.

❼ 몸판 진동에 소매를 집어넣고 몸판의 어깨선과 소매 중심선을 맞춰 고정하고 몸판의 옆선과 소매의 옆선도 위치를 맞춰 고정합니다.

❽ 주름 분량을 만들어줬던 실을 당기거나 풀어 몸판과 소매의 진동 길이를 맞춰 고정하세요.

❾ 진동을 한 바퀴 박음질하고 시접을 정리합니다. 소매 안쪽이 보이도록 놓고 박음질하면 수월해요.

바지 주머니 박기

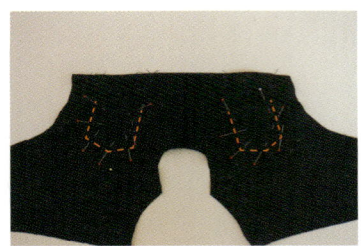

❶ 준비해둔 주머니감의 위쪽 라인을 한 줄 박음질합니다.

❷ 바지 주머니 위치에 주머니 감을 고정하고 박음질해요.

 ## 벨트 연결하기

❶ 허리벨트를 바지 쪽으로 뒤집어 겉과 겉이 만나게 한 후 위쪽 라인을 박음질합니다.

❷ 박음질이 완료되면 오버록이나 지그재그 박기로 시접을 정리합니다.

❸ 벨트 겉이 보이게 젖혀 상침하세요.

바지통 연결하고 밑단박기

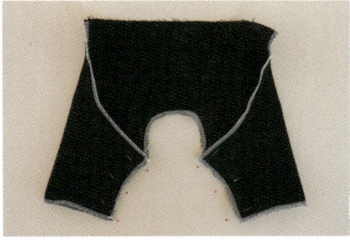
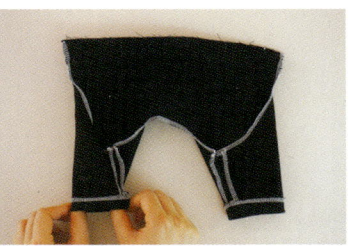

❶ 바지의 위 라인을 제외한 전체를 오버록이나 지그재그 박기 하고 바지의 밑단 시접을 접어 다려두세요.

❷ 바지통의 옆선을 겉과 겉이 만나도록 고정한 후 박음질합니다. 시접은 가름솔해 주세요.

❸ 바지 밑단을 다려놓은 선만큼 접어 올린 후 한 바퀴 돌아 박음질합니다.

옆선, 꼬리라인 고무줄 박기

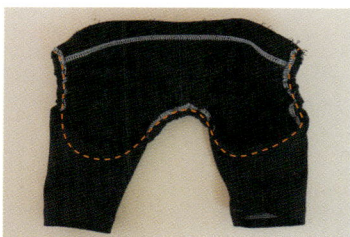
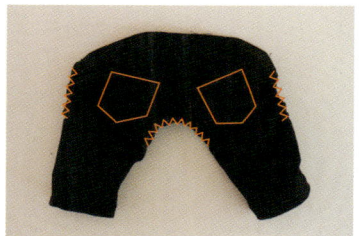

① 바지의 옆선, 꼬리라인에 고무줄을 박아 주름을 만들어 주겠습니다. 고무줄을 박을 위치를 확인하고, 시접에 고무줄을 놓고 당겨가면서 중심을 박아주세요.

② 바지 옆선, 꼬리라인 전체 시접을 안으로 접고 시접 끝을 박음질해요. 고무줄을 감싸 넣고 박으세요.

③ 바지 완성!

|TIP| 다리가 짧거나 마른 강아지는 다리가 빠질 수 있으므로 고무줄 제외 분량 없이 전체를 박는다.

셔츠와 바지 합치기

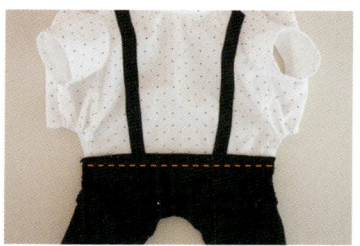

① 등판 겉이 보이는 셔츠 위에 바지의 안이 보이도록 뒤집어 올려 셔츠 밑단과 맞춰 박음질한 후 시접을 정리합니다.

② 바지를 겉이 보이게 내린 후 박은 선을 한 번 더 상침하세요.

③ 벨트끈 고리감을 허리벨트 폭보다 2cm 가량 크게 잘라 3개 준비하고, 위아래 끝을 1cm씩 안으로 접어 허리벨트 위에 올린 후 미싱으로 눌러 박아요.

단추달아 완성하기

① 배판 중심의 여밈단에 T단추를 달아 마무리하세요.[T단추 다는 법(P.70) 참조]

② 나비넥타이 리본을 만들어 브로치대에 붙여 완성합니다.[리본 만들기(P.318) 참조]

PART 04

강아지 옷 만들기의 실제
_액세서리 및 소품

How to make 01

나도 매너 있는 수컷 강아지
매너벨트

> 영역 표시가 잦은 수컷 강아지에게 꼭 필요한 것이 바로 매너벨트입니다. 순면의 원단으로 피부 자극 없는 매너벨트를 만들어보세요.

난이도 ★☆☆☆

사용 원단 및 부자재(M 사이즈 기준)

원단
- (겉감) 특양면 다이마루 50×15cm
- (안감) 특양면 다이마루 50×15cm

바이어스 120×3.5cm

부자재
- 3온스 솜 50×15cm
- 머시망 15×15cm
- 벨크로테이프 16cm(한 쌍), 폭 1.5~2cm

실물패턴 번호 013

How to Make

패턴 확인하기

| 몸판 |

전체 시접 없음

겉감
벨크로테이프 (거친 면)
매시 원단 위치
안감
벨크로테이프 (부드러운 면)
매시망

| 바이어스 |

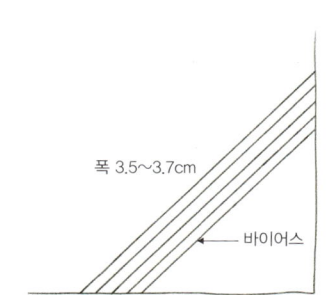

폭 3.5~3.7cm
바이어스

원단 재단하기

원단의 안쪽 면에 패턴을 올려 완성선과 시접선을 그린 후 시접선을 가위로 재단합니다.

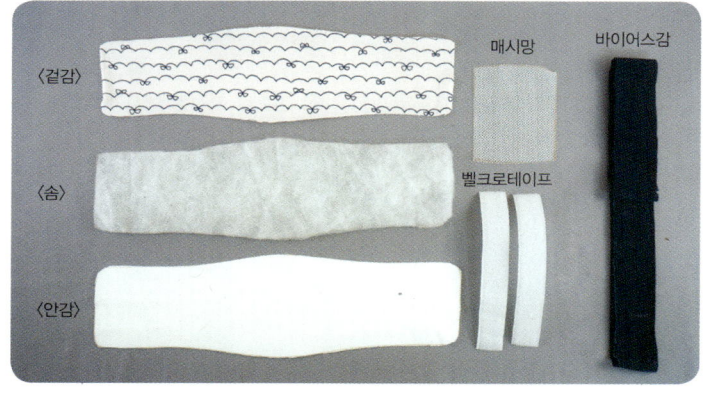

〈겉감〉 〈솜〉 〈안감〉 매시망 벨크로테이프 바이어스감

미리 체크하세요

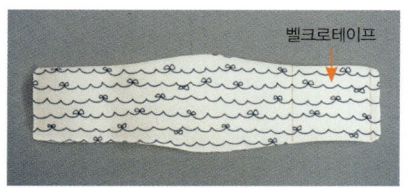

벨크로테이프

겉감 겉에 벨크로테이프 위치 표시하기

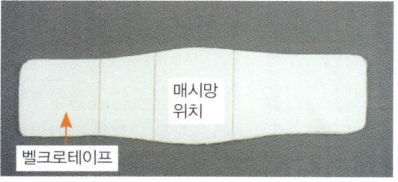

매시망 위치
벨크로테이프

안감 겉(살에 닿는 쪽)에 벨크로테이프 위치, 매시망 위치 표시하기

겉감과 안감에 벨크로테이프 박기

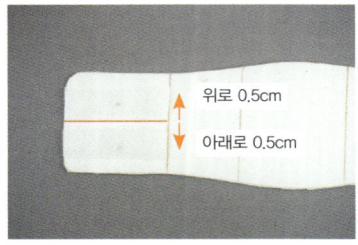
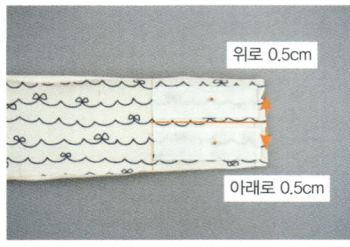
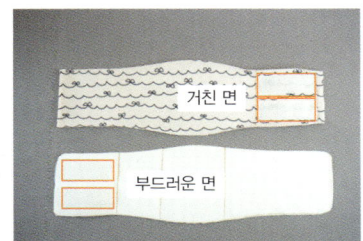

❶ 벨크로테이프를 반으로 나누어 두 쌍이 되도록 하고 벨크로테이프를 겉감과 안감의 중심선에서 위 0.5cm, 아래 0.5cm 위치에 올려 핀으로 고정합니다.

❷ 벨크로테이프를 미싱으로 박아주세요.

 ## 매시망 옆선 바이어스 싸고 안감에 고정하기

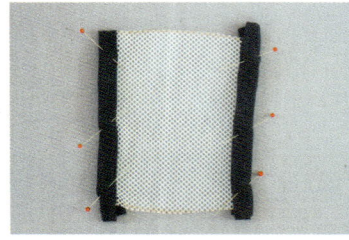

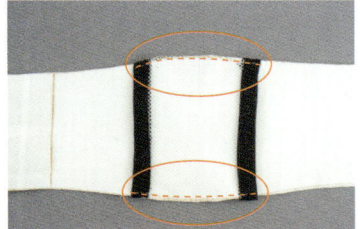

❶ 바이어스감은 바이어스테이프로 만든 후 매시망의 양쪽 옆선에 끼워 핀으로 고정합니다.[바이어스테이프 만들기(P.60)참조]

❷ 핀으로 고정한 매시망의 양쪽 옆선을 미싱으로 박아주세요.

❸ 매너벨트 안감의 겉이(벨크로테이프를 박은 쪽) 보이도록 놓고 매시망을 위치에 맞게 올려 미싱의 가장 큰 땀으로 임시 고정합니다.

매너벨트 겉감과 안감 합하여 임시 고정하기

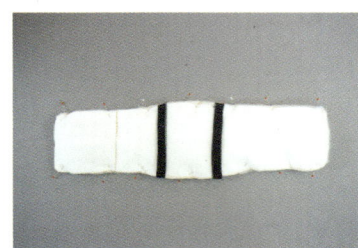
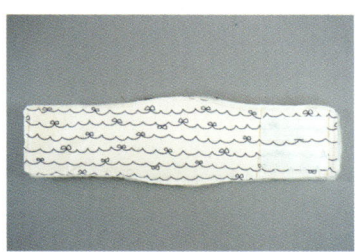

❶ 안감의 안이 보이도록 하고 3온스 솜을 올린 후 그 위에 겉감의 겉이 보이도록 올려주세요. 모두 합쳐 핀으로 전체 고정합니다.

❷ 핀으로 고정한 뒷면의 모습입니다.

❸ 미싱의 가장 큰 땀으로 전체를 임시 고정합니다.

바이어스 감싸 마무리하기

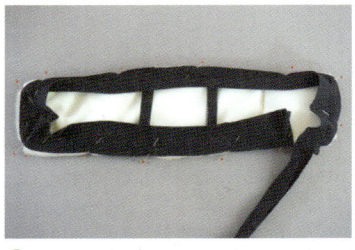

① 매너벨트의 안감이 보이도록 놓고 바이어스감의 끝을 1cm 안쪽으로 접어 바이어스감의 안이 보이도록 올린 후 매너벨트 전체를 둘러 핀으로 고정합니다.

|TIP| 1cm를 접어 올린 시작 위치에 오면 1cm 접은 분량을 조금 지나 바이어스를 잘라냅니다.

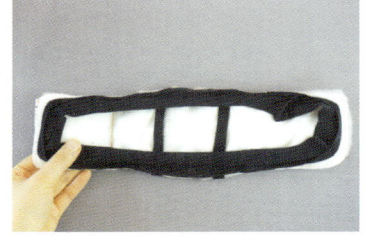

② 매너벨트 라인 전체를 바이어스를 둘러 감싸 고정하고 미싱으로 전체 한 바퀴를 둘러 박아주세요.

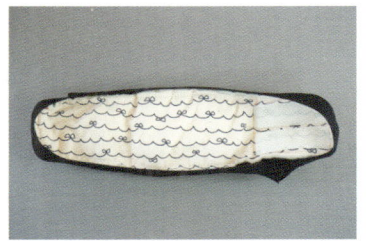

③ 매너벨트를 겉이 보이게 뒤집고, 박은 바이어스의 시접을 겉감 쪽으로 젖혀 올려주세요.

④ 겉감으로 올린 바이어스감이 보이게 하고 안쪽으로 한 번 접어줍니다.

⑤ 매너벨트의 겉감을 덮어주며 한 번 더 바이어스감을 겉감 쪽으로 접습니다.

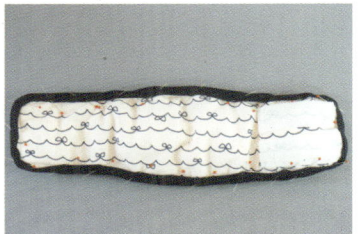

⑥ 동일한 방법으로 전체를 핀으로 고정합니다.

⑦ 미싱으로 바이어스감의 겉을 보고 전체를 박아줍니다.

|TIP| 안감 쪽 바이어스감도 같이 박혀야 한다.

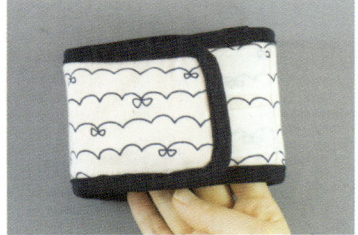

⑧ 완성!

⑨ 매너밸트를 착용한 강아지의 모습입니다.

How to make 02

소중한 그날에도 깨끗하게
위생팬티

암컷 강아지들을 위한 필수품! 안쪽에 패드 등을 집어넣어 쾌적하게 사용할 수 있도록 하고 프릴을 달아 좀 더 귀여운 느낌으로 완성해 볼게요. 부드러운 면 원단을 사용해주세요.

난이도 ★★☆☆

사용 원단 및 부자재(M 사이즈 기준)

원단 (등판·배판) 싱글 다이마루 55×25cm
(프릴감) 72×3.5cm
매시망 13×10cm
고무줄 폭 3mm, 길이 55cm

부자재 (바이어스감) 10×2.5cm(꼬리 구멍),
13×3.5cm(매시망 마감)

실물패턴 번호 013

How to Make

 패턴 확인하기

| 몸판 |

'시접 없음' 제외 전체 시접 1cm

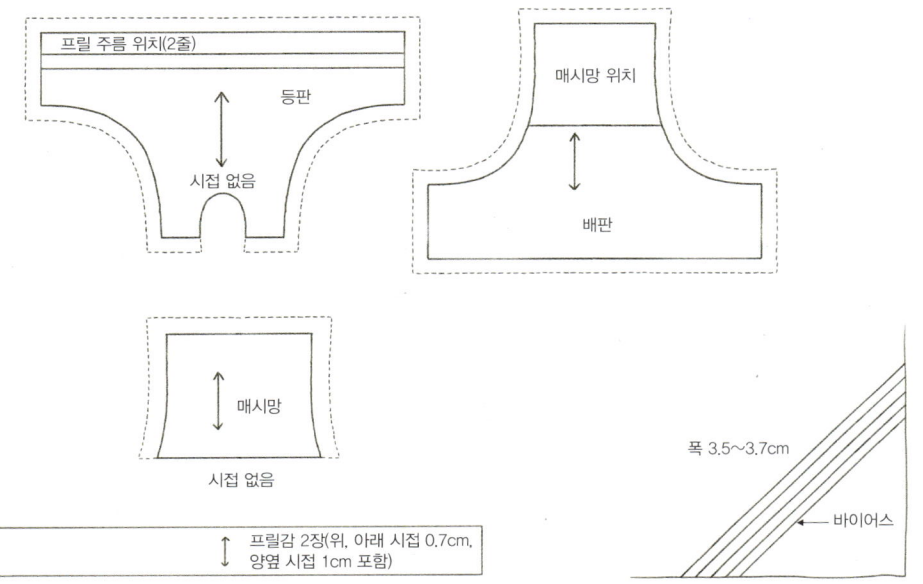

 원단 재단하기

원단의 안쪽 면에 패턴을 올려 완성선과 시접선을 그린 후 시접선을 가위로 재단합니다.

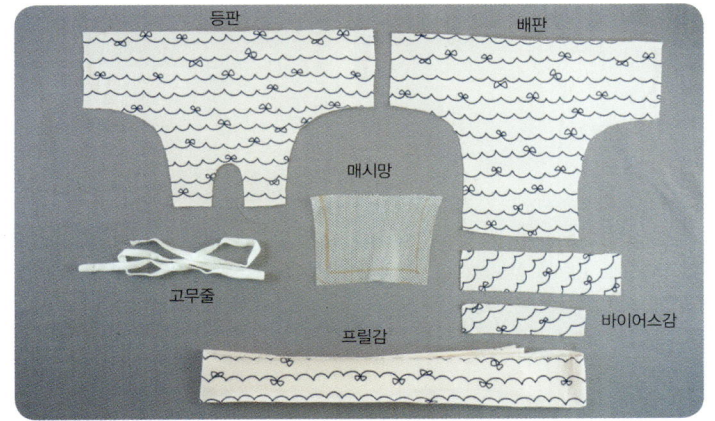

미리 체크하세요

패턴상의 프릴 달림 위치를 확인하여 재단 후 펜으로 원단에 표시한다.

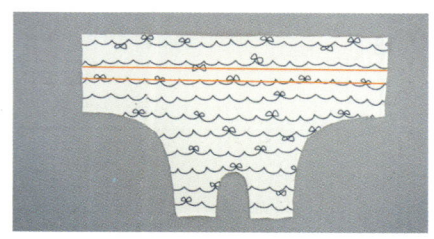

매시망 바이어스 마감하기

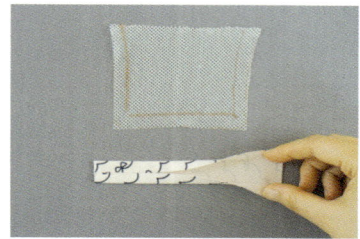

❶ 재단한 매시망과 매시망 마감용 바이어스감을 준비합니다. 바이어스감을 중심선을 기준으로 위, 아래 안쪽으로 접어주세요.

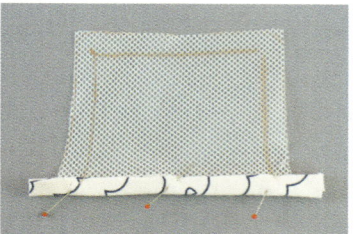

❷ 재단 시 시접을 주지 않은 매시망의 위치에 바이어스감을 끼워 고정합니다.

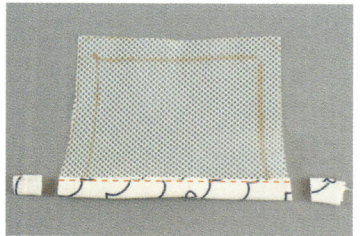

❸ 핀으로 고정한 바이어스감을 박고, 남은 시접은 가위로 잘라 정리합니다.

프릴감 준비하기

❶ 프릴감의 밑단을 오버룩이나 지그재그 박기한 후 안쪽이 보이도록 놓고 0.7cm만큼 시접을 접어 올린 후에 미싱으로 박아 고정해주세요.

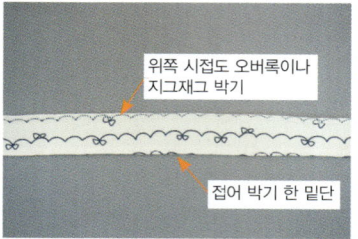

❷ 프릴감의 위쪽 시접도 오버룩이나 지그재그 박기 하여 시접을 정리합니다.

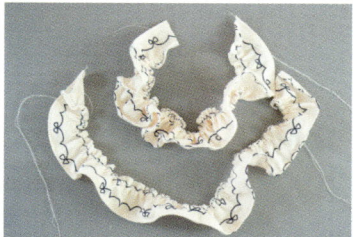

❸ 미싱 노루발을 '주름 노루발'로 변경하고 프릴감 위쪽 시접 분량을 박아나가며 주름을 잡습니다.

|TIP| 시작과 끝 부분에는 실을 길게 남긴다.

프릴 주름 잡는 방법　　　　　　　　　　　　　　　　　　　　　　　　　　　　KNOW HOW

프릴 주름을 잡는 방법은 '① 주름 노루발 사용, ② 시침질하여 손으로 주름 잡기, ③ 시접에 미싱으로 두 줄 박기 하여 손으로 주름 잡기'의 세 가지가 있다. 길이 조절이 필요한 경우는 ③번 방법이 좋다. 주름 노루발은 대부분 미싱에 기본으로 제공된다. 만약 주름 노루발이 없다면 주름잡기 > 손으로 실 당겨 만들기(P.65)를 참조하면 된다.

몸판에 프릴감 박기

  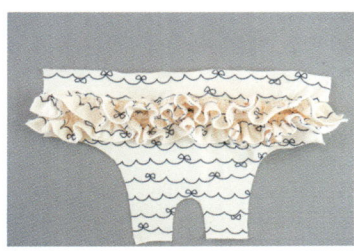

① 등판의 겉이 보이도록 놓고 프릴감 두 장을 올려 주름 길이를 줄이거나 늘려 등판의 가로 길이와 맞도록 조절합니다.[주름 분량 조절 방법(P.179) 참조]

② 등판 겉이 보이게 놓고 프릴 달림 위치에 프릴감의 안이 보이도록 올려 핀으로 고정한 후 미싱으로 박아줍니다.

③ 프릴이 뒤집어지지 않도록 고정하기 위해 박은 프릴의 겉을 보고 상침합니다. 다른 하나의 프릴감도 동일한 방법으로 등판에 박은 후 상침합니다.

꼬리 구멍 바이어스 마감하기

① 꼬리 구멍용 바이어스 감을 준비하고 중심선을 기준으로 위, 아래로 접어주세요.

② 등판의 꼬리 구멍에 접은 바이어스감을 끼워 시접을 감싼 후 핀으로 고정합니다.

③ 고정한 바이어스감을 미싱으로 박아 고정합니다.

배판 안쪽에 매시망 고정하기

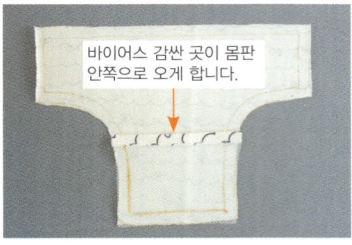

바이어스 감싼 곳이 몸판 안쪽으로 오게 합니다.

① 배판 안쪽에 매시망을 위치에 맞춰 올려주세요.

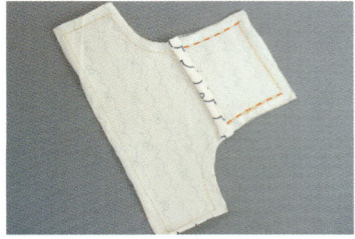

② 매시망과 배판을 임시로 고정하는 박음질을 합니다.

③ 매시망이 몸판에 고정되었습니다.

 ## 등판과 배판 밑단 · 옆선 연결하기

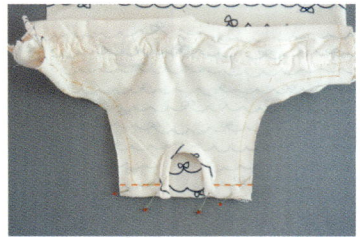

① 배판의 겉에 등판의 안이 보이도록 올려 밑단 선을 맞춘 후 등판과 배판의 밑단선을 핀으로 고정하고 미싱으로 박아줍니다.

|TIP| 시접은 오버록이나 지그재그 박기로 정리한다.

시접 방향

시접을 고정하는 상침하기

② 등판과 배판의 연결 시접은 배판 쪽으로 보내고 시접을 눌러주는 상침을 합니다.

프릴감은 아래쪽으로 내려 함께 고정한다.

③ 등판의 겉이 보이도록 놓고, 배판을 위로 올려 안이 보이도록 겹친 후 등판과 배판의 한쪽 옆선을 맞춰 핀으로 고정합니다.

|TIP| 프릴감이 뒤집어지지 않도록 옆선을 박을 때 프릴감 옆선을 함께 박아 고정한다.

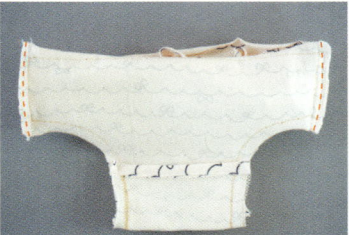

④ 동일한 방법으로 반대쪽 옆선도 핀으로 고정한 후 양쪽 옆선을 미싱으로 박고, 오버록이나 지그재그 박기로 시접을 정리해주세요. 시접은 배판 쪽으로 보냅니다.

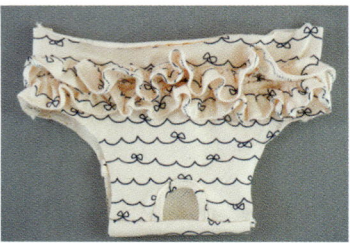

⑤ 완성!

허리선, 허벅지둘레 오버록이나 지그재그 박기

 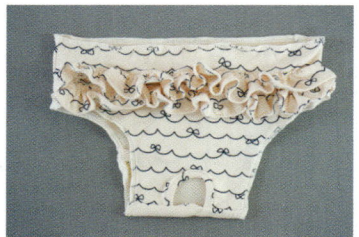

① 겉이 보이도록 놓고 허리둘레, 양쪽 허벅지둘레를 오버록이나 지그재그 박기 합니다.

 ### 허리, 허벅지 양쪽 고무줄 집어넣기

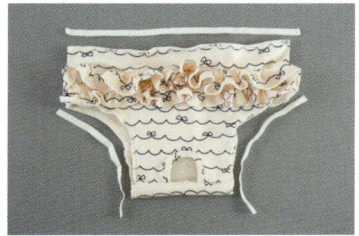  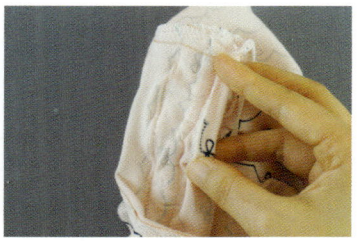

① 고무줄을 허리둘레의 1/2, 허벅지둘레의 1/2 길이만큼 잘라 준비해주세요.

② 팬티를 뒤집고 등판과 배판을 연결한 옆선, 허벅지 둘레에 고무줄을 올려 핀으로 고정한 후 시접에 양 끝을 미싱으로 박아줍니다.

③ 시접 안쪽에 고무줄이 위치하도록 하고 고무줄을 감싸듯이 시접으로 덮어 핀으로 고정합니다.

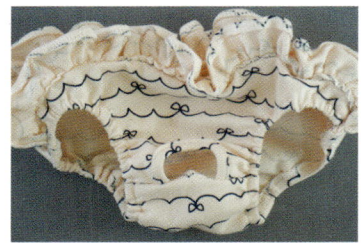 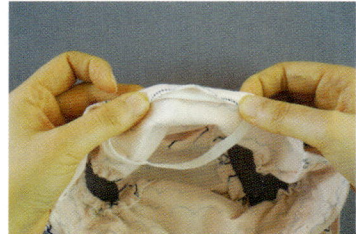 

④ 미싱으로 허벅지둘레 양쪽의 시접 끝을 박아줍니다.

|TIP| 고무줄을 감싼 시접을 덮어 미싱을 박을 때 고무줄이 함께 박히지 않도록 한다.

⑤ 허리에 넣을 고무줄 양 끝이 1cm 겹치도록 미싱으로 박아 링 모양을 만들고 시접 안쪽에 고무줄을 올려 덮어준 후 미싱으로 박아주세요. 이때, 고무줄을 당겨가며 허리 시접 끝을 박아주세요.

⑥ 완성! 매시망의 안쪽에 패드 및 애견 패드를 집어넣고 교체하면서 사용하면 됩니다.

KNOW HOW

고무줄은 짧고 허벅지둘레는 길기 때문에 고무줄을 당겨 늘어난 상태에서 시접 안쪽으로 고무줄을 집어넣고 시접 끝을 박아야 전체를 박을 수 있다.

How to make 03

우리 아이를 한껏 돋보이게 해 줄
나비넥타이형 리본

나비넥타이 스타일의 기본 리본이에요. 만들기 어렵지 않으니 천천히 따라해 보세요.

난이도 ★☆☆☆

사용 원단 및 부자재

| 원단 | 골직 리본 20×2cm 5cm×5mm | 부자재 | 양면 테이프, 철사, 순간접착제 |

PART 04 강아지 옷 만들기의 실제_액세서리 및 소품

How to Make

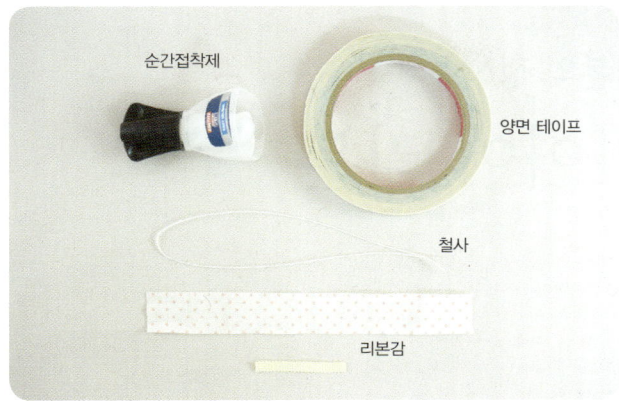

나비넥타이형 리본 만들기

❶ 리본 안쪽에 연필로 중심선을 긋고 리본 양 끝에 양면 테이프를 붙여, 한쪽 양면 테이프의 종이를 떼고 중심 표시선에서 1cm 지난 곳에 붙여주세요.

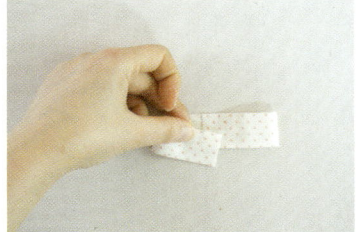

❷ 반대쪽 양면 테이프의 종이를 떼고, 중심에 붙여놓은 리본 끝과 1cm 겹치게 올려 붙여주세요.

❸ 리본 중심의 위아래를 안쪽으로 누르듯이 모아준 후 가는 철사를 이용하여 모은 부분을 감아주세요.

❹ 리본 뒤쪽에서 철사를 4~5회 정도 꼬아 리본에 잡은 주름을 고정하고 철사의 끝을 가위로 잘라낸 후 끝을 눌러 뾰족한 부분이 보이지 않게 합니다.

❺ 리본의 중앙 부분을 마감하기 위해 5cm의 짧은 리본감을 준비한 후 한쪽 끝에 순간접착제를 발라 철사로 조인 리본 뒤의 중앙에 붙여주세요.

❻ 리본감의 긴 쪽을 철사 위에 감은 후 남은 리본감을 짧게 잘라 끝에 순간접착제를 바르고 안쪽에 붙여주면 완성입니다.

How to make 04

리본의 정석
싱글 와이어 리본

가장 많이 사용되는 리본으로, 스타일 1은 원단 하나로 쉽게 만들 수 있고, 스타일 2는 손이 좀 더 가지만 더 예쁜 모양으로 완성돼요.

난이도 ★ ☆ ☆ ☆

사용 원단 및 부자재

스타일 1 공단 리본 35~45cm

스타일 2 골직 리본 30cm
중앙장식 리본 5cm
철사, 순간접착제

How to Make

 스타일 1

리본감 하나로 간단하게 완성하는 리본입니다.

❶ 리본 양쪽을 사진과 같이 교차하여 만들어주세요.

❷ 검지, 중지가 리본 밖으로 보이도록 합니다.

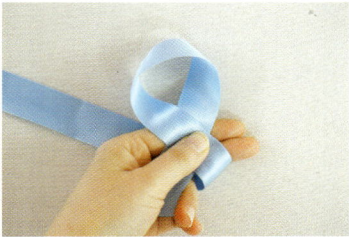

❸ 반대쪽 길게 남아 있는 리본감을 검지, 중지 뒤쪽으로 보냅니다.

❹ 뒤쪽으로 보낸 리본감을 앞으로 가져와 검지와 중지 사이에 끼워줍니다.

❺ 처음 만든 원은 오른쪽으로 당기고, 동시에 검지와 중지에 끼운 리본감은 왼쪽으로 당겨주세요.

❻ 리본 중앙의 매듭이 탄탄해질 때까지 양쪽으로 당기고 리본을 뒤집어주세요.

❼ 리본 모양을 예쁘게 잡고, 리본 아래의 길이를 맞춰 잘라주세요.

❽ 완성!

스타일 2

정석적인 방법으로 완성하는 리본입니다.

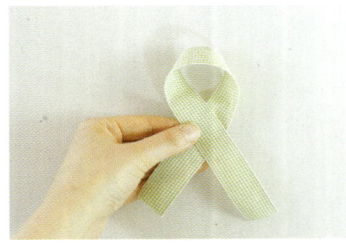

❶ 리본을 사진과 같은 모양으로 만들어 주세요.

❷ 원의 위를 잡고 아래 중심으로 내려줍니다.

❸ 중심으로 내린 원을 한 손으로 잡고 철사가 리본의 중심을 위에서 아래로 지나도록 위치시켜 주세요.

❹ 한 손으로는 철사 양쪽을 함께 잡고, 한 손으로 리본감을 위로 밀어 올리면 주름이 생깁니다.

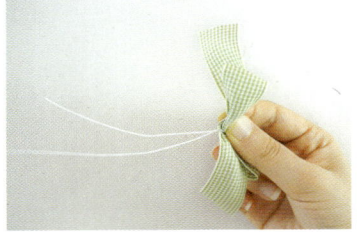

❺ 주름이 잡힌 리본을 한 손으로 잡고, 다른 손으로 철사의 양 갈래를 4~5회 꼬아주세요.

❻ 철사의 꼬임 끝을 가위로 잘라내고 뾰족한 부분이 보이지 않게 손끝으로 눌러주세요.

❼ 철사로 리본의 중심이 만들어졌습니다.

❽ 리본의 중앙 부분을 마감하기 위해 5cm의 짧은 리본감을 준비하고, 순간접착제를 발라 앞의 나비넥타이형 리본과 동일한 방법으로 붙여주세요.

|TIP| 리본 뒷면에 핀대나 브로치대를 부착하면 핀이나 브로치로 활용할 수 있다.
[핀대나 브로치대 부착 방법(P.329) 참조]

리본의 변형   KNOW HOW

기본 리본을 조금만 응용하면 또 다른 느낌의 리본을 만들 수 있다. 강아지에게 입히는 옷에 따라 어울리는 리본을 만들어서 브로치나 헤어핀으로 코디하면 훨씬 멋스럽다.

● 나비넥타이형 리본의 변형

❶ 나비넥타이 기본형이다. 리본감에 심지가 붙어 있는 것을 사용하면 형태감이 더 좋아진다.
❷ 기본형을 2단으로 쌓은 리본이다. 리본의 길이차를 두는 것이 예쁘다.
❸ 기본형을 2단으로 쌓되 리본감을 다르게 사용하면 또 다른 느낌으로 완성된다.
❹ 기본형을 두 개 만들어 평행하게 놓고 한 번에 중심에 주름을 잡은 형태이다.

● 나비넥타이형 리본 + 싱글와이어 리본의 변형

❶ 싱글와이어 리본에 나비넥타이 리본을 2단으로 쌓아 완성했다.
❷ 화이트 느낌의 오간디 리본과 원단 리본을 2장 겹쳐 싱글와이어 리본을 완성했다. 오간디 리본이 고급스러운 느낌을 낸다.
❸ ❶과 같은 방법의 리본으로, 리본의 질감과 무늬가 달라져 완전히 다른 리본으로 완성되었다.
❹ 나비넥타이형 리본 3개를 만들어 바닥에 깔고, 싱글와이어 리본을 만들어 중심을 함께 감싸 고정했다. 훨씬 풍성한 느낌의 리본이 완성되었다.

● 일자 리본

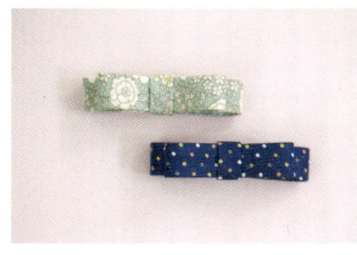

보통 나비넥타이 리본은 중심에 주름을 잡아 완성한다. 중심에 주름을 잡지 않고 완성하는 리본을 '일자 리본'이라고 한다. 일자 리본은 좀 더 단정한 느낌을 주며, 리본감에 심지가 붙어 있어 힘이 있는 것으로 만드는 것이 예쁘다.

나풀나풀 러블리한 옷에 잘 어울리는
망사 원단 리본

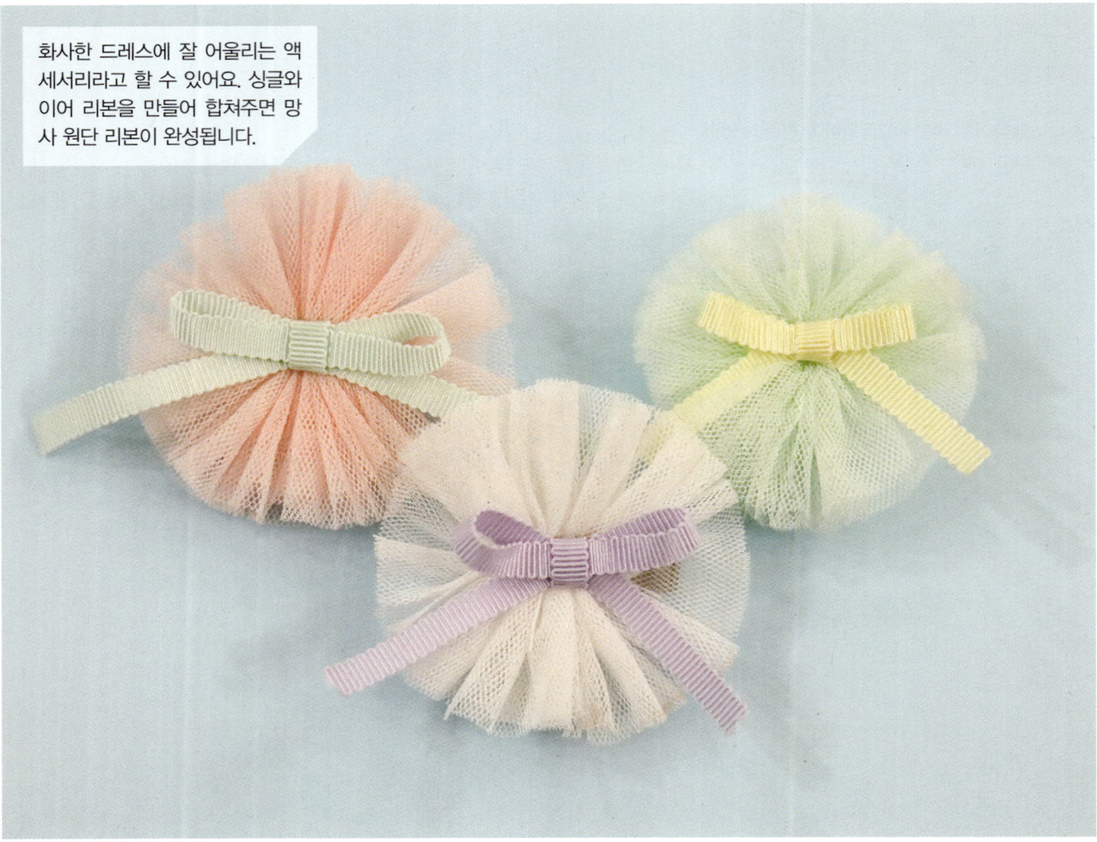

화사한 드레스에 잘 어울리는 액세서리라고 할 수 있어요. 싱글와이어 리본을 만들어 합쳐주면 망사 원단 리본이 완성됩니다.

난이도 ★☆☆☆

사용 원단 및 부자재

재료   망사 원단 70×6cm 2장
싱글 와이어 리본 1개

부자재   실, 바늘, 글루건

How to Make

 망사 원단 만들기

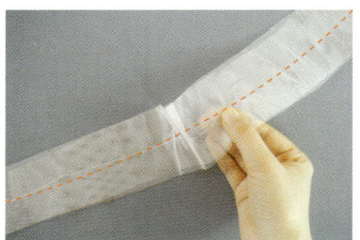

① 2장의 망사 원단을 겹쳐놓고, 원단의 중심에 바늘을 넣어 망사 원단 끝까지 홈 질을 해주세요.

|TIP| 망사 원단 사이로 매듭이 빠져 나오지 않도록 매듭을 2~3회 지어준다.

② 바늘을 당기며 망사 원단을 뒤쪽으로 밀어주면 사진처럼 쭈글쭈글하게 원단이 접힙니다.

|TIP| 홈질 중 실이 부족하지 않도록 수시로 망사 원단을 뒤로 밀어준다.

③ 실이 지나간 중심을 기준으로 망사 원단의 양 끝을 손으로 잡고, 양 끝 길이를 정돈하세요. 남은 실을 당기면서 망사 원단의 중심에 꽉 조이도록 2~3회 감아주세요.

④ 바늘을 망사 원단에 꽂아 매듭을 짓고 실을 잘라낸 후 망사 원단이 중간에 떨어진 부분 없이 동그란 모양이 되도록 손으로 잘 펼쳐주세요.

⑤ 앞에서 배운 싱글 와이어 리본을 준비하고 글루건을 이용하여 망사 원단 위에 올려 손으로 꾹꾹 눌러 붙여주세요.

|TIP| 다양한 장식을 올려 완성할 수 있다. 리본 뒷면에 핀대나 브로치대를 부착하면 핀이나 브로치로 활용할 수 있다.[핀대나 브로치대 부착 방법(P.329) 참조]

How to make 06

특별한 날, 축하하고 싶은 날
고깔모자

생일이면 고깔모자를 쓰고 축하를 해주는 것처럼 강아지의 특별한 날 고깔모자를 씌워 추억의 사진을 남겨보세요.

난이도 ★ ☆ ☆ ☆

사용 원단 및 부자재

원단 프린팅 부직포 35×35cm 1장, 망사 원단 65×10cm 1장

부자재 방울솜 한 움큼, 집게 핀대, 화이트 폼폼, 글루건, 실, 바늘

실물패턴 번호 011

PART 04 강아지 옷 만들기의 실제_액세서리 및 소품

How to Make

 재단하기

고깔모자 패턴과 받침대 패턴은 시접이 포함되어 있으므로 패턴 그대로 부직포에 옮겨 잘라냅니다.

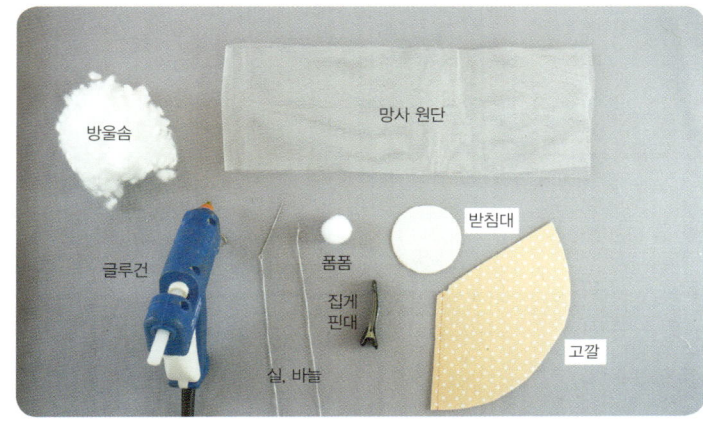

 고깔모자 만들기

❶ 고깔모자 한쪽 끝의 시접 분량에 글루건을 쏘아 반대편 시접에 붙여 고깔 모양으로 만들어주세요.

|TIP| 글루건은 금방 열이 식어 접착력을 잃기 때문에 조금씩 쏘아 단계별로 붙여준다.

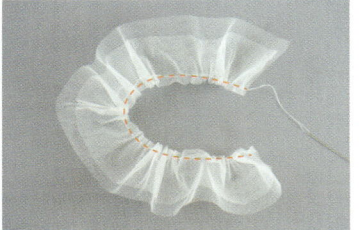

❷ 망사 원단을 길이 차이가 1cm가량 생기도록 반으로 접고, 반으로 접힌 중심 가까이에 바늘을 뒤에서 앞으로 꽂아 망사 원단 끝까지 홈질을 해주세요.

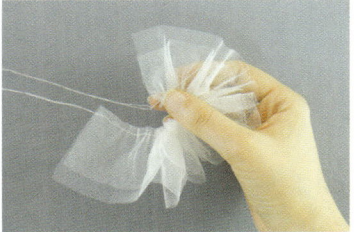

❸ 한 손으로는 바늘을 잡고, 다른 한 손으로는 망사 원단을 뒤로 밀어 주름을 만들어줍니다. 망사 원단의 양 끝이 겹치도록 만들어주기 위해 홈질을 시작한 위치에 바늘을 다시 꽂아 실을 당겨주세요.

❹ 망사감과 고깔모자를 튼튼하게 고정하기 위해 고깔모자의 바닥에서 바늘을 넣어 위쪽으로 꺼내주세요.

❺ 망사 원단과 고깔이 연결된 상태에서 준비한 방울솜을 고깔모자 안에 채워줍니다.

|TIP| 망사 원단에 연결된 실이 방울솜의 중간에 위치하도록 신경 써 채운다.

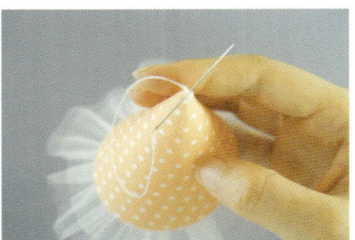

❻ 망사 원단과 고깔이 딱 붙을 수 있도록 바늘을 당겨 실을 팽팽하게 하고, 고깔모자의 꼭대기에 실을 매듭지어 고정합니다.

❼ 글루건을 고깔의 꼭대기에 쏜 후, 폼폼을 올려 손으로 꾹 눌러 고정합니다.

❽ 고깔의 바닥 쪽에 글루건을 쏴 망사 원단과 고깔모자를 한 번 더 붙여주세요.

❾ 재단한 고깔 받침대 중앙에 글루건을 쏜 핀대를 올려 붙여준 후 고깔모자의 바닥에 받침대를 붙여줍니다.

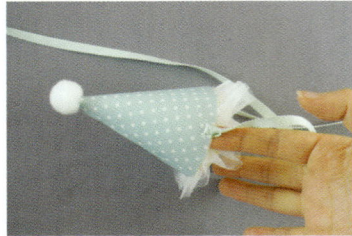

❿ 끈으로 묶는 고깔모자로 완성할 수도 있습니다. 모자의 아래쪽 양옆에 펜으로 끈이 들어갈 부분을 표시하고 칼집을 내 끈이 들어갈 자리를 만들어주세요.

⓫ 끈을 통과시켜 매듭을 지어주세요. 남은 리본감은 잘라냅니다.

⓬ 같은 방법으로 반대쪽 끈도 만들어주세요. 강아지 턱 아래에서 끈을 묶어 사용하면 됩니다.

고깔 안에 솜을 채우는 이유 · KNOW HOW

솜을 채우는 이유는 고깔의 형태를 잡아주기 위함이다. 솜을 채우지 않으면 고깔의 안이 비어 있기 때문에 작은 충격에도 모양이 쉽게 망가질 수 있다.

알아두면 좋을 리본 만들기 팁!

KNOW HOW

● 리본 열처리하기

리본을 가로로 재단하면 리본 끝의 올이 풀리기 때문에 라이터를 이용하여 열처리로 끝을 마감해주어야 한다. 라이터 불이 스치듯이 왔다갔다 해야 한다. 그렇지 않으면, 리본 원단이 타거나 쭈글쭈글해질 수 있다.

|TIP| 온도가 낮은 파란 불꽃으로 열처리를 해야 한다.

● 리본의 최종 완성은 브로치대와 핀대

리본은 완성한 후에 뒷면에 어떤 것을 부착하느냐에 따라 핀이나 브로치로 완성된다. 글루건을 활용하여 리본에 붙이면 된다.

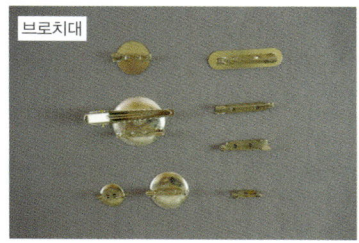
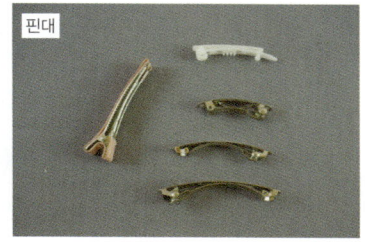

● 리본에 핀대, 브로치대 부착하기

핀대와 브로치대 모두 글루건을 이용하여 리본에 붙여주면 된다. 글루건은 뒤에 글루건심을 꽂고 열로 녹여 총을 쏘듯이 원하는 곳에 쏘면 굳으면서 부착된다. 글루건심을 녹여서 붙이는 것이므로 사용하기 전에 미리 콘센트에 꽂아 예열하는 과정이 필요하다.

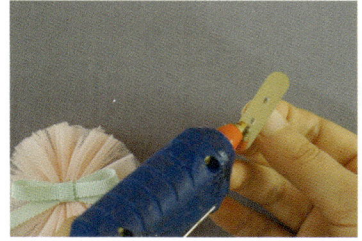

❶ 핀대 혹은 브로치대의 뒷면 안쪽에 글루건을 쏜다.

❷ 리본의 뒷면 중심에 글구건을 쏜 핀대나 브로치대를 부착하여 손으로 꾹 눌러준다.

❸ 완성! 글루건은 쏜 즉시 온도가 떨어지기 때문에 지체 없이 바로 붙여야 한다.

삑삑! 재미있게 놀아보아요.
뼈다귀 장난감

청각이 예민한 강아지에게 소리가 나는 장난감은 좋은 놀잇감입니다. 삑삑 소리가 나는 뼈다귀 장난감을 만들어 보세요. 간단하게 만들 수 있어요.

난이도 ★☆☆☆

사용 원단 및 부자재

원단   옥스퍼드 원단 30×25cm
부자재   솜, 삑삑이(소리 도구), 실, 바늘

실물패턴 번호   008

PART 04 강아지 옷 만들기의 실제_액세서리 및 소품

How to Make

 패턴 확인하기

| 겉감 |

전체 시접 1cm

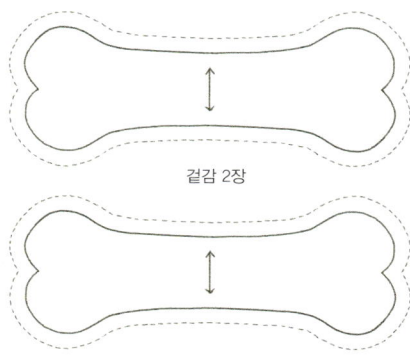

겉감 2장

 원단 재단하기

원단의 안쪽 면에 패턴을 올려 완성선과 시접선을 그린 후 시접선을 가위로 재단합니다.

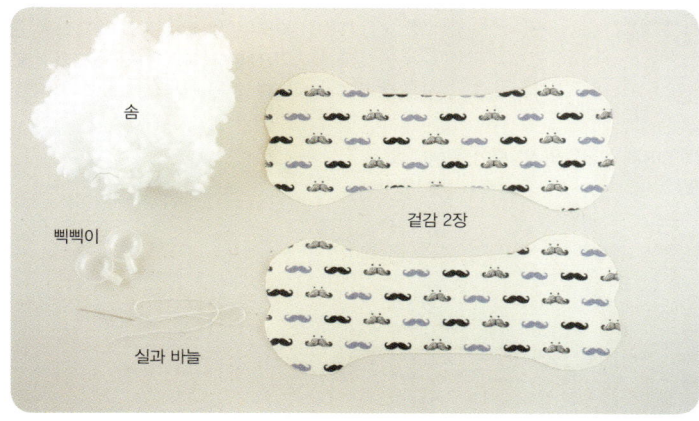

솜
삑삑이
실과 바늘
겉감 2장

뼈다귀 장난감 만들기

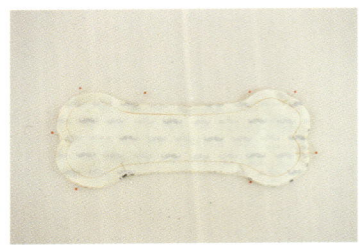
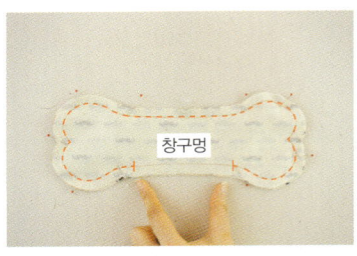

① 원단의 겉과 겉이 마주보도록 겹쳐 놓은 후 핀으로 고정합니다.

② 원단을 뒤집기 위한 창구멍을 제외하고 전체를 미싱으로 박아주세요.

③ 곡선 부분에 모두 가위집을 내줍니다.

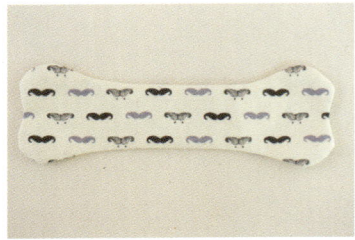

④ 창구멍을 통해 원단 전체를 뒤집어 주세요.

⑤ 모서리 부분은 펜이나 자 등을 이용해 예쁘게 모양을 잡아 줍니다.

⑥ 창구멍으로 솜을 집어넣어 어느 정도 채워주세요.

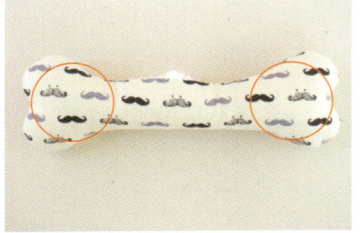

⑦ 어느 정도 솜이 채워지면 삑삑이를 뼈다귀 장난감의 양 끝에 집어 넣어줍니다.

⑧ 삑삑이가 장난감의 양 끝에 위치해 있습니다.

|TIP| 강아지는 양 끝 부분을 물고 노는 경우가 많기 때문에 물었을 때 소리가 나도록 삑삑이를 양 끝에 두 개 집어 넣는 것이 좋다.

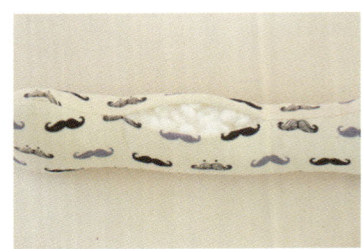

⑨ 창구멍을 공그르기로 막아 마무리합니다.[공그르기(P.53) 참조]

⑩ 삑삑 소리가 나는 뼈다귀 장난감이 완성되었습니다.

PART 04 강아지 옷 만들기의 실제_액세서리 및 소품

창구멍 공그르기 후 매듭짓기

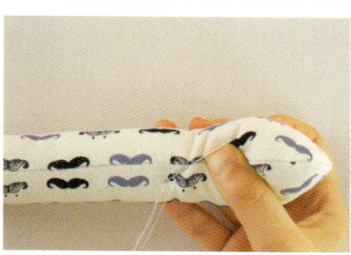

❶ 바늘을 아래에서 위로 꽂아 올린다.

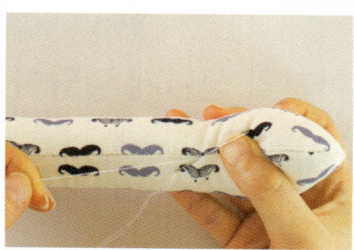

❷ 뒤쪽에 나와 있는 실을 잡는다.

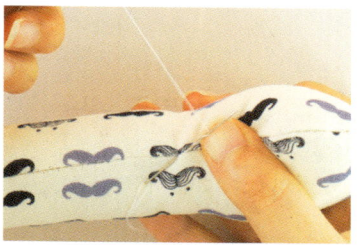

❸ 실을 바늘 쪽으로 가져와 바늘에 2~3번 휘감는다.

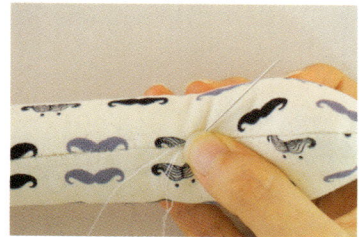

❹ 매듭 부분을 손톱으로 누르고 바늘을 당긴다.

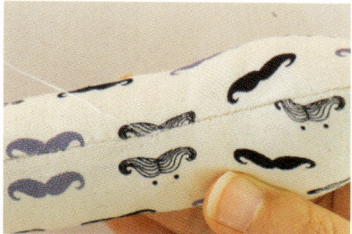

❺ 매듭이 만들어진 것을 확인할 수 있다.

❻ 1cm가량 떨어진 곳에 바늘을 밑에서 위로 꽂아 약간 힘 있게 바늘을 빼주면 만들어진 매듭이 원단 안으로 들어가 보이지 않게 된다. 남은 실은 잘라낸다.

강아지와 신나게 밀당하기
하트끈 장난감

끈을 물고 당기거나 씹거나 하는 행동은 강아지들의 치석 제거에 도움을 주고 스트레스 완화에도 도움을 줍니다. 견주와 밀고 당기기 놀이를 통해 교감을 나눌 수 있는 하트끈 장난감을 만들어볼게요.

난이도 ★☆☆☆

사용 원단 및 부자재

원단 옥스퍼드 원단 35×15cm

부자재 솜, 딸랑이(소리 도구), 면 끈 55cm 4개, 실, 바늘

실물패턴 번호 008

PART 04 강아지 옷 만들기의 실제_액세서리 및 소품

How to Make

패턴 확인하기

| 겉감 |

전체 시접 1cm

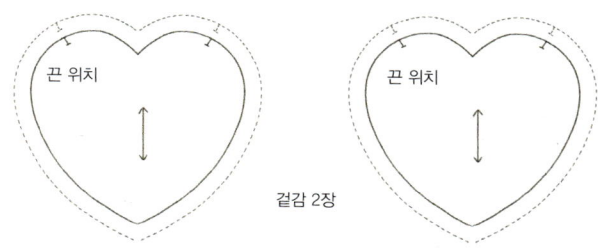

원단 재단하기

원단의 안쪽 면에 패턴을 올려 완성선과 시접선을 그린 후 시접선을 가위로 재단합니다.

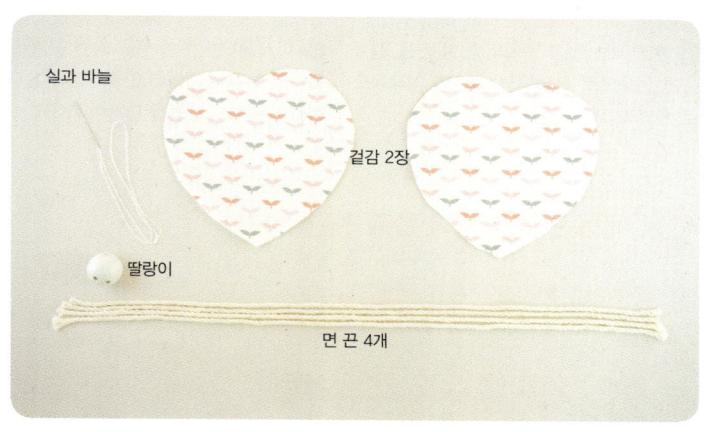

미리 체크하세요

원단 겉면에 끈 위치 표시하기
원단의 겉면에 끈이 달릴 위치를 미리 표시한다.

끈 매듭 만들기 [4줄 땋기(평매듭)]

❶ 면 끈 네 가닥을 준비한 후 끝을 한꺼번에 잡고 매듭을 지어주세요.

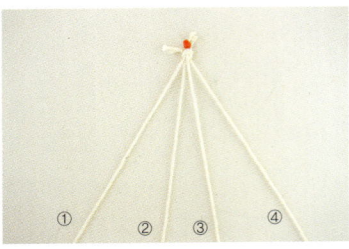
❷ 매듭 지은 부분을 고정하고 끈 네 가닥을 펼쳐줍니다.

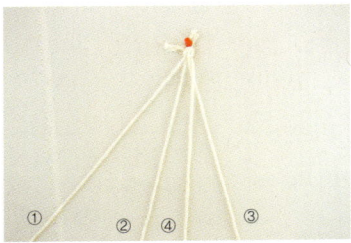
❸ ④번 끈을 잡고 ③번 안쪽으로 들어옵니다.

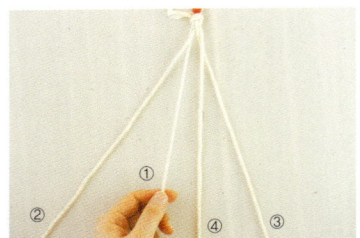
❹ 이번에는 가장 왼쪽의 ①번 끈을 잡고 ②번 안쪽으로 들어오되 ②번의 아래쪽으로 통과해 이동합니다.

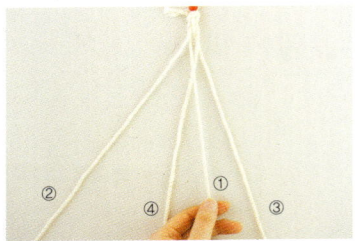
❺ 다시 한 번 ①번 끈을 ④번 끈 위로 이동하면 하나의 매듭이 만들어집니다. 이 과정을 반복해서 매듭을 만들어주세요.

❻ 매듭의 길이는 35~40cm 정도면 적당합니다. 끝 부분은 시작과 같이 매듭을 지어주세요.

매듭끈 고정하여 하트 원단 박기

❶ 겉감 한 장의 겉이 보이도록 놓고, 준비한 매듭끈을 재단 시 표시한 끈 위치에 올려 고정합니다.

❷ 그 위에 나머지 한 장의 겉감 원단의 안이 보이게 올려 2장의 원단을 겹쳐 핀으로 고정합니다.

❸ 창구멍을 제외하고 완성선을 따라 미싱으로 박아줍니다.

|TIP| 끈 매듭이 고정되어 있는 곳은 강아지가 물고 당기면 금방 약해지기 때문에 여러 번 되돌아 박기 하여 튼튼하게 박음질한다.

④ 창구멍을 제외하고 가위집을 내줍니다.

|TIP| 가위집을 내면 뒤집었을 때 원단이 당기지 않아 모양이 예쁘게 잡힌다.

⑤ 창구멍을 통해 원단 전체를 뒤집어 줍니다.

 솜과 딸랑이 채우고 공그르기로 마무리하기

① 창구멍을 통해 솜을 넣어주세요.

② 딸랑이를 하트의 가운데 위치하도록 넣고 솜을 더 채워주세요.

③ 창구멍을 공그르기하여 마무리합니다.
[공그르기(P.53) 참조]

마약처럼 빠져드는 폭신폭신한
사각방석

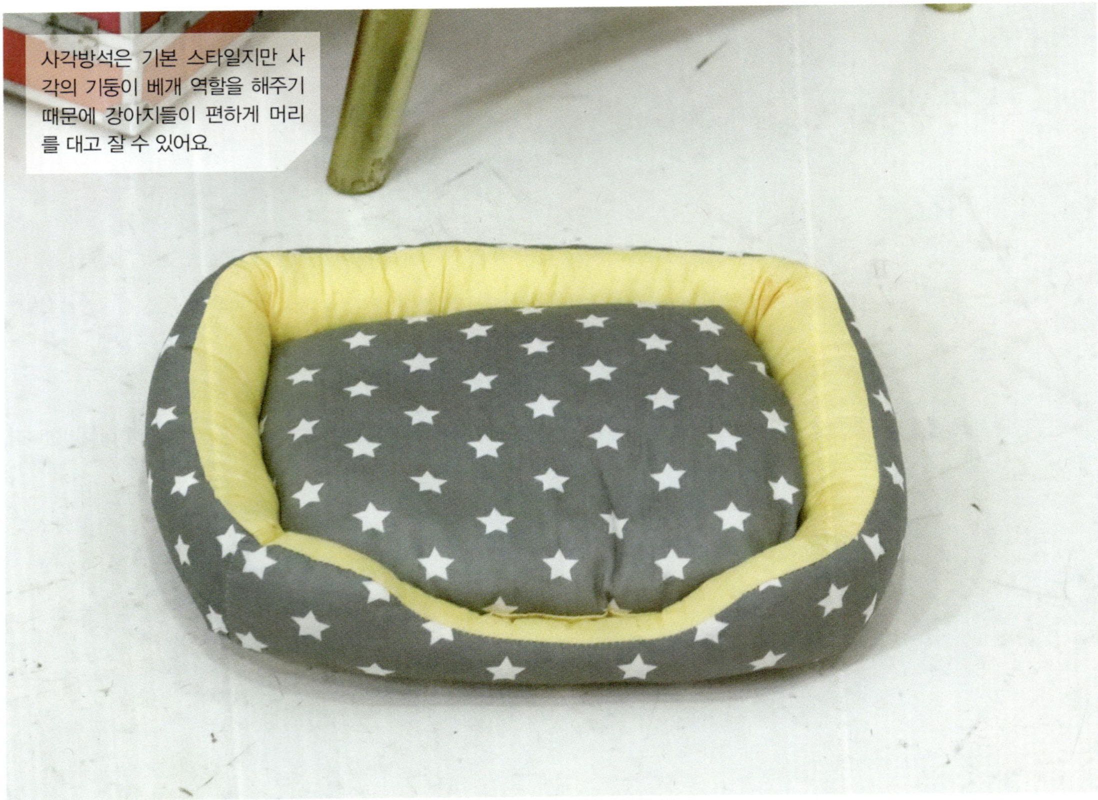

사각방석은 기본 스타일지만 사각의 기둥이 베개 역할을 해주기 때문에 강아지들이 편하게 머리를 대고 잘 수 있어요.

난이도 ★★★☆

사용 원단 및 부자재(M 사이즈 기준)

원단
(겉감) 면 원단 110×75cm
(안감) 면 원단 110×75cm
(바닥감) 미끄럼 방지 원단 55×45cm

부자재 방울솜 1~1.5kg
실물패턴 번호 019, 020, 021

How to Make

 패턴 확인하기

| 겉감 · 안감 |

전체 시접 1cm

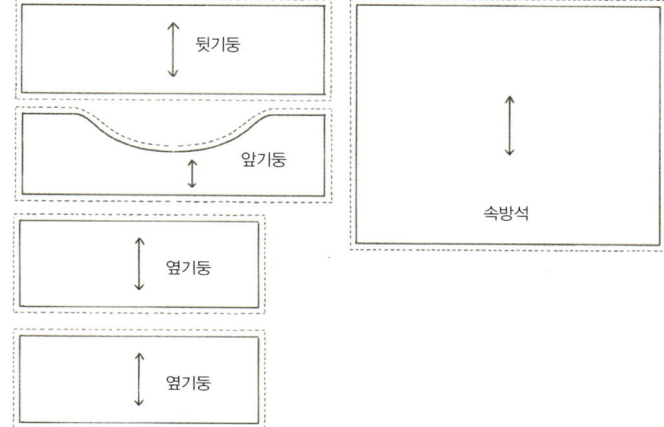

| 바닥감 |

전체 시접 1cm

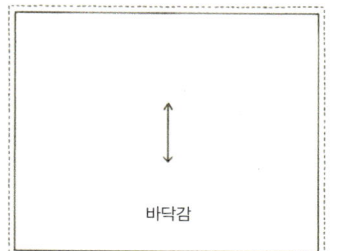

 원단 재단하기

원단의 안쪽 면에 패턴을 올려 완성선과 시접선을 그린 후 시접선을 가위로 재단합니다.

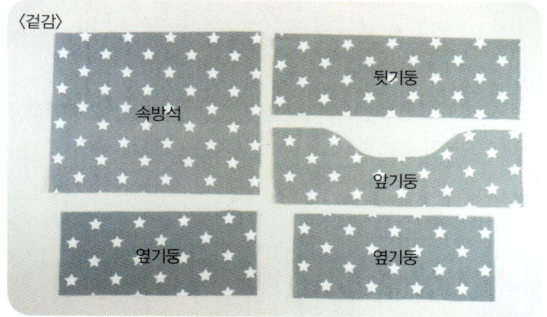

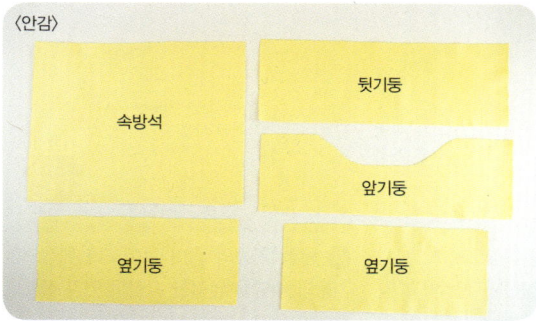

방석 기둥 만들기

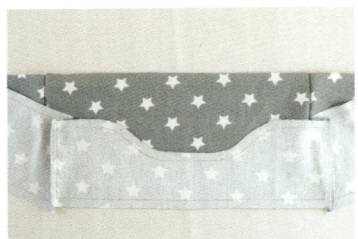

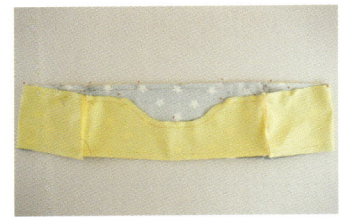

① 기둥 겉감의 겉과 겉이 닿도록 옆선을 모두 핀으로 고정한 후 박음질하고 오버록이나 지그재그 박기로 시접을 정리합니다.

② 기둥 안감도 겉과 겉이 닿도록 옆선 4곳을 미싱으로 박되, 대각선 두 군데에 솜을 넣을 창구멍을 남겨두고 박아주세요.

③ 안감과 겉감의 겉과 겉이 닿도록 겹치고 위쪽 선에 맞춰 핀으로 고정한 후 위쪽 선 전체를 박음질하고 시접을 정리합니다.

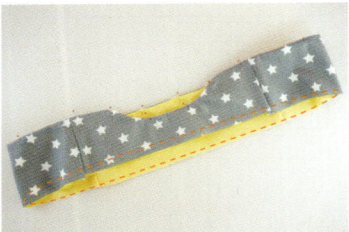

④ 앞기둥의 곡선 라인에 가위집을 내주세요.

⑤ 기둥의 겉감의 안과 안감의 안이 만나도록 안감을 뒤로 넘겨 겉감이 보이도록 한 후 겉에서 안감이 보이지 않도록 만져주고 핀으로 고정합니다.

⑥ 기둥 위쪽 라인을 따라 모두 핀으로 고정하고 밑선을 임시 고정하기 위해 가장 큰 땀으로 박음질합니다. 박음질 후 고정한 핀을 뺍니다.

> 방석 기둥의 위쪽 선이나 옆선은 밖에서는 보이지 않는 시접이다. 하지만 세탁을 하게 되면 시접이 풀려 지저분해질 수 있어, 이를 방지하기 위하여 시접 정리가 필요하다.

 ## 방석 기둥과 바닥감 연결하기

① 바닥감 겉이 보이도록 놓고 그 위에 방석 기둥의 겉감이 닿도록 올린 후 바닥감과 기둥의 면을 맞춰 핀으로 고정합니다.

② 바닥감의 사각 면을 미싱으로 박고 시접을 정리해주세요. 완성선까지만 박고 방향을 바꾸면 사각형 모양대로 박을 수 있습니다.

③ 방석 기둥의 겉이 보이도록 뒤집으면 기둥과 바닥을 연결한 시접이 안감 쪽으로 들어가 연결 시접이 보이지 않습니다.

속방석 만들기

① 속방석의 겉과 안감의 겉이 마주보도록 놓고 핀으로 고정합니다.

② 창구멍을 남겨두고 전체를 미싱으로 박은 후 오버록이나 지그재그 박기 하여 시접을 정리합니다.

③ 창구멍을 통해서 전체를 뒤집어주세요.

사각방석과 속방석에 솜 채우고 공그르기 하기

① 기둥의 안감과 속방석의 창구멍을 통해 솜을 가득 채워주세요.

② 바늘에 실을 꿰어 속방석의 창구멍을 공그르기로 막아주세요.[공그르기(P.53) 참조]

③ 같은 방법으로 사각방석 기둥의 창구멍 2개도 공그르기 하여 막아주세요.

 ### 방석 완성

① 사각방석에 속방석을 집어넣어 자리를 잡아주면 완성입니다.

커버가 분리되어 세탁이 쉬운
원형방석

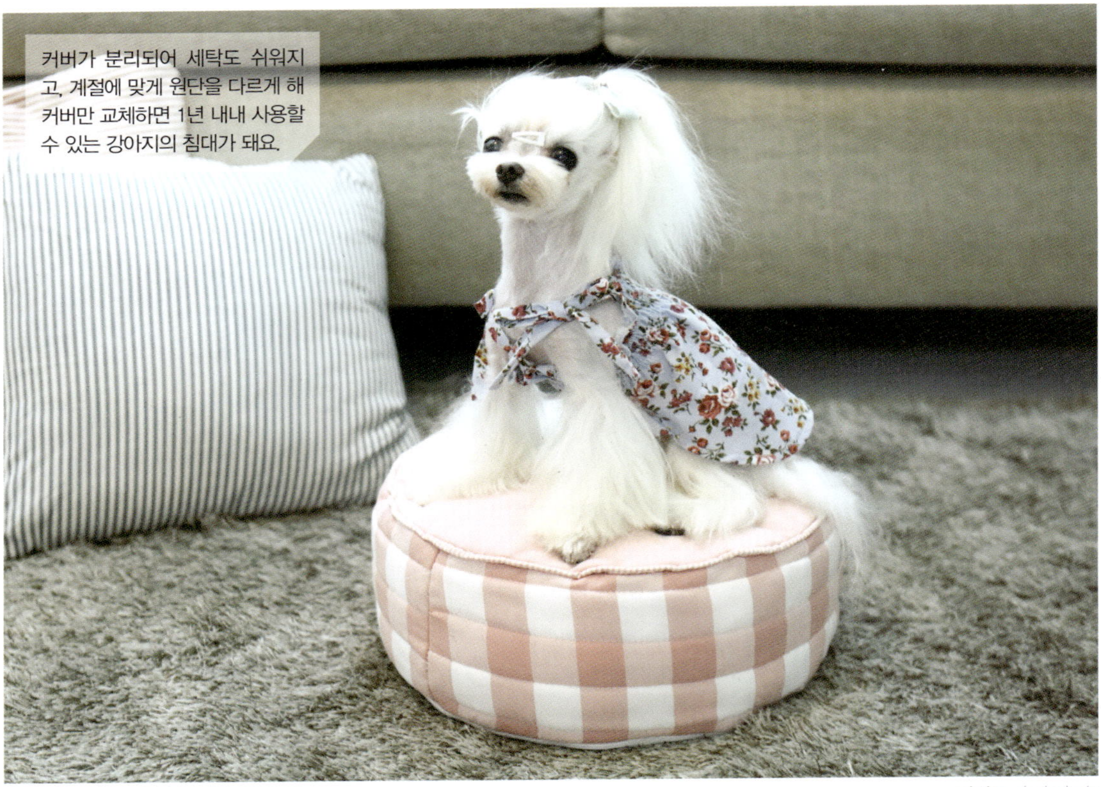

커버가 분리되어 세탁도 쉬워지고, 계절에 맞게 원단을 다르게 해 커버만 교체하면 1년 내내 사용할 수 있는 강아지의 침대가 돼요.

난이도 ★★★★

사용 원단 및 부자재(M 사이즈 기준)

원단		부자재	
(겉감)	면 원단 185×95cm		롤지퍼 105cm, 일단 플라스틱 지퍼 20cm, 면 끈 36합 180cm, 솜 1kg, 1~1.5kg
(바닥감)	미끄럼 방지 원단 60×60cm	노루발	일반 노루발, 외발 또는 지퍼 노루발
(속방석)	면 원단 185×95cm	실물패턴 번호	021
(파이핑)	바이어스 180×3cm		

How to Make

 패턴 확인하기

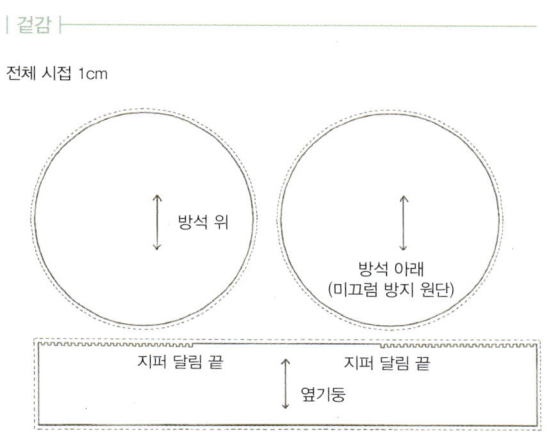

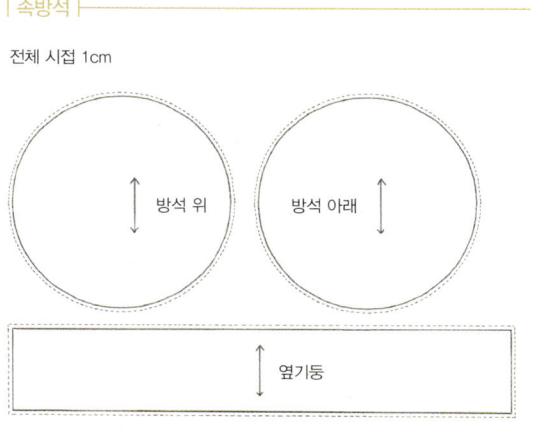

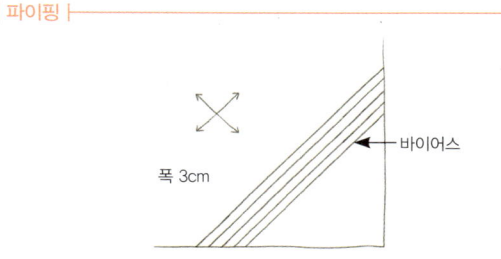

 원단 재단하기

원단의 안쪽 면에 패턴을 올려 완성선과 시접선을 그린 후 시접선을 가위로 재단합니다.

미리 체크하세요

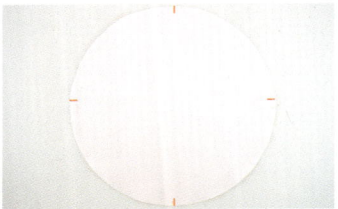

겉감과 속방석의 위, 아래 방석감(총 4장)에 4등분점을 표시한다.

겉감 옆기둥 원단에 지퍼 달림 끝 위치를 표시한다.

롤지퍼에 지퍼알 끼우기 분량만큼 자른 길이의 지퍼 끝을 손으로 살짝 벌려 놓고 지퍼 끝에 지퍼알의 머리를 살짝 민다. 지퍼 양쪽이 지퍼머리 구멍에 끼워져야 한다.

속 방석의 옆선 지퍼달기

① 옆기둥감의 양 끝을 오버록이나 지그재그 박기로 시접을 정리하고, 옆기둥면의 겉에 지퍼의 안이 보이도록 올려 옆선에 맞춘 후 핀으로 고정합니다.

② 지퍼를 겉이 보이게 젖힌 후 옆기둥감을 겉과 겉이 만나도록 반으로 접고 지퍼를 덮어 핀으로 고정합니다. 지퍼 양옆을 외발 노루발이나 지퍼 노루발을 사용하여 미싱으로 박아줍니다.

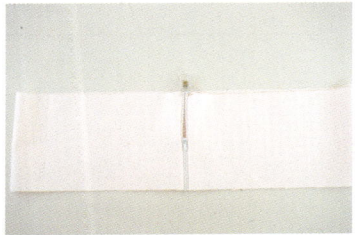

③ 지퍼알을 옆선에 두고 위, 아래 남은 지퍼를 잘라냅니다.

|TIP| 지퍼 위아래 끝은 미싱으로 임시 박음질을 해 지퍼알이 빠지는 것을 막아 준다.

방석의 윗면, 아랫면 박기

① 지퍼를 중심으로 방석 옆면을 4등분하여 표시하고, 안이 보이도록 뒤집어줍니다.

② 옆기둥감의 겉에 방석 윗면감의 겉이 만나도록 하여 고정합니다.

③ 4등분점에 맞춰 핀으로 고정한 후 좀 더 촘촘하게 중간중간 고정합니다. 아랫감도 동일한 방법으로 핀으로 고정합니다.

④ 방석의 위, 아랫감이 모두 핀으로 고정되었습니다.

⑤ 방석의 위, 아랫감을 미싱으로 박고, 시접을 정리합니다. 지퍼를 통해 속방석의 겉이 보이도록 뒤집어주세요.

🪡 방석 윗면에 파이핑 임시 고정하기

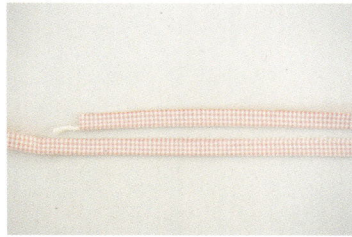

① 파이핑감 안에 면 끈을 올려놓고 파이핑감을 반으로 접어 면 끈의 바로 옆을 외발노루발을 이용하여 미싱으로 박아줍니다.

② 이때, 파이핑감의 한쪽 끝은 2~3cm 정도 트임을 만들어두세요.

③ 겉방석 윗면에 파이핑감을 둘러 핀으로 고정하고 한쪽 파이핑감의 시접을 1cm 안으로 접어 넣습니다.

> 파이핑은 소품, 의류에 쓰이는 마감법으로, 끈을 집어넣고 겉에서 원단으로 감싸 박아 만든다. 파이핑을 하면 훨씬 더 고급스럽고 깔끔하게 마감할 수 있어 자주 쓰이는 방법이다.

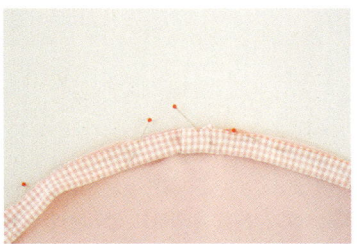

④ 파이핑의 시작과 끝 시접을 함께 겹쳐 잡고, 파이핑감을 덮어 핀으로 고정합니다.

|TIP| 길게 남은 면 끈은 잘라 0.5cm 정도만 겹치도록 한다.

⑤ 핀 고정한 파이핑감을 미싱으로 박아줍니다. 임시 고정하는 박음질이므로 미싱의 가장 큰 땀으로 박으세요.

⑥ 방석 윗면에 파이핑감이 고정되었습니다.

방석 옆기둥 롤지퍼 달기

❶ 방석 옆기둥감을 겉과 겉이 만나도록 반으로 접고 핀으로 고정한 후 박음질하고 시접 정리를 합니다. 밑단도 오버록이나 지그재그 박기 해주세요.

❷ 지퍼가 달릴 부분에 맞춰 롤지퍼를 올리고 지퍼에도 달릴 분량을 표시합니다. 자리에 맞춰 지퍼의 안이 보이도록 고정하고, 지퍼와 옆기둥감을 박아줍니다.

|TIP| 외발 노루발로 교체한다. 지퍼 이에서 0.2cm 떨어져 박는다.

❸ 옆기둥의 옆선을 기준으로 4등분점을 위, 아래 선에 표시합니다. 밑바닥감의 4등분 표시점과 지퍼 중심의 겉과 겉이 만나도록 하여 핀으로 고정합니다.

❹ 옆기둥과 밑바닥감에 표시된 4등분점을 각각 핀으로 고정하고, 지퍼와 밑바닥감은 겉과 겉이 닿게 해 촘촘하게 핀으로 고정합니다.

❺ 지퍼와 밑바닥감을 고정한 부분만 먼저 미싱으로 박아줍니다.

|TIP| 지퍼 달림 끝 안쪽만 박는 것이 아니라 바깥쪽의 지퍼 여유 분량도 박는다.

❻ 지퍼를 제외한 옆기둥과 밑바닥감을 박기 위해 지퍼 달림 끝을 시작으로 반대편 지퍼 달림 끝까지 박아줄게요.

❼ 이때, 지퍼 양 끝은 지퍼를 반으로 접듯이 모아잡고 밑바닥감의 시접 1cm 분량에 맞게 박아주면 됩니다.

❽ ❻번에 표시된 점선대로 옆기둥과 밑바닥감을 함께 박아주세요.

❾ 지퍼 부분을 제외하고 옆기둥과 밑바닥이 연결되었습니다.

설명의 편의를 위해 방석의 옆기둥에 달릴 지퍼 길이를 짧게 했다. 실제로는 방석의 3/4 길이로 길게 달리게 된다. 작업을 할 때에는 부록에 포함된 패턴의 지퍼 달림 표시를 참조하여 작업하도록 한다.

옆기둥에 방석 윗면 박기

❶ 옆기둥의 안이 보이도록 놓고 옆기둥의 겉에 방석 윗면감의 겉이 닿도록 올려 옆기둥과 윗면감의 4등분 표시점에 맞춰 핀으로 고정하세요.

❷ 미싱으로 한 바퀴를 둘러 박고, 옆기둥과 윗면감의 시접을 함께 오버록이나 지그재그 박기로 정리합니다.

|TIP| 외발 노루발을 사용하고, 파이핑 바로 옆에 노루발이 닿게 박는다.

❸ 겉방석이 완성되었습니다. 지퍼를 통해 겉이 보이게 뒤집어주세요.

 ## 방석 마무리하여 완성하기

❶ 속방석에 솜을 채워주세요. 솜을 교체하거나 더 채워줄 수 있어요.

❷ 겉방석 안에 속방석을 집어넣으면 원형방석이 완성됩니다.

겉감에 누빔 원단 활용하기 — KNOW HOW

겉감의 방석 위와 옆기둥면은 누빔 원단을 사용하거나 면 원단에 솜을 따로 누빔하여 만들어도 좋다. 누빔 원단은 방석 위와 옆기둥에 받는 힘이 더 생기기 때문에 완성도가 높아진다.

❶ 누빔 원단

❷ 겉감 안쪽에 누빔 원단을 덧댄 모습

❸ 누빔 원단을 활용한 원형 방석의 모습

How to make 11

YO! 너와 나의 연결고리~ 힙합정신 가득!
스냅백

귀가 뚫린 디자인으로 핏감을 높이고, 끈과 버클을 사용해 벗겨지지 않게 완성해요.

난이도 ★★★☆

사용 원단 및 부자재(S 사이즈 기준)

원단
(겉감) 옥스퍼드 20수 37×19cm
(안감) 옥스퍼드 20수 37×19cm
(모자 챙 안감 12×8 포함)

부자재
1.5cm 폭 원터치 버클
1.5cm 폭 면웨이빙 50cm(2~3mm로 도톰한 것)
실크 심지 27×15cm
모자 심지 25×16cm

실물패턴 번호 012

PART 04 강아지 옷 만들기의 실제_액세서리 및 소품

How to Make

 패턴 확인하기

| 겉감 |

전체 시접 1cm

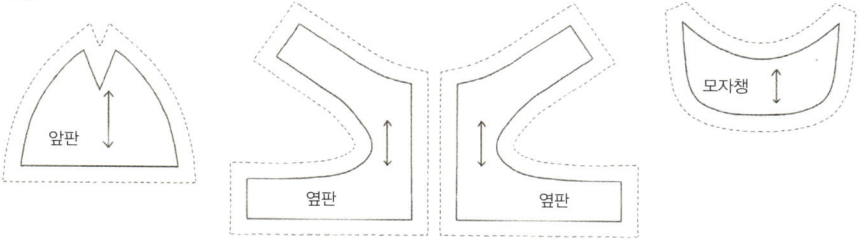

| 안감 |

전체 시접 1cm

 원단 재단하기

원단의 안쪽 면에 패턴을 올려 완성선과 시접선을 그린 후 시접선을 가위로 잘라 재단합니다.

면웨이빙 끈의 길이
- 짧은 끈 : 8.5cm
- 긴 끈 : S(37cm), M(44cm), L(49cm)

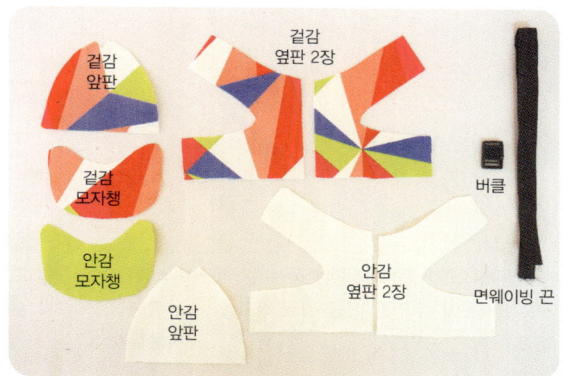

미리 체크하세요

심지 붙이기

심지는 원단의 좀 더 빳빳한 느낌을 내기 위해 사용하는 것으로, 풀이 발린 면이 원단에 닿도록 하여 다리미로 눌러 붙이면 된다.
- 모자 심지(시접 없이 패턴대로 재단) : 겉감 앞판 안쪽에 붙이고, 모자챙 사이즈로 2장 재단해 심지끼리 붙인다.
- 실크 심지 : 모자 옆판 양쪽에 붙인다.

모자 앞판, 옆판 박기

❶ 앞판과 옆판 2장이 모두 겉이 보이게 놓고 앞판을 겉과 겉이 닿도록 반으로 접어 모자 중심의 완성선을 박습니다.

❷ 이제 옆판 양쪽을 앞판의 옆선에 맞춰 겉과 겉이 만나게 고정하고 박음질합니다. 이때, 옆판은 모자 앞판 중심까지만 박아요.

❸ 옆판과 앞판을 박음질한 모습입니다.

❹ 옆판을 모자 중심까지만(완성선까지만) 박았기 때문에 옆판의 가운데가 떨어져 있습니다.

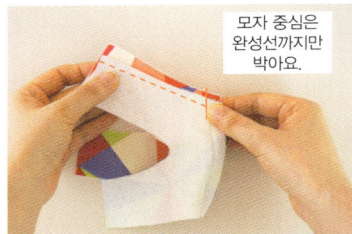

❺ 옆판을 연결한 모자 겉이 보이게 놓고, 모자 뒤쪽을 겉과 겉이 만나게 고정한 후 박음질합니다.

❻ 같은 방법으로 안감도 준비합니다. 시접은 가름솔합니다.

모자챙 만들어 고정하기

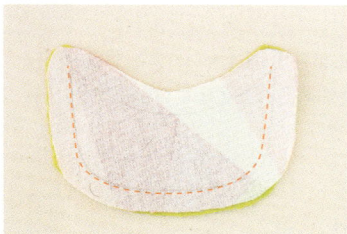
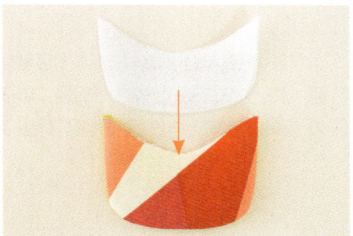

❶ 모자챙의 겉감과 안감을 겉과 겉이 만나게 놓고 점선을 따라 박음질합니다.

|TIP| 모자챙을 뒤집었을 때도 예쁘도록 안감을 겉감과 어울리는 튀는 색으로 선택한다.

❷ 시접을 반만 남기고 잘라낸 뒤 뒤집습니다. 미리 만들어둔 모자 심지를 모자 안으로 집어넣어 주세요.

|TIP| 챙의 끝선에 두 줄로 상침선을 넣어도 좋다.

❸ 모자의 앞판에 준비한 챙을 임시로 고정하기 위해 모자와 챙이 겉과 겉이 만나게 해 미싱의 가장 큰 땀수로 박아 임시로 고정합니다.

끈 고정하기

❶ 짧은 끈 8.5cm, 긴 끈 37cm를 준비합니다.

❷ 모자의 앞판 옆선에서 옆판 쪽으로 2cm 떨어진 위치를 표시합니다.

❸ 표시한 위치에 끈을 올려 핀으로 고정합니다.

모자 겉감과 안감 합쳐 박기

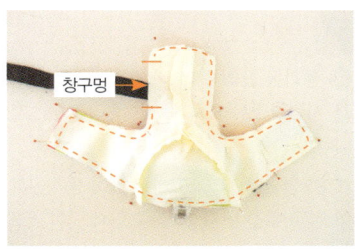
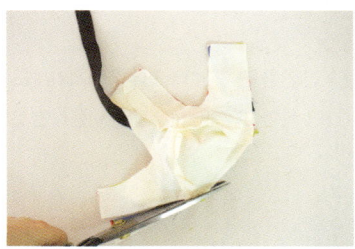

❶ 모자 겉감의 겉이 보이게 놓고, 그 위에 안감의 안이 보이게 올려 핀으로 고정한 후 모자 전체를 박음질합니다. 이때 뒤집어줄 창구멍 위치는 남겨두세요.

❷ 시접은 반만 남기고 정리합니다.

❸ 창구멍을 통해 전체를 뒤집고 모자의 모양을 잡아주세요.

❹ 모자 전체를 상침합니다.

상침을 하면 시접이 눌려 형태가 명확하게 표현된다. 때로는 디자인과 어울리지 않을 때도 있으므로, 선택한 원단을 고려해 전체 혹은 부분적으로 상침하면 된다. 귀가 들어가는 곡선 라인은 상침을 하는 것이 좋다.

끈 구멍 만들기

❶ 모자의 겉이 보이게 놓고 모자 뒤와 옆판의 양 끝에서 2cm 들어와 펜으로 표시합니다.

❷ 표시한 선을 기준으로 원단을 안쪽으로 접고, 끈 구멍이 생기도록 접힌 끝을 박아주세요.

❸ 짧은 끈은 안쪽을 보고 1cm를 접고, 2cm를 한 번 더 접어 끈 구멍이 생기도록 끝을 박아주세요.

버클 끼우기

❶ 모자와 버클 암수를 준비하고 버클 암놈을 긴 끈에 끼워줍니다. 버클에 끼운 위치를 기준으로 끈의 안쪽이 보이도록 접어주세요.

❷ 긴 끈을 끈 구멍 네 곳에 통과시키세요.

|TIP| 옷핀이나 끈 끼우개를 이용하면 편하다.

❸ 통과된 끈의 끝에 버클 수놈을 끼우고, 끈 시접을 안쪽으로 두 번 접어 박음질합니다.

|TIP| 면 끈이 얇으면 버클 겉이 움직인다. 이 경우 두겹 내지 세 겹을 합쳐 박아 끈으로 사용한다.

스냅백 완성

스냅백은 후드 티셔츠처럼 스포티하고 경쾌한 옷과 잘 어울린다. 가방과도 어울림이 좋은 아이템이므로 이 책에 소개하고 있는 강아지 가방(똥가방)과 함께 매치해 보자. 또, 모자 앞과 옆의 원단 색을 달리하고 앞판에 사이즈가 작은 숫자나 영문 와펜을 달아주면 야구모자 느낌으로도 완성할 수 있다. 모자의 끈 길이를 조절하는 디자인으로 완성하고 싶다면 버클 연결하는 법(P.72)을 참조하여 왈자 조리개를 끼워 사용하면 된다.

내 똥은 내가 짊어진다.
강아지 가방

강아지와 함께 외출할 때 간단한 간식이나 배변봉투 등을 넣을 수 있는 강아지 전용 가방이에요.

난이도 ★★★☆

사용 원단 및 부자재(S 사이즈 기준)

원단	(겉감) 면 원단 50×35cm
	(안감) 면 원단 50×35cm
부자재	(가방끈) 4×43cm 2개(L 사이즈는 50cm)
	4×7cm 1개, 4×6cm 2개
	벨크로테이프 12×1cm 1쌍(L 사이즈는 14×1cm), 1.5×1.5cm 1쌍
	가방끈 조리개 2개(1cm 폭)
	가방 버클 2개(1cm 폭)
	고무줄 10cm(0.5~0.7cm 폭) (L 사이즈는 12cm)
	가방 덮개 장식 단추 1개
실물패턴 번호	010

How to Make

 패턴 확인하기

| 겉감 |

전체 시접 1cm

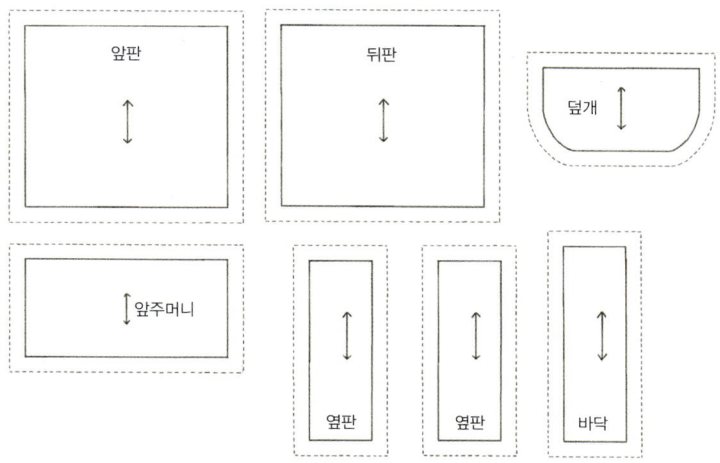

| 안감 |

전체 시접 1cm

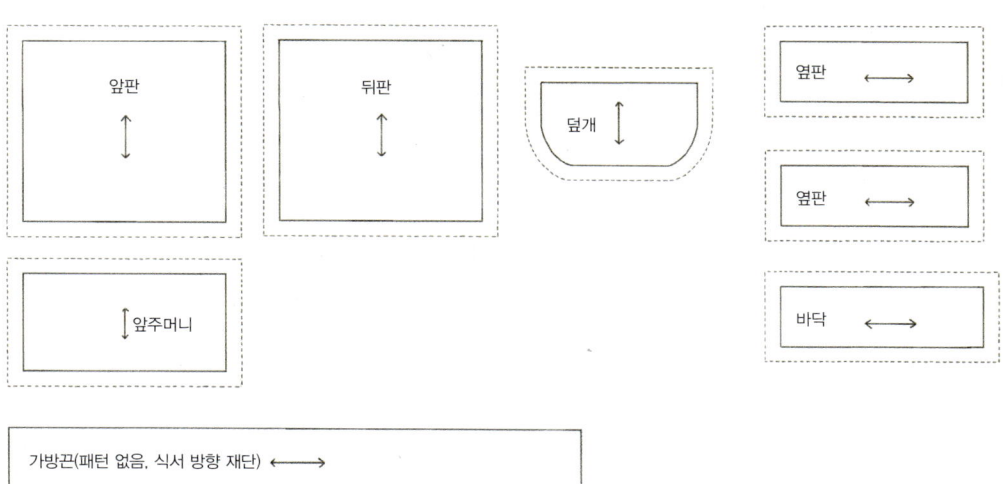

원단 재단하기

원단의 안쪽 면에 패턴을 올려 완성선과 시접선을 그린 후 시접선을 가위로 재단합니다.

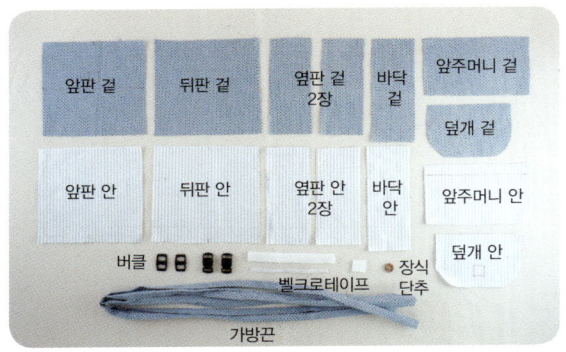

가방끈감 준비하기
사용 원단 및 부자재에 표시된 길이+여유분만큼 준비한 후 끈으로 만들어 준비한다.(P.67 참조)

미리 체크하세요

- 앞판 겉감 겉 : 벨크로테이프 위치
- 앞주머니 겉감 안 : 장식 주름
- 앞주머니 안감 안 : 장식 주름
- 덮개 안감 겉 : 벨크로테이프 위치
- 앞주머니 안감 겉 : 벨크로테이프 위치

봉제하면서 위치가 살짝 달라지기 때문에 미리 표시하지 않은 곳도 있다. 패턴에는 표시되어 있으니 필요하다면 미리 표시한다.

- 앞판&옆판 겉감 겉 : 상침 위치
- 뒤판 겉감 겉 : 끈고리 위치

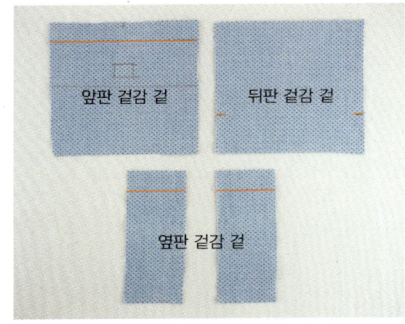

앞주머니 장식 주름 만들기

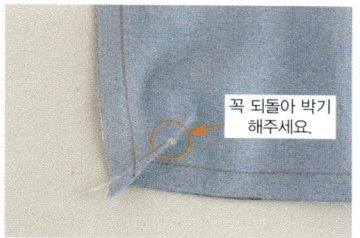
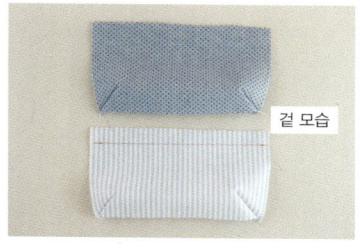

❶ 앞주머니 겉감과 안감 안의 장식 주름 선이 보이게 놓아 주세요. 시접 부분을 잡고 원단을 꼬집듯이 장식 주름을 반으로 접은 후 핀으로 고정합니다.

❷ 미싱으로 장식 주름 길이만큼만 박습니다.

❸ 원단을 뒤집어 보면, 양쪽에 장식이 되는 주름선이 생긴 것을 확인할 수 있습니다.

벨크로테이프 박기

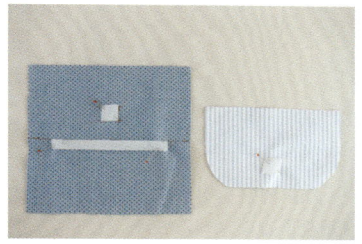
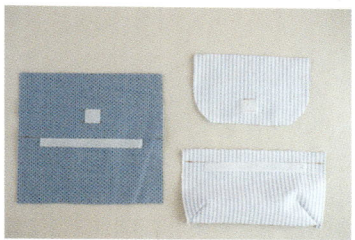

❶ 앞판의 겉감과 앞주머니의 안감에 재단 시 표시해 두었던 위치에 맞춰 12cm 벨크로테이프 한 쌍을 핀으로 고정합니다.

❷ 앞판의 겉감과 가방 덮개 안감에 재단 시 표시해 둔 위치선에 맞춰 1.5cm의 벨크로테이프 한 쌍을 핀으로 고정합니다.

❸ 핀 고정한 12cm, 1.5cm 벨크로테이프를 모두 미싱으로 박아줍니다.

앞주머니 준비하기

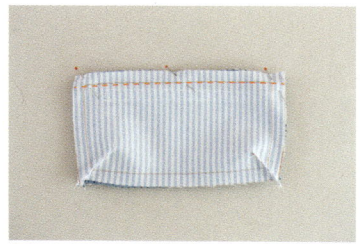
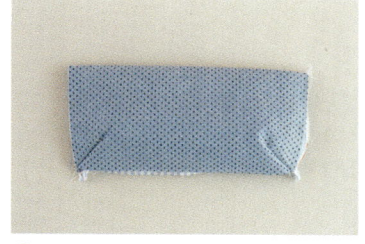

❶ 앞주머니 겉에 안감의 안이 보이도록 올리고 시접을 맞춰 위쪽 라인을 핀으로 고정하여 미싱으로 박아주세요.

|TIP| 박은 시접을 0.5cm만 남기고 짧게 자른다.

❷ 안감을 겉감 쪽으로 넘겨 겉감과 안감 모두 겉이 보이도록 합니다.

|TIP| 앞주머니 겉감과 안감 연결 시접을 안감 쪽으로 넘기고 안감에서 상침하면 예쁘게 자리 잡힌다.

앞판에 앞주머니 박기

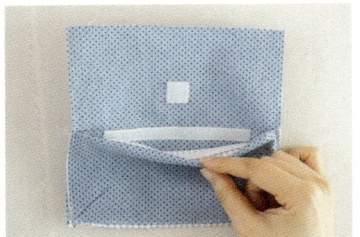

❶ 앞판 겉감의 겉에 앞주머니감을 올려 벨크로테이프를 붙여주세요.

❷ 가장 큰 땀으로 앞주머니감과 가방 앞판을 함께 박아 임시로 고정합니다.

❸ 가방 앞판에 주머니가 만들어졌습니다.

 ## 가방 옆판 만들기

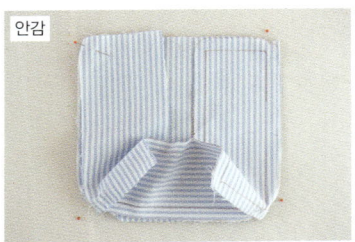

❶ 겉감과 안감의 바닥감을 가운데 놓고 옆판감 2장을 각각 바닥감의 옆면에 겉과 겉이 닿게 하여 핀으로 고정한 후 미싱으로 박아 연결합니다.

❷ 가방 앞판 겉이 보이게 놓고 바닥감과 옆판감을 겉과 겉이 닿도록 옆선과 밑단에 맞춰 핀으로 고정합니다.

❸ 안감도 동일한 방법으로 고정합니다.

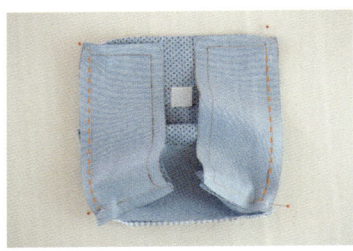

❹ 앞판에 연결한 옆판을 먼저 시접 분량을 제외한 완성선까지만 박아줍니다.

❺ 박은 옆판을 젖혀 바닥감이 보이도록 하고, 바닥감도 시접 분량을 제외하고 완성선만 박아주세요.

❻ 안감도 동일한 방법으로 준비합니다.

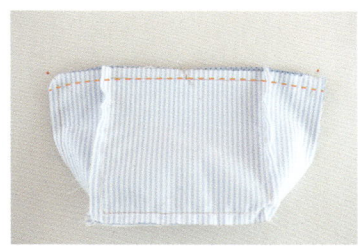

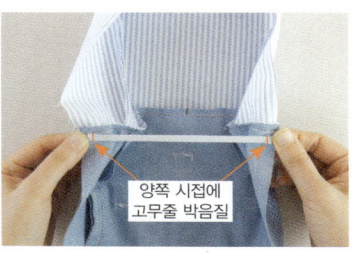

7 가방 앞판의 안감과 겉감을 합치기 위해 가방 앞판의 겉감 겉에 안감의 안이 보이도록 올려 윗선을 맞춰 핀으로 고정한 후 미싱으로 박아주세요.

8 가방 앞판의 겉감과 안감이 연결되었습니다. 연결 시접은 0.5cm로 짧게 잘라 시접이 두꺼워지지 않도록 합니다.

9 앞판+옆판 2개를 합친 길이의 절반 정도 길이로 고무줄을 준비하여 겉감 옆판의 안쪽 시접 양쪽에 고정해 박음질합니다.

가방 덮개 만들기

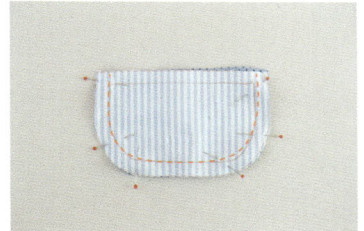

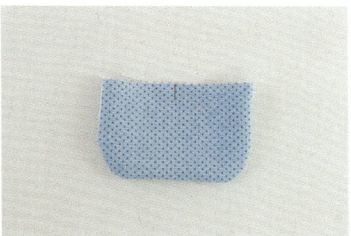

1 가방 덮개의 겉감 겉과 안감 겉이 만나도록 올려 핀으로 고정한 후 위쪽 선을 제외하고 박음질합니다.

2 뒤집었을 때 시접이 두꺼워지지 않도록 0.5cm로 시접을 짧게 정리한 후 가방 덮개의 둥근 부분은 쪽가위로 가위집을 내주세요.

3 가방 덮개를 뒤집고 겉감의 중심에 펜으로 표시해주세요.

가방끈 준비하기

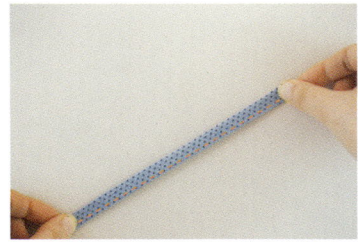
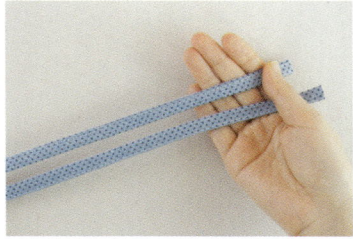
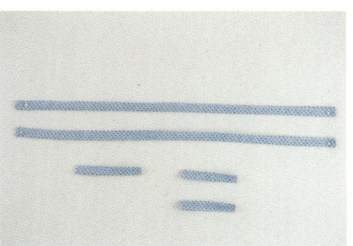

1 끈 모양으로 만들어둔 가방끈감의 벌어진 부분을 미싱으로 박아서 끈 모양으로 만들어주세요.

2 가방끈의 박음질이 완료되었습니다.

3 필요한 끈 길이만큼 잘라 준비합니다. (43cm 2개, 6cm 2개, 7cm 1개)

가방 뒤판에 끈고리감 고정하기

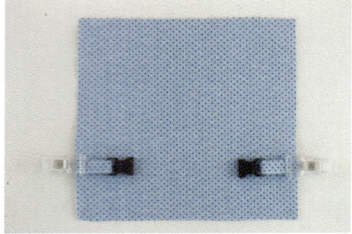
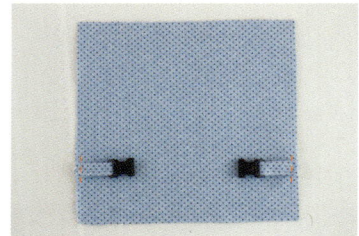

❶ 가방 뒤판 겉이 보이게 놓고, 버클 고리에 6cm 끈감을 끼워주세요.

|TIP| 고리가 연결되는 위치는 뒷판 겉감 밑선에서 위로 시접 포함 4cm 올라온 곳이다.

❷ 남은 버클 고리에도 동일한 방법으로 끈을 끼운 후 끈고리감 연결 위치에 올려 핀으로 고정합니다.

|TIP| 버클 고리의 겉이 보이도록 올린다.

❸ 고정한 끈고리감을 미싱으로 박아 고정해 둡니다. 끈이 튼튼하게 연결되도록 바늘을 앞뒤로 여러 번 왔다갔다 해주세요.

 ## 가방 뒤판 안감과 겉감 연결하기

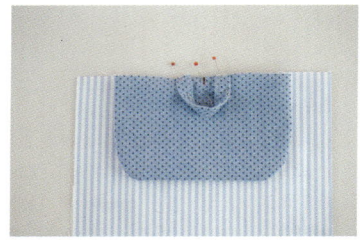
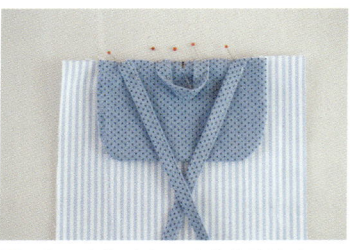

❶ 가방 뒤판 안감의 겉이 보이도록 놓고 위 라인의 중심을 펜으로 표시한 후 가방 덮개의 중심 표시를 맞춰 올려 핀으로 고정합니다.

❷ 가방 덮개 중심에서 1cm 떨어진 위치에 7cm로 잘라둔 끈의 양 끝을 고정해 고리 모양으로 만들어줍니다.

❸ 핀 고정한 가방 고리에서 양옆의 2cm 떨어진 위치에 가방끈을 고정합니다.

|TIP| 가방끈이 교차되도록 올리면 완성 시 바깥쪽 대각선 방향으로 향하게 되어 착용감을 높여준다.

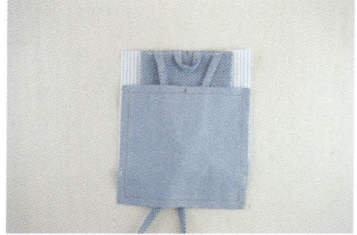
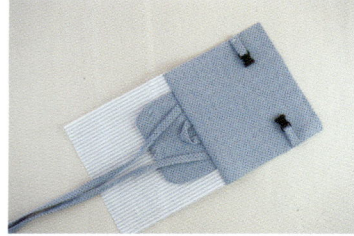

❹ 가방 뒤판 안감의 겉에 가방 덮개, 가방 고리, 가방끈 2개를 임시 고정하기 위해 박음질합니다.

❺ 가방 뒤판의 안감 겉이 보이게 놓고 그 위에 겉감의 안이 보이도록 올린 후 위쪽 라인에 맞춰 핀으로 고정하고 박음질합니다.

❻ 가방 뒤판의 겉감과 안감이 연결되었습니다.

가방 앞판과 뒤판 연결하기

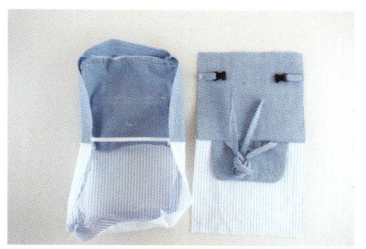

❶ 가방 뒤판 겉감과 안감이 모두 겉이 보이도록 놓고, 가방의 앞판을 뒤판 겉에 닿도록 올려주세요.

|TIP| 가방 끈은 묶어서 정리한다.

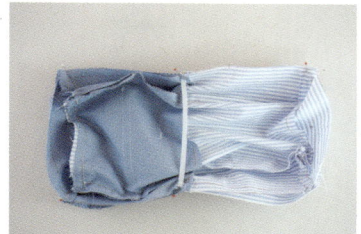

❷ 가방 앞판에 연결되어 있는 가방 옆판을 가방 뒤판과 고정합니다. 겉감은 겉감끼리, 안감은 안감끼리 만나도록 고정하세요.

❸ 고정한 양쪽 옆판을 미싱으로 박아줍니다. 시접 분량은 제외하고 완성선까지만 박음질합니다. 겉감의 바닥감과 안감의 바닥감만 뚫려 있는 상태가 됩니다.

뒤판 겉감에 버클 고리가 고정되어 있는 위치는 튼튼하게 박음질되어야 한다. 바늘을 앞뒤로 여러 번 움직여 튼튼하게 박음질한다.

버클 고리가 고정된 부분이므로 튼튼하게 박음질해요.

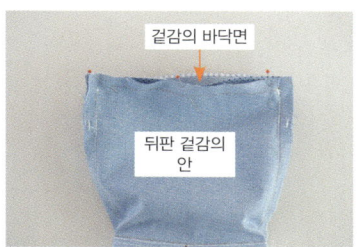

겉감의 바닥면

뒤판 겉감의 안

❹ 겉감의 가방 바닥감과 뒤판을 맞춰 핀으로 고정합니다.

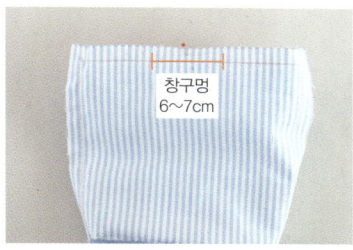

창구멍 6~7cm

❺ 안감도 뒤판과 바닥감을 합쳐 핀으로 고정합니다.

|TIP| 안감은 창구멍을 남겨둔다.

❻ 겉감은 핀 고정한 전체를 박아주고, 안감은 창구멍을 제외하고 미싱으로 박음질합니다. 겉감은 모두 막혔고, 안감은 창구멍이 생겼습니다.

7 안감의 창구멍을 통해서 전체를 뒤집어 가방의 겉이 보이도록 하세요.

8 뒤집기를 완료한 모습입니다.

가방 앞판과 옆판에 상침하여 고무줄 자리 잡기

 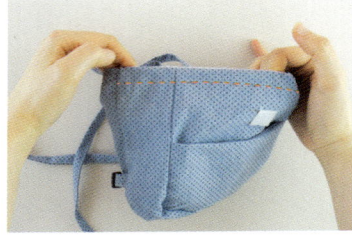 

1 가방 앞판과 옆판의 시접에 고무줄의 양 끝이 고정되어 있는 상태입니다. 앞판과 옆판에 상침하여 고무줄 자리를 만들어 주겠습니다.

2 고무줄을 당겨가며 앞판과 양쪽 옆판에 1cm 간격으로 상침선을 펜으로 표시하세요.

3 앞판과 옆판에 표시한 상침선을 미싱으로 박아줍니다. 이때, 고무줄을 함께 박지 않도록 주의하세요.

 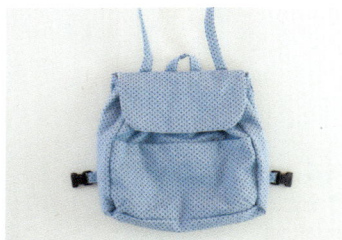

4 고무줄이 상침선 안에 자리하면서 주름이 생겼습니다.

5 이제 가방의 형태가 거의 완성되었습니다.

조리개&버클 연결하기

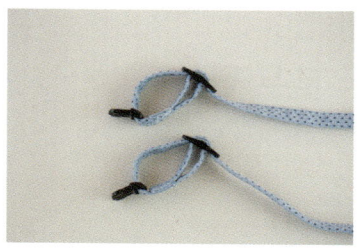
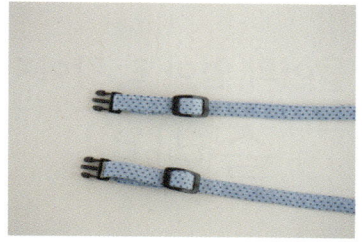

① 가방끈의 양쪽 모두 조리개와 버클을 연결해주세요.[버클 연결하는 법(P.72) 참조]

② 조리개와 버클이 연결되었습니다.

③ 등판에 연결된 버클 고리에 채우면 길이 조절이 가능한 끈이 완성됩니다.

공그르기, 가방 덮개 위 장식 단추 달기

① 가방 안감의 바닥감이 보이도록 뒤집은 후 창구멍을 공그르기하여 마무리합니다.[공그르기(P.53) 참조]

② 창구멍 공그르기가 완료되었습니다.

③ 가방 덮개에 장식단추를 달아주세요. [장식단추 달기(P.69) 참조]

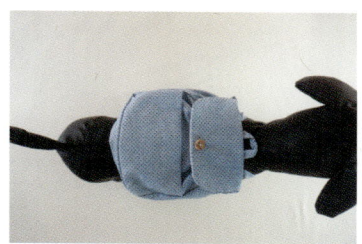

④ 완성!

How to make 13

엄마 품에 쏙 들어와 엄마도, 강아지도 모두 편한
슬링백

견주의 몸에 '착' 붙는 스타일이기 때문에 강아지가 더 편안함을 느낄 수 있고, 걸을 때 흔들림이 적어서 안정적이랍니다.

난이도 ★★★★

사용 원단 및 부자재(S 사이즈 기준)

원단
- (겉감) 10수 옥스퍼드 원단 105×120cm
- (안감) 면 원단 95×85cm

부자재
- 4온스 솜 50×30cm
- 고무줄 25cm
- 벨크로테이프 16×8cm
- 핸드메이드 가죽 라벨 1개
- 구름솜 또는 방울솜 3~4주먹

실물패턴 번호 015, 016, 017, 018

How to Make

 패턴 확인하기

| 겉감 |

1.5cm 제외 전체 시접 1cm

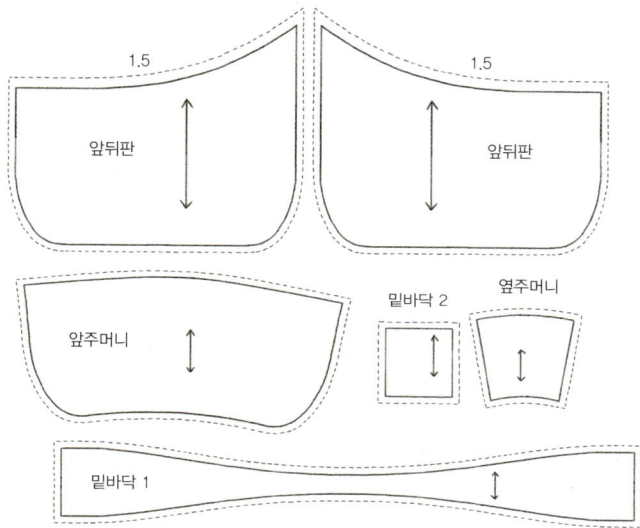
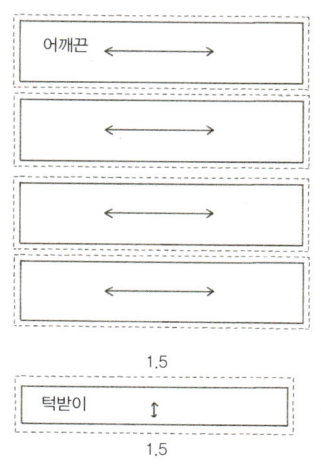

| 안감 |

1.5cm 제외 전체 시접 1cm

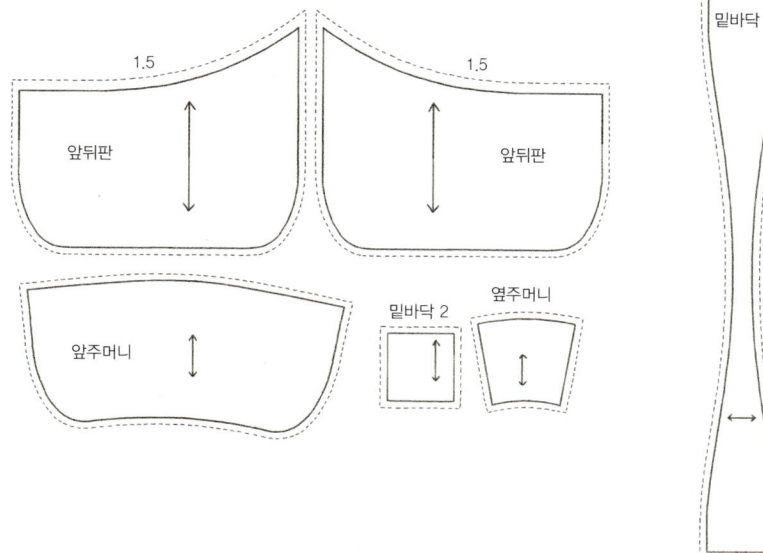

원단 재단하기

원단의 안쪽 면에 패턴을 올려 완성선과 시접선을 그린 후 시접선을 가위로 재단합니다.

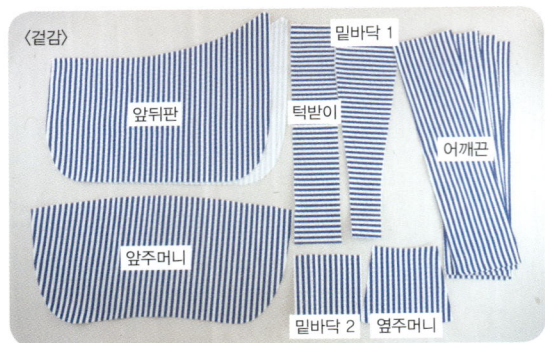
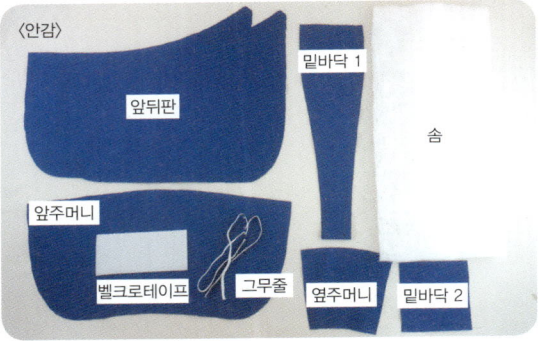

미리 체크하세요

'밑바닥 2'의 겉감에 옆주머니 달림 위치선 표시하기

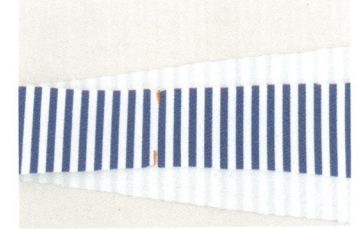

밑바닥감 1의 중심 표시하기

밑바닥감의 중심을 봉제 전 미리 표시해 두면 가방 앞뒤판과 연결할 때 편리하다.

어깨끈 솜 재단하기

재단한 어깨끈감의 사이즈와 동일하게 솜을 재단해 2장 준비한다.

앞주머니 준비하기

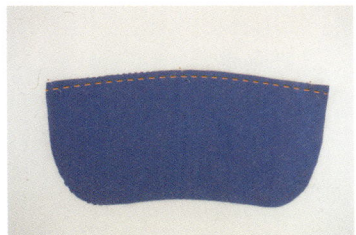
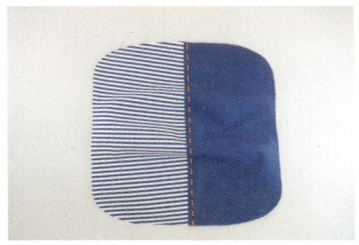

❶ 겉감과 안감의 겉이 마주닿도록 놓고 위쪽 라인을 핀으로 고정하여 미싱으로 박음질합니다.

❷ 시접은 안감 쪽으로 보내고 안감과 시접을 함께 박아 시접을 눌러주세요.

❸ 겉감 안의 양쪽 시접에 고무줄을 고정한 후 여러 번 되돌아 박기 하여 튼튼하게 박아주세요.
|TIP| 고무줄은 앞주머니 가로 길이의 절반 정도면 된다.

❹ 겉감과 안감의 안이 닿도록 접고 주머니감의 겉을 보고 위에서 1~1.5cm 아래에 상침합니다.
|TIP| 원단을 당겨가며 고무줄이 가둬지도록 박는다.

❺ 앞판 겉감에 앞주머니감을 올려 핀으로 고정한 후 미싱의 가장 큰 땀수로 앞주머니감을 박아 임시로 고정합니다.
|TIP| 밑 라인부터 먼저 맞춰 고정하면 자리잡기 쉽다.

옆주머니감 준비하기

❶ 앞주머니감과 같은 방법으로 옆주머니감의 위쪽 라인에 고무줄을 넣어 주름이 생기도록 만들어주세요.
|TIP| 고무줄은 옆주머니 가로 길이의 절반 정도면 된다.

❷ 옆주머니감의 겉과 겉이 만나게 뒤집어 핀으로 고정한 후 밑단 라인의 시접에서 0.5cm 정도 안쪽을 미싱으로 박아주세요.
|TIP| 시접에 박음질하면 가방 바닥감에 옆주머니를 달 때 주머니 사이즈가 줄어들지 않는다.

❸ 트여 있는 옆선으로 겉이 보이게 뒤집어 주세요.

턱받이 준비하기

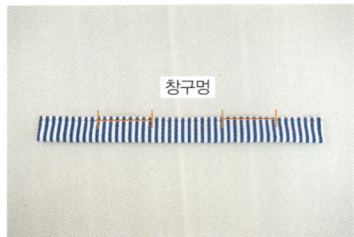
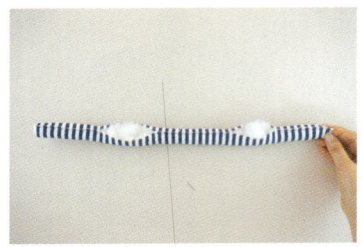

❶ 턱받이감을 안과 안이 만나도록 반으로 접은 후 솜을 쉽게 채우기 위한 창구멍 2개를 남겨두고 미싱으로 박아주세요.

|TIP| 임시로 고정하기 위해 시접선에 박음질한다.

❷ 창구멍을 통해 솜을 채워넣은 후 시접선을 박음질해 창구멍을 막아주세요.

❸ 가방 앞판의 위쪽 라인에 턱받이를 위치시키고 창구멍을 낼 때 박았던 시접선에 박음질하여 앞판에 임시 고정합니다.

|TIP| 솜이 들어 있어 부피감이 있으므로 좁은 노루발이나 외 노루발을 사용한다.

밑바닥감 준비하기

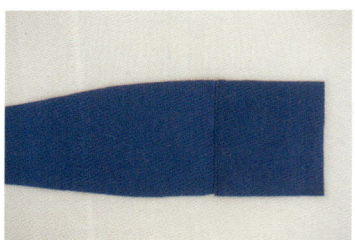

❶ 밑바닥감의 겉감 중심을 미리 펜으로 표시하고, 밑바닥 2를 밑바닥감에 겉과 겉이 닿도록 올려준 후 옆선을 핀으로 고정하여 미싱으로 박아주세요.

|TIP| 밑바닥감의 중심을 미리 표시하면 가방 앞뒤판과 연결할 때 편하다.

❷ 연결된 밑바닥감을 펼치고, 옆주머니감을 미리 표시한 위치에 맞춰 올린 후 양쪽 옆선과 밑단을 0.5cm 간격으로 'ㄷ'자 형태로 박음질합니다.

❸ 밑바닥감의 안감도 겉감과 동일하게 2장을 박아 연결합니다.

옆주머니감의 옆선은 임시 박음질이고, 밑단은 겉으로 보이는 박음질을 해야 하는 곳이다. 0.5cm 간격으로 옆선과 밑단선을 'ㄷ'자 모양으로 박으면 옆선은 시접선이 임시 고정되고, 밑단은 0.5cm로 박힌다.

가방 앞뒤판에 밑바닥감 박기

❶ 가방 앞판과 밑바닥감의 겉과 겉이 만나도록 올리고 핀으로 고정합니다.

❷ 미싱으로 박아 가방 앞판과 밑바닥감을 연결합니다.

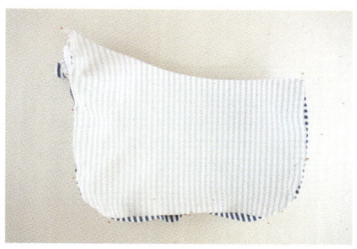

❸ 가방 뒤판을 안이 보이도록 올리고 바닥감과 가방 뒤판의 길이를 맞춰 핀으로 고정한 후 미싱으로 박아주세요.

옆주머니가 박힌 곳이 가방 앞판의 왼쪽에 박히도록 한다.

턱받이는 아래로 내려 밑바닥감을 박을 때 함께 박는다. 턱받이가 있는 곳의 솜은 천천히 박는다.

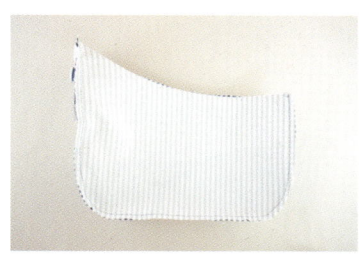

❹ 바닥감과 가방 뒤판을 박음질한 모습입니다.

❺ 가방의 앞판-밑바닥-뒤판이 연결되었습니다.

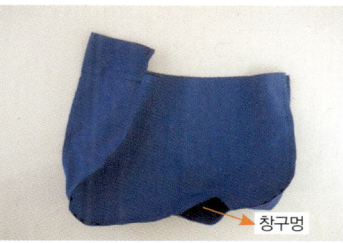

❻ 겉감과 동일한 방법으로 안감의 앞판-밑바닥-뒤판을 미싱으로 박아 연결합니다.

|TIP| 뒤판과 밑바닥감을 박을 때 가운데 부분에 10cm 가량 창구멍을 만든다.

어깨끈 준비하기

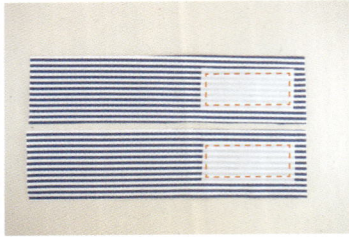

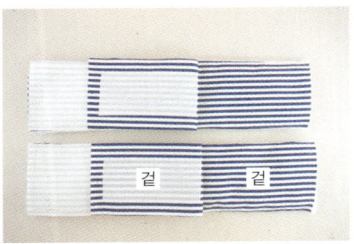

❶ 2장의 어깨끈감의 끝에서 2cm 안쪽에 벨크로테이프의 부드러운 면과 거친 면을 각각 올린 후 미싱으로 박아 고정합니다.

❷ 다른 2장의 어깨끈감 아래에 재단한 솜을 깔고 임시 고정을 위해 가장 큰 땀수로 박아주세요.

❸ 벨크로테이프를 박은 어깨끈감과 솜을 임시 고정한 어깨끈감이 짝이 되도록 하여 겉과 겉끼리 만나도록 올립니다.

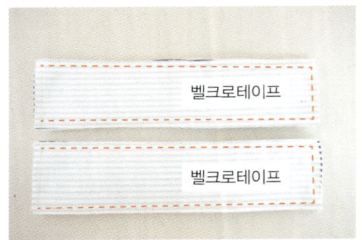

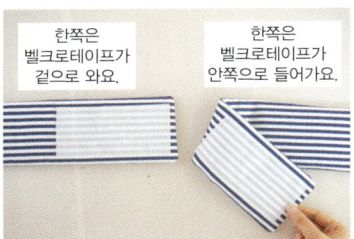

❹ 핀으로 고정한 후 'ㄷ'자 모양으로 박아주세요.

❺ 시접이 덜 두꺼워지도록 시접을 짧게 잘라낸 후 겉이 보이도록 어깨끈감을 뒤집어주세요.

|TIP| 어깨끈감의 벨크로테이프가 서로 만나 붙기 위해서는 방향이 반대여야 한다.

가방 앞뒤판과 턱받이 연결하기

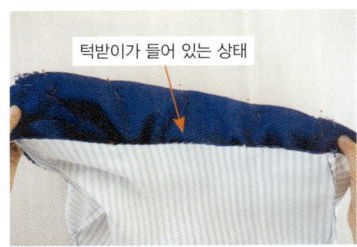
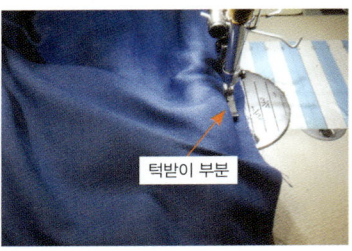
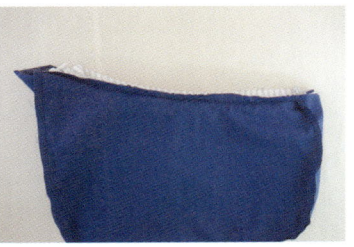

❶ 겉감은 안이 보이게, 안감은 겉이 보이게 놓고 겉감 안으로 안감을 집어넣은 후 가방 위쪽 라인을 맞춰 고정합니다.

|TIP| 턱받이 부분은 촘촘하게 꽂고 다른 부분은 위치만 맞춰 고정한다.

❷ 턱받이가 있는 가방 앞판의 위쪽 라인을 박아주세요. 외발 노루발을 사용하여 턱받이 바로 옆에 딱 붙여 완성선에 박습니다.

|TIP| 부피감 때문에 일반 노루발은 사용할 수 없다.

❸ 가방 위쪽 라인을 박음질한 모습입니다.

어깨끈 끼우고 가방 위쪽 라인 전체 연결하기

❶ 가방 안감을 젖혀 겉감의 옆주머니가 보이게 하고, 어깨끈 한쪽을 가져와 벨크로테이프가 보이도록 한 후 밑바닥 2의 끝에 붙여 핀으로 고정합니다.

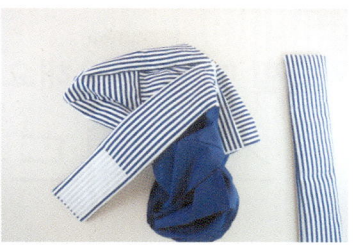

❷ 어깨끈 한쪽이 밑바닥 2의 끝에 고정되었습니다.

❸ 반대편 옆면이 보이게 하고 벨크로테이프가 보이지 않도록 어깨끈을 옆면에 붙여 핀으로 고정하세요.

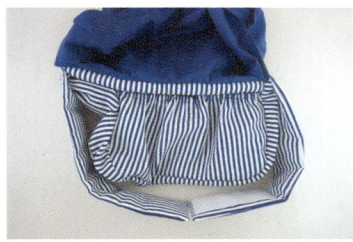

❹ 가방의 겉감에 어깨끈 양쪽이 핀으로 고정된 상태입니다.

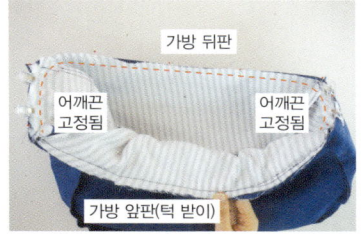

❺ 안감 안으로 겉감을 모두 집어넣습니다. 가방의 위쪽 라인이 보이게 하고 겉감과 안감을 합쳐 핀으로 고정한 후 미싱으로 박아 합쳐주세요.

|TIP| 가방 앞판(턱받이) 박음질선과 자연스럽게 연결되도록 박는다. 시접은 짧게 정리한다.

가방 뒤집어 공그르기 하기

❶ 안감 바닥감에 만들어놓은 창구멍을 통해 가방 전체를 뒤집어줍니다.

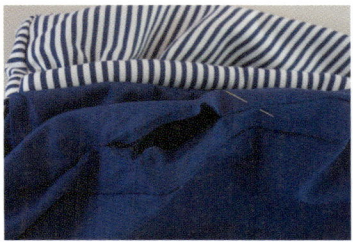

❷ 가방 안쪽의 창구멍을 공그르기로 마무리합니다.[공그르기(P.53) 참조]

❸ 핸드메이드 가죽 라벨을 손바느질로 달면 완성도를 높일 수 있어요.

외출할 때 꼭 필요해요
하네스&리드줄

목줄은 강아지들의 목에 무리가 가기 때문에 하네스를 착용하는 것이 강아지의 건강에 더 좋답니다.

난이도 ★★★☆

사용 원단 및 부자재(M 사이즈 기준)

원단   면 직기 원단 5×310cm
부자재 열접착 심지
           D링 2개, O링 또는 삼각링 2개, 왈자 조리개 2개, 개고리 1개, 버클 2개 (15mm)

PART 04 강아지 옷 만들기의 실제_액세서리 및 소품

How to Make

 강아지의 크기별 하네스와 리드줄 길이

강아지의 크기별 하네스와 리드줄의 길이를 확인하여 재료를 준비합니다.

구분		하네스			리드줄(완성 150cm 기준)		원단 총 길이
사이즈	목 라인 길이	가슴라인 길이	버클 끈 길이(양쪽)	리드줄 길이	리드줄 버클 끈 길이	
S	30cm	34cm	16cm×2개	172cm	19cm	289cm
M	37cm	50cm				310cm
L	44cm	56cm				323cm

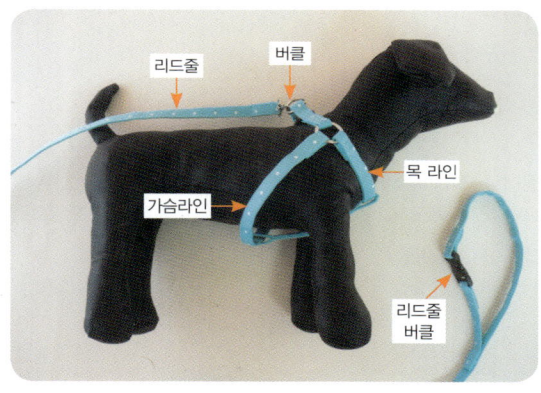

미리 체크하세요

- 원단의 세로 길이는 '완성될 끈의 폭(cm)×4'로 계산하여 준비한다. 예를 들어, 완성될 끈의 폭이 1.25cm라면 1.25×4=5로 세로 길이는 5cm가 된다.
- 완성될 끈의 폭이 15~20mm 정도면 부자재와 사이즈를 맞추기에 적당하다. 심지도 같은 폭과 길이로 준비한다.
- 끈의 길이 방향과 식서 방향이 같도록 해야 한다. 최대한 늘어짐이 없는 방향으로 재단해야 하네스 사용 시에도 늘어짐이 덜하다.
- 하네스 부속물은 금속이나 플라스틱 중 선택해서 사용할 수 있다. 금속은 디자인적으로는 효과가 있지만 다소 무게감이 있다.

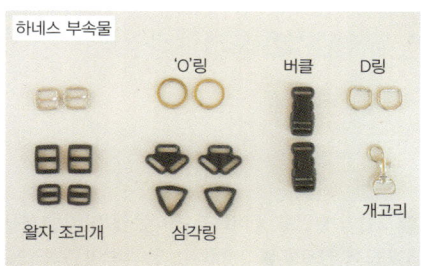

- 쇠나 플라스틱이라도 힘이 좋은 강아지들이 당기면 부러질 수도 있기 때문에 하네스에 사용되는 부속물은 강도가 높은 것을 선택한다. 또한 사용기간이 길어질수록 강도가 약해지고 원단도 늘어나기 때문에 주기적으로 하네스를 교체해주는 것이 좋다.
- 쇠로 된 부속물을 사용할 때는 금속에 틈이 없는(예 통 O링 또는 땜 D링) 것을 사용해야 강도가 높아 더 안전하다.
- 개고리는 360° 회전하는 타입이 사용하기 편하다.
- 하네스는 끈이 늘어나지 않도록 반드시 심지를 붙여야 한다. 얇은 심지는 완성 후 늘어남 현상이 있지만 봉제 시 여러 겹을 겹쳐도 덜 두껍기 때문에 봉제하기 좋다.
- 하네스는 끈을 여러 겹 겹쳐 박음질하기 때문에 두께가 두껍다. 바늘은 굵은 것을 사용하고, 반드시 천천히 박음질해야 한다.

끈 모양으로 만들기

❶ 다리미를 예열하고 원단 길이 전체에 심지를 붙여줍니다.[심지 붙이는 법(P.69) 참조]

❷ 원단의 위, 아래가 가운데로 모이도록 접어 다림질합니다. 원단 전체를 다려주세요.

|TIP| 한 번 더 반으로 접을 공간을 만들기 위해 살짝 틈을 두고 접어 다리는 것이 좋다.

❸ 다시 한 번 더 반으로 접어 다린 후 벌어진 쪽을 미싱으로 박음질해 끈 모양으로 만들어줍니다.

|TIP| 끈의 양쪽을 모두 박음질해도 좋다.

원단 연결하는 법
리드줄을 만들 때 원단 길이가 짧으면 연결하여 사용한다.

❶ 2장의 원단을 준비하고 하나는 겉이 보이도록 가로로 놓고, 하나는 안이 보이도록 세로로 놓는다.

❷ 원단의 폭만큼 겹치게 놓고, 대각선으로 선을 표시한다. 점선대로 박음질하고 시접을 짧게 잘라낸다.

❸ 안이 보이는 원단을 겉이 보이도록 젖히면 하나의 원단으로 연결된다. 안쪽의 시접은 가름솔한다.

하네스의 목 라인, 가슴 라인 만들기

① 목 라인만큼 끈을 잘라 준비합니다. 끈을 왈자 조리개의 아래-위-아래로 통과시켜 줍니다.

② 오링을 준비하고, 끈을 겉에서 안쪽으로 통과시켜요.

③ 조리개 위쪽의 끈을 당겨 여유 공간을 만들어 둡니다.

④ 끈의 끝을 왈자 조리개의 오른쪽 구멍으로 집어넣어 위로 통과시킵니다.

⑤ 다시 끈의 끝을 조리개의 왼쪽 구멍으로 넣어 아래로 통과시켜주세요.

⑥ 끈의 끝을 뒤쪽으로 2cm가량 접고, 바로 뒤에 있는 끈에 붙여 고정합니다.

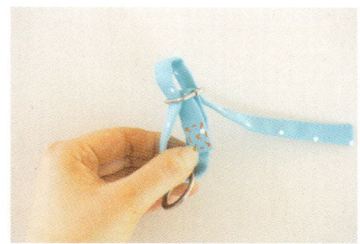
⑦ 고정된 부분을 대각선으로 튼튼하게 박음질합니다.

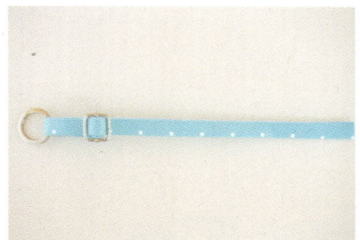
⑧ 목 라인의 왈자 조리개 연결이 완성되었습니다.

⑨ 가슴라인 길이만큼 끈을 잘라 준비하고 같은 방법으로 왈자 조리개를 끼워주세요.

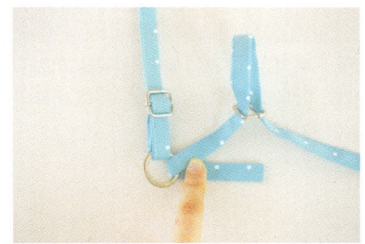
⑩ 목 라인에 연결되어 있는 오링에 가슴 라인도 연결합니다.

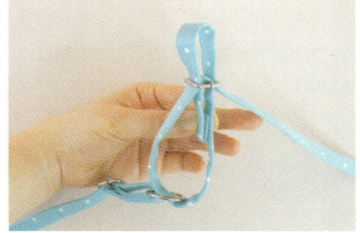
⑪ 목 라인과 같은 방법으로 끈을 끼우고 박음질하여 왈자 조리개를 연결합니다.

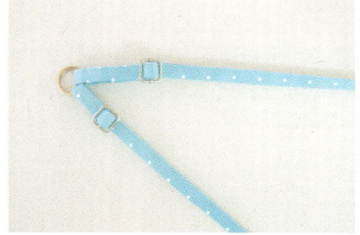
⑫ 목 라인과 가슴 라인 끈에 오링이 연결되었습니다.

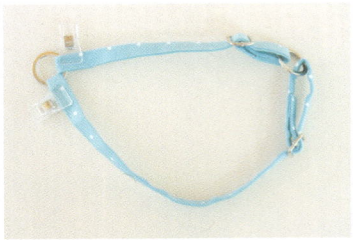

⑬ O링을 하나 더 준비하고 겉에서 안쪽으로 가슴라인의 끈을 끼우고 끈의 끝을 한 번 더 접어 고정합니다.

⑭ 같은 방법으로 목 라인 끈도 O링에 고정한 후 미싱으로 박아주세요.

|TIP| 두꺼워 박음질이 되지 않으면 끈을 한 번 더 접지 않고 바로 박음질한다.

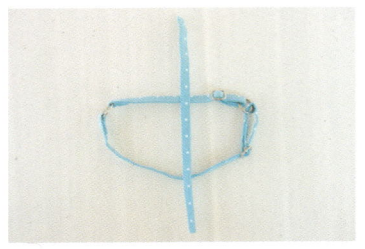
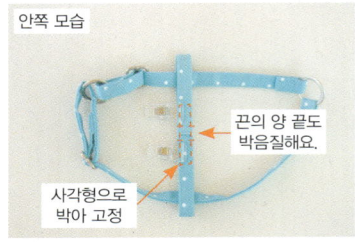
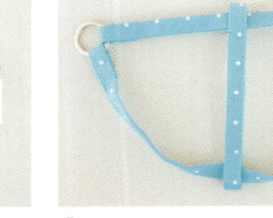

⑮ 끈을 편안하게 놓고 목 라인 중심과 가슴라인 가장 아래쪽의 길이를 재고, 그 길이의 2배 길이만큼 끈을 잘라 준비합니다.

⑯ 끈의 양 끝이 완전히 맞닿도록 해 고정하고, 끈을 박음질합니다.

|TIP| 목 라인과 가슴 라인에 있는 조리개가 통과할 정도의 여유를 남기고 박는다.

⑰ 하네스의 중심 끈이 완성되었습니다.

하네스 버클 부분 만들어 D링에 연결하기

❶ 제시된 버클 끈 길이만큼 잘라 2개를 준비하고, 안쪽이 겉보다 3~4cm 짧게 접어주세요.

❷ D링을 끼우고 옆을 박음질해 D링을 가둡니다.

❸ 뒤쪽의 짧은 끈에 버클 한쪽을 끼워주세요. 이때 D링 쪽으로 향하는 면에 버클의 겉이 오도록 끼워요.

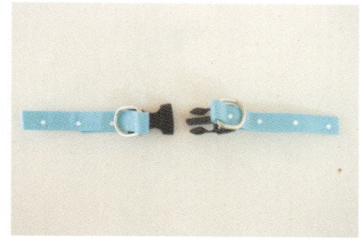

④ 버클이 고정되도록 버클 옆을 박음질 합니다.

|TIP| 버클에 너무 바짝 닿게 박지 않고 약간 여유 공간을 둔다.

⑤ 같은 방법으로 반대쪽 버클 끈도 준비 합니다.

⑥ 가슴줄에 버클 끈을 연결하기 위해 한쪽 O링에 버클 끈을 겉에서 안쪽으로 집어넣고, 뒤로 접은 후 집게로 고정합니다.

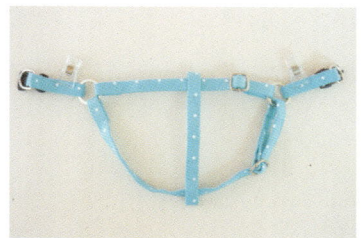
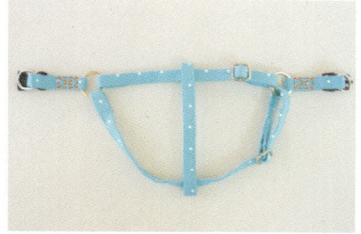
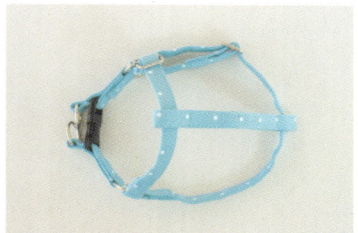

⑦ 반대쪽 O링에도 같은 방법으로 버클 끈을 집어넣고 집게로 고정합니다.

⑧ 버클 끈을 박음질해 하네스를 완성합니다.

⑨ 버클이 연결된 하네스의 모습입니다.

리드줄 만들기

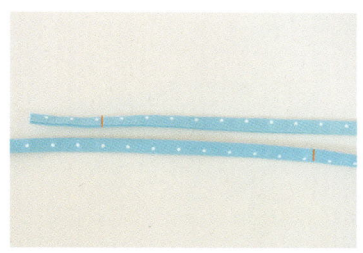

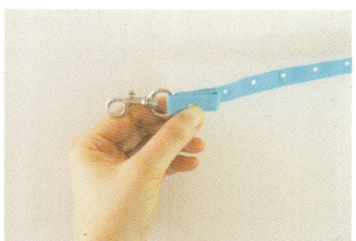

① 끈의 한쪽 끝은 6cm 들어와 펜으로 표시하고, 반대쪽 끝은 39cm 들어와 표시합니다.

② 6cm를 표시한 부분에 개고리를 끼웁니다.

③ 끈의 끝을 안으로 한 번 더 접어 고정합니다.

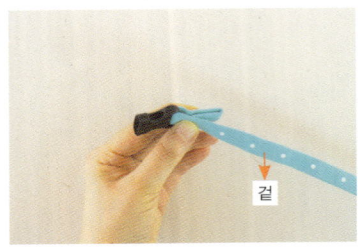
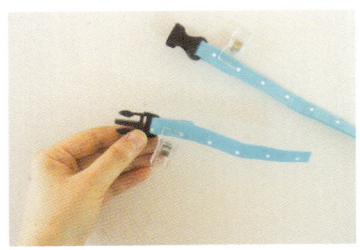
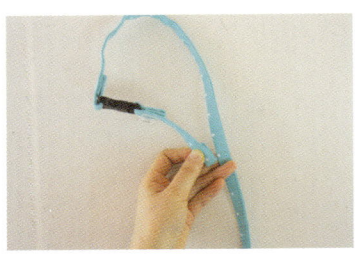

④ 나머지 한쪽 끝에(39cm 표시한 쪽) 버클 한쪽을 위에서 아래로 끼우고 안으로 한 번 더 접어 고정합니다.

|TIP| 개고리와 같은 면이 겉이 되도록 한다.

⑤ 이번에는 리드줄 버클 길이만큼 끈을 잘라 준비하고, 버클을 끼운 후 끝을 안으로 접어 집게로 고정합니다.

⑥ 양쪽 버클을 채운 상태에서 리드줄 버클의 나머지 한쪽 끝을 뒤로 2cm가량 접어 39cm 위치를 표시한 곳에 닿도록 고정합니다.

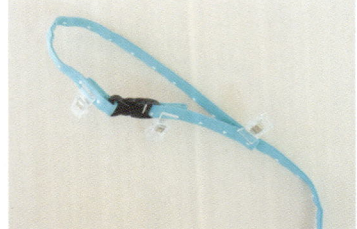
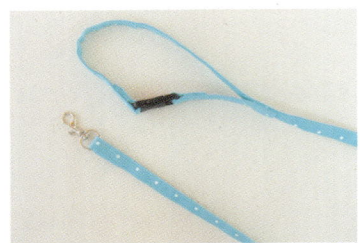

⑦ 집게로 3곳을 고정시킨 모습입니다.

⑧ 리드줄에 고정한 4곳을 미싱으로 박아 줍니다.

|TIP| 직사각형과 대각선으로 박아 튼튼하게 박음질한다.

리드줄 손잡이에 버클은 왜 있나요?

외출 중 견주가 두 손을 모두 사용해야 하는 경우, 강아지가 혼자 돌아다니지 않도록 어딘가에 고정하는 용도로 사용하기 위해 손잡이에 버클을 만들었다.

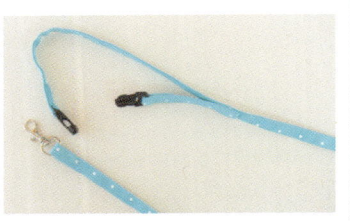

하네스와 리드줄 연결

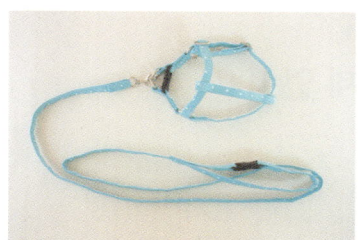

❶ 하네스와 리드줄을 연결하면 완성됩니다.

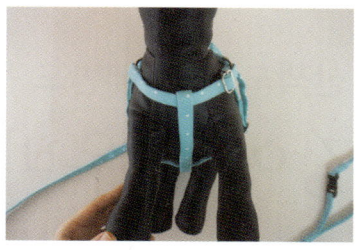

❷ 강아지 착용시 이미지입니다.

❸ 배 쪽의 목 중심에 나비넥타이 스타일의 리본 브로치를 만들어 달면 더 귀엽게 완성됩니다.[리본 만드는 법(P.318) 참조]

이 책에서는 보다 예쁜 디자인으로 완성하기 위해 원단을 접어 끈 모양으로 만들어 완성하였다. 가방 끈으로 많이 사용되는 '웨이빙 끈'을 이용하면 원단을 끈 모양으로 만드는 과정을 거치지 않고 간단하게 완성할 수 있다. 웨이빙 끈은 잘리거나 끊어지는 경우가 거의 없다는 장점이 있고, 다양한 색상으로 시중에서 쉽게 구할 수 있어 활용하기 용이하다. 웨이빙 끈은 너무 얇으면 힘이 없고, 너무 두꺼우면 박음질이 어려우므로 2~3mm의 것을 구입하여 사용하는 것이 좋다.

웨이빙 끈

비 오는 날 산책도, 야외 배변도 문제 없어요
강아지 우비

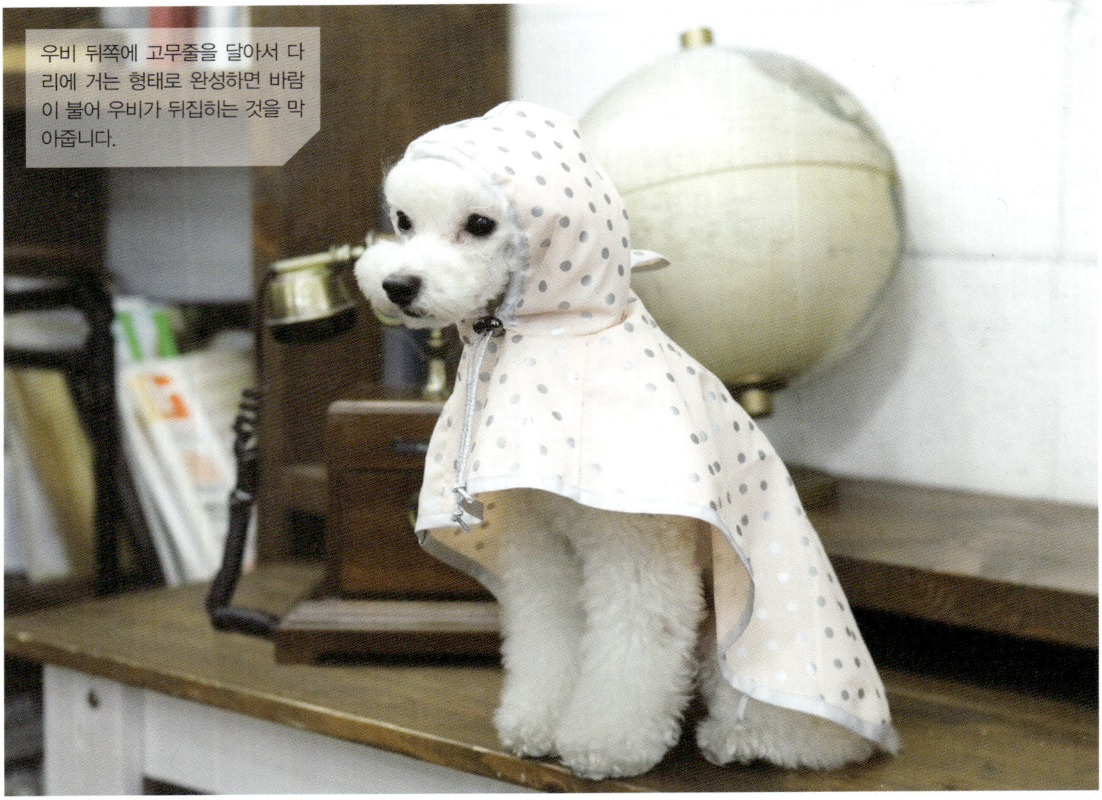

우비 뒤쪽에 고무줄을 달아서 다리에 거는 형태로 완성하면 바람이 불어 우비가 뒤집히는 것을 막아줍니다.

난이도 ★★☆☆

사용 원단 및 부자재(M 사이즈 기준)

원단	방수 원단 80×40cm	스토퍼	1개
부자재	방수 바이어스테이프 220cm	고무줄	40cm
	원형 스트링 고무줄 45cm	실물패턴 번호	019

How to Make

 패턴 확인하기

| 몸판 |

'시접 없음' 제외 전체 시접 1cm

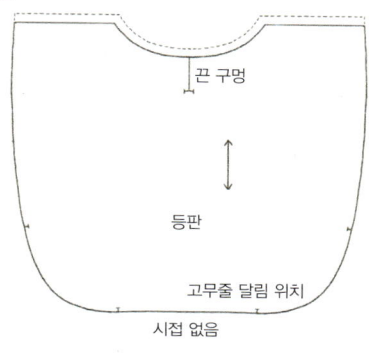
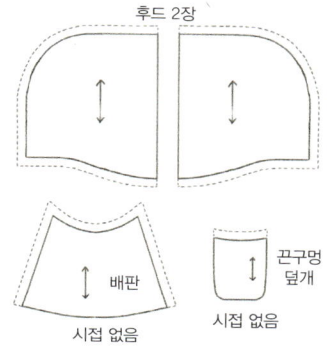

 원단 재단하기

원단의 안쪽 면에 패턴을 올려 완성선과 시접선을 그린 후 시접선을 가위로 재단합니다.

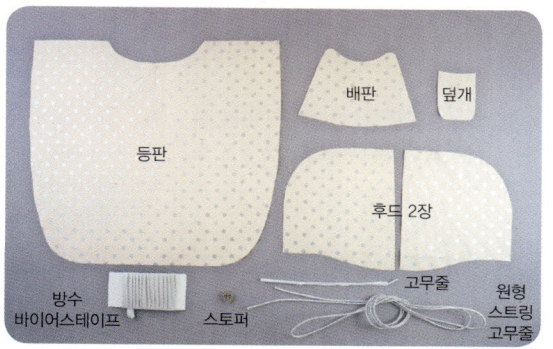

미리 체크하세요

등판 끈 구멍 패턴에 표시된 길이만큼 원단 자르기

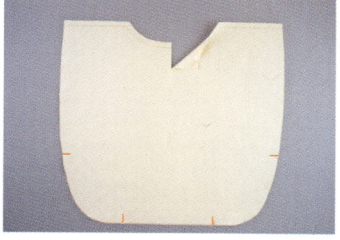

고무줄 달림 위치 표시하기

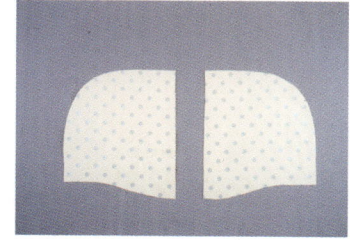

방향이 반대인 후드감 2장 재단하기

후드 준비하기

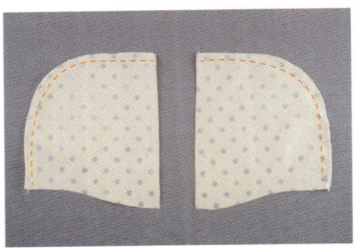

❶ 먼저 오버록이나 지그재그 박기로 후드 헤드라인의 시접을 정리해주세요.

|TIP| 방수 원단은 대부분 시접이 풀어지지 않지만 깔끔한 완성을 위해 시접 정리한다. 시접 끝을 바이어스테이프로 마감해도 좋다.

❷ 겉과 겉이 만나도록 겹쳐 고정한 후 미싱으로 박아 2장의 후드감을 연결합니다.

|TIP| 방수 원단은 핀으로 고정하면 구멍 자국이 남기 때문에 핀보다는 집게로 고정하는 것이 좋다.

❸ 헤드라인 길이에 맞춰 바이어스테이프를 준비하고 후드감 2장의 연결선 위에 바이어스테이프를 올려 고정합니다.

❹ 고정한 바이어스테이프의 양 끝을 박아줍니다.

❺ 후드 페이스라인의 길이에 맞게(시접 포함) 바이어스테이프를 준비하고 양 끝을 1cm 접어 미싱으로 박아줍니다.

❻ 시접 분량을 제외하고 페이스라인에 바이스어스테이프를 끼워 고정하고 박음질합니다.

후드감 연결선에 바이어스테이프를 박는 이유는 디자인적인 요소도 있지만 방수가 되어야 하는 우비인데 미싱으로 연결한 땀 사이로 비가 스며들 수 있기 때문이다. 후드는 비가 바로 맞는 부분이므로 한 번 더 막아주기 위해 연결 부위에 방수 바이어스테이프를 박아주는 것이다.

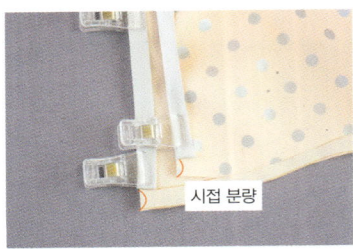

❼ 바이어스테이프를 박음질하지 않은 시접 분량입니다.

❽ 후드 준비가 끝났습니다.

등판 끈 구멍과 끈 구멍 덮개에 바이어스 싸기

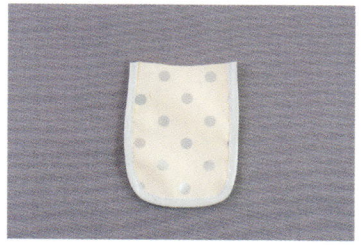

1 등판 겉의 끈 구멍 위치를 확인한 후 끈 구멍의 양쪽 길이만큼 바이어스테이프를 잘라 준비합니다. 끈 구멍의 양쪽에 바이어스테이프를 끼워 고정하고 미싱으로 박습니다.

2 끈 구멍 덮개감에도 바이어스테이프를 끼워 핀으로 고정하고 미싱으로 박아주세요.

|TIP| 바이어스테이프는 끈 구멍 덮개감의 시접이 없는 부분의 길이만큼만 잘라 준비한다.

3 등판에 끝 구멍 덮개를 올려 집게로 고정한 후 미싱으로 박아 임시 고정합니다.

바이어스 폭 줄이기
KNOW HOW

끈 구멍과 끈 구멍 덮개 부분의 바이어스테이프는 테이프의 완성 폭을 줄여 박으면 더 예쁘다. 조각 자체가 작기 때문에 바이어스 폭도 좁은 것이 어울린다. 3.5~4cm 폭의 방수 바이어스테이프를 다리미로 펴고(다리미 온도는 낮게) 2.3~2.5cm 폭으로 잘라낸 후 다시 바이어스테이프 모양으로 접어 다리면 된다. 12mm 바이어스메이커가 있으면 좀 더 쉽게 바이어스테이프 모양으로 만들 수 있다.[바이어스테이프 만드는 법(P.60) 참조]

 ## 등판과 배판 미싱으로 박아 연결하기

1 등판의 겉이 보이도록 놓고, 배판의 안이 보이는 상태에서 등판의 한쪽 옆선으로 가져가 집게로 고정합니다. 반대편도 집게로 고정합니다.

2 양쪽 옆선을 미싱으로 박고, 오버룩이나 지그재그 박기로 시접을 정리합니다. 시접은 배판 쪽으로 옮겨주세요.

|TIP| 배판 쪽으로 향해 있는 시접을 눌러 미싱으로 박는다.

3 배판이 겉이 보이게 놓고 목 라인의 중심을 펜으로 표시해 두세요.

등판과 배판의 밑단 라인에 바이어스테이프 끼워 박기

  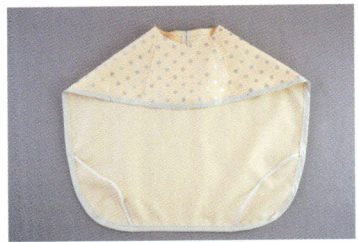

❶ 재단할 때 표시해둔 고무줄 위치에 고무줄을 올리고 미싱으로 임시 고정합니다.

❷ 밑단 라인에 바이어스테이프를 끼워 한 바퀴 돌려 고정하고 다시 시작 위치로 돌아오면 테이프 시접을 안으로 1cm 접어 시작 위치에 끼워 고정합니다.

❸ 밑단 전체에 끼운 바이어스테이프를 미싱으로 박아줍니다.

> 고무줄은 강아지 다리에 걸어 바람이 불었을 때 뒤집히지 않도록 하기 위해 사용한다. 고무줄이 팽팽하면 강아지가 불편해 하기도 하고 뒤쪽 우비 원단이 우는 것처럼 보일 수 있으니 길이를 여유 있게 사용한다.

후드에 몸판 박기

 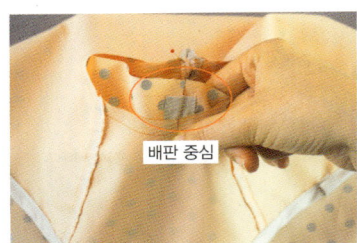 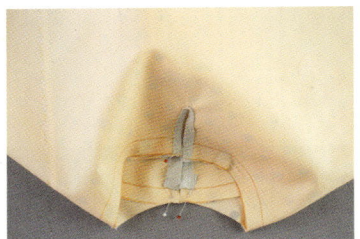

❶ 등판의 겉에 후드의 겉이 닿도록 올리고, 후드감 2장을 박은 중심선을 끈 구멍 덮개 중심에 맞춘 후 고정합니다.

❷ 그대로 몸판을 안이 보이도록 뒤집고 미리 표시한 배판 중심에 고정되지 않은 후드 양쪽 끝을 가지고 오세요.

❸ 배판 중심에 후드 양 끝이 맞닿도록 붙여 목 라인 시접에 고정하세요.

|TIP| 후드 페이스 라인의 1cm 접은 바이어스감은 박히지 않는다.

 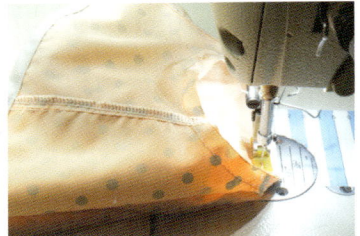 

❹ 목 라인 전체를 핀으로 고정합니다.

❺ 미싱으로 목 라인 전체를 박아주고, 시접은 오버록이나 지그재그 박기 합니다.

❻ 몸판에 후드가 연결되었습니다.

목 라인 시접에 바이어스 감싸 박기

목 라인 시접은 오버록이나 지그재그 박기로 정리하는 방법과 바이어스를 감싸 박는 방법이 있다. 바이어스를 감싸 박으면 훨씬 더 깔끔하게 시접이 정리된다.

후드 페이스 라인에 끈 끼우기

❶ 원형의 스트링 고무줄을 준비하고 끈 끼우개나 옷핀을 이용해 페이스 라인에 끼워주세요.

❷ 스트링 고무줄을 조이거나 풀어주는 역할을 하는 스토퍼를 준비하고 2개의 구멍에 각각 끈을 끼운 후 고무줄의 끝은 매듭을 지어주세요.

❸ 완성

직각 부분에 바이어스테이프 감싸기   KNOW HOW

방수 바이어스테이프의 성질에 따라 바이어스감이 전혀 늘어나지 않아 끈 구멍 덮개 부분처럼 둥근 부분은 바이어스테이프가 감싸지지 않을 수 있다. 이럴 경우 끈 구멍 덮개의 아래쪽을 직각으로 재단하고 다음의 방법을 이용하여 바이어스테이프를 꺾어주는 방법으로 완성하면 된다.

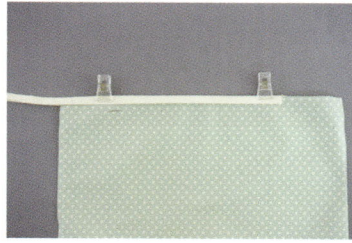

❶ 바이어스테이프를 원단에 고정한다. 모서리는 바이어스테이프를 고정하기 까다로우므로 시작 위치를 모서리가 아닌 곳으로 한다.

❷ 모서리 부분에 오면 한 손으로 원단 끝을 잡고 다른 손으로 바이어스테이프를 꺾어 방향을 바꿔준다.

❸ 삼각형 모양의 양옆을 엄지와 검지로 눌러주면 바이어스테이프가 대각선으로 접힌 모양이 된다.

How to make 16

추운 겨울, 이거 하나면 OK!
털방울 모자

> 머리 전체를 덮는 디자인이기 때문에 따뜻하게 씌울 수 있고, 귀 부분이 뚫려 있어 강아지가 불편해하지 않아요. 모자의 끝에는 방울을 달아 귀여움을 더해 주었어요.

난이도 ★★★☆

사용 원단 및 부자재(M 사이즈 기준)

원단   (겉감) 털 원단 45×25cm   (S : 18cm, M : 23cm, L : 28cm)
         (안감) 공단 35×25cm   방울솜 또는 구름솜 한 움큼
부자재 공단 리본 18cm 2개   실물패턴 번호 006

PART 04 강아지 옷 만들기의 실제_액세서리 및 소품

How to Make

 패턴 확인하기

| 겉감 |
'시접 없음' 제외 전체 시접 1cm

| 안감 |
전체 시접 1cm

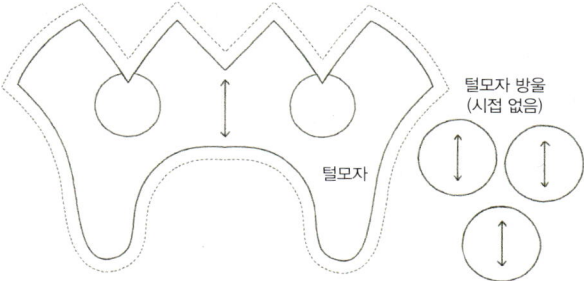

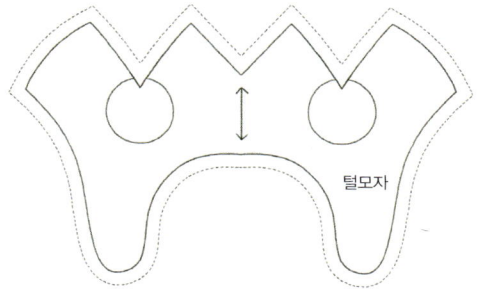

 원단 재단하기

원단의 안쪽 면에 패턴을 올려 완성선과 시접선을 그린 후 시접선을 가위로 재단합니다.

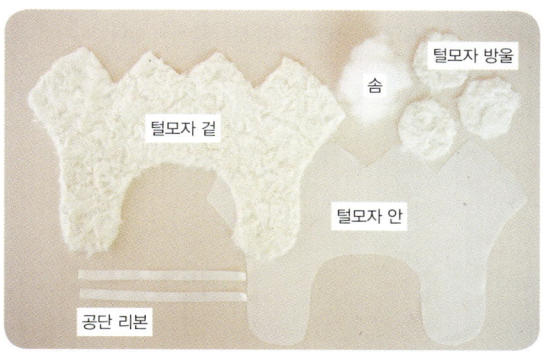

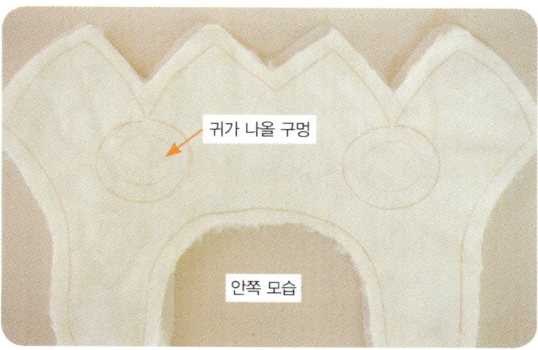

- 결 방향이 있는 털 원단은 결이 위에서 아래로 흐르게 한 상태에서 재단해야 한다.
- 귀가 나올 구멍은 원단을 자르지 않고 선만 그려둔다.

이마 중심 박기

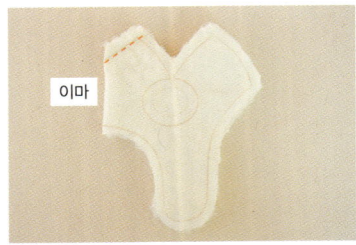
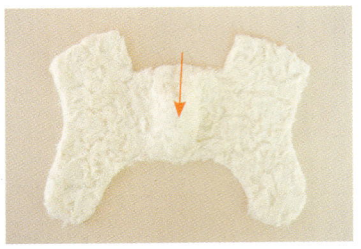

❶ 겉감을 겉과 겉이 만나도록 반으로 접고 이마 중심을 박음질합니다.

❷ 원단을 펼치면 이마 중심에 입체감이 생긴 것을 확인할 수 있어요. 안감도 동일하게 박아주세요.

 ## 겉감과 안감 합쳐 박기

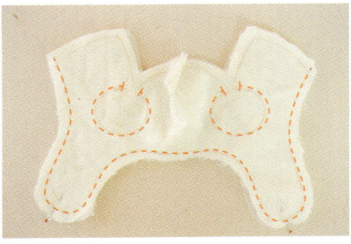

❶ 겉감과 안감의 겉이 닿도록 놓고 분량의 공단 리본을 겉감과 안감의 밑단 사이에 집어넣고 고정하세요.

❷ 귀가 나올 구멍과 밑단을 박음질합니다. 사진을 보고 박음질 위치를 확인하세요.

|TIP| 귀가 나오는 빨간색의 구멍선은 완전히 원으로 박지 않는다.

❸ 구멍의 윗부분을 자르고, 귀가 나오는 구멍의 시접 분량을 바짝 잘라냅니다.

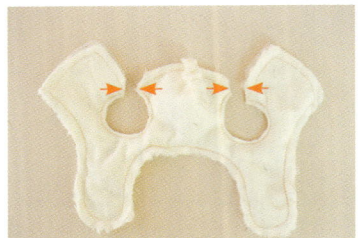
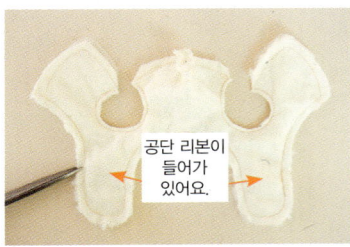

|TIP| 귓구멍의 시접을 잘라내면 사진의 화살표 부분의 시접 분량이 0.5cm 남짓으로 적게 남는다.

❹ 모자 밑단 라인 전체에 가위집을 내고, 시접을 짧게 잘라냅니다.

❺ 모자의 이마 부분을 통해 모자 전체를 뒤집어주세요. 공단 리본이 밖으로 나옵니다.

모자 위 라인 연결하기

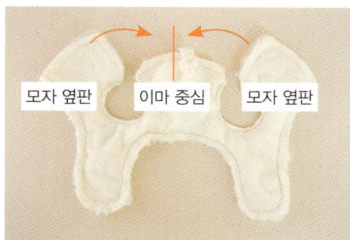

❶ 이마 중심을 기준으로 모자 옆의 분량을 절반씩 박음질할게요.

❷ 이마 중심과 모자 옆판의 겉감을 잡고, 겉감은 겉감끼리, 안감은 안감끼리 만나도록 해요.

❸ 먼저 겉감과 안감의 연결점을 핀으로 고정합니다.

❹ 모자 옆판의 안감과 겉감 끝을 이마 중심의 안감과 겉감으로 가져와 핀으로 고정해요.

❺ 반대쪽도 동일한 방법으로 고정합니다.

❻ 이마 중심을 기준으로 왼쪽과 오른쪽 옆판을 나누어 반씩 완성선까지만 박음질하세요.

|TIP| 완성선까지 박음질하면 시접이 박히지 않아 따로 떨어지게 된다.

❼ 모자 위쪽 라인을 박음질한 모습입니다.

뒤통수 선 박기

① 뒤통수 선 위치를 확인합니다.

② 안감은 그대로 두고, 뒤통수 선의 겉감을 겉과 겉끼리 닿게 합니다.

③ 겉감을 박음질하고, 안감은 박을 수 있는 만큼만 박습니다.

④ 모자의 겉이 보이도록 정리하세요. 뒤통수 선의 안감은 공그르기 하여 막아줍니다. [공그르기(P.53) 참조]

⑤ 모자의 형태가 완성되었습니다.

 ## 방울 달고 완성하기

① 털방울감의 가장자리를 따라 시침질한 후 안에 솜을 집어넣고, 실을 당겨 가장자리를 오므려주세요.

② 실을 자르지 말고 그대로 모자의 정수리에 바늘을 꽂아 방울을 모자에 달아줍니다.

③ 공단 리본 아래쪽은 리본의 끝을 솜과 함께 방울 속으로 집어넣고, 바늘로 왔다갔다 바느질해 고정해주세요.

④ 완성!

How to make 17

겨울 잇 아이템!
털목도리

털 원단에 구멍을 내고 목도리 한 쪽을 구멍에 끼워 여미는 스타일이에요. 구멍을 내 끼워서 착용하는 목도리는 잘 풀어지지 않아서 외출용으로도 아주 좋아요.

난이도 ★☆☆☆

사용 원단 및 부자재(M 사이즈 기준)

| 원단 | (겉감) 털 원단 50×20cm | 실물패턴 번호 007 |

PART 04 강아지 옷 만들기의 실제_액세서리 및 소품

How to Make

 패턴 확인하기

| 겉감 |

전체 시접 1cm

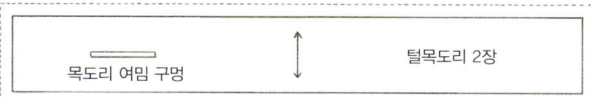

 원단 재단하기

원단의 안쪽 면에 패턴을 올려 완성선과 시접선을 그린 후 시접선을 가위로 잘라 재단합니다.

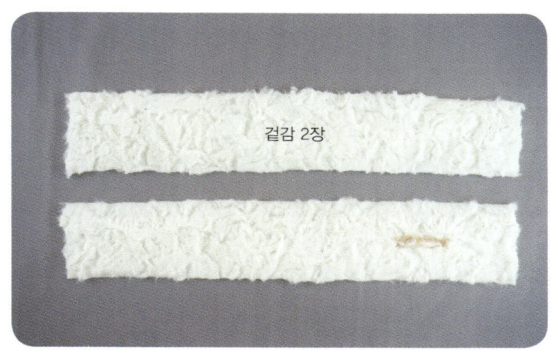

미리 체크하세요

'목도리 여밈 구멍' 위치 표시

- 겉감 1장에 '목도리 여밈 구멍' 위치를 직사각형으로 표시한다.
- 잘 지워지는 수성펜(물이 닿으면 지워지는 펜)이나 기화펜(공기와 접촉하면 서서히 지워지는 펜)으로 표시한다.
- 털 원단은 털의 결 때문에 펜으로 표시해도 결이 달라지면 표시가 보이지 않기도 하므로, 여러 번 표시해서 위치를 알아볼 수 있도록 한다.

겉감 박기

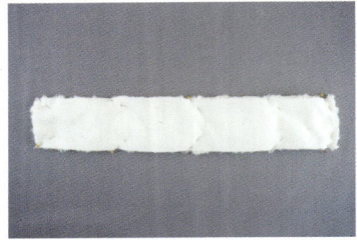

❶ 털 원단을 겉과 겉이 마주보도록 놓고 핀으로 고정합니다.

❷ 창구멍을 제외하고 미싱으로 핀 고정한 전체를 박아주세요.

❸ 창구멍을 제외하고 시접을 0.5cm 정도로 짧게 정리합니다.

 ## 창구멍으로 뒤집고 공그르기 하기

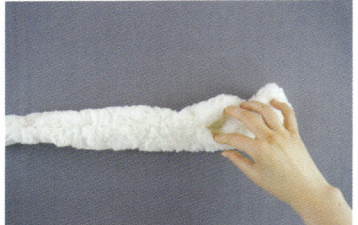

❶ 창구멍으로 목도리의 겉감이 보이도록 뒤집어주세요.

❷ 뒤집은 창구멍 위치를 확인하세요.

❸ 바늘에 실을 꿰어 준비하고 창구멍을 공그르기로 막아줍니다.[공그르기(P.53) 참조]

목도리 여밈 구멍 만들기

❶ 재단할 때 표시한 '목도리 여밈 구멍' 위치가 보이도록 하고 미싱으로 '목도리 여밈 구멍' 위치를 박아줍니다.

|TIP| 직사각형 모양인 '여밈 구멍'은 미싱으로 박은 후 가운데를 잘라내는 방법이다. 바느질이 약하면 목도리를 사용하다가 실이 뜯어질 수 있으니 직사각형 모양을 따라 2~3회 박음질한다.

❷ 직사각형으로 박은 가운데를 쪽가위로 잘라 트임을 만들어주세요.

PART 04 강아지 옷 만들기의 실제_액세서리 및 소품

  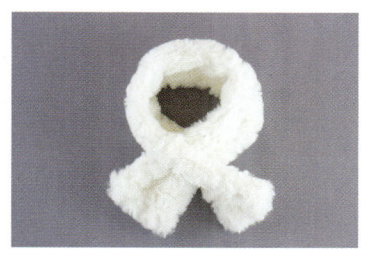

|TIP| 위, 아래 박음질 선 가까이 트임을 주되, 미싱으로 박은 부분이 잘리지 않도록 주의한다.

③ 송곳으로 박음질한 목도리 여밈 구멍의 실 주변을 긁어 누워있는 털의 결을 자연스럽게 만들어주세요.

④ 털목도리가 완성되었습니다.

손끝에서 시작하는
특별한 강아지옷 만들기

초판 1쇄 발행 2017년 6월 15일
초판 7쇄 발행 2023년 9월 25일

지은이 유아연
펴낸이 정용수

편집장 김민정
기획 블루기획   **책임편집** 김정미
디자인 김민지
영업·마케팅 김상연 정경민
제작 김동명   **관리** 윤지연

펴낸곳 ㈜예문아카이브
출판등록 2016년 8월 8일 제2016-000240호
주소 서울시 마포구 동교로18길 10 2층
문의전화 02-2038-3372   **주문전화** 031-955-0550   **팩스** 031-955-0660
이메일 archive.rights@gmail.com   **홈페이지** ymarchive.com
인스타그램 yeamoon.arv

ⓒ 유아연, 2017
ISBN 979-11-87749-30-1 13590

㈜예문아카이브는 도서출판 예문사의 단행본 전문 출판 자회사입니다. 널리 이롭고 가치 있는 지식을 기록하겠습니다.
저작권법에 따라 보호를 받는 저작물이므로 무단 전재와 복제를 금합니다.
이 책 내용의 전부 또는 일부를 이용하려면 반드시 저작권자와 ㈜예문아카이브의 서면 동의를 받아야 합니다.

* 책값은 뒤표지에 있습니다. 잘못된 책은 구입하신 곳에서 바꿔드립니다.